365

하루를 여는
아침묵상

KB191881

365, 하루를 여는 아침묵상

발행일	2019년 10월 31일			
지은이	이연재			
펴낸이	손형국			
펴낸곳	(주)북랩			
편집인	선일영	편집	오경진, 강대건, 최예은, 최승헌, 김경무	
디자인	이현수, 김민하, 한수희, 김윤주, 허지혜	제작	박기성, 황동현, 구성우, 장홍석	
마케팅	김회란, 박진관, 조하라, 장은별			
출판등록	2004. 12. 1(제2012-000051호)			
주소	서울특별시 금천구 가산디지털 1로 168, 우림라이온스밸리 B동 B113~114호, C동 B101호			
홈페이지	www.book.co.kr			
전화번호	(02)2026-5777	팩스	(02)2026-5747	
ISBN	979-11-6299-890-8 03230 (종이책)		979-11-6299-891-5 05230 (전자책)	

(주)북랩 성공출판의 파트너

북랩 홈페이지와 패밀리 사이트에서 다양한 출판 솔루션을 만나 보세요!

홈페이지 book.co.kr • **블로그** blog.naver.com/essaybook • **출판문의** book@book.co.kr

365
하루를 여는
아침묵상

이연재 지음

북랩 book Lab

저자 서문

4차 산업 시대가 다가옴과 동시에 문화사적 대변혁이 시작되고 있습니다. 우리에게는 새로운 기술을 받아들일 수 있는 유연한 태도가 있어야 하지만, 그보다 더 중요한 것은 믿음에 바르게 서서 하나님의 말씀을 굳게 붙드는 일입니다. 지나간 역사를 살펴볼 때, 당시의 가치관과 시대정신은 언제나 성경적 세계관과 대립하였으며, 이것은 지금도 마찬가지입니다. 가변 차선 같은 세상에서는 사람도 가치관도 모두 흔들리기 마련입니다. 정상과 비정상의 기준이 무너져 혼란해집니다. 하지만 그럴수록 그리스도인은 흔들리지 않아야 합니다.

비행기 조종사가 훈련을 받을 때 자주 듣는 말이 있다고 합니다. "자신의 감각을 믿지 말고 계기판을 믿으라." 우리 영혼도 마찬가지입니다. 하나님의 말씀에 따르지 않고 세상의 가치관을 따르거나, 자신의 경험이나 감정, 기분을 따라가면 안 됩니다. 열심히 빠른 속도로

가더라도 궁극적으로는 도달해야 할 목적지를 잃게 됩니다.

성경은 성령의 감동으로 기록된 완전한 하나님의 계시입니다. 하나님의 마음과 뜻과 숨결과 호흡이 담겨있습니다. 성경을 읽고 깨달으면서 조금씩 전인적인 변화를 경험하는 것만큼 영광스러운 복은 없습니다. 우리가 성경을 하나님의 정확 무오한 말씀으로 믿고 삶의 기준을 그 권위 아래 두고 살아갈 때 진정으로 복 있는 사람이 됩니다. 하나님의 말씀에는 구원에 이르는 지혜가 있기 때문입니다.

그러나 사람은 하나님을 믿고 의지하거나 자신이 변화되는 것을 좋아하지 않습니다. '이만하면 괜찮다.' 생각하며 스스로를 의지하려 합니다. 그러나 우리 영혼은 오로지 하나님의 말씀으로만 성장하고 새로워지며, 안정되고 강건해질 수 있습니다. 그러므로 거듭난 그리스도인이라면 마땅히 하나님의 성령으로 기록된 성경을 통해 가르침을 받아야 합니다. 그래서 우리의 생각과 마음과 행동이 의식적, 무의식적으로 하나님의 뜻을 따르는 존재로 변화되어야 합니다. 그러기 위해서는 하루에 몇 분이라도 하나님의 말씀을 마음에 담는 묵상의 시간이 필요합니다.

십자가에 나타내신 하나님의 사랑과 구원의 도를 아는 그리스도인은 그 누구도 그저 그렇게 살다가 세상을 떠나고자 하지 않습니다. 그들은 돈, 명예, 권력이나 어떤 목표의 성취와도 비교할 수 없는 높은 차원의 삶이 있음을 알고 있습니다. 때문에 신앙을 통해 유익을 얻고, 복을 누리며, 자기만족을 얻으려 하지 않습니다.

하지만 하나님을 경외하는 신앙이 오직 그분을 사랑하고 섬기는 것이며, 헌신이 따르는 일이라는 진리를 알면서도 모른 척 지나가는 그리스도인도 있습니다.

그런 까닭에 우리의 신앙이 좀 더 높은 곳으로 오르기를 바라시는 하나님의 마음을 이 책에 담아 보았습니다. 하나님의 엄중한 말씀을 그대로 표현하고자 했으며, 우리의 원함이나 이해 수준에 맞추려고 기준을 낮추지 않았습니다. 아울러 누군가의 비위를 맞추거나 흥미롭게 하려고 본질이 아닌 것을 섞지 않았습니다. 그저 하나님을 경외함으로 마음에서 우러나오는 생각을 적었습니다.

하루에 잠깐의 시간을 내어 한 페이지씩 꾸준히 읽는다면, 영적 안목이 밝아짐으로서 따뜻한 힘과 위안을 얻을 수 있으며, 영혼을 일깨우는 분별력과 경각심을 갖게 되리라 믿습니다. 또 하나님께서 하신 말씀을 믿을 뿐 아니라 어떻게 인식하고 행해야 하는지에 대해 더 깊이 알게 되며, 하나님과 더 가까워지고 동행함으로 궁극적으로 도달해야 할 인생의 방향과 목적이 보이고, 영혼도 삶도 더 풍성해질 것입니다.

이 묵상집을 읽는 모든 분을 위해 기도합니다. 화려하지만 죄와 혼돈과 무질서로 얼룩진 세상의 물결에 편승해 떠내려가는 것이 아니라, 어느 때나 가차 없이 그 물결을 거슬러 올라가는 분별과 행함의 능력이 주어지기를, 삶의 목적지를 향해 나갈 때 원수의 계략과 함정에서 헤어 나올 수 있는 의지와 힘이 주어지기를, 그리고 이 땅의 일들에 충실하되 시선은 항상 영원한 관점에 머무르며 약속된 하나님 나라의 유업을 좀 더 또렷하게 바라볼 수 있게 되기를, 그럼으로써 살아있는 믿음의 열망을 얻어 신앙의 경주에서 마침내 승리할 수 있기를 기도합니다.

이 책을 출간할 수 있도록 은혜 베풀어 주신 하나님께 모든 영광을 올려드립니다. 그리고 이 묵상집의 출간을 반갑게 환영해주신 북랩 직원들의 수고에 감사드립니다.

"아침에 나로 주의 인자한 말씀을 듣게 하소서 내가 주를 의뢰함이니이다. 나의 다닐 길을 알게 하소서 내가 내 영혼을 주께 받듦이니이다"

(시편 143편 8절)

2019년 10월

이연재

차례

January

1월

말씀과
함께하는 삶

"예수께서 대답하여 가라사대 기록되었으되 사람이 떡으로만
살 것이 아니요 하나님의 입으로 나오는 모든 말씀으로 살 것
이라 하였느니라 하시니" (마태복음 4장 4절)

영광의 왕과 함께하는 새해

너희 눈은 그 영광중의 왕을 보며 광활한 땅을 목도하겠고 (이사야 33장 17절)

내가 이미 얻었다 함도 아니요 온전히 이루었다 함도 아니라 오직 내가 그리스도 예수께 잡힌 바 된 그것을 잡으려고 좇아가노라 (빌립보서 3장 12절)

새해 첫날입니다. 우리가 맞이한 새해는 한 번도 살아본 적이 없는 새날로서 하나님께서 안겨 주신 선물입니다. 비록 어제와 조금도 다름없는 오늘이라 할지라도 새롭게 생각하고 보고 느낄 수 있음이 감사합니다. 어제와 지난 시간은 다시 돌아올 수 없는 기회가 되었기에 새해는 더 소중합니다. 새롭고 산 길이신 예수 그리스도 안에서 더 새로워지기를 바라며, 우리 앞에 앞서가시는 영광의 왕이신 하나님께 감사함으로 나아갑니다.

새해가 되었다고 해서 모두가 저절로 새로워지는 것은 아닙니다. 하나님께서 말씀과 성령의 은혜를 통하여 힘과 능력을 주실 때 새로워질 수 있습니다. 지난해도 주님 말씀 따라 믿음으로 진실하게 살게 하셨지만, 새해에는 더욱더 그렇게 살기 원합니다. 하나님 뜻이라고 믿어지는 모든 상황에 철저하게 순응하며 사는 것입니다. 하나님께서 계획하시고 이루시는 일들을 보면서 힘차고 경건하게 살기 원합니다. 비록 하잘것없어 보이는 평범한 일상도 영광의 왕이신 하나님과 함께할 때 그냥 지나가는 것이 아니라 값지게 빛날 수 있습니다.

1월 2일

하나님 말씀을 따라 사는 삶

주의 말씀은 내 발에 등이요 내 길에 빛이니이다 (시편 119편 105절)

내 아들아 내 말에 주의하며 내가 말하는 것에 귀를 기울이라 그것을
네 눈에서 떠나게 말며 네 마음 속에 지키라 (잠언 4장 20-21절)

우리는 선물로 받은 한해에 감사할 뿐만 아니라 책임을 다해야 합니다.
그 지름길은 없습니다. 화려한 세속의 물결 속에서 어리석어 보일지라도
그저 우직하게 하나님 말씀을 따라 살아가는 데 있습니다. 처음에는 말씀
을 모르고 사는 사람들보다 삶이 뒤처진 것 같고 손해보고 어떤 진전도 없
는 것처럼 여겨지기도 합니다. 때로는 시험에도 들고 영적전쟁도 치르고
연단도 받느라 고생하니, 안 믿는 사람들이 볼 때는 괜한 고생을 하고 비탈
진 길을 돌면서 인생을 낭비하는 것처럼 보일 수도 있습니다. 그러나 결코
그렇지 않습니다. 탁월해 보이는 세상 지혜는 죄악의 웅덩이를 보지 못하
지만, 하나님 말씀은 이 세상에 도사리고 있는 어둠과 죄와 악을 밝히 보
여주고 그 결과까지도 보여줍니다.

나중에 세월이 흐른 뒤에 돌아보면 알게 됩니다. 시험 환난 풍파 고난이
우리를 향하신 하나님의 사랑이었다는 사실과 어떤 상황 속에서도 하나님
말씀을 외면하지 않고 말씀을 따라서 살아온 인생이, 영원까지 이르는 가
장 안전하고 복되고 복된 길이었음을 알게 됩니다. 그러므로 우리는 모두
자신의 인생이 지금 어디쯤 와 있는지와 상관없이 하나님 말씀을 믿고 순
종할 때, 빛 된 미래를 향해 안전하게 갈 수 있습니다.

생명의 떡이신 그리스도

여호와께서 모세에게 이르시되 보라 내가 너희를 위하여 하늘에서 양식을 비같이 내리리니 백성이 나가서 일용할 것을 날마다 거둘 것이라 (출애굽기 16장 4절)

내가 곧 생명의 떡이로라 너희 조상들은 광야에서 만나를 먹었어도 죽었거니와 나는 하늘로서 내려오는 떡이니 사람으로 하여금 먹고 죽지 아니하게 하는 것이니라 나는 하늘로서 내려온 산 떡이니 사람이 이 떡을 먹으면 영생하리라 나의 줄 떡은 곧 세상의 생명을 위한 내 살이로라 하시니라 (요한복음 6장 48-51절)

육신의 건강을 위해 하루 세끼를 챙겨먹는 것처럼, 하나님 말씀을 먹고 묵상할 때 영적으로 건강하고 생명력 넘치는 삶을 살 수 있습니다. 하늘 양식은 하나님 말씀으로 진리와 은혜의 말씀입니다. 영혼의 참된 양식이며 신령한 젖입니다. 거듭난 우리의 영혼은 다른 것이 아니라 하늘 양식으로만 진정한 만족을 누릴 수 있습니다. 예수님께서 말씀이 육신이 되어 구원자로 오셔서 십자가에서 피 흘리시고 살 찢기시므로 참된 음료와 참된 양식이 되어주셨습니다. 가르쳐 주신 주기도문을 통해서도 날마다 일용할 양식을 구하라고 하셨습니다. 건강을 위한 육의 양식뿐 아니라, 영혼이 잘 되고 건강하려면 매일 같이 신령한 영의 양식이 필요하기 때문입니다.

영혼이 하나님 말씀을 좋아하므로 몸도 마음도 강건해집니다. 사막에서 물이 터지고 광야에 길이 나타나는 역사가 삶에 나타납니다. 우리는 이런 체험을 통해서도 말씀의 위력을 경험하지만, 영혼의 만족으로 인해 이 세상에 그 어떤 것보다도 하나님 말씀이 귀하다는 사실을 압니다. 삶이 잘 되는 것 보다는 예수님의 십자가 구속으로 인해 생명의 양식을 주신 하나님 한 분으로 만족하고 감사하며 기뻐하는 것입니다.

시간을 가치 있게 사용하는 지혜

우리의 연수가 칠십이요 강건하면 팔십이라도 그 연수의 자랑은 수고와 슬픔뿐이요 신속히 가니 우리가 날아가나이다 (시편 90편 10절)

그런즉 너희가 어떻게 행할 것을 자세히 주의하여 지혜 없는 자같이 말고 오직 지혜 있는 자같이 하여 세월을 아끼라 때가 악하니라 (에베소서 5장 15절)

하나님께서 이 세상에 태어난 사람이면 한 사람도 빠짐없이 누구에게나 공평하게 허락하신 것이 있습니다. 하루 24시간이라는 시간으로, 모든 사람에게 1초도 차이 안 나게 똑같이 허락되었습니다. 인생의 날이 한 뼘 길이 같고 베틀의 북 같이 빠르게 지나갑니다. 사람에게 허락된 하루하루 순간순간은 참으로 소중합니다. 각 사람의 형편과 상황은 다르지만, 하루 24시간을 얼마나 알차고 뜻있게 사용하느냐에 따라 그 시간의 가치가 다릅니다. 풍요로움이 되기도 하고, 무가치한 시간이 되기도 합니다. 그런 까닭에 수많은 사람들이 인생을 제대로 가치 있게 풍요롭게 살아보겠다고 야망을 불태웁니다. 그러나 하나님 뜻과 상관없이 자신의 욕망의 바벨탑을 쌓는 인본적인 노력은 무가치하고 어리석을 뿐입니다.

시간을 후회 없이 가치 있고 지혜롭게 쓰려면 하나님 뜻과 성령님의 인도하심을 따라 선하고 유익하게 사용하는 것입니다. 허탄한 일을 쫓느라 힘을 소진하고 다투고 미워하면서 사용하기에는 너무나도 가치 있고 소중하기에, 웬만큼 노력해도 진전이 없는 그런 만남이나 자리는 멀리하는 것이 좋습니다. 서로를 아끼고 자신보다 더 낫게 여기며 잘되기를 바라고 진심으로 축복하면서 하나님이 기뻐하시는 일만 하고 살기에도 아쉬울 만큼 귀합니다. 이런 자세로 사는 것이 시간을 허투루 보내지 않고 창조적으로 잘 사용하는 것입니다.

구원을 이루어 가는 믿음의 삶

육신의 생각은 사망이요 영의 생각은 생명과 평안이니라 육신의 생각은 하나님과 원수가 되나니 (로마서 8장 6-7절)

모든 악독과 모든 궤휼과 외식과 시기와 모든 비방하는 말을 버리고 갓난아이들같이 순전하고 신령한 젖을 사모하라 이는 이로 말미암아 너희로 구원에 이르도록 자라게 하려 함이라 (베드로전서 2장 1-2절)

예수님을 믿고 거듭나면, 복된 구원의 여정이 시작됩니다. 그런데 구원의 완성은 천국입성 할 때까지 계속 자라가야 합니다. 그러기 위해서는 육신에 속한 것들을 버려야합니다. 모든 악독과 모든 궤휼과 외식과 시기와 모든 비방하는 말도 이에 속합니다. 그런 것들은 상한 음식처럼 부패한 마음입니다. 속임이고, 이중적인 삶의 태도이며, 생각이 병들어서 감정이 비뚤어져 있고, 이유 없이 사람을 참소하고 모욕하는 태도입니다. 이런 것들은 다른 누가 아닌 자신의 영적 성장을 방해하고 영혼에 상처를 주고 병들게 합니다. 대수롭지 않게 여기고 지나치기 쉽지만, 새롭게 변화 받지 못하면 결국은 사망에 이릅니다. 하나님과 원수가 되는 요소들로서 구원에 이르지 못하게 한다는 뜻입니다.

그래서 우리가 온전한 구원에 이르려면 영적으로 건강하게 자라야 합니다. 영의 양식을 사모하고 잘 먹어야 합니다. 아기가 엄마의 참 젖을 먹고 뼈도 튼튼해지고 포동포동 살도 오르고 키도 크므로 두루두루 온전하게 자라는 것처럼, 하나님으로부터 태어난 하나님 자녀는 신령한 젖이며 구원에 이르는 지혜가 있는 영의 양식인 하나님 말씀을 잘 먹어야 영적으로 건강하게 자랄 수 있습니다. 믿음은 들음에서 나고 들음은 그리스도의 말씀으로 말미암습니다. 세상의 오염되고 부패한 가치관에서 나오는 것을 먹지 말고, 영혼을 살리고 복되고 건강하게 하는 하나님 말씀을 잘 먹어야 합니다.

인간의 진정한 가치

하나님이 자기 형상 곧 하나님의 형상대로 사람을 창조하시되 남자
와 여자를 창조하시고 (창세기 1장 27절)

가난한 자와 부한 자가 함께 살거니와 그 모두를 지으신 이는 여호와
시니라 (잠언 22장 2절)

하나님께서 하나님의 형상을 담아 사람을 창조하시되 남자와 여자를 창
조하셨습니다. 그 역할을 다르게 하셨지만 대등한 인격으로 빚으셨습니다.
우리가 일반적으로 사람을 볼 때, 어떤 사람이 어떤 지위에 오르고 부자가
되고 명예를 얻으면 성공한 사람이라고 생각합니다. 그러나 하나님께서 보
실 때는 남자나 여자를 똑같이 귀하게 보시듯, 부자나 가난한 사람이나 이름
을 날리고 사는 사람이나 이름 없이 사는 사람이나 모두 똑같이 귀합니다.

하나님께서 가치 있게 보시는 것은 사람이 보는 것과 다릅니다. 하나님
을 믿고 성경을 통해 구원의 진리를 깨달아 십자가에서 베푸신 은혜와 사
랑에 감사하고 사는 사람, 죄인임을 깨닫고 회개하여 죄 사함받아 길과 진
리와 생명이신 예수님을 따르는 사람을 귀히 보시고 보물처럼 아끼고 사
랑하십니다. 예수님의 피 값으로 사신 바 되었기 때문입니다.

하나님 앞에서 인간의 진정한 가치를 알고 하나님을 섬기는 삶을 사는
사람의 영혼은, 설령 아픔을 당하고 고난 중에 있을지라도 아름답습니다.
자신을 만드신 하나님께 감사와 찬양과 마음 다해 경배 드리며, 먹든지 마
시든지 무엇을 하든지 하나님의 영광을 생각하고 살아갑니다. 사람의 진
정한 가치는 겉모습이 아니라, 속사람이 삶 속에서 하나님의 영광과 선하
심을 드러내는 데에 있습니다. 창조주 하나님의 영광에 최고 가치를 두고
사는 것입니다.

생명의 양식

만군의 하나님 여호와시여 나는 주의 이름으로 일컬음을 받는 자라 내가 주의 말씀을 얻어 먹었사오니 주의 말씀은 내게 기쁨과 내 마음의 즐거움이오나 (예레미야 15장 16절)

예수께서 대답하여 가라사대 기록되었으되 사람이 떡으로만 살 것이 아니요 하나님의 입으로 나오는 모든 말씀으로 살 것이라 하였느니라 (마태복음 4장 4절)

시시각각 급변하는 세상입니다. 점점 더 좋아 보이는 것들로 풍요로워지고 화려해지고 있습니다. 그러나 진리의 본질이 흐려지고 올바른 바탕 위에 세워진 굳건한 가치관이 무너지므로, 죄가 죄인 줄 모르고 죄를 물 마시 듯 먹고 삽니다. 그리하여 영혼은 목마르고 피폐하며 본연의 맑고 아름다운 빛을 잃고 있습니다.

하나님의 법인 율법은 죄를 깨닫게 합니다. 이 세상 모든 사람에게는 죄를 깨닫게 하고 구원의 길을 가게 하는 하나님 말씀이 절실히 필요합니다. 다행히도 역사상 지금까지 전 세계에서 가장 많이 읽히고 있는 책은 성경입니다. 얼마 전 우리나라 교수신문 발표에 의하면, 교수들이 가장 읽어보고 싶은 책, 1위가 성경이었습니다.

하나님 말씀인 성경은 영원한 생명을 제공하는 양식으로 새 생명을 불어넣어 줍니다. 하나님의 법을 통하여 하나님의 마음을 알고 선과 악을 분별합니다. 바른 기준과 가치를 따라 살고, 죄를 멀리하며 하나님의 심판을 두려워합니다. 회개를 통한 새 생명을 받아 구원을 이루며, 영생을 소망하며 힘 있게 살아갑니다. 하나님 말씀이 영혼을 세웁니다. 죄로 인하여 상한 영혼에 치유와 회복을 줍니다. 산 소망과 마음에 즐거움을 주므로 삶이 밝고 강하고 윤택하고 아름답게 됩니다. 하나님 말씀은 불변의 진리이며, 천국으로 인도하는 영혼의 양식, 생명의 양식입니다.

구원에 이르는 지혜의 책

너희가 성경에서 영생을 얻는 줄 생각하고 성경을 상고하거니와 이 성경이 곧 내게 대하여 증거하는 것이로다 (요한복음 5장 39절)

네가 어려서부터 성경을 알았나니 성경은 능히 너로 하여금 그리스도 예수 안에 있는 믿음으로 말미암아 구원에 이르는 지혜가 있게 하느니라 (디모데후서 3장 15절)

이 세상 모든 사람에게 가장 중요한 일은 영혼이 구원받는 일입니다. 구원받지 못하고 세상을 떠나는 것보다 더 큰 불행은 없습니다. 구원은 절대적으로 중요한 일입니다. 성경은 구원자 예수님에 대하여 증거하는 책으로 예수님을 만나서 구원에 이르는 지혜가 있습니다.

미국의 정치가였던 패트릭 헨리는 "성경은 전 세계의 모든 책보다도 더 가치가 있다."고 했습니다. 링컨 대통령은 "나는 영의 식탁에 나가기 전에, 육의 식탁에 나간 적이 없다."고 말했습니다. 성경을 매우 중요하게 여겨서 빡빡하고 중요한 일정 속에서도 성경을 잘 읽은 것입니다.

성경의 중요성은 아무리 강조해도 지나치지 않습니다. 매우 중요한 책입니다. 거기에 인생이 안고 있는 모든 문제의 해결책과 삶과 죽음에 답을 진술하고 있습니다. 구원에 이르는 지혜가 있고 영원한 생명에 이르는 길이 안내되어 있습니다.

진리와 도덕과 윤리가 있는 삶

내가 주를 바라오니 성실과 정직으로 나를 보호하소서 (시편 25편 21절)

아무에게도 악으로 악을 갚지 말고 모든 사람 앞에서 선한 일을 도모
하라 (로마서 12장 17절)

그리스도인은 하나님 말씀을 듣고 깨달으므로 진리를 압니다. 어찌 보
면 삶 자체가 진리를 따라가는 것이라 할 수 있습니다. 그러나 진리만 알고
따라가는 것에서 멈추면 안 됩니다. 진리를 안 그리스도인의 삶에 도덕과
윤리가 있어야 합니다.

믿는 사람들이 지탄을 받는 이유 중 하나는, 그리스도인의 삶의 규범인
도덕과 윤리를 잃어서입니다.

그리스도인이 이러한 덕을 갖추는 것은 고매한 인품이나 결심이나 수양
으로 되지 않습니다. 그것들은 말씀과 성령의 능력 안에서 순결하고 지혜
롭게 분별하고 대처하는, 매일 매일의 평범한 일상에서의 언어와 자세와
태도로 이루어집니다.

하지만 신실한 그리스도인 일지라도 매번 언행이 바르고 선하기는 쉽지
않습니다. 그러나 말씀과 성령의 은혜를 힘입어 점진적으로 마음 중심이
새롭게 되면 선하지 않고 바르지 않게 사는 일이 더 힘들고 아예 불가능합
니다. 때때로 자신을 직면하게 도우시고 내적으로 새롭게 하시는 은혜가
있기 때문입니다. 하나님 말씀을 따라 행할 때 진리 안에서 정의로운 도덕
과 윤리가 살아있는 삶이 됩니다.

달기도 하고 쓰기도 한 생명의 말씀

주의 말씀의 맛이 어찌 그리 단지요 내 입에 꿀보다 더하니이다 주의 법도로 인하여 내가 명철케 되었으므로 모든 거짓 행위를 미워하나이다 (시편 119편 103~104절)

내가 천사에게 나아가 작은 책을 달라 한즉 천사가 가로되 갖다 먹어 버리라 네 배에는 쓰나 네 입에는 꿀같이 달리라 하거늘 내가 천사의 손에서 작은 책을 갖다 먹어 버리니 내 입에는 꿀같이 다나 먹은 후에 내 배에서는 쓰게 되더라 (요한계시록 10장 9~10절)

농촌에서 소가 무더위에 더위 먹고 기진맥진할 때는 응급처방을 한다고 합니다. 소가 혀끝으로 냄새만 맡아도 진절머리 칠 정도로 쓰디쓴 익모초 생즙을 먹이는 것입니다. 소는 안 먹으려고 눈을 희번덕거리면서 발버둥을 치지만, 억지로 입을 열어서 먹이고 나면 곧 기운을 차린다는 것입니다.

하나님 말씀은 영으로, 달고 오묘하며 생명이 되어서 영혼을 살립니다. 그런데 입에는 달지만 배에서는 쓸 때도 많습니다. 하나님 말씀을 받으면 깨달아지니 영혼에 기쁨을 느끼는데, 그 말씀을 순종하려면 포기해야 할 것도 있고 힘이 들어서 고통스러울 때도 있다는 뜻입니다.

사람은 누구나 가르침을 필요로 합니다. 하나님 말씀으로 가르침을 잘 받은 사람과 그냥 믿은 사람은 삶과 영혼의 빛깔이 다릅니다. 영혼을 각성시키고 마음을 새롭게 해서 하늘나라 주인공으로 바로 세우는 데 유익한 말씀은, 쓰디쓸 때가 많습니다. 유순하고 좋은 마음으로 들으려고 해도, 때로는 자존심도 상하고 반발도 생깁니다. 사탕이나 초콜릿처럼 달콤하지 않고 부드럽지 않으며, 단단하고 입에 써서 먹기 어렵기 때문입니다. 그러나 믿음으로 받으면 영혼과 범사에 유익합니다.

말씀을 경험하는 삶

비와 눈이 하늘에서 내려서는 다시 그리로 가지 않고 토지를 적시어서 싹이 나게 하며 열매가 맺게 하여 파종하는 자에게 종자를 주며 먹는 자에게 양식을 줌과 같이 내 입에서 나가는 말도 헛되이 내게로 돌아오지 아니하고 나의 뜻을 이루며 나의 명하여 보낸 일에 형통하리라 (이사야 55장 10-11절)

제자들이 두루 나가 전파할쌔 주께서 함께 역사하사 그 따르는 표적으로 말씀을 확실히 증거하시니라 (마가복음 16장 20절)

우리가 하루 세 끼, 건강에 필요한 음식을 먹고 씹으면서 그 맛을 압니다. 음식을 먹는 즐거움이 있습니다. 마찬가지로 하나님 말씀을 보고 들을 때, 그 맛을 알면 말씀이 주는 기쁨과 만족이 있습니다. 다윗 왕은 하나님 말씀이 얼마나 순결하고 진실한지 흙 도가니에 일곱 번 단련한 은 같다고 했습니다. 심령 안에 말씀이 들어오면 참 진리에 눈이 뜨이고, 오묘한 깨달음이 하나님 말씀을 기준으로 해서 생각하고 행동하게 하므로 인생에 질서를 세워줍니다. 말씀의 생명력 있는 순결함과 하나님 사랑을 만난 영혼은 하나님을 높이고 경외하게 됩니다. 하나님 앞에서 즐거워하고 감사하며 기뻐하고 경배하는 예배자로 살아갑니다.

하나님 말씀은 살았고 운동력이 있습니다. 논과 밭에 농작물의 씨앗이 심어지면, 싹이 나고 잎이 자라서 열매를 내는 것처럼 하나님 말씀을 마음 밭에 믿음으로 받으면, 그 말씀이 우리 마음에서 일하고 삶에서 역사를 일으킵니다. 우리가 건강을 위해 좋은 음식을 먹듯이, 하나님께서 천국 가는 영혼의 건강을 위해 영의 양식으로 주신 말씀을 먹으면서 믿음이 자랍니다. 하나님의 거룩한 말씀을 통해 하나님의 마음을 알고 하나님을 경험합니다. 믿음과 소망과 사랑으로 더 보배롭고 존귀하게 됩니다. 영원하신 하나님을 모시는 삶은 영원히 시들지 않고 죽지 않습니다.

1월 12일

진정한 행복과 승리

여호와께서 우리 의를 드러내셨으니 오라 시온에서 우리 하나님 여호와의 일을 선포하자 (예레미야 51장 10절)

우리 주 예수 그리스도로 말미암아 우리에게 이김을 주시는 하나님께 감사하노니 (고린도전서 15장 57절)

우리의 영혼이 하나님과의 관계에서 샬롬의 평안을 누림은 큰 복입니다. 하지만 그것이 세상 사람들이 보는 잣대로는 대단해 보이지 않으므로 대개는 복으로 인정하지 않습니다.

그러나 인생의 진정한 성공은 다른 데 있지 않습니다. 모든 것에 모든 것이 되시고 신실하신 하나님 말씀 따라 하나님과 동행하는 삶에 있습니다.

만약 오랜 세월 동안 신앙생활을 했는데, 봉사와 구제와 선교 등 다른 것은 다 잘해도 죄를 끊지 못한다면 승리가 아닙니다. 성숙한 믿음의 승리는 죄를 끊고, 죄지을 마음도 아예 없고, 죄를 미워하고, 죄의 그림자라도 싫어하는 경건과 거룩함으로 사는 것입니다. 인생의 진정한 승리가 거기에 있으며, 진정으로 행복한 삶의 바탕이 됩니다.

약속을 지키시는 하나님

하나님은 인생이 아니시니 식언치 않으시고, 인자가 아니시니 후회가 없으시도다. 어찌 그 말씀하신 바를 행치 않으시며 하신 말씀을 실행치 않으시랴 (민수기 23장 19절)

여호와께서 이스라엘 족속에게 말씀하신 선한 일이 하나도 남음이 없이 다 응하였더라 (여호수아 21장 45절)

사람의 생각과 마음은 변덕스러울 때가 많습니다. 고마운 마음에 고마운 마음을 표현하려고 마음먹지만, 깜빡 잊고 지낼 때도 있습니다. 약속을 하고도 '내가 언제 그랬을까?' 하는 식으로 저버리기도 합니다. 그러나 하나님께서는 진실하시고 신실하십니다. 믿음과 순종으로 섬기는 우리의 정성을 결코 잊지 않으십니다. 하나님 말씀 순종하기 위해 손해 본 일을, 십자가에 세상 재미와 자존심을 못 박고 말씀 편에 선 일을, 자기를 위해 안 쓰고 하나님 나라를 위해 선한 일을 위해 내놓은 물질을, 교회의 현관에 헝클어져 있는 신발을 정리하고 바닥에 떨어진 휴지를 줍는 손길을, 아무도 보지 못했지만 하나님은 보시고 상을 약속하시고 갚아주십니다.

하나님께서는 89세까지 출산하지 못했던 사라에게 1년 후에 아들이 있으리라 약속하시고, 1년 후에 정확히 이삭을 주셔서 웃게 하셨습니다. 불가능한 일이 없으신 하나님께서는 생물학적으로는 임신할 수 없는 나이였지만 약속을 하셨고, 그 약속을 지키신 것입니다. 하나님은 지금도 우리에게 말씀하시고 이루십니다.

우리도 때로는 어떤 약속을 받고 이루실 것을 기대하고 기도하며 기다릴 때가 있습니다. 하나님과 바른 관계에서 좀 더딜지라도 반드시 이루시는 하나님을 신뢰하고 바라면, 생각지 않은 방법으로 이루십니다.

기도에 귀 기울이는 하나님

여호와께서 내 음성과 내 간구를 들으시므로 내가 저를 사랑하는도다 그 귀를 내게 기울이셨으므로 내가 평생에 기도하리로다 (시편 116편 1-2절)

기도에 항상 힘쓰고 기도에 감사함으로 깨어 있으라 (골로새서 4장 2절)

하나님은 우리의 기도에 귀 기울이십니다. 우리의 형편과 필요와 염려할 수밖에 없는 상황을 모두 아십니다. 또한 그 상황을 대하는 우리의 생각과 마음과 자세와 반응하는 모습도 다 아십니다. 그런데 이 모든 것을 아시면서도 아무것도 모르시는 것처럼 기도로 구하기를 원하시는 이유는 우리와 친밀한 교제를 원하셔서입니다.

십자가에서 피 흘리시고 죽임당하신 예수님의 희생으로 인하여 하나님께서는 사막 같은 우리의 영혼과 삶에 생수가 흐르게 하십니다. 홍해를 갈라서 길을 내시며, 철옹성 같은 문제의 여리고 성을 무너뜨리십니다.

그러므로 우리가 하나님 뜻대로 살고, 어떤 상황에서도 믿음과 끈기로 낙심하지 않고 기도할 때 승리합니다. 삶에 새로운 시야와 새로운 의미가 열리면서 무거운 짐도 기쁨이 되고, 염려와 근심이 소망이 되며, 심령에 흐르는 평강을 누리게 됩니다. 시기하고 비교하고 욕심을 내서가 아니라 선하신 하나님을 붙잡았기 때문입니다. 하나님께서 묶임을 푸시고 눌림을 몰아내시며 자유케 하셨기 때문입니다. 항상 기도와 말씀으로 무장하고 깨어 있을 때 어둠이 감히 틈 못 보고 사단이 넘보지 못하는 전인적인 승리로 여호와 샬롬의 참 만족을 누리게 됩니다.

굳게 잡아야 할 진리의 말씀

훈계를 굳게 잡아 놓치지 말고 지키라 이것이 네 생명이니라 (잠언 4장 13절)

내 계명을 가지고 지키는 자라야 나를 사랑하는 자니 나를 사랑하는 자는 내 아버지께 사랑을 받을 것이요 나도 그를 사랑하여 그에게 나를 나타내리라 (요한복음 14장 21절)

이 세상은 죄로 물들어 있습니다. 마귀는 하나님 백성이 죄짓고 하나님 눈 밖에 나기를 벼르고 벼릅니다. 유혹하고 시험합니다. 마귀는 예수님도 유혹했습니다. 예수님은 마귀의 유혹을 모두 하나님 말씀으로 이겼습니다. 믿음 생활 잘하고 평소에는 온전했던 사람도 깨어있지 않으면 마귀가 던져놓은 미끼에 순식간에 걸려들 수 있습니다.

하나님께서 예수님의 희생을 통해 영생천국 본향을 준비하셨습니다. 천국은 구원의 확신이 있다고 해서 가는 것이 아닙니다. 교회 다니고도 천국 문에 들어가지 못하고 이를 갈고 슬피 운다면 그보다 더한 비극은 없을 것입니다. 천국은 예수님을 믿고 예수님 이름과 피를 의지하고 말씀 순종해야 들어갈 수 있고, 죄를 짓고 죄를 사함받지 못하면 갈수 없는 곳입니다.

하나님께서는 하나님의 계명을 지켜 행하는 사람을 기뻐하시고 생명과 복을 주십니다. 우리가 좌로나 우로나 치우치지 않고 하나님 말씀으로 삶의 중심을 잡아서 온전하게 살라고 하십니다. 어떤 목적지를 찾아갈 때 주소가 적힌 종이를 손에 꼭 쥐고 있어야 바르게 찾아갈 수 있는 것처럼 생명의 말씀을 삶의 기준으로 굳게 붙들어야 합니다. 하나님 말씀을 마음 판에 잘 새기고 말씀을 지키며 사는 지혜가 필요합니다. 생명의 길입니다. 죄 사함받고 죄를 멀리하고 살 때 승리하고, 영원히 웃게 됩니다.

의인이 받는 복

저는 시냇가에 심은 나무가 시절을 좇아 과실을 맺으며 그 잎사귀가 마르지 아니함 같으니 그 행사가 다 형통하리로다 (시편 1편 3절)

의인은 종려나무같이 번성하며 레바논의 백향목같이 발육하리로다 여호와의 집에 심겼음이여 우리 하나님의 궁정에서 흥왕하리로다 늙어도 결실하며 진액이 풍족하고 빛이 청청하도다 (시편 92편 12~14절)

하나님은 복의 근원이십니다. 복은 영적인 복과 육적인 복이 있습니다. 하늘의 신령한 복과 이 땅의 기름진 복이라고 합니다. 예수님을 믿는 그 누구도 하나님께서 주시는 구원의 복과 형통의 복을 받기 원하지 않은 사람은 없습니다. 그런데 하나님께서 주시는 복은, 우리가 복을 달라고 많은 기도를 해서 받는 것이 아니라 하나님 말씀과 하나님 뜻대로 살아온 결과로 주어지는 것입니다. 이 세상 태어나 가장 큰 복을 받은 사람은 어느 나라 대통령도, 돈 많은 재벌도, 유명한 사람도 아닙니다. 예수님을 믿고 복 받기 위해 열정적으로 기도하고 예배드리는 신앙인도 아닙니다.

하나님 보실 때 복 있는 사람은 하나님을 경배하며 말씀대로 살기 위해 예배드리고 하나님 뜻대로 살기 위해 기도하며, 잘못된 점은 회개하고 죄와 허물을 사함받는 사람입니다. 이 세상에서 거룩함을 이루며 하나님의 임재가 함께하므로 인도와 보호가 따르는 삶을 누립니다. 뿐만 아니라 영원토록 보장된 최고의 복인 천국을 받아 누리게 됩니다. 예수님 안에서 변화 받고 새로워진 의인에게 주시는 복입니다.

진실하고 복된 소식

내가 그들에게 한 마음과 한 도를 주어 자기들과 자기 후손의 복을 위하여 항상 나를 경외하게 하고 내가 그들에게 복을 주기 위하여 그들을 떠나지 아니하리라 하는 영영한 언약을 그들에게 세우고 나를 경외함을 그들의 마음에 두어 나를 떠나지 않게 하고 내가 기쁨으로 그들에게 복을 주되 정녕히 나의 마음과 정신을 다하여 그들을 이 땅에 심으리라 (예레미야 32장 39~40절)

하나님이 세상을 이처럼 사랑하사 독생자를 주셨으니 이는 저를 믿는 자마다 멸망치 않고 영생을 얻게 하려 함이니라 (요한복음 3장16절)

  세계 각국에서 거짓 소문과 거짓 뉴스가 돌아다님으로 몸살을 앓고 있습니다. 미국. 독일 같은 선진국에서도, 우리나라에서도 거짓말들이 진짜처럼 나돕니다. 사람들이 듣는 소식들도 거짓말이 많습니다. 가짜 뉴스, 가짜 정보, 그런 거짓말들이 끔찍하고 싫습니다. 거짓의 아비는 마귀이며, 마귀 말은 악이고 저주이기 때문입니다. 거짓은 결코 참이 될 수 없습니다.

  하나님께서는 시편과 이사야와 미가 등 구약선지자들을 통해 예언하신 구세주 예수님을 우리에게 보내주셨습니다. 예수님이 다시 오시기까지 천지는 없어지더라도 하나님의 약속하신 말씀은 일점일획도 변함이 없이 모두 이루십니다. 하나님께서 언약하신 약속은 진실하십니다.

  참 진리이신 예수님은 믿는 자에게 복된 소식입니다. 삶과 영혼에 풍성한 생명을 줍니다. 죄와 거짓을 버리고 바르게 살아갈 힘을 주고, 사망권세와 저주를 끊고 생명의 빛을 비추어 참 소망을 주며 마음을 기쁘게 합니다. 우리에게 생명의 빛으로 오신 예수님은 선하고 거룩하며 의로우시며, 길과 진리와 생명이시기 때문입니다.

하나님을 바라고 평안하라

내 영혼아 네가 어찌하여 낙망하며 어찌하여 네 속에서 불안하여 하는고 너는 하나님을 바라라 나는 내 얼굴을 도우시는 내 하나님을 오히려 찬송하리로다 (시편 42장 11절)

평안을 너희에게 끼치노니 곧 나의 평안을 너희에게 주노라 내가 너희에게 주는 것은 세상이 주는 것 같지 아니하니라 너희는 마음에 근심도 말고 두려워하지도 말라 (요한복음 14장 27절)

평소에 그 누구보다도 씩씩하고 밝고 잘 나가던 사람도 슬럼프에 빠져 마음이 내려앉을 때가 있습니다. 믿었던 사람에게 배신을 당하기도 하고, 건강에 문제가 생기기도 하고, 하나님 말씀대로 살고는 싶은데 잘 되지 않아서 죄책감으로, 그리고 미래에 대한 막연한 불안감이 엄습할 때 낙심하기 쉽습니다. 또 예수님 믿는 것을 조롱하고 비방하는 사회 분위기가 실망스러울 때도 있습니다.

힘들지만 이럴 때가 하나님을 신뢰하고 믿음을 인정받을 기회입니다. 평안할 때나 낙심될 때 무엇보다 중요한 것은 하나님과 바른 관계입니다. 하나님의 도우심으로 믿음의 훈련을 통과하면서 하나님을 알고 그 사랑에 감사해서 웃게 되기 때문입니다.

하나님께서 약속하신 말씀이 우리의 생명이고 빛이며 능력입니다. 천지를 말씀으로 창조하신 하나님이 생명이시고, 빛이시고 힘이 되시므로 말씀을 들을 때 마음에 어둠과 무거움이 사라집니다. 그래서 우리의 마음은 사람들의 어떤 말과 세상의 뉴스나 풍문이 아니라 하나님 말씀을 붙들 때 평안을 누립니다. 예수 그리스도 안에서 누리는 평안이며 세상이 줄 수 없는 은혜입니다.

영생의 샘물이신 예수님

명절 끝 날 곧 큰 날에 예수께서 외쳐 가라사대 누구든지 목마르거든 내게로 와서 마시라 나를 믿는 자는 성경에 이름과 같이 그 배에서 생수의 강이 흘러나리라 (요한복음 7장 36~37절)

성령과 신부가 말씀하시기를 오라 하시는도다 듣는 자도 오라 할 것이요 목마른 자도 올 것이요 또 원하는 자는 값없이 생명수를 받으라 하시더라 (요한계시록 22장 17절)

사람 몸의 70%가 물로 되어 있습니다. 건강을 유지하기 위해서는 음식과 함께 물을 잘 마셔야 합니다. 그래서 사람들은 깨끗하고 좋은 물을 마시기 위해 애씁니다. 하물며 영원한 운명을 좌우하는 영혼의 건강은 얼마나 중요한지 모릅니다. 깨끗하고 좋은 생수가 육신의 건강을 위해 필요한 것처럼, 영혼의 건강을 위해서는 영생의 샘물이 필요합니다.

예수님은 십자가에서 로마 군병의 창에 옆구리를 찔리셨고 피와 물을 쏟으셔서 인류를 살리는 구원의 생수가 되셨습니다. 영생의 샘물이십니다. 우리가 예수님을 먹고 마실 때, 즉 예수님의 말씀을 듣고 순종할 때 영혼의 목마름이 적셔집니다.

하지만 이단이나 거짓 선지자가 성경을 잘못 풀어서 전하는 것은 생수가 아니라 미혹으로 오염된 물입니다. 마시면 마실수록 영이 미혹되고 빗나가며 영혼을 죽입니다. 그러므로 영혼이 건강하고 잘 되려면 무엇보다도 성경에 충실한 가운데 하나님 말씀을 배우고 순종하고 기도하고 신령과 진정으로 예배하며 예수님 이름을 높이고 살아가야 합니다. 이렇게 예수님으로 채워지는 삶을 살 때, 더 이상 세상의 좋아 보이는 것 때문에 목마르지 않습니다. 마음 깊숙한 곳에서 생수의 강이 흘러나오니 예수님 한 분으로 만족하고 감사하고 배부릅니다.

악은 모양이라도 버리는 능력

복 있는 사람은 악인의 꾀를 좇지 아니하며 죄인의 길에 서지 아니하며 오만한 자의 자리에 앉지 아니하고 (시편 1편 1절)

범사에 헤아려 좋은 것을 취하고 악은 모든 모양이라도 버리라 (데살로니가전서 5장 22절)

악하고 음란한 세상입니다. 유명인들의 삶에 감춰진 더러움들이 추악한 모습으로 만천하에 드러나 충격을 주고 있습니다. 재능을 가지고 돈을 벌고 인기를 누리는 과정에서 죄와 정욕 덩어리가 된 것입니다. 한번 주어진 인생을 얼마든지 가치 있게 살 수 있었음에도 불구하고 인생을 낭비하고, 추하게 산 것입니다.

사람의 생각과 마음은 무엇을 담고 어떤 의지로 행하느냐에 따라 삶이 하늘과 땅처럼 차이 납니다. 생각과 마음에 거룩하신 하나님 말씀을 담고 바르게 행하면 깨끗하게 삽니다. 더러움과 악을 모양이라도 버리는 힘이 생기고, 영적 안목이 밝아지므로 저절로 경건한 삶의 정신과 올바른 중심을 갖게 됩니다. 하나님 말씀이 악의 정체를 보게 하고, 건강한 의지가 마귀의 함정에 빠지지 않게 해 주기 때문입니다.

간혹 말씀을 많이 알고 있는 사람도 죄악에 빠지는 일을 봅니다. 머리와 입으로는 하나님을 믿어도 정작 마음 깊은 곳으로는 하나님을 두려워하지 않고 사랑하지 않으며 하나님을 인식하지 않은 까닭입니다. 하나님 말씀이 마음에 살아있지 않고 순종의지가 박약하므로 마귀시험에 넘어가는 것입니다. 그러므로 우리가 그 무엇보다도 하나님의 말씀을 잘 듣고 행하며, 더러움과 악과 구별된 삶을 살 힘을 기를 때 진정으로 복 있는 사람이 됩니다.

악한 사람을 대하는 자세와 지혜

여호수아가 그들을 불러다가 일러 가로되 너희가 우리 가운데 거주하거늘 어찌하여 우리는 너희에게 심히 멀다 하여 우리를 속였느냐 그러므로 너희가 저주를 받나니 너희가 영영히 종이 되어서 다 내 하나님의 집을 위하여 나무패며 물 긷는 자가 되리라 (여호수아 9장 22~23절)

여호와 앞에 잠잠하고 참아 기다리라. 자기 길이 형통하며 악한 꾀를 이루는 자를 인하여 불평하여 말지어다 (시편 37장 7절)

어떤 사람이 악을 행하는 것을 볼 때, 분노와 비판이 생기는 것이 당연한 거 같습니다. 그런데 하나님은 불평하지 말라고 하십니다. 물론 하나님께서 그들의 악을 무조건 용서하시겠다는 뜻이 아니지만, 우리가 그들을 향해 분노하고 미워할 때 증오심이 생기므로 우리의 마음과 영혼이 상처받기 때문입니다.

우리가 어떤 사람을 볼 때 나쁜 사람인지 좋은 사람인지 알아보는 것은 쉽지 않습니다. 긴 시간을 두고 지켜보아야 합니다. 하나님의 종 여호수아가 기브온 거민들의 나쁜 꾀에 속임 당한 것만 봐도 그렇습니다. 여호수아는 며칠 후, 자신이 사람 보는 분별이 없었다는 사실을 깨닫고 기도하며 기브온 거민들에게 응분의 조치를 취했습니다.

우리가 때로 상대하는 사람이 어떤 사람인지 분별을 못 해서 속임 당하고 상처받을 때, 사람 보는 눈 없는 것을 깨닫고 기도하면, 하나님은 그 일을 통해 더 선명한 분별력을 갖추게 해주십니다. 세상에 선하고 좋은 사람도 많습니다. 선하고 좋은 사람들과 가까이하는 것이 복이고, 악한 사람은 피하는 것이 지혜입니다.

영원한 동반자

여인이 어찌 그 젖 먹는 자식을 잊겠으며 자기 태에서 난 아들을 긍휼히 여기지 않겠느냐 그들은 혹시 잊을지라도 나는 너를 잊지 아니할 것이라 내가 너를 내 손바닥에 새겼고 너의 성벽이 항상 내 앞에 있나니 (이사야 49장 15~16절)

내가 너희에게 분부한 모든 것을 가르쳐 지키게 하라 볼지어다 내가 세상 끝날까지 너희와 항상 함께 있으리라 하더라 (마태복음 28장 20절)

하나님은 사람이 혼자 살지 않고 함께 살도록 섭리하셨습니다. 아담에게 돕는 배필을 주셔서 가정을 이루게 하셨고 또 교회를 세우셨습니다. 그리고 사회공동체를 이루게 하셨습니다. 그래서 우리는 사회 유기적 관계로 살아갑니다. 부모님과 형제와 자녀와 친구와 이웃 등으로 연결된 사람들이 소중하기만 합니다.

그런데 그렇게 소중한 사람들도 영원히 함께하지 못합니다. 언젠가는 서로가 영원히 헤어지고 떠날 때가 있습니다. 아무리 사랑하고 아끼며 가까이 있어도 영원히 함께할 수는 없습니다. 그런 우리에게 영원한 동반자가 계십니다. 어제나 오늘이나 영원토록 변함없으신 하나님이십니다.

하나님께서는 오늘도 자녀 된 우리가 어디에 있든지 무엇을 하든지 함께하시기를 기뻐하시고 즐거워하십니다. 이 세상 끝날까지, 그리고 우리 각자의 죽음의 순간과 그 이후 영원까지 변함없는 사랑으로 완벽하고 영원한 동반자 되시는 하나님과 오늘도 예수 그리스도 안에서 친밀한 동행을 원합니다.

답답한 상황에서 필요한 시선

우리가 사방으로 우겨쌈을 당하여도 싸이지 아니하며 답답한 일을
당하여도 낙심하지 아니하며 (고린도후서 4장 8절)

믿음의 주요 또 온전케 하시는 예수를 바라보자 그는 그 앞에 있는
기쁨을 위하여 십자가를 참으사 부끄러움을 개의치 아니하시더니
하나님 보좌 우편에 앉으셨느니라 (히브리서 12장 2절)

아무리 강해 보이는 사람도 질그릇처럼 깨지기 쉽습니다. 사소한 일로
마음이 상하고 어려움이 닥치면 위기를 느끼고 비틀거리기 쉽습니다. 이럴
때 시선을 어디에 두느냐는 매우 중요합니다. 예수님만 바라보고 물 위를
걸었던 베드로가 풍랑을 보고 무서워 빠져갈 때, 자신이 처한 상황을 알고
곧바로 예수님을 찾았고 건짐 받았습니다.

우리가 인생이라는 배를 타고 항해를 할 때 주변 환경과 안 되는 일을
바라보고 초점 맞추면 불만이 생기고 답답하고 심란해지기 쉽습니다. 또
문제가 태산처럼 보이면 두려움의 바다로 가라앉을 거 같은 위기감을 느
낍니다. 그러나 상황이 어떨지라도 상황 너머에 역사하시는 예수님을 바라
보면 마음이 안정됩니다. 예수님께서 주시는 새 힘을 얻어서 다시 인내할
수 있고 소망을 갖게 되는 은혜입니다.

그러므로 우리는 어떤 답답한 상황에 처할지라도 움츠러들지 말고, 믿음
의 주요 온전케 하시는 예수님을 믿고 의지해야 합니다. 그렇게 할 때, 예
수님께서 다가오시고 힘을 주십니다. 손을 잡아 일으키시고 힘겨운 상황을
뛰어넘고 승리하도록 역사해주십니다.

기도와 응답을 기다리는 은혜

구하는 이마다 받을 것이요 찾는 이는 찾아낼 것이요 두드리는 이에게는 열릴 것이니라 (누가복음 11장 10절)

기도를 계속하고 기도에 감사함으로 깨어 있으라 (골로새서 4장 2절)

성경에는 기도에 대한 말씀들이 많습니다. 기도의 중요성, 기도하라는 권면, 기도에 대한 교훈과 약속들입니다. 또 기도로 승리한 사람들을 만날 수 있습니다. 환도 뼈가 부러지기까지 하나님과 씨름했던 야곱, 우상 앞에 절하는 것을 거절하고 하루 세 번 하나님 앞에 무릎 꿇고 기도했던 다니엘, 양치기로 있을 때나 왕이 되어서나 변함없이 하나님을 향한 절대적인 신뢰와 사랑으로 기도했던 다윗, 갈멜산에서 바알과 아세라 선지자 850명과 대결할 때 기도 응답으로 하늘에서 불이 내려 승리했던 엘리야, 빌립보에서 예수님을 전하고 선한 일 하다가 감옥에 갇혔지만, 감옥에서도 기도하고 찬양했던 바울과 실라. 이들은 모두 기도로 승리했습니다.

우리가 하나님의 자녀 된 것은 큰 특권이고, 말로 표현할 수 없을 만큼 큰 은혜입니다. 뿐만 아니라 예수님 이름으로 기도하고 하나님의 응답을 기대하고 기다릴 수 있다는 사실이 얼마나 감사한지요. 그럼에도 응답이 더디면 기다림이 힘들어 지치기도 합니다. 기도할 마음이 사라지기도 합니다. 불신과 원망으로 마음이 어두워지고 어찌해야 할지 막막해집니다. 그럼에도 포기하지 말고 꾸준히 기도해야 합니다. 기도는 내 뜻을 이루는 것이 아니라 하나님 뜻을 이루려는 것이기 때문입니다. 시간이 지나면 하나님의 주권 안에서 일의 전체 흐름을 이해하게 됩니다. 가장 유익한 쪽으로 인도하신 하나님의 사랑을 알고 화창한 마음으로 기뻐하고 감사하게 됩니다. 응답이 늦어진 것도 하나님 뜻하심이 있는 것이고, 우리가 생각한 대로 응답이 안 되는 것도 하나님의 선하신 뜻이라는 사실을 압니다. 우리가 어떤 상황이든지 하나님의 선하심을 믿으며 포기하지 않고 기도할 때 성령께서 도와주십니다.

재물에 대한 탐심과 그 열매

또 내가 내 영혼에게 이르되 영혼아 여러 해 쓸 물건을 많이 쌓아 두었으니 평안히 쉬고 먹고 마시고 즐거워하자 하리라 하되 하나님은 이르시되 어리석은 자여 오늘 밤에 네 영혼을 도로 찾으리니 그러면 네 예비한 것이 뉘 것이 되겠느냐 하셨으니 자기를 위하여 재물을 쌓아 두고 하나님께 대하여 부요치 못한 자가 이와 같으니라 (누가복음 12장 19~21절)

탐심은 우상숭배니라 (골로새서 3장 5절)

성경은 우리 인생을 잠깐 보이다가 사라지는 안개와 같으며 하루 동안에 무슨 일이 있을지 알 수 없으니 내일 일을 자랑하지 말라 합니다. 그런데 우리는 보통 천년만년 살 것처럼 생각하고 이 세상의 소욕에 이끌리고 재물에 욕심을 내고 삽니다. 그래서 영적인 눈이 흐려지고 마음이 어두워집니다. 재물에 욕심부리게 되고 하나님보다도 돈이 더 귀해집니다. 부자는 더 부자가 되려는 욕심에 법을 어기므로 법의 심판을 받기도 합니다.

하나님보다 더 중요하게 생각하고 섬기고 의지하는 그 무엇은 하나님 보시기에 우상이며, 탐심은 곧 우상숭배입니다. 하나님의 진노하심이 있습니다.

그럼에도 우리는 어떤 상황에서 자신도 모르게 욕심을 갖게 되고 탐심을 따라 살기 쉽습니다. 그러므로 자기도 모르는 형태로 깊숙이 내재되어 있다가 기회가 되면 다양한 상황에서 모습을 드러내는 욕심과 탐심을 물리쳐야 합니다. 자신도 모르게 이끌리는 욕망들과 재물에는 부요하고, 하나님과 하나님의 뜻을 순종하는 데는 무관심하며 부요치 않은지 살펴야 합니다. 하나님의 도우심을 요청하며 다스리며 내려놓고 사는 삶이 지혜롭습니다.

빈틈없이 돌보시는 하나님

내가 산을 향하여 눈을 들리라 나의 도움이 어디서올꼬 나의 도움이
천지를 지으신 여호와에게서로다 (시편 121편 1-2절)

너희 염려를 다 주께 맡겨 버리라 이는 저가 너희를 권고하심이니라
(베드로 전서 5장 7절)

하나님께서는 우주 천체를 만드시고 만물을 다스리실 뿐 아니라, 지구
를 움직이시며 온 인류의 모든 것을 아시고 감찰하시며 만사를 운행하십니
다. 과학 자료에 의하면 지구의 무게는 6,000,000,000,000,000,000,000(0이
무려 21개입니다)톤으로 추정된다고 합니다. 또 지구의 기울기는 정확히 23
도인데, 이 기울기가 조금만 틀어져도 북극이나 남극 중에 한쪽 극이 녹아
서 온 인류가 물에 잠길 것이라고 과학자들은 말합니다. 그런데 한쪽으로
기울지 않을 뿐만 아니라 엄청난 속도로 회전하는데도 아직까지 지구에
태어난 사람 중에서 어느 한 사람도 지구 밖으로 튀어나가지 않았습니다.
지구를 만드신 하나님께서 안전하게 운행하시기 때문입니다.

이보다 더 놀랍고 경이로운 사실은, 이렇게 상상할 수 없을 만큼 어마어
마하게 광대하신 하나님께서 오늘도 우리를 섬세한 은혜로 돌봐주신다는
것입니다. 하나님께서는 오늘도 예수 그리스도 안에서 믿음으로 경건하게
하나님 뜻대로 살려고 하는 사람의 걸음을 인도하시고, 인생길 가는 동안
어둠 가운데 빠지지 않도록 빛을 밝혀 주십니다.

또한 우리의 신음소리도 아시는 하나님께서는 우리가 믿음으로 드리는 기
도를 모두 들으시며, 하나님 뜻대로 행하는 사람의 기도는 결코 헛되지 않
습니다. 빈틈없이 돌보시는 하나님께로부터 오는 은혜와 응답이 있습니다.

성경의 가치를 아는 지혜

너희가 성경에서 영생을 얻는 줄 생각하고 성경을 상고하거니와 이 성경이 곧 내게 대하여 증거하는 것이로다 (요한복음 5장 39절)

모든 성경은 하나님의 감동으로 된 것으로 교훈과 책망과 바르게 함과 의로 교육하기에 유익하니 (디모데후서 3장 16절)

성경은 이 지구상에 책이 생긴 이후로 지금까지 가장 많이 팔린 책이고, 사람들이 가장 많이 사는 책입니다. 이 사실도 놀랍지만 그보다도 놀라운 것은 성경이 사람에게 주는 유익한 가치와 생명입니다. 성경에는 어떤 것으로도 해결할 수 없는 죄 사함과 구원문제와 영원한 운명에 대한 답을 담고 있기 때문입니다.

A. W. 토저 목사님은 성경의 가치를 깨닫게 되는 것에 대해 다음과 같이 말했습니다.

'성령 충만한 사람은 말씀이 꿀 송이처럼 달게 느껴진다. 왜냐하면 성령님이 성경을 기록하셨기 때문이다. 우리가 아담의 영으로써는 성경을 읽을 수 없는데, 성경은 하나님의 영의 감동을 받은 사람들에 의해 기록된 것이기 때문이다. 세상의 영은 성경의 가치를 알지 못한다. 우리로 하여금 성경의 가치를 제대로 깨닫게 해 주시는 분은 바로 성령님이시다.'

그러므로 우리가 성경의 가치를 알고 가까이하며 사는 것은 복되고 참으로 지혜롭습니다. 겸손한 마음으로 성경을 자주 읽고 교훈을 받으며 책망과 바른다짐을 할 때, 영혼과 삶이 생명의 빛으로 환해집니다.

우리의 손에 들려진 성경은 하나님의 놀라운 선물입니다. 그 이상의 보물은 없습니다. 또한 성경의 가치를 아는 우리가 살아가는 동안 해야 할 일 중의 하나는 우리가 믿고 있는바 성경의 진리를 증거하는 것입니다.

믿음을 통해 일하시는 하나님

예수께서 이르시되 할 수 있거든이 무슨 말이냐 믿는 자에게는 능치 못할 일이 없느니라 (마가복음 9장 23절)

믿음이 없이는 기쁘시게 못하나니 (히브리서 11장 6절)

　설교의 황태자로 불리며 기독교 역사의 한 페이지를 장식했던 영국의 목회자 찰스 스펄전 목사님이 믿음에 대해 다음과 같이 말했습니다.

　"믿음은 축복을 받을 수 있는 유일한 수단입니다. 진실로 믿는 사람이 간절히 드리는 기도만이 하나님의 보좌로부터 응답을 끌어내릴 수 있습니다. 믿음은 우리 영혼과 주님 사이를 오가는 천사와 같습니다. 그 천사가 뒤로 물러가면 기도를 올려보낼 수도 없고 기도에 대한 응답을 받을 수도 없습니다. … 믿음은 지옥의 권세들을 물리치도록 도와줍니다. … 바다물결처럼 요동하는 사람은 주께로부터 그 무엇도 받을 것을 기대하지 말라고 하셨습니다! 당신의 믿음을 잘 지켜보십시오. 제아무리 가난해도 믿음이 있다면 모든 것을 얻을 수 있으나, 믿음이 없이는 그 무엇도 얻을 수 없습니다."

　주변에 보면 하나님을 믿고 싶어도 믿음이 안 생겨 신앙을 갖지 못하는 사람들도 있습니다. 그런 경우를 볼 때 믿음이 이 세상 어떤 것보다도 더 가치 있고 너무나도 중요하기 때문에 안타깝습니다. 우리에게 믿음을 선물로 주신 하나님께 감사드리며 우리 삶의 구체적인 상황들과 일들 앞에서 하나님의 역사하심을 믿습니다. 때로는 믿음 없음을 고백하고 믿음 주시기를 기도하면서 진실 된 믿음으로 우뚝 서야 합니다. 없는 것을 있게 하고 불가능한 것을 가능케 하시는 분은 하나님밖에 없습니다. 우리가 삶 가운데 구름이 둘러싸여 있을 때나 환한 햇살이 비출 때나 어떤 상황에서도 믿음의 밧줄을 놓지 않고, 꾸준한 믿음으로 하나님께서 뜻하시는 변화를 이루면, 영육 간에 베푸시는 은혜와 복을 마음껏 받아 누리게 하십니다.

기도의 중요성과 실행

나 주 여호와가 말하노라 그래도 이스라엘 족속이 이와 같이 자기들에게 이루어 주기를 구하여야 할지라 (에스겔 36장 37절)

너희가 얻지 못함은 구하지 아니함이요 (야고보서 4장 2절)

우리는 기도가 얼마나 중요한지 잘 알고 있습니다. 그런데 기도는 기도에 대한 지식과 그 중요성을 알고 있는 것으로 되지 않습니다. 본인의 진실된 마음을 담아 실제적으로 기도해야 합니다.

다른 사람이 우리 대신 중보기도는 해 줄 수 있지만, 하나님께서 본인으로부터 받기 원하시는 마음이 담긴 인격과 믿음의 기도를 대신해 줄 수는 없습니다. 하나님께서는 각 사람의 목소리와 중심을 받으시며, 각 사람과 인격적이고 살아있는 교제를 원합니다. 그러므로 "내가 기도를 하지 않아도 부모가 해주고 목회자가 해 주므로 든든하다. 하나님이 주시기로 계획하셨으면 주실 것이다."라는 생각은 절반만 맞다고 할 수 있습니다.

성경은 우리가 얻지 못하는 까닭은 구하지 않기 때문이라고 합니다. 또 구하면 주신다는 말씀은 기도하지 않으면 주시지 않겠다는 뜻도 됩니다. 그러므로 자신의 기도시간과 자리를 정하고 하나님을 인격적으로 찾고 뜻하심을 사모하며 기도해야 합니다. 이렇게 기도할 때 하나님과 친밀한 관계를 누릴 수 있으며, 때가 되면 하나님의 뜻 안에서 응답하심을 경험합니다.

믿음으로 순종하는 삶의 승리

믿음이 없어 하나님의 약속을 의심치 않고 믿음에 견고하여져서 하나님께 영광을 돌리며 약속하신 그것을 또한 능히 이루실 줄을 확신하였으니 그러므로 이것을 저에게 의로 여기셨느니라 (로마서 4장 20~22절)

믿음은 바라는 것들의 실상이요 보지 못하는 것들의 증거니 선진들이 이로써 증거를 얻었느니라 (히브리서 11장 1~2절)

믿음은 하나님의 주권과 창조주 되시고 구속 주 되시며 심판 주 되심을, 그 하나님이 실제적으로 자신과 함께하시며 친근한 아버지시고 선한 분이시며 죄와 악을 미워하시는 분이심을 믿습니다. 그리고 믿음으로 사는 삶은 예수님의 십자가 희생을 통해 죄에서 구원하신 하나님 은혜를 알고 하나님 말씀과 성령님의 인도하심과 감동 감화에 순종하며 의롭게 진실하게 깨끗하게 삽니다. 하나님의 판단은 항상 옳으며 우리를 인도하시고 지도하시며 하나님의 도우심은 항상 가까이 있고 믿음으로 구하고 찾는 자만이 도우심을 받을 수 있다는 사실을 믿고 삽니다.

믿음의 조상 아브라함은 하나님이 부르실 때 갈 바를 알지 못했지만 오직 하나님을 믿는 믿음과 순종함으로 나갔습니다. 우리도 장래 영원한 기업으로 받을 땅인 천국에 들어가기까지 믿음의 여정을 걸어갑니다. 눈에 보이는 것을 그대로 보는 것이 아니라 눈에 보이지 않는 하나님을 바라보는 것처럼 믿고 그 약속의 말씀을 붙들고 갑니다. 어려움도 있고, 시험도 만나고, 훈련도 받고 영적 혼란과 싸움도 있습니다. 이 모든 장애물을 뛰어넘고 이기는 능력은 하나님을 믿는 믿음과 순종에서 옵니다. 하나님께서는 이런 믿음을 기뻐하시고. 믿음으로 드리는 기도에 응답하시며 믿음으로 행하는 순종을 기쁘게 받으시고 축복하십니다.

계명 순종과 평강의 복

여호와께서 자기 백성에게 힘을 주심이여 여호와께서 자기 백성에게 평강의 복을 주시리로다 (시편 29장 11절)

무엇이든지 구하는 것을 그에게 받나니 우리가 그의 계명들을 지키고 그 앞에서 기뻐하시는 것을 행함이라 (요한1서 3장 22절)

살아가면서 다른 사람과의 관계가 중요하며, 소통이 원활하게 이루어질 때 삶이 즐겁고 평안하고 행복합니다. 하물며 사람을 창조하시고 구속하시고 심판하실 하나님과의 관계가 얼마나 중요한지는 더 말할 것도 없습니다.

우리의 영혼 구원뿐만 아니라 살아가는 데 있어서 필요한 모든 좋은 것이 하나님께로부터 옵니다. 하나님과 화평할 때 마음이 기쁘고 하늘 문이 열리며 하나님이 준비하신 은혜와 예비하신 복을 받아 누릴 수 있습니다. 우리는 항상 하나님을 사랑하고 하나님과의 바르고 화평한 관계에 힘써야 합니다. 계명을 순종하며 믿음과 기도로 살아야 합니다.

만일 죄와 불순종으로 하나님과의 관계가 막히면 어둠이 자리하는데, 이 어둠은 우리 인생 가운데서 평안을 깨뜨리고 두려움과 불행과 저주를 초래합니다. 하나님께서는 계명을 순종하는 백성에게 힘과 평강의 복을 주신다고 약속하셨습니다. 평강의 복은, 평안하지 않으려야 않을 수 없고 기쁘지 않으려야 않을 수 없는 은혜이고, 힘이며 환경과 상관없는 평안입니다.

February **2**월

순종의 훈련을 통한 은혜

"네 하나님 여호와께서 이 사십 년 동안에 너로 광야의 길을 걷게 하신 것을 기억하라 이는 너를 낮추시며 너를 시험하사 네 마음이 어떠한지 그 명령을 지키는지 아니 지키는지 알려 하심이라" (신명기 8장 2절)

하루하루를 복되게 사는 법

소망의 하나님이 모든 기쁨과 평강을 믿음 안에서 너희에게 충만케 하사 성령의 능력으로 소망이 넘치게 하시기를 원하노라 (로마서 15장 13절)

술 취하지 말라 이는 방탕한 것이니 오직 성령의 충만을 받으라 (에베소서 5장 18절)

그리스도인이 하루하루를 가장 복되게 사는 방법이 있습니다. 그것은 하나님의 말씀을 듣고 기도하며 성령 충만을 받아 사는 것입니다. 성령 충만은 하나님께서 성도에게 주시는 성령님의 감동 감화하심과 인도하시고 역사하심을 말합니다. 하나님의 손에 있는 것을 원하기보다는 하나님을 원하며 전심으로 하나님을 바랄 때 성령 충만함을 받습니다. 성령 충만을 받으면 성령께서 성도를 주관하시므로 성령님의 지배 아래 있게 됩니다. 그래서 옛 본성 자아에 의한 자기 생각과 주장으로 사는 것이 아니라 하나님의 뜻대로 인도를 받아 살게 됩니다. 하나님 보다 앞서가지 않고 인도하심을 순종합니다.

그리고 성령 충만하면 하나님으로 채워지므로 더 이상 바랄 것이 없을 만큼 만족하고 행복하므로, 하나님 나라와 하나님의 일에 관심이 많이 갑니다. 천국의 왕이신 예수님이 주인 되시므로 이 땅에서도 의와 희락과 평강을 누립니다. 하루하루가 믿음 안에서 기쁨과 평강으로 충만하고, 소망이 넘칩니다. 오늘 여기, 하루를 복되게 살면서 자연스럽게 영원을 준비하는 삶이 됩니다.

성령 충만한 삶의 목적은 이 땅에서 부자 되고 사역에 성공하고 능력 받고 유명해지는 것이 아닙니다. 신기루 같은 짧은 인생에 보화를 쌓으며 자기를 위해 살기보다는 하나님께서 기뻐하시는 일을 구하고, 그 일을 이루는 일에 시간과 물질과 재능을 드리며 삽니다.

하나님의 고귀한 사랑에 대한 감사

긍휼에 풍성하신 하나님이 우리를 사랑하신 그 큰 사랑을 인하여 허물로 죽은 우리를 그리스도와 함께 살리셨고 너희가 은혜로 구원을 얻은 것이라 (에베소서 2장 4-5절)

보라 아버지께서 어떠한 사랑을 우리에게 주사 하나님의 자녀라 일컬음을 얻게 하셨는고, 우리가 그러하도다 그러므로 세상이 우리를 알지 못함은 그를 알지 못함이니라 (요한1서 3장 1절)

예수님은 우리를 죄에서 구원하시기 위해 하늘 영광 보좌를 버리셨습니다. 낮고 천한 이 땅에 육신을 입고 오셔서 십자가에 달려 죽으시고 피를 흘리셨습니다. 우리를 자녀 삼으시려고 죽기까지 희생하신 그 사랑을 어떤 말로 이루다 표현할 수 없습니다. 이 세상과 하늘을 통틀어 가장 크고 고귀한 희생적 사랑, 십자가 사랑입니다. 사람이 그 사랑을 알면 내가 가진 것 앞세우고 내 만족을 위해 살 수 없습니다. 내 욕심, 내 자랑, 내 만족을 구하는 것이 부끄럽습니다.

때로 성령님의 감동 감화 인도하심으로 하나님께 드릴 기회가 오면 순종이 결코 부담스럽지 않습니다. 마땅히 드려야 할 것으로 알고 감사드립니다. 마음과 몸과 물질과 시간을 드리고, 더 드리고 싶은데 형편 안 되니 못 드리는 아쉬움이 있을 때는 옷깃을 여미는 겸손으로 주님을 우리러 봅니다.

온 우주를 통틀어서, 하늘과 이 땅에서 예수님 사랑보다 고귀하고 진실 되고 뜨거운 사랑은 없습니다. 죄인 된 인간을 구원하시려고 찾아오신 크고 극진한 사랑이고 희생적 사랑, 우리 사람의 지식으로는 그 사랑의 깊이와 높이와 넓이를 도저히 헤아릴 수 없습니다. 이 세상에 있는 모든 지식을 뛰어넘는 사랑, 그 깊고 높고 넓은 하나님 사랑에 마음 깊숙이 감사하며 경배합니다.

열매 없는 무화과나무

이른 아침에 성으로 들어오실 때에 시장하신지라 길가에서 한 무화
과나무를 보시고 그리로 가사 잎사귀밖에 아무것도 얻지 못하시고
나무에게 이르시되 이제부터 영원토록 네게 열매가 맺지 못하리라
하시니 무화과나무가 곧 마른지라 (마태복음 21장 18-19절)

모든 과일나무가 그렇듯이 무화과나무도 열매를 맺기 위해 존재합니다.
길 가시다가 잎이 무성한 무화과나무를 보신 예수님은 열매를 기대하셨습
니다. 그런데 열매가 없는 것을 보시고 영원히 열매를 맺지 못할 것이라고
저주하셨습니다. 그 무화과나무는 예수님말씀 한 마디에 곧 말라버렸습니
다. 말씀으로 천지를 창조하신 예수님께서 말씀하신 대로 된 것입니다. 예
수님이 하신 말씀 한 마디에 나무가 말라 버린 것은 예수님이 전능자이시
며 심판 주이신 것을 알려 줍니다.

우리가 예수님을 믿고 예수님께 붙어서 생명의 진액을 먹고 자라서 의의
나무가 되면 저절로 열매를 맺습니다. 철을 따라 열매를 맺고 그 잎사귀가
마르지 않습니다. 그러나 삶이 불의하다면 열매가 없을 것입니다. 이파리
가 나고 꽃피고 열매 맺을 정도로 자랐을지라도, 죄와 불의로 인하여 하나
님으로부터 떨어져서 뿌리가 뽑히므로 영이 죽어서 열매를 맺지 못하는
상태가 되는 것입니다. 또한 예수님 당시 유대인들처럼 형식적이고 종교적
이고 외식적인 믿음으로 산다면, 삶의 잎사귀는 무성할지라도 주님이 원하
시는 열매는 맺을 수 없습니다.

사람도 겉보기에는 화려해 보여도 쓸모없는 사람이 있고, 겉보기에는 빈
약해 보여도 알차고 영글어 요긴한 사람이 있습니다. 우리의 신앙이 혹시
라도 사람들의 인정도 받고 종교적 활동은 많은데, 예수님이 저주하신 무
화과나무처럼 잎사귀만 무성한 모습으로 살아가고 있지는 않은지. 아무쪼
록 예수님께서 언제라도 우리의 곁을 지나가시다가 다가오셔서 열매를 찾
으실 때, 열매 있는 나무로 발견되기 원합니다.

순종과 아름다운 소산의 복

우리가 우리 하나님 여호와의 목소리를 청종하면 우리에게 복이 있으리이다 (예레미야 42장 6절)

너희가 즐겨 순종하면 땅의 아름다운 소산을 먹을 것이요 (이사야 1장 19절)

옛말에 역천자는 망하고 순천 자는 흥한다는 말이 있습니다. 하늘의 뜻을 거스르는 자는 망하고, 하늘의 뜻을 받드는 자는 잘 된다는 말입니다. 지금 세상은 하나님 말씀과 뜻에 순종하는 것에는 관심이 없습니다. 그 대신 자기 계발에 힘쓰며 눈에 띄는 어떤 능력이나 성공이나 업적을 중요하게 여기고 가치 있게 평가합니다.

하나님께서 우리에게 바라고 원하는 것은 세상적인 화려한 출세나 성공이나 성취가 아닙니다. 우리 자신의 진실 된 마음과 순종입니다. 때로는 이 사실을 알면서도 순종이 쉽지 않습니다. 순종에는 자신을 포기해야 하고 손해를 볼 때도 있기 때문입니다. 그러나 자기 생각으로는 순종이 어렵지만, 기도하면서 하나님 편에 서서 믿음으로 순종하고 나면 알게 됩니다. 하나님께서 얼마나 순종을 기뻐하시고 순종하는 자녀를 귀히 여기시는지를.

하나님은 하나님 말씀에 순종하는 우리를 대신해서 싸우십니다. 대적하는 원수를 대신해서 싸우시고 발로 밟으심으로 보호하십니다. 그래서 결국은 하나님이 보내시는 복이 영혼과 삶 가운데 임하고 삶의 여정에서 구원을 이루어 나가는 열매를 누리게 되는 것입니다.

그러므로 우리가 자신이 무얼 얻으려고 하는 것보다 하나님께서 진정으로 원하시는 것이 무엇인지 추구하며 말씀과 성령의 인도를 따라 당장에는 힘들어 보이더라도 순종하고 살 때, 하나님께서 주시는 진정한 복과 쉼과 평안을 누릴 수 있습니다.

스트레스의 해악과 해결책

내 육체와 마음은 쇠잔하나 하나님은 내 마음의 반석이시요 영원한
분깃이시라 (시편 73편 26절)

너희로 내 안에서 평안을 누리게 하려 함이라 (요한복음 16장 33절)

스트레스는 어떤 상황에서 감정적 정서적으로 압박을 받는 상황을 말합
니다. 우리는 이런저런 일로 스트레스를 받을 수밖에 없는 세상에서 살아
갑니다. 스트레스는 유익을 주는 '유스트레스'와 해악을 주는 '디스트레스'
가 있습니다. 사람에게 좋은 '유스트레스'는 약간의 긴장감을 통해 삶에 건
강과 활력과 성장을 줍니다. 그러나 나쁜 "디스트레스'는 몸에 독을 뿌립
니다. 그 독은 살모사가 내뿜는 독보다도 훨씬 더 독하고 해롭다고 합니다.
몸과 정신과 감정에 구석구석 파괴적인 영향을 주기 때문입니다. 우리가
스트레스를 받았다고 말할 때는, 어떤 사람이나 상황 때문에 근심이 되고
화도 나고 불만스럽고 짜증이 나고 원망스럽다는 뜻입니다. 보통 과로로
근육통이 있을 때는 몸의 오른쪽 부분이 아프고, 스트레스가 원인일 때는
왼쪽 부분이 아프다고 합니다.

스트레스를 잘 풀어서 날려 보내려고 여러 방법을 찾는 것도 필요합니
다. 그보다 더 절실한 것은 하나님께 기도하고 하나님의 도우심을 구하면
서 해결 받는 것입니다. 하나님께 인정받고 사랑받았던 요셉과 다윗과 엘
리야 같은 성경의 주인공들도 억울하게 고통받고 압박받았습니다. 그들은
그런 스트레스를 하나님을 의지하고 기도하고 탄원 드리면서 이겨냈습니
다. 그 과정을 통하여 자유함을 누렸으며 하나님께 소망을 두게 되고 믿음
이 더 견고해졌습니다. 우리가 때로 원치 않은 나쁜 스트레스 때문에 마음
과 기분이 상해서 불안하고 압박받을 때 하나님께 나아가 조목조목 기도
하면 됩니다. 하나님은 포근한 손길로 마음을 어루만지시고 위로하시며 새
힘을 주십니다.

하나님의 주권을 믿는 믿음

사람의 마음에는 많은 계획이 있어도 오직 여호와의 뜻이 완전히 서
리라 (잠언 19장 21절)

이는 만물이 주에게서 나오고 주로 말미암고 주에게로 돌아감이라
(로마서 11장 36절)

우리가 인생의 계획을 세우고 살아가지만, 계획대로 안 될 때가 많습니
다. 우리 인생에는 사람이 생각할 수 없는 힘이 존재하는데, 하나님이 절대
적 주권으로 섭리하신 대로 이끄시기 때문입니다.

선택은 우리 자신의 의지로 하지만 하나님이 인생 전체의 행복을 주관
하십니다. 일반적인 행복의 조건을 다 갖춘 사람이 불행하고, 불행하게 보
이는 환경에서 사는 사람이 어려움을 뛰어넘고 행복하게 사는 것을 봅니
다. 환경과 상관없이 행복하게 사는 사람은 하나님 말씀에 붙잡고 하나님
을 의지하고 살기 때문입니다.

하나님은 하나님을 의지하고 말씀 붙잡고 사는 사람에게 힘과 도움이
되십니다. 인생에 향하신 하나님의 주권을 믿고 살되, 나 몰라라 하고 그냥
있으면 안 됩니다. 하나님을 의지하고 지혜를 구하면서 믿음과 순종과 의
지적인 결의로 힘껏 노력하며 살아야 합니다. 그럴 때 환경과 운명을 돌파하
며 초월해서 살 힘을 얻습니다. 하나님이 주시는 은혜로, 성령님의 능력이 함
께하기 때문입니다. 겸손하고 온유한 마음으로 하나님의 주권을 인정하고
믿으며, 믿음으로 최선의 삶을 살아갈 때 매 순간 함께하시고 도우십니다.

조심해야 할 함정

무릇 지킬 만한 것보다 더욱 네 마음을 지키라 생명의 근원이 이에서 남이니라 (잠언 4장 23절)

또 간음치 말라 하였다는 것을 너희가 들었으나 나는 너희에게 이르노니 여자를 보고 음욕을 품은 자마다 마음에 이미 간음하였느니라 만일 네 오른 눈이 너로 실족케 하거든 빼어 내어버리라 네 백체 중 하나가 없어지고 온 몸이 지옥에 던지우지 않는 것이 유익하니라 (마태복음 5장 27-29절)

하나님 말씀은, 많은 인간관계에서 남성과 여성의 올바르지 못한 관계는 불을 품고 있고 숯불을 밟고 있는 것과 같아서 인생 전체가 타버리는 무서운 죄이며 멸망의 함정이라고 말씀합니다. 그래서 무엇보다도 생명의 근원인 마음을 잘 지키라 합니다. 마음을 지키면 살고 마음을 지키지 못하면 죽는다는 뜻입니다. 그러므로 우리는 조심하고 조심하면서 유혹의 대상은 무조건 피하고 그런 환경은 멀리해야 합니다. 예수님께서 말씀하신 간음의 범위는 행위로 범죄한 것은 물론이고 마음으로부터 부적절한 욕망을 품은 것도 해당합니다. 간음과 음행 죄는 하나님의 법을 범하는 큰 죄로 회개하고 철저히 돌이키지 않으면 온몸이 지옥에 던지워지는 무서운 죄입니다.

평생 쌓아 올린 업적과 명예를 한꺼번에 잃고 패가망신 당하는 사람들을 봅니다. 날마다 들려지는 소식이 그렇습니다. 모든 신망을 잃어버리고 손가락질받고 수치와 욕을 당하고 인생 전체를 망쳐버립니다. 견디지 못하고 자살로 세상을 떠난 사람도 있습니다. 이 세상의 타락이 소돔과 고모라 때와 같아서, 간음과 음행 죄를 짓는 사람이 그만큼 많다는 증거입니다. 이런 일들을 보면서 세상 환경이 그만큼 더러워져 있다는 사실과 죄의 유혹에 빠지게 하는 무서운 함정이 어떤 것인가에 대한 교훈을 받고 범사에 하나님을 인식하며 경건한 경각심을 가지고 깨어 있어야 합니다.

교만과 불순종의 힘

너희는 무지한 말이나 노새같이 되지 말지어다. 그것들은 재갈과 굴레로 단속하지 아니하면 너희에게 가까이 가지 아니하리로다 (시편 32장 9절)

온유한 자는 복이 있나니 저희가 땅을 기업으로 받을 것임이요 (마태복음 5장 5절)

짐승 중에 말이나 노새가 고집을 잘 부린다고 합니다. 앞으로 나아가야 할 때 가지 않고 그 자리에서 버티기를 잘합니다. 짐승의 그런 모습을 보는 주인은 속이 타고 화가 나서, 그런 짐승의 고집을 꺾으려고 재갈과 굴레로 단속하고 채찍질로 내리칩니다. 노새가 고집을 부리는 것은 눈앞에 보이는 욕심 때문인데, 사람으로 말하면 자아입니다. 그래서 우리도 때로는 고집스러움이 말이나 노새 같은 수준에 이를 때가 있습니다. 하나님 앞에서 부모나 스승이나 상관 앞에서 따지고 대들고 판단하며 자기주장을 펼칩니다. 겉으로는 고분고분 듣는 것 같을 때도 속으로는 자기 생각에 날을 세웁니다. 쉽게 고쳐지지 않습니다. 하나님의 징계가 따르기도 합니다.

사람은 누구나 진실 된 회개로 하나님이 은혜 주셔서 근본부터 수술받기 전에는 새로워 질 수 없습니다. 자신도 모르게 무의식 깊이 뿌리내려서 세력화되어 높아져 있는 교만과 불순종의 힘 때문입니다. 그런 힘은 대적하는 영으로 거역과 불순종을 낳고, 그 열매는 상처와 고생뿐입니다. 그러므로 자신을 진실하게 직면하고 변화 받는 것이 필요합니다.

복은 하나님으로부터 오고 위로부터 내려오므로 위의 권세에 순종할 때 자연스럽게 잘 됩니다. 하나님께서 그렇게 되도록 질서를 세우셨기 때문입니다. 온유한 자가 하나님이 준비하신 땅을 차지합니다. 또 복이 들어왔다가 튕겨 나가지 않습니다. 위로부터 임하는 복을 감사히 받아 담을 준비가 된 까닭입니다.

2월 9일

위로하시는 하나님

내 속에 생각이 많을 때에 주의 위안이 내 영혼을 즐겁게 하시나이다 (시편 94편 19절)

찬송하리로다 그는 우리 주 예수 그리스도의 하나님이시요 자비의 아버지시요 모든 위로의 하나님이시며 (고린도후서 1장 3절)

살아가면서 어려운 일 당하지 않은 인생이 없고, 그럴 때는 진정한 위안이 필요합니다. 그런데 사람들은 힘든 일을 만나도 위로의 하나님으로부터 위안을 찾기보다는 다른 데서 찾는 경우가 많습니다. 사람에게 다가갔다가 오히려 실망하기도 합니다. 또는 어떤 문화 매체나 자연을 찾아 잠시 위안을 얻기도 하지만 금세 공허해집니다.

하나님은 마음을 다해 하나님을 찾는 백성을 위로하십니다. 어떤 상황에서든지 하나님 말씀과 성령의 도우심안에서 위로를 찾으면, 성령의 임재로 아늑한 포근함을 느낄 수 있습니다. 능력의 손으로 짐을 맡아 주시고 강하게 붙들어 주십니다. 치유되고 회복되며 깊은 평안이 있습니다.

우리는 예수 그리스도 안에 있는 은혜로 각자의 삶에서 이미 하나님의 위로를 경험했습니다. 낙심되고 좌절할 때 상한 마음 가까이 다가오셔서 싸매시고 보살펴주신 경험은 소중하고, 잊을 수 없는 은혜입니다. 자기 백성을 위로하시는 하나님, 그 하나님의 위로는 마르지 않는 샘처럼, 언제나 변함없는 안위와 평온함이 있습니다.

세상 지혜와 하나님의 지혜

지혜를 얻은 자와 명철을 얻은 자는 복이 있나니 이는 지혜를 얻는 것
이 은을 얻는 것보다 낫고 그 이익이 정금보다 나음이니라 지혜는 진
주보다 귀하니 네가 사모하는 모든 것으로도 이에 비교할 수 없도다
(잠언 3장 13-15절)

너희 중에 누구든지 지혜가 부족하거든 모든 사람에게 후히 주시고
꾸짖지 아니하시는 하나님께 구하라 그리하면 주시리라 (야고보서 1
장 5절)

지혜는 지식과 다릅니다. 지식은 어떤 것을 이해하고 아는 것이지만, 지혜
는 이해하고 아는 것을 가지고 일을 명확하게 처리할 수 있는 능력입니다.

지혜는 세상적인 지혜와 하나님의 지혜가 있습니다. 또한 참 지혜와 거
짓 지혜가 있습니다. 세상 지혜는 세상 이치를 잘 파악해서 민첩하게 움직
이게 하는 힘이 있습니다. 세상 지혜는 돈도 잘 벌고 학벌도 좋게 하고 출
세도 하게 하므로 현실적으로 보면 세상 지혜가 더 유익합니다. 눈에 보이
는 것들을 쉽게 얻으므로 좋아 보입니다.

그러나 하나님의 지혜는 하나님 말씀을 배우는 것이고 감춰져 있으며
눈에 보이지 않습니다. 눈에 보이지 않지만 눈에 보이는 세상 지혜와는 비
교할 수 없을 만큼 귀합니다. 그 능력이 전능하신 하나님께로부터 오며, 하
나님 말씀을 깨닫게 하고 영원한 생명을 누리게 하기 때문입니다.

지혜의 근본이고 원천이신 하나님께서 주시는 지혜는, 우리가 이 세상에
서 사모하고 갈망하는 그 어떤 것과 도무지 비교할 수 없을 만큼 귀하고
복된 것입니다. 하나님을 경외하는 자에게 이 지혜를 주신다고 하셨으며,
자신의 지혜 없음을 알고 구하는 사람에게 주신다고 약속하셨습니다. 우
리는 이 세상 지혜가 아니라 하나님의 지혜를 사모해야 합니다. 세상 지혜
에는 둔하더라도, 하나님의 지혜에는 밝은 자가 되기 원합니다.

믿음은 모든 자의 것이 아닙니다

나를 보내신 아버지께서 이끌지 아니하시면 아무도 내게 올 수 없으니 오는 그를 내가 마지막 날에 다시 살리리라 (요한복음 6장 44절)

믿음은 모든 사람의 것이 아니니라… 주께서 너희 마음을 인도하여 하나님의 사랑과 그리스도의 인내에 들어가게 하시기를 원하노라 (데살로니가후서 3장 1~5절)

우리가 어떤 경로로 예수님을 믿게 되었던지 예수님을 믿고 살아가는 성도가 된 것은, 특별하고 놀라운 은혜를 입은 것입니다. 금보다도 더 귀한 믿음을 갖게 된 것이 말할 수 없이 큰 은혜입니다. 하나님께서 이 우주의 동에서 서에서, 모래 알보다도 더 많고 많은 사람들 중에서, 뽑고 뽑아서 불러주시고, 믿음의 영을 주셔서 예수님을 믿도록 섭리하시고 역사해 주신 사랑 때문입니다.

이렇듯 믿음은 누구나 가질 수 있는 것이 아니며, 믿음이 성장하는 과정도 그렇습니다. 또한 우리 힘으로는 끝까지 믿음의 경주를 하며 살 수도 없습니다. 하나님의 은혜로 가능합니다. 이끄시고 돌보시고 베푸시는 그 은혜 때문에 넘어지지 않고, 혹 넘어지더라도 다시 일어서서 하나님 사랑과 예수 그리스도의 인내를 배우며 자라갑니다. 하나님 말씀의 거울과 성령님의 조명하심에 자신을 비추어 보고, 부족한 부분을 알고 좀 더 성숙해지기를 원하고 기도하며 살아갑니다.

이런 믿음의 결국은 영혼 구원입니다. 놀라운 구세주, 우리 주이신 예수님이 십자가에서 피 흘리시고 죽기까지 감당하신 속죄를 힘 입음에서 입니다. 이리도 보배로운 믿음과 믿음의 삶을 주신 하나님께 감사드립니다. 험한 세상사는 동안 죄짓고 타락하고 구원의 반열에서 탈선하므로 사단에게 삼키움 받지 않도록, 늘 강한 팔로 붙들어 주시고 믿음의 경주에서 승리하게 하시는 능력의 하나님을 의지합니다.

하나님 은혜를 잊지 않는 삶

오직 너는 네 마음을 힘써 지키라. 두렵건대 네가 그 목도한 일을 잊어 버릴까 하노라. 두렵건대 네 생존하는 날 동안에 그 일들이 네 마음에서 떠날까 하노라 (신명기 4장 9절)

혹 내가 배불러서 하나님을 모른다 여호와가 누구냐 할까 하오며 (잠언 30장 9절 상반절)

사람 마음은 참 간사해서 어렵고 고통스러울 때는 하나님을 찾고 순종도 잘합니다. 기도하고 부르짖으면 하나님께서 인자와 긍휼을 베푸셔서 기도 응답도 주시고 문제도 떠나가고 먹고살 만하고 편안하고 환경이 유복해집니다.

문제는 병들었을 때 건강 주시면 더 감사하고 더 잘 섬길 것 같았는데, 건강해지니 좋은 것 먹고 놀러 다니고 더 건강해지려고 신경 쓰는데 몰두해서 하나님의 뜻을 찾기보다는 건강 자체를 위해 살아간다는 것입니다. 가난했을 때 하나님이 물질 주시면 더 잘 섬길 것 같았는데, 물질 주시니 하나님 기뻐하시는 일에 관심두기보다는, 등 따습고 배불러 만족하면서 더 만족할 만큼 모아두기에 바쁘다는 것입니다.

이렇게 사람은 어렵다가 하나님 은혜로 잘 나가면 자신도 모르는 사이에 하나님을 잊어버리기 쉽습니다. 감사할 줄도 모르고 하나님을 향한 마음도 냉랭해지고 신앙생활도 흥미가 없습니다.

그러므로 두렵건대 편안하고 잘 될 때, 하나님을 모른 체하므로 하나님 마음을 거스를까 조심해야 합니다. 하나님이 엎으시면 모든 것이 곧바로 끝나는 것이 인생이기 때문입니다. 하나님께서 복을 주셔서 형통하고 건강하고 유복해져도 마음을 힘써 지킴으로, 어려울 때 베푸신 하나님 은혜를 잊지 않고 감사드리며 살아야 합니다.

하나님의 주권과 인생의 필연

마음의 경영은 사람에게 있어도 말의 응답은 여호와께로서 나느니라
(잠언 16장 1절)

참새 두 마리가 한 앗사리온에 팔리는 것이 아니냐 그러나 너희 아버지
께서 허락지 아니하시면 그 하나라도 땅에 떨어지지 아니하리라 (마태
복음 10장 29절)

살아가다 보면 기대하고 예상했던 일이 빗나가서 실망스러울 때가 있고, 우연이라고 할 수밖에 없는 일로 인해 놀라기도 합니다. 사람이 볼 때 실망스럽지만 실망의 이면에 다른 뜻이 있고, 사람이 볼 때 우연 같지만 세상에 우연은 존재하지 않습니다.

모든 일이 필연에 의해서 일어납니다. 이 세상의 모든 것의 주인은 만물을 창조하신 창조주 하나님이시고 그 외에 모든 것은 피조물이므로, 창조주 하나님이 모든 것을 다스리시기 때문입니다. 한 앗사리온에 팔리는 참새의 목숨까지도 하나님이 주관하시고, 참새 한 마리가 땅에 떨어지는 것도 우연이 아닙니다. 우리 각 개인의 모든 일도, 자연 만물의 변화도, 천국도, 천사도, 악한 자도, 마귀도, 지옥도 하나님이 통치하십니다. 모든 나라의 흥망성쇠와 모든 사람의 생사화복도 하나님의 주권적 통치 아래서 필연적으로 일어납니다.

이렇게 만사가 하나님의 허용하심 가운데 운행되고 일이 나타납니다. 그러므로 우리는 좋은 일이라고 너무 좋아할 일도 나쁜 일이라고 너무 낙심할 일도 아니며, 우연처럼 발생하는 상황에서 하나님의 뜻하신 바를 헤아리고 기도하며 겸손하게 살아가야 합니다.

우리가 할 일은 모든 일에 하나님을 인정하고 감사하며, 최선을 다하고 하나님께 맡기며, 선하고 의롭게 사는 것. 이것이 믿음의 삶이며, 하나님께서 그 중심을 기쁘게 받으십니다.

우선순위 실행의 중요성

내가 여호와께 아뢰되 주는 나의 주시오니 주밖에는 나의 복이 없다 하였나이다 (시편 16장 2절)

너희는 먼저 그의 나라와 그의 의를 구하라 그리하면 이 모든 것을 너희에게 더하시리라 (마태복음 6장 33절)

신앙생활에서 우선순위를 어떻게 두느냐는 중요합니다. 예수님을 주인으로 모시고 우선으로 섬기며 산다고 하면서도 실천은 부족하고, 지적인 동의나 생각에 머무를 때가 많습니다.

공부 잘하는 학생과 공부 못하는 학생에게 다른 점이 있다고 합니다. 공부 잘하는 학생은 마음먹은 대로 노력하지만, 공부 못하는 학생은 공부하기 위한 계획은 철저히 세우지만 공부는 하지 않는다는 것입니다.

신앙생활에서도 생각으로 마음으로는 하나님이 우선이심을 잘 알고 있고 고백도 하지만, 실제로 행하지 못할 때가 많습니다. 하루를 시작하고 마무리할 때, 먼저 짧은 시간이라도 하나님께 기도드리는 시간이 소중하고 그 기도를 하나님께서 귀하게 받으신다는 것을 알면서도 잘 안 됩니다. 또 하나님 은혜를 받았을 때 먼저 마음을 다하여 하나님께 감사하는 일이 하나님을 기쁘시게 하고 자신에게 복이 된다는 사실을 알면서도 쉽게 하지 못합니다. 생활이 분주하다는 이유로, 또 그렇게 하지 않아도 괜찮다고 여기고 지나치므로 그냥 그렇게 삽니다.

하지만 하나님은 작은 것일지라도, 진실 된 생각과 뜻과 마음이 표현된 정성을 귀하게 받으십니다. 마음을 원하시고 귀히 보시기에 잠깐이라도 교제를 원하시고, 감사드리는 표현을 기뻐 받으십니다.

갑질하는 여성과 현숙한 여성

아름다운 여인이 삼가지 아니하는 것은 마치 돼지 코에 금고리 같으
니라 의인의 소원은 오직 선하나 악인의 소망은 진노를 이루느니라
(잠언 11장 22-23절)

고운 것도 거짓되고 아름다운 것도 헛되나 오직 여호와를 경외하는
여자는 칭찬을 받을 것이라 (잠언 31장 30절)

모 재벌의 부인과 두 딸의 갑질 사건으로 인하여 연일 시끄럽습니다. 국
민들이 분노하는 것은 직원들을 도구로 여겨 노비 다루 듯한 데다가, 그 가
정에 숨겨진 더러운 탐욕이 넘치는 오물처럼 터져 나와 악취를 풍기기 때
문입니다.

예수님을 믿으면 권력이 없이도, 화려한 보석으로 꾸미지 않아도 자신이
얼마나 가치 있고 소중한 존재인지 알게 됩니다. 그래서 인정받기 위해 자
기 존재를 과시하지 않습니다. 행동을 함부로 하지 않고 삼가며 사람을 존
중합니다. 예수님 십자가 사랑 안에서 발견한 자신의 가치를 알기 때문에
다른 사람을 볼 때도 그 사람이 가진 것이나 배운 것이 아니라, 그 사람의
존재 자체를 존귀한 인격으로 대하는 것입니다.

재벌가의 여성들이 삼가지 않은 행동의 결과가 뒷감당이 되어 보이지 않
은 것은 당연한 결과입니다. 권력과 돈이 있다고 사람을 함부로 대하고 직
원을 사욕을 채우기 위해 이용한 행위로 인해 사회적 공분이 모인 것이며,
하늘의 진노가 쌓인 까닭입니다.

갑질로 지탄받는 재벌가 여성들을 보면서 교훈을 받습니다. 가진 것이
없어도 덕행 있는 현숙한 여성을 하나님이 얼마나 귀하고 아름답게 보시고
축복하시는지요.
참된 존중은 하나님을 경외하는 마음에서 흘러나옵니다. 하나님을 경외
하고 이웃을 차별하지 않으며 존중하는 현숙함으로 살아갑니다.

하나님의 법으로 구별된 삶

너는 이 진멸할 물건을 조금도 네 손에 대지 말라 그리하면 여호와께서 그 진노를 그치시고 너를 긍휼히 여기시고 자비를 더하사 너희 열조에게 맹세하심같이 네 수효를 번성케 하실 것이라 (신명기 13장 17절)

그러므로 주께서 말씀하시기를 너희는 저희 중에서 나와서 따로 있고 부정한 것을 만지지 말라 내가 너희를 영접하여 너희에게 아버지가 되고 너희는 내 자녀가 되리라 전능하신 주의 말씀이라 하셨느니라 (고린도후서 6장 17-18절)

하나님은 우리에게 지키고 살아야 할 법을 주셨습니다. 계명과 율례와 법도입니다. 우상숭배 버리고 욕심 버리고 이 세상 죄악에서 완전히 나와서 구별되게 살라고 주신 것입니다.

우리가 아무리 입으로는 믿음의 고백을 하고 열정을 표현하더라도 하나님이 싫어하시고 미워하시고 금하신 것을 가까이하면, 그 자체가 죄가 됩니다. 하나님을 잘 알고 믿는다고 하지만 죄인이 되는 것입니다. 영혼이 점점 더러워지고 혼탁해지며 하나님과 점점 멀어집니다. 그러므로 하나님의 법을 기준으로 하는 성결에 힘써야 합니다. 하나님께서 진멸하시고자 하신 대상과 함께 하지 말아야 합니다.

그러므로 눈에 보기 좋고 마음에 든다고, 또는 사람들이 다 좋아한다고 해도, 하나님이 불법이라 하신 것들은 가까이하지 말아야 합니다. 하나님 말씀에 비추어 보는 경건과 근신함으로 구별된 삶을 살면, 거룩하신 하나님의 영광이 함께 합니다. 삶에 평안과 행복이 있고 번성케 하시는 은혜가 있습니다.

믿는 자의 삶과 약속하신 복

나를 사랑하고 내 계명을 지키는 자에게는 천 대까지 은혜를 베푸느니라 (출애굽기 20장 6절)

완전히 행하는 자가 의인이라 그 후손에게 복이 있느니라 (잠언 20장 7절)

사람들은 누구나 복을 좋아합니다. 이 세상에 복 받기 싫어하는 사람은 한 명도 없을 것입니다. 성경에는 복을 주시겠다는 하나님의 약속들이 참 많습니다. 하지만 하나님께서 복을 주시겠다는 약속은 모두 조건적입니다. "만일 네가 이렇게~ 이렇게~ 하면 복을 주겠다."고 하신 것입니다. 하나님을 사랑하고 계명을 지키는 자에게 복을 주시는데, 후손 천대까지 주시겠다고 하셨습니다. 그런 까닭에 전 세계를 볼 때도 대체적으로 예수님을 믿는 나라들은 경제적으로 잘 살고, 예수님을 믿지 않고 우상숭배가 심한 나라들은 대개 찢어지게 가난합니다.

하나님 보실 때 믿는 자의 바른 삶, 즉 하나님을 사랑하고 순종하며 계명을 지키는 삶이 중요합니다. 그것은 예배드릴 때나 성경공부 할 때나, 성경을 많이 알고 깨닫는 데 있지 않습니다. 계명을 지키면 자기 영혼이 보호받지만, 행실을 삼가지 않고 마음대로 살면 큰 어려움에 빠질 수도 있습니다.

그러므로 우리는 하나님께서 말씀하신 계명을 지킴으로, 하나님께 사랑을 드리며 살아야 합니다. 하나님께서 기뻐하시는 복된 삶은 기독교 교리를 많이 알아서 가르치거나 성경 말씀을 줄줄 외워서 앵무새처럼 설파하는 데 있지 않습니다. 마음으로부터 변화를 받고 한 가지라도 하나님 말씀하신 대로 순종하고 살아가려고 힘쓰며 행동으로 실천하는 데 있습니다.

예수 그리스도 안에서의 참 소망

나의 영혼아 잠잠히 하나님만 바라라 대저 나의 소망이 저로 좇아 나
는도다 (시편 62편 5절)

환난은 인내를, 인내는 연단을, 연단은 소망을 이루는 줄 앎이로다.
소망이 부끄럽게 아니함은 우리에게 주신 성령으로 말미암아 하나
님의 사랑이 우리 마음에 부은 바 됨이니 (로마서 5장 3-5절)

이 세상을 사는 동안 이러지도 못하고 저러지도 못하는 답답한 일을 만
날 때가 있습니다. 바라던 직장을 얻지 못하거나, 믿었던 친구로부터 배신
감을 느끼기도 하고, 원하던 꿈이 물거품이 될 때면, 마음은 깨진 그릇처
럼 상처를 입습니다.

성경은 나그네와 같은 세상길에서 어려운 일 당하는 믿는 자들에게 하
나님 안에 있는 소망을 가지라고 격려합니다. 환난과 연단이 힘들더라도
우리 마음에는 하나님의 사랑이 부어졌기 때문에 그 과정을 통해 이루어
지는 소망이 결코 부끄럽게 하지 않는다고 약속합니다.

그러므로 어떤 어려운 일이 있더라도 하나님을 신뢰하고 기도할 때, 하
나님은 우리 앞을 가로막고 있는 장애물들을 무너뜨리시고, 변화된 성품
과 굳건한 믿음의 성숙과 변치 않는 참 소망을 주십니다. 변덕스럽고 허망
한 세상에서, 하나님의 완전하고 끝이 없는 사랑을 신뢰하며 살게 하신 은
혜가 얼마나 감사하고 영광스러운지 모릅니다. 헛되고 헛된 세상에서 세상
욕심에 취한 줄도 모르고 참 소망 없이 살면서 낫에 곡식이삭이 베임 당하
는 것처럼 인생이 끝나지 않습니다. 예수 그리스도 안에서 영원한 참 소망
을 붙들었기 때문입니다.

징계와 심판의 차이

저를 믿는 자는 심판을 받지 아니하는 것이요 믿지 아니하는 자는
하나님의 독생자의 이름을 믿지 아니하므로 벌써 심판을 받은 것이
니라 (요한복음 3장 18절)

내 아들아 주의 징계하심을 경히 여기지 말며 그에게 꾸지람을 받을
때에 낙심하지 말라 주께서 그 사랑하시는 자를 징계하시고 그의 받
으시는 아들마다 채찍질 하심이니라 (히브리서 12장 5~6절)

하나님의 징계와 심판은 다릅니다. 징계는 하나님의 자녀가 잘못된 길
로 갈 때 사랑하시므로 깨닫고 돌이키게 하시려고 매를 드시는 것입니다.
하나님의 진실된 자녀에게는 때로 징계가 있지만 심판은 없습니다. 예수님
이 십자가에서 죄를 짊어지시고 제물이 되시므로 영원한 대제사장이 되셔
서 속죄를 이루셨기 때문이며, 예수님을 믿고 순종할 때 속죄함을 받으므
로 정죄 받지 않기 때문입니다. 한량없는 은혜와 사랑이며, 말로 표현할 수
없고 갚을 길 없는 은혜입니다.

그러나 예수님을 믿지 않는 사람에게는 정죄함으로 오는 판결이 있습니
다. 이 세상에서 어떻게 살든 관여치 않고 내어버려 두심과 주님의 재림 때
음부와 함께 불 못으로 던져지는 심판입니다.

우리가 한 가지 꼭 기억해야 할 부분이 있습니다. 그것은 한때 잘 믿었지
만 예수님을 배신하거나 죄짓고 타락했을 때는 더 큰 심판이 있다는 사실
입니다. 하나님께서 받으실 만한 철저한 회개로 사함받지 않으면, 안 믿는
사람보다 더 크고 엄중하고 무서운 심판이 있습니다. 말할 수 없는 비극이
고 불행이며 무시무시한 형벌입니다. 이것은 사람의 예측이나 주장이 아니
라, 천지는 없어질지라도 일점일획도 땅에 떨어지지 않는 하나님 말씀이
진술하는 바입니다.

강청하는 기도와 인내하는 믿음

내가 너희에게 말하노니 비록 벗됨을 인하여서는 일어나 주지 아니할 지라도 그 강청함을 인하여 일어나 소용대로 주리라 (누가복음 11장 8절)

보라 인내하는 자를 우리가 복되다 하나니 너희가 욥의 인내를 들었고 주께서 주신 결말을 보았거니와 주는 가장 자비하시고 긍휼히 여기는 자시니라 (야고보서 5장 11절)

하나님께 기도하고 응답받으려면 믿음도 필요하지만 끈질긴 인내도 있어야 합니다. 강청하는 기도는 하나님이 기도를 들어주실 때까지 물러서지 않는 믿음의 자세이고 정신입니다. 하나님은 그런 믿음과 인내를 보시고 하나님의 때에 뜻 가운데서 풍성한 응답으로 축복을 베푸십니다.

그런데 우리는 보통 몇 번, 일주일, 한 달, 기도하다가 이루어지지 않으면 지쳐서 기도를 멈추고 마는 경우가 있습니다. 그러나 하나님은 어떤 일의 응답을 주시기까지 몇 년이라도 기도하며 기다리게 하시고 응답을 지연하실 때가 있습니다. 빨리 응답해 주시는 것이 그 사람의 영적 건강과 성숙에 유익이 없기 때문이며, 오랜 기도를 통해 본질적으로 변화 받고 새로워져 영적으로 건강한 삶을 살게 하고 싶으신 사랑이 있어서입니다.

그러므로 하나님으로부터 어떤 응답을 확실히 받고자 하면, 원하는 것이 이루어질 때까지 인내하는 믿음으로 기도해야 합니다. 믿음이 있을 때 인내할 수 있고, 기도를 포기하지 않습니다. 결국 하나님이 응답하시면, 그동안 빨리 이루어지지 않아서 겪은 인내의 고통을 보상하고도 남을 만한 복된 결말을 보게 됩니다. 그동안 응답이 없어도 포기하지 않고 하나님 뜻을 염두에 두고 강청하는 믿음의 기도를 하나님께서 다 들으시고 잊지 않으셨기에, 뚫리고 열리고 안겨지는 역사를 베풀어 주시는 것입니다.

태도와 자세의 중요성

겸손과 여호와를 경외함의 보응은 재물과 영광과 생명이니라 패역한 자의 길에는 가시와 올무가 있거니와 영혼을 지키는 자는 이를 멀리하느니라 (잠언 22장 4-5절)

그러므로 일렀으되 하나님이 교만한 자를 물리치고 겸손한 자에게 은혜를 주신다 하였느니라 (야고보서 4장 6절)

사람들의 자세나 태도는 교만인가 겸손인가로 분간하고 구분되어집니다. 이 부분이 하나님 앞에서도 사람 사이에서도 중요합니다. 사람은 대부분 자신도 모르는 사이에 마음가짐을 어떠한 자세나 태도로 표현하고 살아갑니다.

하나님은 교만한 자를 물리치시고 대적하십니다. 그냥 두시지 않고 끝까지 끝을 보시겠다는 뜻도 있습니다. 하나님께서 그만큼 교만을 싫어하시고 위험하므로 교만이 패망의 선봉이라고 합니다. 겸손은 자신을 바짝 낮추고 엎드리는 자세입니다. 초심을 잃지 않고 마음의 무릎을 꿇고 기도합니다. 그 누구라도 마음을 낮춰서 무릎 꿇지 않으면 겸손하기가 무척 어렵습니다.

어느 누구나 마음에서 우러나오는 자세와 태도가 진실되지 않고 바르지 않으면, 자신의 위치를 잃게 되고 방종하기 쉬우며, 많은 것을 잃게 됩니다. 그러나 '하나님 도와주세요.' 무릎 꿇으면 장애물을 물리쳐 주시고 승리케 하시고 복 주십니다. 교만하다고 당장 쓰러뜨리는 거 아니고, 겸손하다고 금방 복 주시는 거 아니지만 서서히 주십니다.

전지전능한 힘과 능력, 모든 것 가지신 하나님 앞에서는 내놓을 실력이나 좋은 머리 같은 것은 아무것도 필요 없습니다. 하나님이 기뻐하시는 겸손한 마음가짐과 태도와 자세가 중요합니다. 그러면 하나님께서 예비하신 복과 은혜를 다 얻게 되고, 이미 얻은 것도 잃지 않습니다.

우리를 성숙하게 하는 것들

오직 사랑 안에서 참된 것을 하여 범사에 그에게까지 자랄지라 그는
머리니 곧 그리스도라 (에베소서 4장 15절)

사계절 내내 맑은 날씨만 계속된다면 사막처럼 메마르겠지만, 비도 오고
바람도 불어서 식물도 싱싱하고 나무도 튼튼하게 자라는 것입니다. 만일
우리의 삶에 항상 좋은 일만 있다면 좋은 것이 좋은 줄 모르고 권태와 무
미건조함에 힘들어 할 것입니다. 고생을 일부러 원할 필요는 없지만, 사업
실패나 질병의 고통같이 예기치 않은 어려움을 만나, 아픔과 좌절을 겪으
면서 인내와 겸손과 사랑을 배웁니다. 또한, 우리는 모든 사람이 좋아하고
인정하므로 좋은 말과 칭찬만 듣고 살 수도 없고, 그럴 필요도 없습니다.
이런저런 갈등을 겪고 헤쳐나가면서 분별력도 향상되며, 다양한 상황과 감
정을 헤아리고 이해할 만큼 성숙해집니다. 만약 우리가 하나님이 아닌 자
신과 연관된 다른 사람들의 인정이나 성공을 하나님보다 더 중요하게 여기
고 산다면, 많은 일의 성취로 잠깐의 만족과 기쁨은 있을 수 있겠으나, 영
혼의 진정한 쉼은 있을 수 없습니다. 하나님께 초점 맞추고 그분의 인정하
심을 추구하며 살 때, 영혼의 안식과 참 평안함이 있습니다.

인생의 언젠가는 분명히 자신을 거쳐 간 환경과 사람에 대한 실망과 아
픔이 내면의 진정한 성숙을 위해 참으로 유익하고 복된 선물이었음을 알
고 진심으로 감사하게 됩니다. 그뿐만 아니라 때로는 훈계와 비평과 비아
냥과 무시도, 몸을 이롭게 하는 보약처럼 내면을 단단하고 풍성하게 키워
주는 좋은 양분이 되었음을 인식하고 미소 지을 것입니다. 이렇게 인생은
맑은 날과 흐린 날이 있고 밀물과 썰물과 다채로운 파도타기가 있음으로
가치가 있고, 살만한 것이며 그 가운데서 새로운 도약과 변화를 이루어 갑
니다. 어찌 되었든 우리의 인생에 지나가고 다가오는 모든 것이 유익합니
다. 지난날의 시련과 슬픔과 고통을 잘 감당했기에, 지금 이 만큼의 성장과
성숙이 있는 것이고, 오늘 우리의 일과 어려움을 잘 감당함으로 후일에 웃
게 되는 것입니다.

진실한 믿음의 기도

구하라 그러면 너희에게 주실 것이요 찾으라 그러면 찾을 것이요 문을 두드리라 그러면 너희에게 열릴 것이니라 구하는 이마다 얻을 것이요 찾는 이가 찾을 것이요 두드리는 이에게 열릴 것이니라 (마태복음 7장 7-8절)

사랑하는 자들아 혹 우리 마음이 우리를 책망할 것이 없으면 하나님 앞에서 담대함을 얻고 무엇이든지 구하는 바를 그에게 받나니 이는 우리가 그의 계명들을 지키고 그 앞에서 기뻐하시는 것을 행함이라 (요한1서 3장 21-22절)

성경은 구원받는 길뿐 아니라 이 세상에서 복 받는 비결에 대해서도 말씀하는데, 바로 믿음과 순종과 기도입니다. 우리가 하나님과 바른 관계에서 기도할 때 하나님의 뜻하심에 따라 좋은 것으로 응답해 주십니다. 성경에 기도해서 망한 사람은 한 명도 없고, 기도해서 하나님 은혜를 받지 않은 사람도 없습니다. 우리가 꿈을 크게 갖거나 실력을 키우거나 욕심을 내서가 아니라, 하나님께서 기뻐하시는 참된 기도를 많이 할 때 열어 주시고 뚫어 주시므로 복 받은 자의 표징이 되는 것입니다. 기도하면 사단의 방해도 있지만 그 전투를 뛰어넘으면 분명히 좋은 대가를 받습니다. 영적인 복과 평안의 복과 건강의 복과 장수의 복이 임하고, 갖가지 좋은 일들이 삶에 일어납니다. 성령 충만을 주시고 성령의 감동과 지혜와 인도를 따라 살아가기 때문에, 겉으로 보기에는 삶이 보통사람과 별로 다르지 않아도, 삶의 내용이 하나님께 연결되어 있으므로 생명력과 충만함과 만족과 안정감이 있습니다.

우리가 진실된 믿음으로 기도할 때, 하나님은 이렇게 좋은 것을 주십니다. 좋은 것 원해서 욕심부려 기도한 것 아닌데도 소원을 들어주시고 복으로 갚아주십니다. 천지만물을 지으시고 우주를 다스리시며, 인간의 생사화복을 주관하시는 하나님, 만복의 근원이신 하나님, 전지전능하신 하나님께 우리가 바른 관계에 있을 때 날마다 순간마다 어디서든지 기도하면 들어주신다는 사실 자체가 놀라운 특권이고, 큰 복이며 영광입니다.

십자가에 나타내신 사랑과 공의

사람의 모양으로 나타나셨으매 자기를 낮추시고 죽기까지 복종하셨으니 곧 십자가에 죽으심이라 (빌립보서 2장 8절)

우리가 그리스도 안에서 그의 은혜의 풍성함을 따라 그의 피로 말미암아 구속 곧 죄 사함을 받았으니 (에베소서 1장 7절)

우리는 믿음의 기반을 십자가에 나타난 하나님의 사랑과 공의에 둡니다. 하나님 자신이 피 흘리시기 위해 육체를 입고 오셨고, 인류의 죄를 짊어지시고 흉악범들과 함께 십자가에 매달리신 사랑입니다.

예수님이 십자가에서 인류의 죄를 사하시려고 대속의 제물 되셔서 흘리신 피는, 하나님의 뜨거운 사랑이 담긴 피 입니다. 세세토록 살아있는 피이고, 살리는 피며, 죄를 사하는 피이고, 마귀 권세를 이기는 피이며, 지옥문을 닫는 피입니다. 그렇다고 우리의 믿음을 감성에 젖은 감정에 두지 않습니다. 세세토록 무궁하신 하나님의 불변한 진리의 말씀에 근거합니다.

예수님의 죽으심을 통하여 십자가에서 나타내신 하나님의 사랑과 거룩하신 말씀과 성령님의 감동감화하심을 통해 우리가 경험하고 누리는 하나님 사랑은, 그 어떤 사람도 말로 형용하기 어려울 만큼 강력하고 인자하며 강렬하고 진실 되며, 자비가 넘치는 강직한 사랑입니다. 죄를 미워하시고 저주하시고 심판하시는 공의가 있습니다. 하나님께서 친히 희생제물이 되어 이루신 그 사랑과 공의 때문에 우리는 오늘도 속죄함을 받고 복된 예배자로 살아가며, 최후 승리의 개가를 부를 수 있습니다.

그리스도인의 고난과 유익

고난당한 것이 내게 유익이라 이로 인하여 내가 주의 율례를 배우게 되었나이다 (시편 119편 71절)

자녀이면 또한 후사 곧 하나님의 후사요 그리스도와 함께한 후사니 우리가 그와 함께 영광을 받기 위하여 고난도 함께 받아야 될 것이니 라 (로마서 8장 17~18절)

성도의 고난은 크게 두 가지입니다. 한 가지는 하나님 뜻과 말씀에 순종하느라고 받는 고난으로, 이 고난은 각자에게 주어진 십자가이며 잘 감당할 때 결국은 영광입니다. 예수님도 하나님 아버지 말씀에 순종하시느라 고난을 받으셨고, 하나님은 예수님에게 하늘과 땅과 음부와 우주 만물이 예수님 발 앞에 복종하는 영광을 주셨습니다. 또 한 가지 고난은 하나님께서 성도를 더 바르고 강하게 훈련시키느라 허락하시는 고난입니다. 유혹과 시험이 많은 광야의 연단입니다. 믿음 생활 중에 하나님 뜻과 말씀에 불순종할 때 받는 고난도 있습니다. 우리가 어떤 이유로 고난을 겪을지라도 고난 중에 하나님을 원망하고 떠나지 않아야 합니다. 기도로 더 바짝 엎드리고 감사함으로 돌이키면, 고통스럽던 그 고난이 우리의 영혼과 삶과 존재에 크게 유익하도록 역사해 주십니다.

성도의 고난이 이렇게 유익한 이유는, 영혼이 병든 상태에서 잘 되는 것은 그것이 아무리 좋아 보이고 대단한 것일지라도 진정한 복이 아니기 때문입니다. 고난을 통해 하나님을 찾고 만나므로 영혼이 잘 될 때, 범사가 잘 되고 건강한 것이 진정한 복입니다. 사람은 일이 잘되는 것에, 건강에, 눈에 보이는 것에만 관심 있지만, 하나님은 영혼이 잘 되는 것과 영원에 관심을 두시기 때문입니다. 그러므로 성도가 받는 고난은 힘들지라도 유익합니다. 왜냐하면 잘 감당할 때 고난은 영원토록 영광을 누릴 수 있는 복의 원천이 되기 때문입니다.

순종의 훈련을 통한 은혜

나의 가는 길을 오직 그가 아시나니 그가 나를 단련하신 후에는 내
가 정금같이 나오리라 (욥기 23장 10절)

여러 조상이 요셉을 시기하여 애굽에 팔았더니 하나님이 저와 함께
계셔 그 모든 환난에서 건져내사 애굽왕 바로 앞에서 은총과 지혜를
주시매 바로가 저를 애굽과 자기 온 집의 치리자로 세웠느니라 (사도
행전 7장 9-10절)

　요셉은 형들의 시샘을 받아 애굽에 노예로 팔려갔고 온갖 고초와 오해
와 억울함을 당했습니다. 그럼에도 불구하고 요셉은 한마디도 원망 불평하
지 않았습니다. 하나님의 주권과 섭리를 믿고 누가 보든지 안보든지 하나
님을 의식한 신앙과 행실로 일편단심 하나님을 경외했습니다. 하나님은 그
런 요셉과 함께하셨고, 마침내 요셉은 애굽을 다스리는 국무총리가 되고
형통한 자가 되었습니다. 그 후 7년 대흉년을 피해 애굽으로 식량을 구하
러 온 이들이 자신을 구덩이에 빠뜨려 죽이려고 했으며 노예로 팔아넘긴
형들인 것을 알았지만 용서했습니다. 그리고 자신을 애굽에 판 것은 형들
이 아니라 하나님의 섭리 가운데 애굽으로 보내어졌음을 고백하며, 자신
에게 베푸신 형통함의 복으로 형들과 아버지의 가속들을 기근에서 구원한
것입니다.

　하나님께서는 아끼시고 사랑하는 자녀에게 많은 물질과 눈에 보이는 성
공을 빨리 주지 않으십니다. 먼저 이런저런 시련을 통해 속사람을 정금처
럼 빚어서 어떤 상황에서도 변질되지 않게 만드시고 난 후에 복을 주십니
다. 하나님의 그런 다루심을 잘 통과한 사람은 자신에게 주어진 많은 물질
때문에, 형통함 때문에, 명예 때문에 교만해지거나 탐욕을 채우지 않습니
다. 가진 것을 내밀어 다른 사람에게 복이 됩니다. 어떤 일이나 사역을 할
때에도 일의 크기나 규모보다도 '하나님이 함께하시는가? 함께하시지 않는
가?'를 중요하게 생각합니다. 그 사람이 가는 곳마다 하는 일마다 하나님
의 임재가 있습니다. 하나님께서 섭리하신 순종의 훈련 과정을 믿음과 순
종으로 통과할 때 하나님께서 영혼에 부으신 은총입니다.

2월 27일

실망시키지 않는 사랑

보라 아버지께서 어떠한 사랑을 우리에게 주사 하나님의 자녀라 일 컬음을 얻게 하셨는고, 우리가 그러하도다. 그러므로 세상이 우리를 알지 못함이니라 (요한1서 3장 1절)

하나님의 사랑이 우리에게 이렇게 나타난 바 되었으니 하나님이 자 기의 독생자를 세상에 보내심은 저로 말미암아 우리를 살리려 하심 이니라 (요한1서 4장 8절)

인생의 목적도 모르고 존재 이유조차 모르고 부질없이 살아갈 수밖에 없는 우리에게 찾아오셔서 어린 양의 피로 죄를 씻어주시고 자녀 삼아 주신 하나님의 사랑, 그 사랑이 어떠한 사랑인지 알게 되면 하나님이 더욱 좋아집니다. 무엇보다도 하나님과 하나님의 말씀과 예배와 찬양과 기도할 수 있음이 좋고, 하나님의 뜻하심과 명하심이 영예롭습니다. 이 세상에서 좋아 보이는 그 어떤 것도 부럽지 않습니다. 남들이 너무나 좋아하고 갈망해서 쌓아 놓은 것들이 하나도 없어도 됩니다. 어떤 명예나 권력이나 물질도 부럽지 않고, 하나님께서 함께하신다는 믿음으로 만족합니다. 행여라도 생각하지 않은 명예나 권력이나 물질이 주어지면 하나님의 뜻을 위해 선하게 사용할 기회로 알고 복되게 사용합니다. 길과 진리와 생명이 되신 예수님의 희생으로 인하여 영혼에 부어진 사랑, 세상 사람들이 죽었다 깨어나도 알지 못하는 참 믿음과 참 소망을 주신 은혜, 십자가에서 죽임당하시고 다시 사심으로 자신을 살리신 사랑에 감격하고 감사해서입니다.

우리를 향하신 하나님 사랑은 완전하고 순전하며 지극히 고결하며 단 한 순간도 실망시키지 않는 사랑입니다. 우리가 겸비한 마음으로 십자가의 주님을 믿고 바라볼 때 만날 수 있으며, 영원토록 실망하지 않는 사랑입니다.

미래를 여는 준비와 결과

여호와를 기뻐하라 저가 네 마음의 소원을 이루어 주시리로다 너의 길을 여호와께 맡기라 저를 의지하면 저가 이루시고 (시편 37편 3-5절)

나 여호와가 말하노라 너희를 향한 나의 생각은 내가 아나니 재앙이 아니라 곧 평안이요 장래에 소망을 주려 하는 생각이라 (예레미야 29장 11절)

어느 때부터 흙수저, 금수저라는 말이 사회적 용어가 되었습니다. 사람들이 힘들어 하는 것 중에 하나는 아무리 노력해도 인생이 나아지지 않고 뒤처져 있을 것이라는 불안과 좌절감 때문입니다. 하지만 돈 많은 부모를 만나서 풍족한 환경에서 지낸다고 해서, 혹은 뛰어난 머리와 재능을 타고 났다고 해서 인생이 잘 되고 행복한 것이 아닙니다. 하나도 부족함이 없어 보이는 환경은, 오히려 사람을 권태와 교만에 빠뜨리고 타락하기 쉽게 합니다. 그러나 어떤 처지에 있더라도 처한 그 상황에서 하나님을 마음 깊이 사랑하고 잘 섬긴다면, 설령 지금 상황이 많이 안 좋아도 결코 불행하지 않습니다. 가난도 실패도 절망도 새로운 시작, 더 나은 미래를 여는 준비 과정입니다. 힘 빠지고 좌절할 필요가 없습니다. 안전과 평안, 부귀와 건강과 장수와 모든 것이 하나님의 것입니다. 진실하게 하나님을 붙들고 진실하게 섬기고 충성하면, 하나님께서는 하나님을 의지하고 섬기면서 성실하게 노력하고 고생한 것을 모른 체 그냥 두지 않으십니다. 반드시 인내와 노력의 열매를 먹게 하시고 삶이 대낮처럼 환히 피어나게 하십니다.

모든 인생의 성공과 실패의 열쇠는 하나님께 있습니다. 인생은 끝까지 가 봐야 아는데, 믿음을 지키며 하나님을 잘 섬길 때 이 땅에서도 최후까지 웃게 되는 것이며, 그런 인생이 진정으로 성공한 인생입니다. 그 열매는 영혼의 구원을 이루는 것으로 이 세상을 떠난 영원까지 이어지므로 완전한 승리자가 됩니다.

하나님의 진노와 은혜의 기회

우리 하나님의 손은 자기를 찾는 모든 자에게 선을 베푸시고, 자기를 배반하는 모든 자에게 권능과 진노를 베푸신다 하였으므로… (에스라 8장 22절)

모든 경건한 자는 주를 만날 기회를 얻어서 주께 기도할지라 진실로 홍수가 범람할지라도 그에게 미치지 못하리이다 (시편 32편 6절)

하나님은 각 사람에게 하나님을 찾을 기회도 주시고 은혜 받을 기회도 주십니다. 사람이 이 땅에 사는 동안 주님을 만나고 구원받는 것도 때가 있습니다. 영혼을 사랑하므로 전도해주는 사람을 통해서나, 질병이나 실패나, 재난을 통해서 부르셔서 주님을 찾고 은혜받고 구원을 이루며 살도록 기회를 주시는 것입니다.

어떤 경로든지 간에 하나님께서 각 사람을 찾으시고 은혜 받은 자의 길로 들어서도록 부르시는 기회를 놓치지 않는 것이 참 지혜입니다. 세상의 다른 일처럼, 믿음도 회개도 순종도 회복도 기회가 있습니다. 그때를 놓치면 불행합니다. 삶이 꼬이기도 하고 참 평안이 없습니다. 그보다도 비참한 것은 구원의 기회를 놓치는 것입니다. 어두컴컴한 흑암으로 뒤덮인 불 가운데서 영원토록 땅을 치고 이를 갈고 후회해도 다시는 기회가 오지 않을 수도 있다는 사실 때문입니다.

그러므로 사람은 육체에 목숨이 붙어 있는 인생사는 동안에, 여러 가지 상황을 통해 말씀하시는 하나님의 목소리를 알아듣는 지혜와 영의 귀가 필요합니다. 만왕의 왕이시고 구원의 주이신 예수님을 만날 기회를 놓치지 않고 믿음과 회개와 기도와 말씀과 순종으로 사는 은혜를 누리며 사는 것입니다.

March **3** 월

예수님 안에 거하는
삶과 열매

"내 안에 거하라 나도 너희 안에 거하리라 가지가 포도나무에 붙어 있지 아니하면 절로 과실을 맺을 수 없음 같이 너희도 내 안에 있지 아니하면 그러하리라 나는 포도나무요 너희는 가지니 저가 내 안에, 내가 저 안에 있으면 이 사람은 과실을 많이 맺나니 나를 떠나서는 너희가 아무것도 할 수 없음이라" (요한복음 15장 4~5절)

하나님의 인도와 보호하심

그는 너희 앞서 행하시며 장막 칠 곳을 찾으시고 밤에는 불로, 낮에는 구름으로 너희의 행할 길을 지시하신 자니라 (신명기 1장 33절)

화가 네게 미치지 못하며 재앙이 네 장막에 가까이 오지 못하리니 저가 너를 위하여 그 사자들을 명하사 네 모든 길에 너를 지키게 하심이라 (시편 91편 10-11절)

우리는 자신의 미래를 모릅니다. 이 땅에 자신의 미래를 아는 사람은 없습니다. 그러나 하나님을 믿는 사람은 확실히 압니다. 하나님께서 우리의 미래를 아시며 붙들고 계신다는 사실을.

그러므로 내일을 염려하고 불확실한 미래 때문에 두려워하지 않아도 됩니다. 어떤 일이 일어날지라도 문제 되지 않습니다. 하나님의 인도와 보호가 있고, 우리보다 앞서 가시며 이미 거기에 계셔서 지켜주십니다.

우리는 오늘도 내일도 하나님을 신뢰하는 믿음으로 말씀과 성령의 인도를 따라 순종하고 기도하며, 감사함과 기쁨으로 바르게 살아야 합니다. 그럴 때 하나님께서 사단이 공중 권세 잡고 있는 이 세상의 어둠과 마귀의 계략으로 인한 재앙과 저주가 가까이하지 못하도록 방패로 지키시고 호위해 주십니다. 그래서 예수님을 잘 믿고 순종하며 그 인도를 따라 사는 개인과 가정의 삶이 점점 더 나아지고 좋아지는 것입니다.

믿음과 기다림의 성취

주여 나의 모든 소원이 주의 앞에 있사오며 나의 탄식이 주의 앞에
감추이지 아니하나이다 (시편 38편 9절)

내 심령에 이르기를 여호와는 나의 기업이시니 그러므로 내가 저를
바라리라 하도다 무릇 기다리는 자에게나 구하는 영혼에게 여호와
께서 선을 베푸시는도다 (예레미야애가 3장 24~25절)

사람마다 소원이 있습니다. 하나님을 안 믿는 사람들은 새해 첫날, 해맞
이를 하면서 소원을 빌기도 합니다. 하나님의 백성은 그 누가 뭐래도 모든
소원은 주님 앞에 있음을 알고, 범사에 하나님을 의지하고 삽니다.

우리가 믿음으로 기도하고 구한 것은 받은 줄로 믿어야 합니다. 하지만
신앙은 마술적인 힘이나 요행을 바라는 것이 아닙니다. 하나님께서는 솔로
몬의 잠언을 통해 '게으른 자는 마음으로 원하여도 얻지 못하지만, 부지런
한 자의 마음은 풍족함을 얻는다.'고 하였습니다. 하나님의 선하심을 믿고
의지하며 구하고 찾고 두드리고 기대하는 마음으로 주어진 일에 최선을
다하면 어느 순간 바라던 일이 성취됩니다.

그런데 문제는 기다리는 일이 쉽지 않다는 것입니다. 불확실함과 막연함
으로 인한 불안과 낙심으로 애써 붙잡고 있던 믿음까지도 도전받기 쉽기
때문입니다. 그런 까닭에 진실한 그리스도인에게 주어진 연단과 인생의 성
취는 하나님께서 주신 믿음이 이룬 결과입니다. 쉽게 이루어진 것이 아니
고 믿음과 인내의 열매이며, 무엇보다도 하나님께서 주신 은혜이기에 값진
것입니다. 그러므로 때로는 우리가 어떤 상황에서 답답하고 낙심되고 흔
들릴지라도, 곧 돌이켜서 올곧은 마음으로 하나님을 바라며 의지하고, 기
도하며, 기다릴 때 하나님께서 선을 베풀어 주십니다.

말씀을 듣고 전할 때 주의할 점

하나님의 말씀은 다 순전하며 하나님은 그를 의지하는 자의 방패니라 너는 그의 말씀에 더하지 말라 그가 너를 책망하시겠고 너는 거짓말하는 자가 될까 두려우니라 (잠언 30장 5~6절)

하나님의 말씀을 혼잡게 아니하고 오직 진리를 나타냄으로 (고린도후서 4장 2절)

하나님의 말씀은 구원에 이르는 지혜가 있게 하며 영생을 얻게 하는 말씀으로 순전하며 진리의 말씀입니다. 우리에게 하나님의 말씀을 보는 눈이 있고, 듣는 귀가 있으며, 깨닫는 마음이 있는 것은 큰 은혜입니다.

하나님의 말씀을 듣고 연구하며 마음에 새기는 일은 참으로 가치 있습니다. 이 세상 보화를 캐서 쌓는 것과는 비교할 수 없는 복입니다. 우주 만물을 창조하시고 의로운 길로 인도하며 믿고 순종하는 여부에 따라 구원과 상벌을 주시는 하나님의 지혜와 지식과 축복이 담겨 있기 때문입니다.

그런 만큼 우리가 말씀을 듣거나, 읽거나, 전할 때 바른 해석과 주의가 필요합니다. 자신의 생각을 더하거나 사람 마음을 즐겁게 하려고 말씀의 본질에 벗어난 재미를 섞어서는 안 됩니다. 이것저것 섞는 순간 혼잡게 되고 변질됩니다.

누구든지 하나님 말씀을 읽고 나눌 수 있지만, 하나님 말씀에 더하거나 빼면 하나님의 책망이 있습니다. 그러나 말씀의 저자이신 성령님의 지도를 따라 말씀을 있는 그대로 읽고 듣고 전하고 순종하면 하나님께서 기뻐하십니다. 하늘로부터 오는 생명을 누리며 삶에 복의 진액이 흐르는 기적의 주인공이 됩니다.

순결한 지혜와 믿음의 빛

가난한 자와 포학한 자가 섞여 살거니와 여호와께서는 그 모두의 눈
에 빛을 주시느니라 (잠언 29장 13절)

보라 내가 너희를 보냄이 양을 이리 가운데 보냄과 같도다 그러므로
너희는 뱀같이 지혜롭고 비둘기같이 순결하라 (마태복음 10장 16절)

우리가 사는 세상에는 어디를 가도 어쩔 수 없이 갑과 을이 존재합니다.
사회의 시스템 대부분이 다스리는 자와 그 아래 있는 자의 구도로 되어 있
기 때문입니다. 돈 많고 힘이 세지만 악한 사람과, 힘없고 가난하지만 의로
운 사람이 섞여서 삽니다. 그럼에도 함께 살아갈 수 있는 것은 악한 사람이
항상 악한 것만은 아니고, 사회에 약한 자를 생각하시는 하나님의 공의의
빛과 선이 역사하기 때문입니다.

예수님께서 제자들에게 뱀같이 지혜롭고 비둘기같이 순결하라 하셨습
니다. 하나님 자녀는 믿음으로 살기 원하고 바르고 의롭고 선하고 진실 되
게 살기를 힘씁니다. 그런데 우리가 어떤 경우 '을'의 처지에 있을 때, '갑'의
강압적인 권위 아래서 제대로 살아가기 위해서는 하나님 은혜와 도우심이
필요합니다

하나님의 자녀에게는 하나님께서 주신 말씀과 기도의 무기와 성령님의
도우심의 은혜가 있습니다. 기도할 때 하나님께서 순결한 지혜와 믿음의
빛을 주십니다. 그래서 포학한 짐승 같은 사람이나 집단의 먹이가 되지 않
습니다. 피할 바위가 되시고 구원의 산성이 되시며 강한 팔로 보호해 주시
는 은혜입니다.

웃게 하시는 하나님

사라가 가로되 하나님이 나로 웃게 하시니 듣는 자가 다 나와 함께 웃으리로다 (창세기 21장 6절)

나는 여호와를 인하여 즐거워하며 나의 구원의 하나님을 인하여 기뻐하리로다 (하박국 3장 18절)

경수가 끊어지고 90세 된 사라가 임신하고 출산하는 것은 생물학적으로 불가능했습니다. 그럼에도 하나님께서는 약속하신 대로 사라에게 아들 이삭을 주셨습니다.

우리 앞에 어떤 일이 닥칠 때 인간적으로 볼 때는 불가능할지라도, 하나님께는 그분의 뜻하심 안에서 그 어떤 것도 능치 못함이 없습니다. 약속의 말씀을 주시고, 그 말씀을 확실히 이루심으로 웃게 하십니다.

그 과정에는 기도와 인내와 기다림이 필요합니다. 쉽지 않습니다. 빨리 응답이 오면 좋겠지만 하나님의 때는 우리의 시간과 같지 않을 때가 많으므로 기다림이 필요합니다. 귀를 지으시고 눈을 만드신 하나님께서는 반드시 우리의 기도를 들으시고 소원을 알고 계십니다. 그러므로 맞닥뜨리는 낙심의 늪을 믿음의 담대함으로 뛰어넘어야 합니다.

우리는 하나님께서 침묵하실 때에도 포기하지 말고 가장 좋은 것을 주시는 하나님을 신뢰하며 그 뜻을 구해야 합니다. 하나님께서는 믿고 기대하며 기다리는 과정을 통해서 믿음을 성숙시키십니다. 하나님을 의지하는 법을 배우고 하나님을 더 깊이 알아가므로 성장하게 하시는 것입니다. 그리고 마침내 웃게 하십니다. '하나님께서 하셨습니다.' 하면서 기뻐하고 영광을 올리게 해 주십니다.

예수님 안에 거하는 삶과 열매

내 안에 거하라 나도 너희 안에 거하리라 가지가 포도나무에 붙어 있지 아니하면 절로 과실을 맺을 수 없음같이 너희도 내 안에 있지 아니하면 그러하리라 (요한복음 15장 4절)

자녀들아 이제 그 안에 거하라 이는 주께서 나타내신 바 되면 그의 강림하실 때에 우리로 담대함을 얻어 그 앞에서 부끄럽지 않게 하려 함이라 (요한1서 2장 28절)

예수님께서 "나는 포도나무이고 너희는 가지니 내 안에 거하라"고 하셨습니다. 예수님을 믿고 하나님의 자녀가 된 성도들에게는 그 무엇보다도, 어떤 노력보다도 예수님 안에 거하는 관계와 교제가 중요하다는 뜻입니다.

가지는 나무에 붙어 있을 때 생명력 있게 존재합니다. 가지가 나무에 붙어 있지 않으면, 시들고 말라버립니다. 가지는 아무리 몸부림을 치더라도 스스로는 열매 맺을 수 없습니다. 세상의 모든 것과 우리 인생의 모든 것이 하늘과 땅의 권세를 가지신 예수님으로부터 나옵니다. 그러므로 우리는 언제나 말씀과 순종으로 포도나무이신 예수님 안에 거하고 붙어 있어야 합니다. 하나님과 올바르고 화목한 관계를 맺는 것입니다. 하나님 사랑을 믿고 감사하고 자신을 부인하며 지혜 없음과 무능을 인정하고 예수님의 십자가 공로와 구속의 은혜를 의지하는 것입니다. 가지가 포도나무에 잘 붙어 있을 때만 열매 맺을 수 있는 것처럼 우리는 포도나무이신 예수님께 붙어 있을 때만 열매를 맺을 수 있습니다. 우리의 영혼과 삶이 아침 해처럼 솟아오르게 하시고 복된 열매가 맺게 해 주실 분은 오직 하나님이십니다. 부활하신 예수 그리스도 안에서 생명이 싹트고 자라서 열매 맺게 됩니다. 예수님께서 다시 오시는 그 날, 믿음의 담력으로 주님 앞에 부끄럽지 않게 설 것입니다.

부흥의 본질과 내적 변화

저희가 이 말을 듣고 마음에 찔려 베드로와 다른 사도들에게 물어 가로되 형제들아 우리가 어찌할꼬 하거늘 베드로가 가로되 너희가 회개하여 각각 예수 그리스도의 이름으로 세례를 받고 죄사함을 얻으라 그리하면 성령을 선물로 받으리니 (사도행전 2장 37~38절)

너희는 이 세대를 본받지 말고 오직 마음을 새롭게 함으로 변화를 받아 하나님의 선하시고 기뻐하시고 온전하신 뜻이 무엇인지 분별하도록 하라 (로마서 12장 2절)

부흥은 히브리 원어로 '하예후'이고, 죽은 것을 다시 살린다는 뜻이 있습니다. 역사적으로 초대교회에서, 미국 '아주사'에서, 영국 '웨일즈'에서, 동아프리카의 '루안다' 등에서 우리나라 '평양'에서 하나님의 임재로 인한 강력한 부흥의 물결이 그 지역을 덮었고 다른 지역에도 큰 영향을 줬습니다. 부흥의 본질은 하나님께서 영적 각성을 통한 회개를 통해 변화를 일으키시는 것입니다. 지금도 그런 부흥이 필요합니다. 부흥은 교회에 사람들이 많이 모이고 구원받는 사람도 많아지는 숫자의 증가를 뜻하기도 하지만, 각성하고 돌이키는 내적 부흥의 역사도 필요합니다. 성도의 심령에 부흥이 일어나면, 그동안 하나님을 믿는다 하면서도 바로 살지 못한 것에 대해, 하나님 마음과 사람 마음 아프게 한 것에 대해, 애통해 하는 각성이 일어납니다. 깨닫고 각성하고 결단하고 참 회개하게 됩니다. 하늘 문이 열리고 그동안 꼬이고 막혔던 일이 풀어집니다.

우리가 하나님 말씀을 들을 때 성령의 능력이 들어오고 하나님의 신을 부어 주십니다. 이런 영적인 부흥은 마음을 새롭게 하시는 하나님의 은혜로 죄를 이기게 하고, 세상적으로 살던 삶에서 온전한 믿음의 삶으로 돌이킵니다. 하나님의 영이 인간의 영을 통해 넘쳐흐르는 것으로, 영혼 가득 평강이 흘러넘치고, 삶이 좋아집니다.

하나님의 의를 비처럼 받으려면

나 여호와가 유다와 예루살렘 사람에게 이같이 이르노라 너희 묵은 땅을 갈고 가시덤불 속에 파종하지 말라 (예레미야 4장 3절)

너희가 자기를 위하여 의를 심고 긍휼을 거두라 지금이 곧 여호와를 찾을 때니 너희 묵은 땅을 기경하라 마침내 여호와께서 임하사 의를 비처럼 너희에게 내리시리라 (호세아 10장 12절)

'묵은 땅'은 오랫동안 그냥 내버려둬서 딱딱하게 굳어 있는 땅입니다. 풍성한 곡식을 거두기 위해서는 묵은 땅을 쟁기로 갈아엎어서 부드럽게 한 뒤에 씨앗을 뿌려야 합니다. 묵은 땅은 사람으로 말하면 하나님 은혜를 받은 적이 있지만, 자기도 모르는 사이에 완고해진 마음입니다. 우리가 하나님께서 주시는 은혜와 축복을 풍성히 받기 위해서는 마음을 말씀의 쟁기로 갈아엎어야 합니다. 또한 마음속에 지푸라기, 돌짝, 가시 같은 것이 차 있으면 하나님을 제대로 만날 수 없습니다.

내면 깊이 숨어 있는 완악한 마음을 말씀의 방망이로 깨드리고, 세상 염려와 욕심 같은 것들을 성령님의 도우심으로 제거해야 합니다. 전심으로 회개하는 것입니다. 그럴 때 은혜의 생수가 흘러들어와 영혼이 잘 되므로 풍성한 열매를 맺으며 천국 가는 백성이 됩니다.

하나님께서는 다른 무엇보다도 우리의 마음을 가장 중요하게 보십니다. 하나님께 합당한 마음이 될 때 온전한 삶이 되므로 하나님의 의를 비처럼 받습니다. 예수님께서 다시 오셔서 심판의 키질 하실 때, 쭉정이처럼 바람에 날아가지 않고 말씀으로 잘 여문 알곡으로 천국 곳간에 들어갈 수 있습니다.

3월 9일

믿음으로 굳게 서는 신앙

믿음에 견고하여져서 하나님께 영광을 돌리며 약속하신 그것을 또한 능히 이루실 줄을 확신하였으니 그러므로 이것을 저에게 의로 여기셨느니라 (로마서 4장 20~22절)

모든 은혜의 하나님 곧 그리스도 안에서 너희를 부르사 자기의 영원한 영광에 들어가게 하신 이가 잠깐 고난을 받은 너희를 친히 온전케 하시며 굳게 하시며 강하게 하시며 터를 견고케 하시리라 (베드로전서 5장 10절)

예수님을 믿으면 하나님께서 주시는 은혜와 기쁨과 평안이 있습니다. 또한 어려움도 있습니다. 세상 사람들로부터 '예수쟁이'라고 비아냥거리는 듯한 조롱도 당하고, 불순종하면 하나님의 징계도 있고, 이런저런 시험도 있습니다.

우리의 자존심은 안 믿는 사람들이 보내는 비웃음도 싫고, 시험도 어려울 뿐 아니라 징계도 달갑지 않습니다. 그러나 그런 고난이 복입니다. 예수님도 조롱과 시험을 겪으셨음을 생각하고, 오래 참음과 인내와 믿음으로 감당하면 영적으로 강해지고 성장합니다. 하나님의 기쁨이 되며 그 과정을 통해 정금처럼 순도 100%의 보석으로 빚어지며, 하늘나라 유업을 상속받을 백성으로 준비됩니다.

신앙생활은 한 걸음 한 걸음씩 발을 내딛고, 하나님의 말씀 안에 뿌리를 내리고, 세움을 입어서 온전한 믿음으로 굳게 서는 것입니다. 예수님의 십자가 대속의 죽으심을 통해 십자가에 나타내신 하나님의 사랑에 감사함으로 경배와 찬양 드리며, 믿음에 굳게 서서 '그리스도인 예수쟁이'로 기쁘게 사는 것입니다.

믿음이 작고 연약해도 포기하지 않고 기도하며 하나님 의지하며 믿음으로 사는 삶에는, 영생하도록 이끄시고 도우시는 우리 주 예수 그리스도의 긍휼과 성령님의 도우심이 있습니다. 한순간이 아니라 영원토록 함께하시는 은혜와 사랑입니다.

365일 묵상집

내어 버려둠과 징계

> 저희가 마음에 하나님 두기를 싫어하매 하나님께서 저희를 그 상실한 마음대로 내어 버려두사 합당치 못한 일을 하게 하셨으니 (로마서 1장 28절)

> 주께서 그 사랑하시는 자를 징계하시고 그의 받으시는 아들마다 채찍질하심이니라… 징계는 다 받는 것이거늘 너희에게 없으면 사생자요 참 아들이 아니니라 (히브리서 12장 6, 8절)

하나님을 안 믿고 사는 사람도, 우상을 믿는 사람도 잘사는 것을 봅니다. 또 죄를 짓고 나쁜 짓을 해도 들키지 않고 멀쩡하게 살아가는 사람들이 많습니다. 하나님을 안 믿어도 잘 사는 것은, 그들이 성실하게 일하고 땀 흘려 노력할 때, 하나님께서 안 믿는 사람에게도 허락하신 일반 은총을 누리는 것입니다. 하지만 더 근본적인 이유는 하나님께서 그들을 그냥 내어 버려두시기 때문입니다. 간섭하지 않고 내어 버려두신 그 자체가 심판입니다. 안 믿는 상태로 내어 버려두고, 악한 상태로 내어버려 두고 부끄러운 욕심에 내어 버려두며, 더러움에 내어 버려두시는 것입니다. 하나님과 관계가 없고 하늘나라 본향에 이르는 구원과도 상관없기 때문입니다. 또 죄를 짓고 나쁜 짓을 해도 태연히 사는 것은 최후 심판의 날 형벌로 돌아올 악을 더 쌓는 것입니다. 그런 까닭에 악인의 형통함이 무서운 일입니다.

그러나 하나님 자녀로 택하신 사람이 죄를 범하거나 불순종하면 반드시 징계하시고 채찍질하십니다. 그냥 안 두십니다. 반드시 매를 들어 정신 차리게 하십니다. 성경은 만약 죄를 짓고 세상길로 나가도 징계가 없으면 사생자고 참 아들이 아니라고 하셨습니다. 하나님의 채찍과 징계가 따르는 삶이 복입니다. 그 당시에는 아프고 힘들어도 징계를 통하여 하나님 뜻에 복종하고, 하나님의 거룩하심에 참여하며, 의의 평강한 열매를 맺어 구원에 이르기 때문입니다.

근신과 명철

근신이 너를 지키며 명철이 너를 보호하여 악한 자의 길과 패역을 말하는 자에게서 건져 내리라 (잠언 2장 11-12절)

너희는 다 빛의 아들이요 낮의 아들이라 우리가 밤이나 낮에 속하지 아니하나니 그러므로 우리는 다른 이들과 같이 자지 말고 오직 깨어 근신할지라 (데살로니가전서 5장 5~6절)

세상에는 죄와 악으로 인한 함정이 많습니다. 자칫하면 자신도 모르는 사이에 휘말려 들기 쉽습니다. 아무리 힘이 세고 날쌔고 용감무쌍한 사자나 호랑이도 일단 그 발이 덫에 걸리면 잡힐 수밖에 없는 것처럼, 제아무리 믿음이 좋은 사람도 한순간 방심하다가 덫에 걸려들면 어둠에 잡히고 마는 것입니다. 믿는 자에게 근신과 명철이 필요한 까닭입니다.

근신은 자신을 함부로 하지 않고 신중하고 조심하는 경건입니다. 우리는 하나님 말씀을 통하여 주시는 근신과 명철로 보호받고 삽니다. 하나님의 사랑과 보살피시는 은혜입니다.

하나님 말씀은 우리가 살아가는 인생길에 빛이 되고, 발에 등과 같아서 그 덫을 보게 하고 함정에 빠지지 않도록 지켜줍니다. 우리가 날마다 하나님 말씀 붙들고 기도하면서 살아가면 우리의 영이 깨어 있게 됩니다. 지혜와 분별로 정신을 똑바로 하고 살 수 있습니다. 순결한 지혜와 명철을 주셔서 세상 정욕으로 뭉친 악한 자의 길에서 보호하십니다.

성령의 지시와 인도하심

여호와를 경외하는 자 누구뇨 그 택할 길을 저에게 가르치시리로다
(시편 25편 12절)

우리에게 때로 성령님의 지시가 있을 때 순종하면, 왜 그렇게 지시하셨는지를 나중에 알게 됩니다. 자녀들과 하나님의 인도하심에 대한 대화를 나누는데, 수년 전 둘째 딸이 대학원 입학을 준비할 때 일이 생각났습니다. 몇 군데 합격통지를 받고 한 곳을 선택해야 하는데, 딸은 모 대학원으로 마음을 정하고 등록은 안 한 상태였습니다. 어느 날 밤, 저에게 "왜 그리 먼 곳으로 보내려 하느냐 가까운 곳에 명망 있는 학교가 있지 않느냐?"라는 음성이 있었습니다. 다음 날 아침 딸에게 말했더니 자신도 그 학교가 더 권위 있고 가까운 곳에 있음을 미쳐 생각 못 했다는 듯 기뻐서 얼굴이 환히 피어났습니다. 처음에 가려고 했던 학교는 먼 거리에 있어 집에서 갈 때 4번, 올 때 4번 차를 갈아타야 했기 때문입니다. 성령님께서 지시해 주신 학교는 집 앞에서 버스 한번 타면 되었고, 전공학과가 오래전부터 우리나라에서 손꼽을 정도로 알아주는 학교로, 가려고 했던 학교보다 더 우위였습니다. 딸은 학교 선정을 앞두고, 먼 곳에 있는 학교가 모 대기업과 연계되어 있다는 사실을 중요시 생각했던 것입니다. 딸은 집과 가까운 곳에 있는 학교의 등록날짜가 지나지 않았는지 바로 확인하더니, 그날 마감인 사실을 알고 놀라워하며 곧바로 등록했습니다.

성령님의 지시로 인하여 등록날짜를 놓치지 않고 등록했고, 먼 거리 다니느라 고생하지 않았으며, 2년간 학교 내의 경제연구소에서 일하며 생활자금을 해결 받고 장학금을 받으며, 논문을 쓰고, 학위를 받고, 졸업한 후 정부부처에 취업도 곧바로 되었습니다. 함께 대화를 나누던 아들이 말했습니다. "저도 그랬어요. 먼저 합격한 학교에 입학해서 며칠 다니는데, 집과 가까이에 있는 다른 대학에서 추가합격 연락이 왔을 때 어떻게 할까 고민했는데, 엄마가 기계전공보다는 자동차전공이 적성에 맞는 거 같으니, 거리는 멀더라도 옮기지 말고 그대로 다니라 해서 그대로 했는데, 지금 생각해보면 너무나 잘한 일이었어요."

자유의지의 선용

여호와 하나님이 그 사람에게 명하여 가라사대 동산 각종 나무의 실과는 네가 임의로 먹되 선악을 알게 하는 나무의 실과는 먹지 말라 네가 먹는 날에는 정녕 죽으리라 하시니라 (창세기 2장 16~17절)

자유하나 그 자유로 악을 가리우는데 쓰지 말고 오직 하나님의 종과 같이 하라 (베드로전서 2장 16절)

하나님께서 사람을 지으면서 로봇으로 만들지 않으시고, 자유의지를 주셨습니다. 선과 악, 그리고 순종과 불순종을 선택하는 자유이고, 책임과 결과가 따르는 자유입니다. 인류의 첫 사람, 아담과 하와를 에덴동산에 살게 하시고, 각종 나무의 실과는 마음대로 먹되 동산 중앙에 있는 선악과만 먹지 말라고 하시며, 먹으면 반드시 죽을 것이라고 하셨습니다. 하나님께서는 먹지 못하도록 강압적인 장치나 통제를 하지 않으셨습니다. 엄중한 경고만 하시고 스스로 선택하도록 자유를 주신 것입니다. 그런데 아담과 하와는 불순종했습니다. 그 책임과 결과는 모든 인류에게 죄와 사망의 형벌로 임했습니다.

하나님께서 사람에게 주신 자유의지는 인간의 기본권리입니다. 하나님께서 주신 이 자유를 선하게, 하나님께서 기뻐하시는 일에 순종하는 일에 사용할 때 생명과 평안과 복이 됩니다. 그런데 말씀을 거역하고 불순종하는데 쓰거나 죄짓고 악을 행하는 데 사용하면 책임이 따릅니다. 비참해지고 자신의 인생을 망치는 것입니다.

우리에게 자유의지를 허용하셔서 자유로운 존재로 창조해주신 하나님께 감사드리며 살아야 합니다. 자신에게 주어진 재능과 은사와 건강과 환경을 사람과 사회를 유익하게 하는 일에 선용하는 것입니다. 하나님을 경외함으로 하나님의 기쁨이 되고, 자신을 복되게 하는 삶입니다.

초연함과 평온의 힘

그 성읍 가운데 가난한 지혜자가 있어서 그 지혜로 그 성읍을 건진 것이라 그러나 이 가난한 자를 기억하는 사람이 없었도다 그러므로 내가 이르기를 지혜가 힘보다 낫다마는 가난한 자의 지혜가 멸시를 받고 그 말이 신청되지 아니한다 하였노라 (전도서 9장 15~16절)

지혜는 자기의 모든 자녀로 인하여 옳다 함을 얻느니라 (누가복음 7장 35절)

세상에서 흔히 일어나는 일 중의 하나가 있습니다. 그것은 힘 있는 어떤 사람이 이룬 일은 과대 포장해서 칭송하고 띄우며, 가난하고 힘없는 사람이 지혜롭게 이루어놓은 일은 지나쳐버리는 것입니다. 그 일이 아무리 선할지라도 귀히 여기지 않고, 쉽게 잊어버립니다. 하나님을 진실하게 믿는 사람들은 그러건 말건 상관하지 않습니다. 먹든지 마시든지 무엇을 하든지 하나님의 영광만을 염두에 두고 살기 때문입니다.

성경은 지혜가 힘보다 나으므로 선을 행할 때 낙심하지 말라고 합니다. 선을 행하고 사람들에게 잊히고 보답 받지 못하는 것이, 선을 파괴하고 잘난척하는 사람보다 더 낫고 복이 됩니다. 하나님은 그 선함과 인자하심으로 선을 행하는 자가 혹시나 비천함 가운데 처할지라도 기억하시고 함께하시며 이끌어서 높은 곳에 세우십니다.

중요한 것은 우리가 믿음으로 어떤 선을 행하고 나서 사람들에게 인정받고 칭송받는 일이 아닙니다. 하나님께서 알아주시면 그 자체가 최고 영광이 됩니다. 하나님께서 귀히 보시는 것은 믿음으로 선한 씨를 뿌리는 온유하고 겸손한 마음과 영혼 그 자체입니다. 하나님께서는 그런 자녀들로 인해 기뻐하시고 영광 받으십니다.

3월

하나님께 드리는 찬미의 제사

우리가 예수로 말미암아 항상 찬미의 제사를 하나님께 드리자 이는 그 이름을 증거하는 입술의 열매니라 (히브리서 13장 15절)

내가 또 보고 들으매 보좌와 생물들과 장로들을 둘러선 많은 천사의 음성이 있으니 그 수가 만만이요 천천이라 큰 음성으로 가로되 죽임을 당하신 어린양이 능력과 부와 지혜와 힘과 존귀와 영광과 찬송을 받으시기에 합당하도다 하더라 (요한계시록 5장 11-12절)

우리가 예수님을 만나고 은혜를 누리면, 저절로 기쁨이 샘솟고 마음으로부터 찬송이 우러나옵니다. 그래서 찬송은 곡조 있는 기도이고, 신앙 고백이며, 하나님께 가까이 나아가는 은혜의 통로입니다. 성경은 주님의 백성들이 하나님을 찬양하기 위해 지으심을 받았다고 말합니다. 찬송 중에 거하시는 하나님께서는 오늘도 우리의 찬양을 흠향하십니다. 우리가 하나님께 나아갈 때 예배나 헌금이나 봉사나 무엇을 하든지 마음을 담아 드려야 합니다. 그렇게 하는 것에 진정성이 있으며, 믿음으로 드리는 찬양도 마찬가지입니다.

그런데 교회에서 성도들과 함께 어우러져서 찬양하다 보면, 자칫 심미적 분위기나 곡에 도취하여서 찬양의 대상이신 하나님을 잊기 쉽습니다. 그러나 우리가 부르는 찬양은 입술로 하나님께 드리는 찬미의 제사입니다. 그러므로 찬송 부를 때는 언제나 마음 중심이 하나님을 향하게 하고 경배 드리는 마음으로 하나님의 성호를 높여야 합니다.

하늘나라에서는 말할 수 없이 아름답고 웅장한 찬양이 쉬지 않고 드려집니다. 모든 존귀와 영광과 감사와 경배와 찬양받으시기에 합당하신 하나님께 우리가 지금뿐 아니라 영원토록 찬양 드릴 수 있음이 큰 은혜이고 커다란 기쁨입니다.

육에 속한 그리스도인과 영에 속한 그리스도인

내가 너희에게 이른 말이 영이요 생명이라 (요한복음 6장 63절)

육에 속한 사람은 하나님의 성령의 일을 받지 아니하나니 저희에게는 미련하게 보임이요 (고린도전서 2장 14절)

예수님을 믿고 교회 다니는 사람들 중에도 두 부류가 있습니다. 육에 속한 그리스도인과 영에 속한 그리스도인입니다. 영에 속한 그리스도인은 성령님이 하시는 일을 믿음으로 받습니다. 저절로 믿어집니다. 그러나 육에 속한 그리스도인은 성령의 일을 받지 않습니다. 육신의 생각으로 인해 그 일이 너무 어리석고 미련하게 보이기 때문입니다. "내가 땅에서 들리면 모든 사람을 내게로 이끌겠노라"고 예수님께서 십자가에 달리실 것을 말씀하셨던 이 말씀을 믿고, 예수님을 구주와 주님으로 믿으니 그의 영이 살아났습니다. 이스라엘 백성들이 광야에서 불 뱀에 물렸을 때, 하나님께서 모세에게 "장대에 달린 뱀을 올려다보는 자는 죽지 않고 살리라"고 말씀하셨을 때, 믿음으로 순종하는 자들은 살았습니다. 그러나 그대로 하지 않은 자들은 모두 뱀에 물려 죽었습니다.

지금도 누구나 십자가에 매달리신 예수님을 믿고 바라보는 자는 음부의 권세를 이기고 생명을 얻습니다. 은혜의 성령을 따라 믿는 자는 살고, 육신의 생각으로 거절한 자는 죽는 것입니다.

어느 때나 영에 속한 믿음의 사람은 자기 생각과 상식에 맞지 않아도 하나님 말씀과 성령의 역사하시는 일들이 믿어집니다. 하나님께서 이르신 말씀이 영이고 생명임을 경험하면서 영적인 생명과 키가 자랍니다. 말씀과 성령으로 역사하시는 은혜와 생명을 누립니다. 경험해본 자가 아니면 알 수 없는 생명력 넘치는 영혼의 만족과 평안입니다.

하나님 존전에 거하는 믿음

주의 궁정에서 한 날이 다른 곳에서 천 날보다 나은즉 악인의 장막에 거함보다 내 하나님 문지기로 있는 것이 좋사오니 (시편 84편 10절)

너희가 내 앞에 보이러 오니 그것을 누가 너희에게 요구하였느뇨 내 마당만 밟을 뿐이니라 (이사야 1장 12절)

사람들은 보통 힘 있고 자신에게 유익이 될 만한 배경을 가진 사람들과 가까이하기를 원합니다. 그러나 하나님을 만난 성도는 이 세상에서 명망 있고 권력이 높은 사람과 가까이하는 것보다 하나님을 더 가까이하고 하나님의 존전에 있기를 원합니다. 지극히 거룩하신 하나님 앞에서 자신의 죄인 됨을 알고 애통하는 마음으로 거룩해지기를 원합니다. 그럴 때 하나님께서 기뻐하시고 말씀과 성령으로 도우시며 은혜를 베푸십니다.

하지만 교회에 나가 예배도 드리고 봉사도 잘하지만 마음과 뜻이 하나님을 향하지 않은 사람도 있습니다. 마음이 세상과 가까워지면 하나님과 멀어집니다. 성경은 그런 사람을 하나님의 존전이 아니라 하나님의 마당만 밟은 자라고 합니다.

하나님께 신령과 진정으로 예배드리기 원하고 하나님과의 만남을 사모하는 믿음의 사람은 하나님 존전에 거합니다. 예수님 안에 거하며 하나님의 존전에 있기를 원하는 천국 가는 신앙인입니다.

만일 예배드리는 것이 따분하고 정기적으로 치러야 하는 지겨운 일로 여겨진다면 시험에 들었거나, 영적 질병에 걸렸거나, 하나님의 전 밖에 있는 것입니다. 중풍 병자가 일어나서 성전에 걸어 들어가 뛰기도 하며 기뻐했던 치유와 회복이 필요합니다.

응답되지 않은 기도는 없습니다

여호와께서는 자기에게 간구하는 모든 자 곧 진실하게 간구하는 모든 자에게 가까이하시는도다 (시편 145편 18절)

너희가 얻지 못함은 구하지 아니함이요 (야고보서 4장 2절)

예수님께서 우리에게 기도를 가르쳐주셨고, 기도의 본을 보여주셨습니다. 우리가 하나님을 믿고 기도할 수 있으며 하나님께서 기도를 들어주심은 큰 축복입니다.

우리가 하나님과의 바른 관계에서 드리는 기도에는 생명의 충만과 성령의 도우심과 경건의 능력이 있습니다. 기도할 때 세상과 죄를 이기고 어둠을 몰아내며 승리합니다.

하나님을 사랑하고 순종하며 하나님을 가까이하면서 기도할 때 그분의 사랑을 받습니다. 우리가 기도할 때 하나님께서 일하십니다. 기도를 들으시고 역사하십니다. 하나님은 우리의 모습과 생각과 마음과 형편을 다 아십니다. 다 아시면서도 하나도 모르시는 것처럼 기도에 귀 기울이십니다. 문제를 해결해 주십니다. 그러나 될 대로 되라는 마음으로 하나님의 응답에 무관심하고 기도하지 않는 사람과는 상관없습니다.

우리가 기도하면서 하나님께서 문제를 해결해주실는지 안 해주실는지, 응답해 주실지 안 하실지는 신경 쓸 필요가 없습니다. 오스왈드 챔버스 목사님의 말처럼 "기도의 의미는 하나님을 붙잡는 것이지 응답을 붙잡는 것은 아닌 것"이기 때문입니다. 믿음으로 맡기고 어린아이처럼 단순하고 순수한 마음으로 말씀드리면 됩니다. 하나님께는 우리가 구하는 모든 것이 있습니다.

지내놓고 보면 하나님의 뜻이 아닌 것 빼놓고는 응답되지 않은 기도는 없습니다. 구하지 않은 것까지도 응답하시고 인도하시는 하나님의 은혜와 도우심은, 기도하고 구하고 찾는 사람에게 가까이 있습니다.

중요하게 여기는 것으로 드러나는 삶의 가치

나의 달려갈 길과 주 예수께 받은 사명 곧 하나님의 은혜의 복음 증거 하는 일을 마치려 함에는 나의 생명을 조금도 귀한 것으로 여기지 아니하노라 (사도행전 20장 24절)

무엇이든지 내게 유익하던 것을 해로 여김은 내 주 그리스도 예수를 아는 지식이 가장 고상함을 인함이라 내가 그를 위하여 모든 것을 잃어버리고 배설물로 여김은 그리스도를 얻고 그 안에서 발견되려 함이니 (빌립보서 2장 7-9절)

2018년 기준, 전 세계적으로 2억4500만 명이 기독교신앙 때문에 박해를 받고 있습니다. 북한이 18년 동안 연속적으로 최대 1위 박해국가이고, 중동국가와 파키스탄과 나이지리아와 인도네시아 등, 모슬렘의 탄압도 매우 드셉니다. 그러나 그곳에 있는 그리스도인들은 그렇게 극악한 탄압 속에서도 예수님 믿는 신앙을 포기하지 않고 박해를 견디며 하나님을 섬기고 있습니다.

사람의 삶은 무엇을 중요하게 여기는가에 따라 그 가치가 달라집니다. 그 사람이 중요하게 여기는 가치가 그 사람의 삶이기 때문입니다. 우리는 하나님과 하나님 말씀과 뜻을 가장 중요한 가치로 여기고 삽니다. 눈앞에 유익이나 명예 같은 것을 붙들지 않고, 하나님을 믿고 순종하기 위해서는 손해를 볼지라도 생명의 말씀을 따라갑니다. 하나님과 하나님 말씀을 최고로 높이며 찬송하며 삽니다.

길지 않은 인생을 사는 동안 자신이 무엇을 가장 중요하게 여기는가, 무엇에 가장 큰 가치를 두는가가 이 땅에서의 삶과 영원한 운명을 결정합니다. 하나님께서는 일편단심 하나님을 사랑하고 섬기기 위해 초개같이 버린 목숨과 마음 다해 드린 물질과 헌신을 기쁘게 받으십니다. 영원히 기억하시며, 하늘나라에서 영화롭고 가장 영광스러운 것으로 갚아주십니다.

신앙의 회색 지대와 구별된 삶

만일 너희가 여호와를 버리고 이방신들을 섬기면 너희에게 복을 내리신 후에라도 돌이켜 너희에게 화를 내리시고 너희를 멸하시리라 (여호수아 24장 20절)

대저 하나님께로서 난 자마다 세상을 이기느니라 세상을 이긴 이김은 이것이니 우리의 믿음이니라 (요한1서 5장 4절)

세상은 점점 더 화려해지고 눈에 보기에 좋은 것으로 차있습니다. 사단은 이 세상을 사랑하고 더 잘 살고 더 성공하고 더 높아지면 행복해지는 것처럼 미혹합니다. 그래서 믿음이 좋다고 하는 그리스도인들도 유혹에 빠지기 쉽습니다. 유혹에 이끌려 세상도 사랑하는 신앙의 회색 지대에 거합니다. 결국 사랑하던 하나님도 제대로 만나지 못하고, 그렇게 잡으려고 했던 세상성공도 잃어버리고 맙니다.

사람은 세상의 성공으로 행복해질 수 없습니다. 잠시 기쁘고 살맛 나는 경험은 있지만, 더 큰 욕심 때문에 점점 만족은 사라지고 불행한 체 살아갑니다. 행복의 근원과 원천은 하나님이시고, 행복은 눈에 보이지 않고 마음속에 있기 때문입니다. 그러므로 고난과 핍박이 있더라도 하나님을 충성되게 섬기고 순종하면서 살면 행복합니다. 참 만족을 주시기 때문입니다.

조금이라도 세상 욕심과 유혹에 쏠릴 때는 하나님을 의식하는 믿음의 의지가 필요합니다. 그보다 더 좋은 것은 영혼과 마음이 하나님과 하나님 말씀으로 채워지는 것입니다. 그러면 내면 깊은 곳으로부터 사람들이 그렇게도 잡고 누리기 원하는 성공이 아무것도 아닌 것이 됩니다.

우리가 하나님을 사랑하고 세상과 나는 간곳없는 듯이 진심으로 하나님만을 원하고 말씀을 따라 살다 보면 깜짝 놀라게 됩니다. 본인은 원하지 않았는데 하나님께서는 세상의 복도 주시기 때문입니다.

보석 같은 눈물과 승화된 삶

눈물을 흘리며 씨를 뿌리는 자는 기쁨으로 거두리로다 울며 씨를 뿌리러 나가는 자는 정녕 기쁨으로 그 단을 가지고 돌아오리로다 (시편 126편 5~6절)

하늘이여 노래하라 땅이여 기뻐하라 산들이여 즐거이 노래하라 여호와가 그 백성을 위로하였은즉 그 고난 당한 자를 긍휼히 여길 것임이니라 (이사야 49장 13절)

하나님 앞에서 흘리는 눈물의 빛깔은 다양합니다. 자신의 잘못을 돌아보고 통회자복하면서 흘리는 눈물, 얼마 살지 못하고 죽을 것이라는 시한부 선고를 듣고 더 살게 해 달라고 애원하며 흘리는 눈물, 고난 중에 마음 상해서 쏟아내는 눈물, 믿었던 사람으로부터 배신당해서 실망스럽고 속상하고 분하고 서러워서 쏟아지는 눈물, 까닭 없이 오해받으니 억울해서 흘리는 눈물…. 우리가 고난받을 때 하나님 앞에 나가는 믿음이 있고, 쏟아낼 수 있는 눈물이 있다면 은혜이고 축복이며 감사할 일입니다. 하나님께서 성도의 눈물을 병에 담으십니다. 그 눈물은 고귀하고 소중합니다. 마음이 메마르거나 강퍅하지 않고 부드럽고 유순해서 하나님의 은혜를 갈망하고 사모하는 것이기 때문입니다.

하나님 앞에서 진실되게 흘리는 눈물은 하나님의 긍휼을 입고 미래를 엽니다. 영을 강하게 하시고 높은 곳으로 끌어 올리십니다. 온갖 고난을 거친 자로서의 아픔이 승화되고 성숙을 이루십니다. 믿음이 성장하고 하나님을 알면 알수록 아픔과 슬픔의 눈물은 사라지고 기쁨이 솟아납니다.

이제는 자신의 아픔 때문에 우는 것이 아니라 늘 잊지 않고 자신을 돌아보시고 생각해주시는 하나님의 은혜에 감사해서, 그리고 구원받지 못한 영혼들에 대한 안타까운 마음 때문에 눈물을 흘리게 됩니다.

강요하지 않으시는 하나님

예수께서 가라사대 네가 온전하고자 할진대 가서 네 소유를 팔아 가난한 자들을 주라 그리하면 하늘에서 네게 보화가 네게 있으리라 그리고 와서 나를 좇으라 하시니 그 청년이 재물이 많으므로 이 말씀을 듣고 근심하며 가니라 (마태복음 19장 21-22절)

내가 아직도 너희에게 이를 것이 많으나 지금은 너희가 감당치 못하리라 (요한복음 16장 12절)

어느 날, 큰 부자 청년이 영생을 얻고 싶은 소원을 가지고 예수님께 나왔습니다. 예수님께서는 그가 어려서부터 하나님의 계명을 알았고 지켰다고 인정하셨습니다. 그리고 "그런데 한 가지 부족한 것이 있는데 온전해지려면, 가진 재물을 다 팔아 가난한 자들에게 주고 나서 나를 따르라"고 하셨습니다. 부자 청년은 영생 얻기를 소원했지만, 많은 재물 때문에 근심이 되었습니다. 결국 예수님을 떠나갔습니다. 예수님은 떠나가는 청년을 붙잡거나 강요하지 않으셨습니다. 옆에 있는 제자들에게 "부자가 천국에 들어가기가 약대가 바늘귀로 들어가는 것보다 더 어렵다"고 말씀하셨습니다.

예수님께서는 간혹 우리가 어떤 특정한 상황에 처했을 때 말씀하십니다. 당황하고 당혹스러울 때도 있고 부담도 되고 심하게 들릴 수 있고 잘못된 음성이 아닐까 의심이 들 수도 있습니다. 그래서 듣지 않은 것으로 하고 회피하거나 외면하기 쉽습니다. 그러나 예수님께서는 사람이 자신의 말을 들으면, 영원의 관점에서 보실 때 그 사람에게 어떤 좋은 열매가 맺힐 것을 아시기 때문에 이르시고 영생 얻을 길로 가는 복의 기회를 주시는 것입니다. 그런데 부자 청년은 재물에 대한 욕심으로 인한 부담감 때문에, 예수님 말씀을 따르지 않고 영생 얻을 기회를 잃고 만 것입니다.

우리가 예수님의 말씀을 듣거나 거부하거나 돌아서더라도, 하나님께서는 자유의지를 주셨으므로 결코 억지로 떠밀거나 강요하지 않으십니다.

하나님의 뜻을 이루는 사람

무리에게 이르시되 아무든지 나를 따라오려거든 자기를 부인하고
날마다 제 십자가를 지고 나를 좇을 것이니라 (누가복음 9장 23절)

아그립바 왕이여 그러므로 하늘에서 보이신 것을 내가 거스르지 아
니하고 (사도행전 26장 19절)

　남편 목사님과 함께 올해 80세인 탄자니아 선교사님 부부를 만나 식사
하고 대화를 나눈 적이 있습니다. 두 분 다 맑고 선한 인상에 생기 넘치고
건강해 보여서 70대 초반으로 알아지니 하나님 은혜가 느껴졌습니다. 남편
선교사님은 미국계 제약회사 부사장을 역임했다고 합니다. 회사 다닐 때
업무상 필요해서 준비한 영어가 탄자니아에서 사용되는 것이 하나님께 감
사하다고 했습니다. 그러면서 "연세대에서 경영학을 전공했는데, 아내가
결혼하기 전에 목사 되기 위해 신학대학원에 안가면 결혼 안 하겠다고 해
서 신학대학원에 갔습니다. 그런데 졸업하고 아내의 소원을 무시하고 목사
안수를 안 받았습니다. 교회에서 봉사도 했지만 적당히 세상 성공을 즐기
며 살았지요. 그러다가 나이 들어 부르심을 받고 아프리카로 갔어요. 가까
운 동남아로 가면 힘들 때 한국으로 돌아 와버릴 수도 있을 거 같아서, 오
고 가는 데만 4일이 걸리는 지역으로 간 것입니다."

　하나님께서 마음에 보이신 것을 따라 믿음으로 순종한 선교사님 내외분
의 결단과 간호대학 설립과 교회건축, 그리고 미혼모 구제 등 야무지게 이
뤄지는 사역 현장을 사진으로 보면서, 한 번 살다가는 인생을 값지게 드리
는 삶이 귀하고 감사했습니다. 사도바울이 자신에게 보이신 하나님의 뜻을
거스르지 않겠다고 단호하게 결단하고, 일평생을 하나님 뜻에 순종한 모
습이 떠올랐습니다. 인생에서 사람이 가장 잘 사는 것은 남보다 더 잘 먹
고 잘 입고 편안하게 사는 것이 아닙니다. 모두가 다 선교사로 나가라는 것
은 아니지만, 그 뜻이 무엇이든지 각자에게 주신 뜻을 거스르거나 저버리
지 않고, 기쁘게 섬기며 사는 것입니다.

영적전쟁의 승리와 영원한 기업

종말로 너희가 주 안에서와 그 힘의 능력으로 강건하여지고 마귀의 궤계를 능히 대적하기 위하여 하나님의 전신갑주를 입으라 (에베소서 6장 10-11절)

이기는 자는 이것들을(새 하늘과 새 땅, 즉 천국의 모든 영광) 유업으로 얻으리라 나는 저의 하나님이 되고 그는 내 아들이 되리라 (요한계시록 21장 7절)

인생에는 국가적으로 외적의 침략이 아니더라도 치열한 전쟁이 있습니다. 입시전쟁, 취직전쟁, 질병과의 전쟁, 승진전쟁입니다. 거기다 하나님의 특별한 사랑을 받고 택하심을 입은 우리에게는 사단과의 영적전쟁이 있습니다. 사단은 우리를 주시하며 혹시라도 눈에 띄는 약점을 빌미로 삼고 합법적으로 정죄하려고 틈을 노립니다. 또한 우리가 하나님 사랑받는 것을 시기하고 질투해서 이 모양 저 모양으로 괴롭히는 것입니다. 혈과 육을 상대로 한 것이 아니라 눈에 보이지 않는 악한 영들과의 싸움이므로 영적전쟁이라 합니다. 우리가 사단의 궤계를 알고 분별하는 것은 필요합니다. 그러나 사단을 두려워할 필요는 없습니다. 하나님께서는 우리에게 영적전쟁에 필요한 무기를 주셨습니다. 하나님의 도우심을 믿고 믿음으로 잘 사용해야 합니다. 십자가 보혈의 능력을 취하고, 성령의 능력을 믿고, 예수님 이름으로 기도하고, 말씀으로 무장하는 것입니다. 그러면 어떤 시험 많은 상황, 곤궁에 몰린 환경에서도 이깁니다. 십자가에서 이미 승리하신 주님의 능력 때문입니다.

믿음의 경주에서 승리한 사람에게 약속된 영광은 영원히 누립니다. 사람이 말로 표현할 수 없을 만큼 영화로운 영광으로 세상 죄악 이긴 사람, 끝까지 믿음 지키는 사람에게 주십니다. 온갖 시험과 영적전쟁에서 승리하고 믿음 지킨 자에게 하나님께서 준비하신 영원한 기업입니다. 이 땅에서 하나님의 영광을 맛보며 살다가 영원토록 영화로움을 누리게 됩니다. 이 세상의 어떤 것과도 비교되지 않는 영광과 영화로움입니다.

합력하여 선을 이루시는 하나님

여호와의 말씀에 내 생각은 너희 생각과 다르며 내 길은 너희 길과 달라서 하늘이 땅보다 높음같이 내 길은 너희 길보다 높으며 내 생각은 너희 생각보다 높으니라 (이사야 55장 8~9절)

우리가 알거니와 하나님을 사랑하는 자 곧 그 뜻대로 부르심을 입은 자들에게는 모든 것이 합력하여 선을 이루느니라 (로마서 8장 28절)

하나님의 역사하심은 우리 생각과 바람과 다를 때가 많습니다. 우리는 눈에 보이는 것으로 판단하고, 자신에게 이익이 되고 유익한 것을 기준으로 마음과 몸이 움직입니다. 그러나 하나님께서는 하나님의 뜻 안에서 일하십니다. 그러므로 우리는 모든 일을 기도하면서 하나님의 뜻을 우선으로 두고 생각하며 선택해야 합니다.

하나님께서는 우리의 삶에 발생하는 좋은 일과 안 좋은 일까지 모든 것이 합력해서 결국은 최선의 것이 되도록 역사 해주십니다. 이 약속은 모든 사람에게 해당하지 않습니다. 하나님을 사랑하는 자에게 해당합니다. 우리가 하나님을 진정으로 사랑한다면 약속하신 대로 우리 삶의 모든 것이 합력하여 아름답게 하십니다.

설령 지금 안 좋은 형편에 있어도 결국은 그것까지 합력해서 선을 이루십니다. 그러므로 어떤 상황이나 환경보다는 먼저 자신이 하나님을 사랑하고 있는지, 하나님 말씀과 뜻에 순종하며 살고 있는지가 중요합니다.

3월 26일

큰 은총을 받은 사람

저가 너를 위하여 그 사자들을 명하사 네 모든 길에 너를 지키게 하심이라 (시편 91편 11절)

내게 이르되 은총을 크게 받은 사람 다니엘아 내가 네게 이르는 말을 깨닫고 일어서라 내가 네게 보내심을 받았느니라 (다니엘 10장 11절)

에스겔 선지자는 하나님께서 섭리하신 커다란 바퀴 둘레에 눈들이 가득 달려 있다고 했습니다. 그 눈들이 택하시고 하나님을 경외하는 자들을 지켜보시는 것입니다.

다니엘이 하나님의 뜻대로 살기 원하여 하나님의 뜻을 묻고 깨닫기 원하고 겸손하게 자신을 낮출 때 하나님께서 천사를 보내셨습니다. 좋은 소식을 전해주는 가브리엘 천사와 악한 자와 대신 싸워주실 때 보내시는 미가엘 천사를 보내신 것입니다. 천사를 통해 다니엘을 큰 은총을 받은 사람이라고 부르셨습니다.

하나님의 오른손이 선택된 백성들의 보호자가 되시므로 굳게 지키기 위해 높이 들려 있습니다. 어떤 일이 있어도 하나님의 통치를 받는 백성을 보호하시고 붙들어 주십니다.

하나님의 신실하심은 하나님 앞에서 진실한 자들을 붙들어주시고 영원히 보호해주십니다. 하나님의 진실하심이 방패와 손방패가 되시기 때문입니다.

오늘도 우리 눈에 보이지 않는 천사들이 하나님의 택한 백성인 우리를 돕습니다. 다니엘처럼 하나님의 뜻을 알기 원하고 겸비함으로 살면서 하나님께로부터 큰 은총을 입은 자로 불리기를 소원합니다.

3월 27일

시험을 통한 하나님의 뜻

여러 사람의 말이 우리에게 선을 보일 자 누구뇨 하오니 여호와여 주의 얼굴을 들어 우리에게 비취소서 (시편 4장 6절)

너희는 근심하겠으나 너희 근심이 도리어 기쁨이 되리라 (요한복음 16장 20절)

대대로 믿음의 사람들은 전적으로 하나님만 의지하고 기다려야 할 때가 많았습니다. 자신이 생각한 대로 일이 술술 잘되지 않아서였고, 응답이 한없이 지연되지만 하나님의 뜻을 놓치지 않으려고 인내했기 때문입니다.

우리도 믿음의 길을 갈 때 이러한 과정을 통과합니다. 하나님의 침묵이 무겁게 느껴질 때면 자신에게 무슨 억하심정이 있어서 그러시나 하는 마음도 생길 수 있습니다. 섭섭한 마음에 하나님을 원망하고 불평을 터뜨리기 쉬운 시기입니다.

그러나 믿음과 인내로 기도하며 잘 견디면서 시간이 지나고 나면 알게 됩니다. 하나님께서 모른 체하신 것이 아니라 가장 좋은 것을 주시기 위해 일하고 계셨다는 사실을. 하나님의 영광을 위한 하나님의 뜻하심이 있어서였음을 자연스레 이해하게 됩니다.

하나님은 우리 삶을 책임져 주시는 가장 친절하고 신실하신 안내자이십니다. 그러므로 어떤 일로 시험의 시기를 지날지라도, 불확실한 일에 대해 불안할지라도, 하나님의 선하신 뜻이 있음을 믿고 의지할 때 기뻐할 수 있습니다. 어떤 상황도 하나님을 의지하는 어린아이 같은 단순한 믿음으로 받아들이면 감사하고 평안합니다.

섬김의 동기와 자세

나는 섬기는 자로 너희 중에 있노라 (누가복음 22장 27절)

우리가 우리를 전파하는 것이 아니라 오직 그리스도 예수의 주되신 것과 또 예수를 위하여 우리가 너희의 종된 것을 전파함이라 (고린도 후서 4장 5절)

예수님은 우리를 살리기 위해 섬기는 자로 오셨고, 십자가에서 피 흘려 대속의 제물이 되셨습니다. 하늘 영광 보좌를 버리고 자신을 버리면서 가장 낮고 비천하게 되신 것입니다. 제자들도 자신을 버리고 예수님을 따랐습니다. 사도바울도 다메섹 도상에서 자신을 부르시는 예수님 음성을 듣고 가말리엘 집안의 후광과 높은 학문을 배설물처럼 버렸습니다. 삶의 가장 낮은 바닥으로 내려간 것입니다.

제자들과 바울이 그리고 수많은 하나님의 사람들이 자신을 버리고 어떤 대가도 바라지 않고 헌신할 수 있었던 동기는, 예수님께 대한 믿음과 사랑 때문이었습니다. 만약 인간에 대한 사랑 때문이었다면 어떤 때에 환멸을 느낄 수도 있고 마음 상해서 포기할 수도 있었을 것입니다. 오스왈드 챔버스 목사님 말대로 인간은 개가 표시하는 감사만큼도 못하는 경우가 너무도 많기 때문입니다.

우리가 어떤 작은 일이라도 변함없이 봉사하고 섬기려면 자신을 낮추는 종 된 자세와 예수님을 사랑하는 동기로 해야 합니다. 사람보고 사람을 위한 것에서 출발하면 실망하고 상심하여 도중에 그만두기 쉽습니다.

그러나 나를 사랑하사 나를 위하여 자기 몸을 버리신 예수님을 사랑하는 마음에서 하면, 힘은 들어도 보람 있고 만족스럽습니다. 그 섬김과 봉사를 하나님께서 기뻐 받으시고 힘주시며, 하늘의 상과 이 땅에서 좋은 것으로 갚아 주십니다.

영적 예배자로 사는 삶

너희 몸을 하나님이 기뻐하시는 거룩한 산 제사로 드리라 이는 너희의 드릴 영적 예배니라 너희는 이 세대를 본받지 말고 오직 마음을 새롭게 함으로 변화를 받아 하나님의 선하시고 기뻐하시고 온전하신 뜻이 무엇인지 분별하도록 하라 (로마서 12장 1-2절)

주께 합당히 행하여 범사에 기쁘시게 하고 모든 선한 일에 열매를 맺게 하시며 하나님을 아는 것에 자라게 하시고 (골로새서 1장 10절)

성도에게 주일 예배는 매우 중요합니다. 주일성수는 하나님께서 하나님을 믿는 백성에게 구별하여 지킬 것을 명하신 날로서, 우리는 거룩하신 하나님께 나아가 경배와 찬양과 감사로 예배드립니다. 하나님께서는 신령과 진정으로 예배하는 자를 찾으시고, 하늘 문을 여십니다. 하나님의 임재와 영광으로 충만한 은혜가 임합니다. 잘못된 부분을 깨닫고 돌이키며 기도할 때 예수님의 피로 씻어 거룩해지며 새로워집니다. 영육 간에 새 힘을 얻습니다. 또한 주일예배 후 우리가 살아가는 일상의 삶도 예배 시간만큼 중요합니다. 우리 삶의 순간순간, 일상이 하나님께 드려집니다. 하루 중 가장 평범한 일상도 하나님을 기쁘시게 하는 영적예배가 될 수 있습니다.

우리의 삶이 영적예배입니다. 하나님께서는 천하에 모래알보다도 더 많은 사람 중에서 택하여 부르신 백성을 아끼시고 귀히 여기십니다. 그런 까닭에 우리 삶의 현장을 중요하게 눈여겨보시는데, 우리가 무엇을 보고, 무엇을 생각하며, 무엇을 바라고, 무엇을 구하면서 사는가입니다.

우리가 마음을 새롭게 하므로 변화를 받아 범사에 하나님을 기쁘시게 하면서, 경건하고 선한 영적 예배자로 살아갈 때, 그런 사람을 찾으시는 하나님의 눈에 발견되며 축복을 받을 수 있습니다.

형통한 날과 곤고한 날

형통한 날에는 기뻐하고 곤고한 날에는 생각하라 하나님이 이 두 가지를 병행하게 하사 사람으로 그 장래 일을 능히 헤아려 알지 못하게 하셨느니라 (전도서 7장 14절)

너희의 구속자시요 이스라엘의 거룩하신 자이신 여호와께서 가라사대 나는 네게 유익하도록 가르치고 너를 마땅히 행할 길로 인도하는 너희 하나님 여호와라 (이사야 48장 17절)

누구나 형통하기를 원합니다. 그러나 인생은 언제나 형통할 수만은 없고, 그렇다고 항상 곤고하지만은 않습니다. 우리는 자신의 미래가 형통할지, 곤고할지 알 수 없고, 다만 하나님께서 모든 것을 아시기에 하나님의 선하심을 믿고 의지하고 살아갑니다.

하나님께서 하나님 뜻 안에서 계획하고 예정하신 우리의 미래가 있습니다. 우리는 우리의 운명이나 미래를 바꿀 수 없지만, 하나님께서는 바꾸실 수 있습니다. 인간의 주인으로서 생사화복과 흥망성쇠를 홀로 주관하시기 때문입니다.

하나님께서는 택한 백성을 연단하고 훈련시켜서 온전케 하십니다. 인생의 최종 목적지인 영원한 하나님의 나라, 새 하늘과 새 땅인 새 예루살렘, 하나님의 집에 거하도록 지도하시고 준비시켜 주십니다.

그러므로 우리에게 형통한 날에는 기뻐하고 곤고한 날에는 생각하고 자신을 돌아보라고 하신 것입니다. 살아가면서 겪는 일들은 하나님 안에서 우연한 것이 없으며, 믿음과 감사로 받으면 하나도 버릴 것이 없고 모든 일이 믿음의 성장과 성숙에 유익합니다.

3월 31일

한나의 아픔과 승리

여호와께서 내 간구를 들으셨음이여 여호와께서 내 기도를 받으시리로다 (시편 6편 9절)

한나가 마음이 괴로워서 여호와께 기도하고 통곡하며 서원하여 가로되 만군의 여호와여 만일 주의 여종의 고통을 돌아보시고 나를 생각하시고 주의 여종을 잊지 아니하사 아들을 주시면 내가 그의 평생에 그를 여호와께 드리고 삭도를 그 머리에 대지 아니하겠나이다 (사무엘상 1장 10-11절)

엘가나에게 두 아내, 한나와 브닌나가 있었습니다. 한나는 아이를 낳지 못했지만 남편 엘가나는 브닌나보다 한나를 더 많이 사랑했습니다. 그럼에도 한나는 아이를 낳지 못하는 죄책감으로 괴로웠습니다. 무엇보다도 아이를 여럿 낳은 브닌나의 모욕과 시기와 질투 때문에 힘들었습니다. 한나는 슬프고 서러운 마음으로 하나님의 존전에 나갑니다. 통곡의 눈물과 기도로 자신의 마음을 온전히 쏟아서 오래 기도했습니다. 자신을 잊고 술에 취하듯 기도에 취해서 지냈습니다. 하나님께서 한나의 기도를 들으시고 응답하셨습니다. 태의 문을 여시고, 나중에 이스라엘의 어두운 시기에 어둠을 밝히는 선지자 사무엘을 잉태케 하셨습니다. 한나는 승리했고 웃음을 찾았고 하나님을 찬양했습니다. 한나는 서원기도를 드린 대로 사무엘을 하나님께 드렸고, 하나님은 한나에게 여러 자녀를 주셨습니다. 사무엘은 은혜스럽게 잘 자라서 이스라엘의 초대 왕인 사울 왕과 2대 왕인 다윗 왕을 세우는 킹메이커로 위대하게 쓰임 받았습니다.

한나에게 마음을 괴롭히는 브닌나가 있었던 것처럼 우리에게도 마음에 상처 주고 서럽게 하는 브닌나가 있을 때가 있습니다. 고통 주는 브닌나가 복입니다. 그 문제의 브닌나 때문에 하나님께 가까이 나아갑니다. '괴로운 것은 괴로운 것이고, 슬픈 것은 슬픈 것이다.' 하는 자세로 주저앉아 있지 않는 것입니다. 하나님께 마음을 쏟아 간절히 기도하므로 하늘 문이 열리고 응답받아 베푸시는 은혜를 누리게 됩니다.

그리스도와 함께
죽고 사는 삶

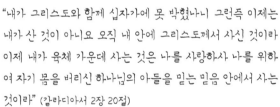

"내가 그리스도와 함께 십자가에 못 박혔나니 그런즉 이제는
내가 산 것이 아니요 오직 내 안에 그리스도께서 사신 것이라
이제 내가 육체 가운데 사는 것은 나를 사랑하사 나를 위하
여 자기 몸을 버리신 하나님의 아들을 믿는 믿음 안에서 사는
것이라" (갈라디아서 2장 20절)

하나님 말씀을 듣는 자의 복

누구든지 내게 들으며 날마다 내 문 곁에서 기다리며 문설주 앞에서 기다리는 자는 복이 있나니 대저 나를 얻는 자는 생명을 얻고 여호와께 은총을 얻을 것이니라 그러나 나를 잃는 자는 자기의 영혼을 해하는 자라 나를 미워하는 자는 사망을 사랑하느니라 (잠언 8장 34~36절)

믿음은 들음에서 나며 들음은 그리스도의 말씀으로 말미암았느니라 (로마서 10장 17절)

하나님께서는 하나님 말씀을 사모하므로 날마다 하나님의 문 곁에서 기다리며 문설주 앞에서 기다리는 사람이 복이 있다고 하셨습니다. 택한 백성을 아끼시되 하나님의 손바닥에 새겨 놓고 사랑하시는 것처럼 우리가 하나님 말씀을 대할 때도 억지로가 아니라 간절히 사랑하는 마음으로 듣고 마음에 새겨야 합니다. 사실 하나님 말씀은 입에 맞는 사탕처럼 달콤하고 따뜻한 위로의 말씀도 있지만, 많은 부분이 죄와 의와 심판에 대해 말씀하시며 책망으로 되어 있습니다. 회개하고 돌이키므로 모두가 구원에 이르기를 원하기 때문입니다. 그래서 하나님의 말씀을 들을 때, 마음을 열고 믿음과 겸손한 마음으로 듣지 않으면 마음이 상하고 상처받을 수도 있습니다. 그러나 의에 주리고 목마르며 가난한 마음으로 받으면 복이 됩니다. 사람의 마음이 그의 인격을 지배하듯이 하나님 말씀의 다스림을 받아서 그 말씀을 순종하면 큰 평안을 누리며 살 수 있기 때문입니다.

콩나물을 기를 때 시루에 물을 주면 물이 다 빠져버린 것 같은데, 어느새 콩나물 머리가 쑥 올라오는 것처럼, 하나님 말씀의 생수를 마시면 성령의 은혜로 하루하루 지혜를 힘입으며 영육이 힘을 얻고 하나님 앞으로 더 가까이 나아갑니다. 삶이 그 자리에 그대로 있는 것 같아도 하나님께서 함께하시고 기뻐하시므로 한 단계 한 단계 성장하여 더 높은 데로 이끌어주며 앞으로 나아갈 수 있게 됩니다.

4월 2일

복음을 전하는 삶

나와 나의 백성이 무엇이관대 이처럼 즐거운 마음으로 드릴 힘이 있었나이까 모든 것이 주게로 말미암았사오니 우리가 주의 손에서 받은 것으로 주께 드렸을 뿐이니이다 (역대상 29장 14절)

첫째는 내가 예수 그리스도로 말미암아 너희 모든 사람을 인하여 내 하나님께 감사함은 너희 믿음이 온 세상에 전파됨이로다 (로마서 1장 8절)

위대한 사도 바울은 설교와 간증과 서신서를 통해 예수 그리스도를 공개적으로 드러냈습니다. 우리에게도 각자에게 베푸신 하나님의 은혜가 있고, 예수님을 향한 감사의 고백과 사랑과 충성스런 마음이 있습니다.

그런 우리의 삶, 모든 것이 하나님의 은혜로 된 것이므로, 성령님의 인도를 따라 말로나 글로 표현하고 공개적으로 전파할 필요가 있습니다. 하나님께서 기뻐하시고 뭇사람들에게 하나님의 이름이 알려짐으로 영광 받으시기 때문입니다.

얼마 전, 2015년 봄 하나님 은혜로 펴낸 책 『중년의 아다지오』가 서울과 지방의 도서관에 비치되어 있고, 대출 중이거나 대출 베스트 순위에도 들어간 도서관도 있음을 알았습니다. 기쁘고 놀랐으며 책을 쓰게 하시고 사용해주시는 하나님께 감사와 영광을 올렸습니다.

우리 모두 하나님께서 주신 은사와 시간과 주님을 향한 믿음과 뜨거운 가슴이 있습니다. 예수님을 믿는 자신의 믿음을 글로써 뿐 아니라 삶으로, 간증으로, 섬김으로 공개적으로 전파하면, 미약한 것일지라도 하나님께서는 충성스런 마음을 기쁘게 받아 주십니다. 하나님 사랑을 모르는 많은 사람들에게 자신만의 빛깔로 예수 그리스도를 전파하는 것입니다.

영혼의 사막으로부터의 회복

여호와께서 저희의 요구한 것을 주셨을지라도 그 영혼을 파리하게 하셨도다 (시편 106편 15절)

너희가 자기를 위하여 의를 심고 긍휼을 거두라 지금이 곧 여호와를 찾을 때니 너희 묵은 땅을 기경하라 (호세아 10장 12절)

사람들은 모두 만사형통한 삶을 꿈꾸고 바랍니다. 그러나 그런 삶은 비는 오지 않고 날마다 햇빛만 내리 쬐이는 것과 같습니다. 삶이 무료해지고 매너리즘에 빠지기 쉽습니다. 환경이 편안하고 육신이 배부르니 하나님을 찾지 않습니다. 영혼이 메마르고 사막화됩니다. 겉으로 보기에는 부족한 거 없는 거 같고 당장은 좋아보여도, 내면은 메마르고 굳어지므로 모래 바람 흩날리는 사막 같은 인생이 되는 것입니다.

하나님께서는 사랑하시는 자들에게는 고난과 징계를 허락하시고 산전수전 겪으며 하나님을 찾게 하십니다. 묵은 땅을 갈아엎어서 새롭게 하려면 쏟아지는 비가 필요하듯이, 안일하고 무사태평한 삶으로 안일에 빠진 삶을 새롭게 하려면 은혜의 보좌 앞에서 낮아진 마음으로 쏟아내는 간구와 눈물이 필요하기 때문입니다

.그 눈물이 굳어진 신앙과 교만하고 메마른 마음을 녹여서 유순하고 부드럽게 합니다. 그 과정은 연단의 고통이 따르지만 기경된 마음 밭에 은혜의 강수를 부으시므로 영혼이 바로 서고 잘됩니다. 삶과 내면이 자연스레 푸른 초장 쉴만한 물가처럼 윤기를 회복합니다. 분명한 삶의 방향과 목적 가운데서 영혼의 기쁨과 풍성한 생명과 진정한 복을 누리게 됩니다.

하나님을 바라는 믿음과 인내

우리 영혼이 여호와를 바람이여 그는 우리의 도움과 방패시로다 우리 마음이 그를 즐거워함이여 우리가 그 성호를 의지하였기 때문이로다 여호와여 우리가 주께 바라는 대로 주의 인자하심을 우리에게 베푸소서 (시편 33편 20-22절)

오직 나는 여호와를 우러러보며 나를 구원하시는 하나님을 바라보나니 나의 하나님이 나에게 귀를 기울이시리로다 (미가서 7장 7절)

기도는 해야겠는데 막상 기도하려고 하면 무엇을 어떻게 기도해야 할지 몰라서 기도하기 어려울 때가 있습니다. 이런 때에는 기도하려고 한 마음을 포기하지 말고, 우리의 연약함을 도우시는 성령님께서 말할 수 없는 탄식으로 우리를 위해 친히 간구하신다는 사실을 알고 소망 가운데 하나님을 바라보면 기도할 힘이 생깁니다.

이렇게 원함은 있는데 딱히 눈에 보이지 않고 손에 잡히지 않을 때 마음이 힘듭니다. 그런 때는 낙심하고 포기하거나, 아니면 잠잠히 하나님을 우러러 바라보는 일 외에는 어떤 것도 기대할 수 없습니다. 그러나 가장 복된 선택은 인내, 인내, 계속 인내하는 것입니다. 인내하는 일이 쉽지는 않지만, 하나님께서 자신의 삶을 가장 좋은 길로 이끌어 주시는 중이라는 믿음을 갖고, 하나님만 우러러 바라며 하나님을 의지하는 것입니다.

우리 영혼이 상황이나 문제나 환경을 바라보고 낙심하거나 두려워하지 않고, 하나님을 우러러 바라보며 소망할 때, 하나님의 사랑과 평안으로 영혼을 감싸주십니다. 믿음의 뿌리가 깊숙이 뿌리내리고 자라게 하십니다. 하나님은 믿고 소망하는 자의 도움과 방패가 되십니다. 하나님의 선하심을 즐거워하며 감사하며 하나님의 거룩하신 이름을 의지하는 믿음의 사람을 결코 실망시키지 않으십니다. 오직 구원하시는 하나님을 우러러 바라보는 믿음과 인내가 승리를 가져옵니다.

겸손의 왕

시온의 딸아 크게 기뻐할지어다 예루살렘의 딸아 즐거이 부를지어다 보라 네 왕이 네게 임하나니 그는 공의로우며 구원을 베풀며 겸손하여서 나귀를 타나니 나귀의 작은 것 곧 나귀 새끼니라 (스가랴 9장 9절)

예수께서 두 제자를 보내시며 이르시되 너희 맞은편 마을로 가라 곧 매인 나귀와 나귀 새끼가 함께 있는 것을 보리니 풀어 내게로 끌고 오너라… 제자들이 가서 예수의 명하신 대로 하여 나귀와 나귀 새끼를 끌고 와서 자기들의 겉옷을 그 위에 얹으매 예수께서 그 위에 타시니 (마태복음 21장 1-3, 6-7절)

예수님은 하나님께서 스가랴 선지자를 통해 수백 년 전에 예언하신 말씀을 이루기 위해 나귀를 타고 예루살렘에 입성하셨습니다. 정복자가 아니라 자신을 낮추고 낮춰 십자가를 지시기 위해 새끼 나귀를 타신 것입니다. 우리를 구원하시기 위해 십자가에서 죽으시고 부활하셔서, 어둠의 왕국으로부터 건지시고 통치하시는 만왕의 왕이 되셨습니다. 예수님을 왕으로 모시고 진실되게 따르는 자들은 인도하시고 보호하시며 붙들어 주십니다.

이 세상에 사는 모든 사람마다 마음의 왕좌에 왕이 앉아 있습니다. 그 왕은 자신이 높이 우러러 받드는 것입니다. 자기 자신의 자아나 욕심, 물질, 명예 같은 것이기도 합니다.

영혼의 참 목자이신 예수님은 멸망의 길로 가는 우리를 위해 구원을 베풀어 생명 길로 인도해 주시려고 자신을 버리셨습니다. 십자가에서 대속의 제물이 되시고 피 흘려 죽으신 것입니다.

우리도 예수님과 함께 옛사람의 자아와 욕심을 십자가에 못 박고, 마음 속 왕좌에 오직 공의로우시고 겸손하시고 평화의 왕이신 예수님을 모시고 살면, 부활하신 예수님과 함께 영원한 구원의 영화로움과 영광을 누리게 됩니다.

4월 6일

죄에 대한 책임과 회개

사람이 시험을 받을 때에 내가 하나님께 시험을 받는다 하지 말지니 하나님은 악에게 시험을 받지도 아니하시고 친히 아무도 시험하지 아니하시느니라. 오직 각 사람이 시험을 받는 것은 자기 욕심에 끌려 미혹됨이니 (야고보서 1장 13-14절)

죄를 짓는 자마다 불법을 행하나니 죄는 불법이라 (요한1서 3장 4절)

만일 믿는 사람이 크고 작은 죄를 짓고 나서 다른 이유를 대거나 마귀가 시켰기 때문이라고 말한다면, 너무나 뻔뻔스러운 변명입니다. 명백하게 자신이 하나님께 불순종해 놓고 핑계를 대는 것은, 하나님과 사단과 죄와 유혹에 대해 잘못 알고 있기 때문입니다.

사단은 믿는 자들이 죄를 짓도록 미끼를 던져 유혹을 할 수는 있지만 그러나 죄를 짓게는 할 수는 없습니다. 사람이 죄를 짓는 것은 오직 자기 욕심에 끌려 미혹되는 것일 뿐입니다. 그래서 죄에 대한 책임은 죄를 짓는 본인에게 있습니다. 죄에 대한 대가를 치르게 됩니다.

그러므로 혹시 실수로라도 죄를 지으면, 일체 변명하지 말고 은혜로우신 하나님께로 나가서 자비를 구해야 합니다. 진실한 회개만이 죄를 사함받고, 죄를 끊게 하며, 새롭게 변화를 받아 바르고 의롭게 사는 길의 출발이 됩니다.

거룩하시고 선하신 하나님께서는 악에게 시험을 받지 않으시고, 사람을 시험하지도 않으십니다. 믿는 자가 죄와 불순종을 깨달아 뉘우치고 돌이키고 진정으로 회개하면 용서와 자비를 베푸십니다. 예수님께서 십자가에서 흘리신 피의 공로인한 속죄의 은혜 때문입니다.

영적인 소돔과 고모라

주께서 경건한 자는 시험에서 건지시고 불의한 자는 형벌 아래 두어 심판 날까지 지키시며 (베드로후서 2장 9절)

저희 시체가 큰 성 길에 있으리니 그 성은 영적으로 하면 소돔이라고 도 하고 애굽이라고도 하니 저희 주께서 십자가에 못 박히신 곳이라 (요한계시록 11장 8절)

하나님께서 보시는 인생길은, 크게 두 가지 길이 있습니다. 의인의 길과 죄인의 길입니다. 곧 생명 길과 사망의 길이며, 예수님 안에 있는 삶과 예수님 밖에 있는 삶입니다.

사람은 누구나 자기가 배우고 생각한 바에 따라 자유롭게 마음대로 살아갈 수 있습니다. 그러나 영적 세계에서 그 삶의 행적과 결과가 사라지지 않습니다. 하나님 보좌 앞에 있는 행위록에 다 기록됩니다. 이 세상을 떠나면 육체는 흙으로 돌아가지만 영혼은 죽지 않고 영원토록 살아있기 때문입니다.

성경은 예수님을 믿지 않는 것이 죄라 하고, 또한 믿고서도 죄짓고 회개 없이 불의한 상태에 있으면 영적인 소돔과 고모라라고 합니다. 하나님께서는 소돔과 고모라를 유황불로 심판하셨던 것처럼 회개치 않은 죄인은 심판 날까지 음부의 형벌 아래 두십니다. 그리고 주님의 재림 심판 날에 음부와 함께 영원한 불 못에 던져집니다.

그러나 예수 그리스도 안에서 의인의 길을 가는 경건한 자는 심판과 상관없습니다. 주께서 보호하시고 영원한 사랑과 복락으로 함께하십니다.

하나님의 주권과 절대긍정의 믿음

나를 이리로 보낸 자는 당신들이 아니요 하나님이시라 하나님이 나
로 바로의 아비를 삼으시며 그 온 집의 주를 삼으시며 애굽 온 땅의
치리자를 삼으셨나이다 (창세기 45장 8절)

우리가 알거니와 하나님을 사랑하는 자 곧 그 뜻대로 부르심을 입은
자들에게는 모든 것이 합력하여 선을 이루느니라 (로마서 8장 28절)

　하나님을 믿는 모든 사람의 삶은 하나님께서 주관하십니다. 그래서 우
리 모두의 삶에 일어나는 일들은 우연이 없고 하나님의 섭리와 역사하심
으로 이루어집니다. 이 사실은 우리가 하나님을 주권자로 믿고 능력 있게
살아가는 힘이 됩니다. 하나님을 경외했던 요셉의 삶도 그랬습니다. 요셉
은 10명의 이복형의 시기로 애굽에 노예로 팔렸고, 억울하게 누명도 쓰고
감옥에도 갇혔습니다. 그러나 항상 하나님께서 함께하셨고 형통한 자가 되
었습니다. 애굽의 총리가 되었고 하나님께서 주신 지혜로 식량을 미리 비
축해서 애굽과 이스라엘 백성들이 흉년으로 굶주릴 때 식량을 공급했습니
다. 요셉은 형들이 자신을 애굽에 팔아넘긴 것도, 노예 살이 한 것도, 억울
한 누명을 쓰고 감옥에 갇힌 것도, 하나님께서 주관하셨다고 고백합니다.
하나님의 주권을 철저하게 인정하는 절대긍정의 믿음입니다.

　우리가 하나님을 의지하고 기도하는데도 일이 잘 안될 때가 있습니다.
자녀들이 취직이나 학교 시험에서 떨어지거나 모든 것을 쏟아 부은 사업이
실패하고, 병에 걸리고… 그런 일들 모두가 하나님께서 허용하신 일입니다.
분명히 사람이 볼 때는 좋지 않은 일이지만 하나님께서 보실 때는 간섭하
심입니다. 왜 그런 어려움을 허용하시는지는 모릅니다. 그저 전능하시고
선하신 하나님의 주권을 믿고 의지할 뿐입니다. 확실한 것은 하나님께서
자기 백성을 주관하시고 삶을 이끄시며, 모든 것이 합력하여 궁극적으로
선이 되게 일하신다는 사실입니다.

마지막 유월절 만찬과 새 언약의 피

생명이 피에 있으므로 피가 죄를 속하느니라 (레위기 17장 11절)

저희가 먹을 때에 예수께서 떡을 가지사 축복하시고 떼어 제자들을 주시며 가라사대 받아먹으라 이것이 내 몸이니라 하시고 또 잔을 가지사 사례하시고 저희에게 주시며 가라사대 너희가 다 이것을 마시라 이것은 죄 사함을 얻게 하려고 많은 사람을 위하여 흘리는바 나의 피 곧 언약의 피니라 (마태복음 26장 26절)

　예수님은 십자가에서 죽음을 당하시기 하루 전날 저녁에, 열두 제자들과 함께 식사를 하셨습니다. 식사 도중, 제자들 중 한 명인 가룟 유다가 자신을 배신할 것이고 대제사장에게 돈을 받고 자신을 팔 것이라고 하셨습니다. 또 제자들이 두려움으로 도망갈 것과 베드로가 닭 울기 전 세 번 부인할 것도 말씀하셨습니다. 그리고 자신이 십자가에서 몸 찢기고 피 흘리며 죽으실 것과 새 언약의 피에 대해 말씀하셨습니다. 예수님의 피로 인해 우리가 죄 사함받고, 새 생명을 얻고 하나님 나라에 가는 길이 열렸습니다. 구약 때는 짐승의 피로 죄를 사함받았지만, 신약 때는 예수님이 십자가에서 흘린 피로 죄 사함을 받습니다. 구약 선지서와 시편에서 예언된 대로 예수님은 이렇게 세상 죄를 지고 가는 하나님의 어린양으로 오셨습니다. 죄없으신 예수님이 죄인이 되셨고, 죄인이 매달리는 십자가에서 못 박히시고 피 흘리셨습니다. 예수님의 대속적 죽으심 때문에 우리는 영원한 생명을 얻게 되었으며 하나님 사랑에 대한 확신을 가지게 되었고, 예수님의 생명과 영생, 그리고 하늘과 이 땅의 많은 좋은 것들을 누리게 된 것입니다.

　혹시나 우리의 믿음 안에도 3년간이나 예수님의 말씀을 듣고 제자로서 따라다녔지만 돈에 눈이 어두워 예수님을 배반한 가룟유다, 그리고 핍박이 올 때 두려움으로 예수님을 모른다 한 베드로처럼, 예수님을 배신할 만한 요소들이 숨어 있지는 않은지 살펴보기 원합니다.

겟세마네 기도와 삶

내 아버지여 만일 할 만하시거든 이 잔을 내게서 지나가게 하옵소서
그러나 나의 원대로 마옵시고 아버지의 원대로 하옵소서 하시고…
다시 두 번째 나아가 기도하여 가라사대 내 아버지여 만일 내가 마
시지 않고는 이 잔이 내게서 지나갈 수 없거든 아버지의 원대로 되
기를 원하나이다 하시고… 또 세 번째 동일한 말씀으로 기도하신 후
(마태복음 26장 39절, 42절, 44절)

육체에 계실 때에 자기를 죽음에서 능히 구원하실 이에게 심한 통곡
과 눈물로 간구와 소원을 올렸고 (히브리서 5장 7절)

　예수님을 향한 하나님의 뜻은, 예수님이 인류의 구원을 위해 십자가에
서 죽음으로 대속의 제물이 되는 것이었습니다. 예수님은 십자가에서 하나
님 뜻을 이루기 위해 땀이 피가 되어 흐를 만큼 간절히 기도하셨습니다. 죽
으심을 앞두고 겟세마네 동산에서 '할 만하시거든 이 잔을 내게서 지나가
게 하옵소서 그러나 내 뜻대로 마시고 아버지의 원대로 하옵소서 아버지
의 원대로 되기를 원하나이다'라며 하나님께 세 번 거듭 간절히 기도했습
니다. 심한 통곡과 눈물로 강청하신 것은 자신의 원함이 아니라 하나님께
서 원하시는 대로 되기 바라는 간구와 소원이었습니다. 하나님을 경외했기
때문에 하나님의 뜻을 자신의 바람보다 더 중요하게 여기신 것입니다.
　우리의 기도도 예수님의 겟세마네 기도를 본받아야 합니다. 인생이 '나
의 원대로 마옵시고 아버지의 원대로 되기를 원하나이다.' 삶의 모든 일이
'나'의 원함이 아니라 '나'를 향하신 하나님의 뜻대로 되기를 바라고, 그대
로 되는 것이 복이 있고 성공한 삶입니다. 하나님을 경외하므로 '나'는 살
든지 죽든지 하나님께 맡기고, '나'는 사나 죽으나 주님의 것이니 '나'를 향
하신 하나님의 뜻대로 되기를 원함이 겟세마네 기도입니다. 비록 고통과
아픔의 눈물이 있을지라도 자기 십자가를 지고 뜻하신 일을 이루며 살아
가는 삶이, 하나님께서 우리의 인생 가운데 계획하신 목적을 이루어드리
는 겟세마네의 기도의 삶입니다.

4월 11일

예수님과 함께하는 삶

나는 선한 목자라 내가 내 양을 알고 양도 나를 아는 것이 아버지께
서 나를 아시고 내가 아버지를 아는 것 같으니 나는 양을 위하여 목
숨을 버리노라 (요한복음 10장 14-15절)

볼지어다 내가 문밖에 서서 두드리노니 누구든지 내 음성을 듣고 문
을 열면 내가 그에게로 들어가 그로 더불어 먹고 그는 나로 더불어
먹으리라 (요한계시록 3장 20절)

예수님은 우리를 위해 십자가에서 피 흘리시고 목숨을 버리셨습니다. 길
과 진리와 생명이시며 사랑과 구원의 주이시고 선한 목자이십니다. 우리
각자를 너무나 잘 아시고 가장 좋은 길로 인도하십니다. 그럼에도 수많은
사람들은 예수님의 사랑을 거절하고 안 믿습니다.

그런데 안 믿는 사람들만 예수님을 마음문밖에 세워두는 것이 아닙니
다. 잘 믿는다고 하는 사람일지라도 자기도 모르는 사이에 예수님을 문밖
에 세워두고 살 때가 많습니다. 다른 것에 마음을 빼앗겨서이고, 사느라고
분주해서입니다. 그러나 예수님은 우리를 너무나 사랑하셔서 늘 함께하고
동행하기 원하십니다. 우리가 예수님을 생각하고 기도로 의논드리며 도움
을 부탁드리고 마음을 보여드리며 살기를 바라십니다. 또한 예배가 참 소
중하지만 예수님을 마음문밖에 세워두고 드리는 예배시간은 오히려 주님
의 마음을 아프게 하는 일입니다.

살아가면서 주어진 일을 잘하는 일도 중요합니다. 사람들의 주목을 받
고 인정받는 것도 좋은 일입니다. 그럴지라도 예수님을 문밖에 세워두고
산다면 헛된 일이며 주님의 마음이 슬프십니다. 모든 삶에 순간순간 예수
님을 모시고 사는 시간으로 채워진 하루는, 사람이 보기에는 특별하게 보
이지 않더라도 하나님 앞에서는 복되고 귀한 삶입니다.

예수님의 빈 무덤과 부활의 증거

천사가 여자들에게 일러 가로되 너희는 무서워 말라 십자가에 못 박히신 예수를 너희가 찾는 줄을 내가 아노라 그가 여기 계시지 않고 그의 말씀하시던 대로 살아나셨느니라 와서 그의 누우셨던 곳을 보라
(요한복음 28장 5~6절)

이는 성경대로 그리스도께서 우리 죄를 위하여 죽으시고 장사 지낸 바 되었다가 성경대로 사흘 만에 다시 살아나사 (고린도전서 15장 3~4절)

   티끌처럼 하찮고 유한한 우리 인생이 참 평안과 소망으로 빛날 수 있는 것은, 십자가에서 죽으시고 빈 무덤을 남기시고 부활하신 예수님 때문입니다. 우리는 길과 진리와 생명이신 예수님 안에서만 진정한 삶의 의미와 참 평안과 참 소망을 가질 수 있습니다. 그 소망 때문에 고난을 견딜 수 있습니다.

   하나님을 만난 사람은 세상에서 좋아 보이고 그럴 듯해 보여 마음을 끄는 것으로는, 잠깐은 좋겠지만 결코 참 평안과 참 만족은 얻을 수 없습니다. 모든 것이 상대적이며 유한한 세상에서 진정한 사랑을 갈망하느라 목마르고 공허하고 무의미하던 삶이 십자가 구속의 사랑을 만나면 참 만족을 얻습니다. 하나님의 사랑을 받고 내면의 평안이 있으니 이 세상에 부러운 것이 없으며 자연스럽게 작은 것에도 기쁘고 감사합니다. 죄와 사망을 이기시고 다시 사신 예수님이 빈 무덤을 남기시고 부활의 첫 열매가 되셨다는 사실을 믿기 때문입니다.

   예수님의 빈 무덤은 죽음과 삶을 함께 보게 합니다. 현재 살아가는데 부활신앙으로 함께하시고, 앞으로 있을 육체와 영혼의 부활과 영원한 삶으로 축복하십니다. 영원한 참 평안과 생명과 참 소망을 주신 하나님의 은혜와 사랑에 감사하며 감격해서 살아갑니다.

4월 13일

역사적 사건인 예수님의 부활

예수께서 가라사대 나는 부활이요 생명이니 나를 믿는 자는 죽어도 살겠고 (요한복음 11장 25절)

만일 죽은 자의 부활이 없으면 그리스도도 다시 살지 못하셨으리라 그리스도께서 만일 다시 살지 못하셨으면 우리의 전파하는 것도 헛 것이며 또 너희 믿음도 헛것이며 (고린도전서 15장 13~14절)

예수님께서는 십자가에서 죽임당하시고 장사한 지 3일 만에 다시 사셨습니다. 예수님의 부활은 2천 년 전에 있었던 실제적이고 역사적인 사건입니다. 하나님이신 예수님이 사람으로 이스라엘의 베들레헴이라는 작은 마을에 태어나심이, 십자가에 못 박혀 죽으시고 부활 승천하신 일이, 전 세계가 지금 사용하는 기원 전(B.C.)과 기원 후(A.D.)로 우주역사를 갈랐던 실제적이고 역사적인 사건이 실제인 것처럼, 예수님에 관한 모든 일들이 이스라엘에서 실제로 일어난 역사적 사건입니다. 만일 예수님 부활이 없었다면 예수님을 믿는 사람들은 이 세상 모든 사람 가운데 가장 불쌍한 사람일 것이지만, 예수님 부활사건은 어느 역사학자도 성인도 부인하지 못하는 실제적이고 역사적인 사건으로서 하나님께서 이 지구의 모든 사람에게 예수님을 구원의 주로 믿을 만한 증거를 주신 일입니다.

예수님 믿고 부활 신앙으로 살아가는 사람은 이 지구상에서 가장 큰 복을 받았으므로 가장 기쁘고 행복한 사람입니다. 어느 나라 왕도 대통령도 재벌도 억만금으로도 학식으로도 절대로 얻을 수 없는 영생부활을 얻기 때문입니다. 예수님을 믿고 순종하는 우리에게 "너희가 죽어도 살겠고."라고 하신 말씀 그대로 죽어도 살고, 죽어도 부활합니다. 부활의 첫 열매 되신 예수님의 생명 안에 연합되어 살기 때문입니다. 평강의 왕이신 예수님이 주시는 새 힘과 부활신앙으로 살 때, 깜깜하고 얼어붙은 겨울을 이기고 활짝 피어난 봄꽃처럼 영혼과 삶의 다양한 영역들이 활짝 피어납니다.

부활의 역사적 진실

그가 하나님의 정하신 뜻과 미리 아신 대로 내어준 바 되었거늘 너희
가 법 없는 자들의 손을 빌려 못 박아 죽였으나 하나님께서 사망의 고
통을 풀어 살리셨으니 이는 그가 사망에게 매여 있을 수 없었음이라
(사도행전 2장 23-24절)

이는 정하신 사람으로 하여금 천하를 공의로 심판할 날을 작정하시
고 이에 저를 죽은 자 가운데서 다시 살리신 것으로 모든 사람에게
믿을 만한 증거를 주셨음이니라 하니라 (사도행전 17장 31절)

　예수님께서 온 인류의 죄를 대속하시기 위하여 십자가에 못 박혀 죽으시
고 장사 지낸 지 3일 만에 살아나셨습니다. 예수님의 죽으심과 부활은 하
나님께서 모든 인간이 예수님을 구원의 주로 믿을만한 증거로 확증하신
역사적 실제 사건이며, 기독교 신앙의 정수입니다.

　예수님께서 죽은 자 가운데서 다시 살아나심으로 예수님을 믿는 성도는
절대 희망을 갖게 되었습니다. 인간이 결코 피할 수 없는 죽음이라는 절대
절망을 하늘 가는 밝은 길로써의 참 소망으로 안겨 주신 것입니다.

　예수님의 부활 사건은 역사적 사실이고 진실이며 승리입니다. 우리 신앙
에 있어 최고의 축복이고 감사할 일이며 영광의 소망입니다. 이 복음의 영
광을 아는 우리는 영광의 주님을 만나는 그 날까지, 주님의 희생에 대한 감
사와 부활의 기쁨으로 살아갈 수 있습니다.

4월 15일

부활하신 주님과 함께하는 삶

예수께서 가라사대 나는 부활이요 생명이니 나를 믿는 자는 죽어도
살겠고 (요한복음 11장 25절)

그가 우리를 흑암의 권세에서 건져내사 그의 아들의 나라로 옮기셨
으니 그 아들 안에서 우리가 구속 곧 죄 사함을 얻었도다 (골로새서 1
장 13-14절)

이 봄에 우리는, 겨우내 얼어있던 땅을 비집고 일어서서 피어나는 개나
리와 벚꽃과 목련을 보면서, 연두빛 풀과 나무들을 보면서, 사망 권세를 이
기시고 부활하신 주님을 떠올립니다. 감격과 기쁜 마음으로 주님의 부활
을 축하하고 감사드립니다.

2,000년 전 어느 날, 예수님께서 십자가에 매달려 죽으신 후 주님을 따르
던 제자들과 무리의 비탄과 슬픔은 말할 수 없었습니다. 그러나 주님께서
친히 말씀하신 대로, 그리고 구약의 선지서와 시편에서 예언한 그대로, 하
나님의 능력으로 무덤 문을 열고 사흘 만에 살아나셨습니다. 그 이후 예수
님의 부활은 역사에서 부인할 수 없는 사실로 기념되어 왔고, 이 세상 끝
날까지 들려질 영광스런 복음의 정수가 되었습니다. 인간이 두려워하는
죽음의 문제를 해결하신 인류 최대의 기쁜 소식이고, 온 인류가 누려야 할
복된 소식입니다. 사람의 몸을 입고 이 땅에 오셨다가 죽으시고 다시 사신
예수님은 하나님 나라로 돌아가셔서, 멸망 길로 가는 자들을 흑암의 권세
에서 생명의 나라로 인도하시고 말씀과 성령으로 인도하십니다. 부활하신
생명의 주님을 모시고 살아가는 우리는 이 세상 누구보다도 가장 큰 축복
을 받은 사람들입니다.

예수님의 제자들은 부활하신 주님을 만난 이후, 온갖 핍박과 박해 속에
서도 생명의 주님을 전했습니다. 부활 생명 신앙으로 살았고, 순교하면서
도 용서의 기도를 했습니다. 우리도 자아와 욕심을 못 박고 부활하신 주님
을 만나면, 생명의 주님을 사랑하지 않을 수 없고 전하지 않을 수 없습니다.

하나님께 소망을 두는 삶

저희의 기다리는바 하나님께 향한 소망을 나도 가졌으니 곧 의인과 악인의 부활이 있으리라 함이라 이것을 인하여 나도 하나님과 사람을 대하여 항상 양심에 거리낌이 없기를 힘쓰노라 (사도행전 24장 18~19절)

내가 그리스도와 그 부활의 권능과 그 고난에 참여함을 알려 하여 그의 죽으심을 본받아 어찌하든지 죽은 자 가운데서 부활에 이르려 하노니 (빌립보서 3장 10~11절)

우리는 내일 일은 모른다 할지라도 어디로 가고 있는지, 인생의 목적지를 분명히 알고 가고 있습니다. 예수님께서 죽은 자 가운데서 다시 살아나시고 부활의 첫 열매가 되심으로, 우리에게 하나님께로 향한 소망을 선물해 주셨습니다.

그래서 하나님께 향한 소망 가운데 푯대가 분명하고 생명력 있는 삶을 살아갑니다. 영생천국에 대한 소망, 첫 번째 부활에 대한 소망입니다. 예수님 이름으로 이기고 그리스도와 더불어 영원토록 왕 노릇하는 영광에 대한 소망입니다. 예수님 안에 있는 우리가 기대하고 바라볼 수 있는 엄청난 소망입니다.

지금은 피부로 느끼지 못할 수 있습니다. 그러나 우리의 옛 자아가 십자가에 온전히 죽고 예수 그리스도가 주인 되시고 다스리실 때 우리는 주님과 더 가까워지면서 이 소망이 또렷해집니다.

하나님께로 향한 참 소망은 삶의 용기와 활력으로 작용해서 새 힘을 누리게 합니다. 힘겨운 상황에 있을지라도 내적으로 감사하고 기뻐할 수 있는 근원입니다. 의인과 악인의 부활인 영생과 영벌이 있음을 알고, 하나님과 사람 앞에서 양심에 거리낌이 없도록 힘쓰며 살아갑니다.

4월 17일

그리스도와 함께 죽고 사는 삶

그의 죽으심은 죄에 대하여 단번에 죽으심이요 그의 살으심은 하나님께 대하여 살으심이니 이와 같이 너희도 너희 자신을 죄에 대하여는 죽은 자요 그리스도 예수 안에서 하나님을 대하여는 산 자로 여길지어다 (로마서 6장 10-11절)

이기는 자는 흰옷을 입을 것이요 내가 그 이름을 생명책에서 반드시 흐리지 아니하고 그 이름을 내 아버지 앞과 그 천사들 앞에서 시인하리라 (요한계시록 3장 5절)

우리의 주가 되시는 예수님은 죄가 없으실 뿐 아니라 죄를 미워하십니다. 인류의 죄를 짊어지시고 십자가에 못 박히셨습니다. 죄에 대하여 죽으시고 하나님께 대하여 살아 계십니다.

우리도 자신을 죄에 대하여 죽고, 부활하신 그리스도 예수 안에서 하나님께 대하여는 산 자로 여기시는 은혜를 받은 자로서 도덕적 결단과 영적인 진보가 있어야 합니다.

그러면 성령님께서 도와주십니다. 죄에 대하여 죽은 자로 죄를 깨닫고 인식하며 하나님 말씀을 순종하며 살아야 합니다. 부족함으로 실수는 할지라도 하나님을 경외하면서 악을 미워하고 하나님께서 원하시는 바를 행해야 합니다. 하나님께서 보시기에 선하고 의로운 생각과 행동으로 순종하며 살아감으로 하나님의 기쁨이 됩니다.

우리가 예수님 안에서 믿음과 순종으로 살아갈 때 예수님 보혈로 씻김 받아 의의 흰옷을 입고, 이기는 자로서 생명책에 이름이 또렷이 새겨질 수 있으며 천국에서 주님과 함께 영원토록 삽니다.

예수님만을 붙드는 신앙

제자들이 눈을 들고 보매 오직 예수 외에는 아무도 보이지 아니하더라 (마태복음 17장 8절)

누구든지 일부러 겸손함과 천사 숭배함을 인하여 너희 상을 빼앗지 못하게 하라 저가 그 본 것을 의지하여 그 육체의 마음을 좇아 헛되이 과장하고 머리를 붙들지 아니하는지라 온몸이 머리로 말미암아 마디와 힘줄로 공급함을 얻고 연합하여 하나님이 자라게 하심으로 자라느니라 (골로새서 2장 18-19절)

예수님은 먼저 나신이시고 근본이시며 만물의 으뜸이시고 교회의 머리이시며 하나님이십니다. 우리의 신앙이 바르게 성장하기 위해서는 무엇보다도 교회의 머리 되신 예수님이 신앙의 중심이 되어야 합니다. 온몸이 머리로 말미암아 마디와 힘줄로 공급함을 받아 자라는 것처럼, 우리가 머리 이신 예수님을 붙들 때, 하나님의 능력과 돌보심을 받습니다. 영혼이 견고하고 신앙이 건강합니다.

머리를 붙들지 않는 신앙은 허약할 수밖에 없습니다. 그런 까닭에 때로는 아무리 뜨거워 보일지라도 위태로워 보일 때도 있습니다. 시대사조나 사람들 견해에 따라 이리저리 쏠리고 흔들립니다. 시험에 들거나 미혹되어 이단에 빠지기 쉽습니다. 이 세상 그 어떤 것도, 하늘의 천사라도 예수 그리스도를 대신할 수 없기 때문입니다. 전 세계가 추앙하는 어떤 사람이 있다 할지라도, 누군가가 죽은 자를 살리는 기적을 나타낼지라도, 신기한 이적과 표적을 행하는 사람이 있을지라도, 만왕의 왕이시고 만유의 주시며, 생명 되시는 예수님을 대신할 수는 없습니다. 제아무리 능력 뛰어난 천사나 위대한 사람도 교회와 믿는 자의 머리가 아닙니다.

오직 모든 것의 근본이시며 만물의 으뜸이시고, 삶과 죽음을 다스리시며, 우리의 길과 진리와 생명이신 예수님, 교회의 머리이신 예수님만을 붙들어야 합니다. 확고부동한 신앙, 그 길 끝에 영원한 승리가 있습니다.

하나님의 침묵

내 하나님이여 내 하나님이여 어찌 나를 버리셨나이까 어찌 나를 멀리하여 듣지 아니하옵시며 내 신음하는 소리를 듣지 아니하시나이까 내 하나님이여 내가 낮에도 부르짖고 밤에도 잠잠치 아니하오나 응답지 아니하시나이다 (시편 22편 1-2절)

여호와여 내가 부르짖어도 주께서 듣지 아니하시니 어느 때까지리이까 (하박국 1장 2절)

하나님을 바라고 기도 하는데 하나님께서 침묵하시면, 섭섭한 마음도 들어 원망스러우며 불안하고 절망스럽습니다. 그러나 하나님의 도우심이 보이지 않는 그때가, 더더욱 하나님을 신뢰하고 의지해야 할 때입니다. 하나님께서 침묵하시는 이유가 우리 기도의 분량이 더 필요해서일 수도 있고, 인내가 필요한 연단일 수도 있지만, 우리는 하나님께서 침묵하시는 이유를 확실히 알 수 없습니다. 다만 우리가 기도할 때 하나님께서 바로 응답하시거나 거절이라는 사인을 주실 때처럼, 침묵하시는 것도 하나님께서 일하시는 방법 중 하나라는 사실입니다. 그러므로 침묵하실 수밖에 없는 하나님의 마음을 이해하고 헤아림으로써 하나님의 침묵을 이해할 수 있게 됩니다.

그럼에도 불구하고 하나님을 더 기쁘게 잘 섬기면서 꾸준히 기도하고 기다리다 보면, 영적으로 성장할 뿐만 아니라 하나님께서 왜 침묵하셨는지를 실제로 이해하게 되는 때가 반드시 옵니다. 하나님께서 우리 각자에게 가장 좋은 것을 알고 계시고, 좋은 것 주시기를 얼마나 즐거워하시는지, 성경에 기도 응답에 대한 약속이 500번 정도 나오는 것만 봐도 알 수 있습니다. 선하시고 신실하신 하나님을 깊이 신뢰하며, 우리를 위해 일하심을 믿고 인내하다가 응답을 받으면, 절망을 뛰어넘고 더욱더 깊은 믿음으로 하나님을 찬양하는 삶을 살게 됩니다.

반석 되신 그리스도

발을 반석 위에 두사 내 걸음을 견고케 하셨도다 (시편 40편 2절)

이는 저희를 따르는 신령한 반석으로부터 마셨으매 그 반석은 곧 그리스도시라 (고린도전서 10장 4절)

예수님께서 제자들에게 "너희는 나를 누구라 하느냐"고 물으시자, 시몬 베드로가 "주는 그리스도시요 살아계신 하나님의 아들이니이다"라고 대답했습니다. 예수님은 베드로가 복이 있다고 하시며 이것을 알게 하신 이는 혈육이 아니요 하늘에 계신 아버지시라고 하셨습니다. 그리고 그 고백 위에 교회를 세우실 것이며 음부의 권세가 이기지 못할 것이라 하셨습니다. 우리의 삶이 반석 되신 예수 그리스도를 믿는 믿음위에 건축되면 음부(지옥)의 권세가 이기지 못한다는 말씀으로 승리하게 된다는 뜻입니다.

하나님의 사랑은 위대하고 강력합니다. 십자가에서 지옥의 사망 권세를 이기신 사랑입니다. 하나님께서는 하늘과 땅의 모든 권세를 가지신 분으로 모든 것을 다스리시고 통치하십니다. 우리가 신령한 반석이신 그리스도 예수님의 사랑 안에 거할 때, 환난이나 곤고나 핍박이나 위험이나 사망이나 생명, 천사들이나 권세 자들이나 현재 일이나 장래일과 다른 아무 피조물도, 우리를 빼앗을 수 없고, 건드릴 수 없습니다.

우리를 향하신 하나님의 크신 사랑은 이 세상 어떤 것들과도 비교되지 않을 만큼 크고 위대하시며 넓고 깊으며 강력하십니다. 하나님의 크고 친절한 권능의 팔에 우리의 인생을 믿음으로 맡길 때 보호받고 인도 받습니다. 영혼이 마르지 않는 샘물처럼 다함 없는 은혜를 누립니다.

씨를 뿌리고 거두는 삶

눈물을 흘리며 씨를 뿌리는 자는 기쁨으로 단을 거두리로다 울며 씨
를 뿌리러 나가는 자는 정녕 기쁨으로 그 단을 가지고 돌아오리로다
(시편 126편 5~6절)

스스로 속이지 말라 하나님은 만홀히 여김을 받지 아니하시나니 사
람이 무엇으로 심든지 그대로 거두리라 (갈라디아서 6장 7절)

농촌에서는 대체적으로 봄에 씨를 뿌립니다. 가을에 거둘 수확을 위해
서 좋은 종자를 골라서 심습니다. 좋은 종자를 심어야 좋은 열매를 거둘
수 있고, 씨는 아무 때나 심는 것이 아니고 심어야 할 때가 있으므로 그 시
기를 놓치지 않고 심는 것입니다. 씨앗을 봄에 심어야 가을에 거두는 것처
럼, 인생의 봄인 젊은 시절에 좋은 씨앗을 심고 부지런히 노력을 다해 믿음
과 기도와 순종으로 성실하게 땀 흘리며 수고할 때, 나이 들어서 좋은 것으
로 거둡니다. 애써 노력하지 않고 심고 뿌린 것이 없으면 아무것도 거두
지 못한 것은 당연합니다.

인생은 이렇게 씨를 뿌리고 거두는 과정이라 할 수 있습니다. 사람이 무
엇으로 심든지 심은 대로 거둡니다. 이것은 하나님께서 정하신 만고불변의
진리로, 좋은 것을 심으면 좋은 것이 나오고 나쁜 것을 심으면 나쁜 것이
나옵니다. 나쁜 것을 심어 놓고 좋은 것을 거두려고 하는 것은 욕심일 뿐입
니다.

우리가 이 땅에 사는 동안 믿음으로 살기 위해서 눈물과 기도와 섬김으
로 심어 놓은 수고와 정성은 훗날 천국에서 상으로 거두게 됩니다. 우리는
하나님께서 주신 은혜로 살고, 순종으로 선을 심으며, 소망 중에 살다가
영원하신 하나님의 영광 가운데서 커다란 기쁨의 단을 거둘 것입니다.

하나님의 기준에 입각한 신앙

하늘에 계신 너희 아버지의 온전하심과 같이 너희도 온전하라 (마태복음 5장 48절)

그러므로 나의 사랑하는 자들아 너희가 나 있을 때뿐 아니라 더욱 지금 나 없을 때에도 항상 복종하여 두렵고 떨림으로 너희 구원을 이루라 (빌립보서 2장 12절)

하나님께서 이스라엘 백성을 애굽의 압제에서 모세를 통하여 빼내시고 인도하셨습니다. 목적지인 가나안땅을 향해 광야를 지나는 백성들에게 십계명을 주시고 거룩을 명하셨으며, 레위기서를 통해 거룩에 이르는 규례를 자세히 이르셨습니다. 마찬가지로 죄악 된 세상에서 부르시고 예수님을 믿어 인생의 목적지인 천국 본향을 향해 가는 우리들에게도 거룩함이 없이는 아무도 주를 보지 못할 것이고, 마음이 청결한사람이 하나님을 볼 수 있다고 하셨습니다.

그러므로 흔히 쉽게 권하는 말처럼 예수님만 믿으면 천국 간다고 생각하는 것은 큰 오산입니다. 신앙은 맹목적으로 믿는 것이 아니라, 하나님께서 정하신 법이라는 기준을 따라 그 범위 안에서 믿고 순종하고 행하는 것입니다. 예수님을 믿고 자아와 욕망을 십자가에 못 박고, 내주하셔서 도우시는 성령의 역사를 따라 예수님 말씀대로 살아야 합니다. 하나님께서 말씀하신 기준은, 우리가 다른 사람들과 비교해서 좀 더 착하고 선하고 바르게 산다는 기준으로는 통하지 않습니다. 예수님께서 하늘에 계신 너희 아버지의 온전하심과 같이 너희도 온전하라고 하신 것처럼 하나님을 닮아가야 합니다. 그 온전함은 우리 힘으로는 도저히 이를 수 없는 기준입니다. 성령님의 도우심으로 점점 조금씩 온전해지며, 오직 십자가에서 단번에 자신을 제물로 드리신 예수 그리스도 안에서 받아주시는 하나님의 은혜와 긍휼로만 온전할 수 있습니다. 엄격하고 은혜로우신 하나님의 기준을 따르며, 은혜와 진리에 입각한 신앙입니다.

4월 23일

종말을 살아가는 삶의 태도

이 천국 복음이 모든 민족에게 증거 되기 위하여 온 세상에 전파되리니 그제야 끝이 오리라 (마태복음 24장 14절)

그러므로 너희 마음의 허리를 동이고 근신하여 예수 그리스도의 나타나실 때에 너희에게 가져올 은혜를 온전히 바랄지어다 (베드로전서 1장 13절)

　연일 보도되는 일련의 사건들을 통해서 사람들이 저지르는 악행이 얼마나 더럽고 추악한지 경악스럽기 그지없습니다. 창세기에 등장하는 소돔과 고모라의 죄를 방불케 하는 타락을 보면서, 유황불을 쏟아 진멸하셨던 하나님의 공의와 심판을 생각합니다. 예수님께서 경고하신 음행과 간음과 탐욕과 악의와 방탕과 악한 시선과 교만과 어리석음을 그대로 행하고 있습니다. 마약과 성매매와 성폭력과 몰카 촬영과 유포와 권력의 비호와 두둔은, 베드로 사도가 경고한 무법한 자들의 방탕입니다. 하나님께서 심히 가증히 여기시는 악들이 판을 치는 세상이 되어 버렸고, 모든 불의와 악행과 탐욕과 악의와 살의와 분쟁과 적의로 가득 차서 파렴치하기 그지없습니다. 성경에서 말씀한 마지막 때의 모습이 나타난 것입니다. 분명한 것은 심판주로 오실 주님께서 속속들이 썩어 있는 사람들의 삶을 반드시 심판하신다는 사실입니다. 소돔과 고모라를 불로 심판하셨던 것처럼 인류 마지막은 불로 심판 하십니다. 음부에 간 영혼들과 지옥 자체가 불타는 불 못에 던져집니다.

　앞으로도 인간성의 타락이 더했으면 더했지 더 나아지지 않을 것입니다. 사단 마귀가 자신의 때가 얼마 남지 않은 것을 알고 사람의 영혼을 멸망 길로 유인해서 삼키려고 혈안이 되어 있기 때문입니다. 이렇게 시대가 어두울수록 우리는 마음의 허리를 동이고 근신함으로 깨어 있어야 합니다. 영적, 정신적인 긴장을 해야 합니다. 또한 세상에 만연한 죄악의 실상을 직시하고 애통하는 마음으로 기도해야 합니다. 그리고 악은 어떤 모양이라도 버리고, 그림자라도 멀리하고 하나님의 빛 안에서 순결하고 거룩하게 살아야 합니다.

죄악 된 세상과 성결한 삶

음행과 온갖 더러운 것과 탐욕은 너희 중에서 그 이름이라도 부르지 말라 이는 성도의 마땅한 바니라 (에베소서 5장 3절)

이 사람에게는 사망으로 좇아 사망에 이르는 냄새요 저 사람에게는 생명으로 좇아 생명에 이르는 냄새라 누가 이것을 감당하리요 (고린도후서 2장 16절)

예수님께서 십자가에 달려 죽으신 것도 인류의 죄 때문이었을 정도로, 죄는 하나님과 원수가 된 것입니다. 이 세상은 심히 타락하고 부패한 까닭에, 사람들은 죄에 대한 결과가 무서운 줄 알면서도 쉽게 죄를 짓습니다. 그러나 반드시 그 대가는 치르게 됩니다. 죄가 얼마나 끔찍하고 오염되기 쉬우며 악취를 진동시키는지 모릅니다. 지하철에서나 거리에서 여러 날을 씻지 않았거나 오물이 묻어 고약한 냄새를 풍기는 사람이 옆에 오면 악취 때문에 고통스러운 것처럼 죄로 오염되면 추한 냄새를 풍깁니다.

만백성의 죄를 속량해주시기 위해 십자가에서 피 흘리시고 죽으신 예수님을 믿고 예수님을 삶의 주인으로 모시고 사는 성도들은, 분명 죄를 버리고 죄를 지으려는 생각이나 마음이 없어진 사람들입니다. 그럼에도 행위로 인한 큰 죄는 짓지 않더라도 간혹 연약함으로 혈기가 나고 미움이나 시샘이나 욕심이나 교만이나 판단이 들어오는 마음의 죄를 지을 수도 있습니다. 그러나 하나님의 선하신 말씀에 비추어 자신을 돌아보고 그런 것들을 버리고 돌이킵니다. 더 강한 믿음의 결의로 전진하며 돌파를 이루고 성숙해 갑니다. 믿음의 선한 싸움입니다. 세상은 아무리 죄악이 관영할지라도 죄와 싸워 이기고 성결하게 살기를 원합니다. 그리스도의 향기로 빛 된 삶을 살아가고자 합니다. 주님을 사랑하고, 그 거룩하심을 따라 말씀 붙들고 기도하며 사는 것보다 더 값진 행복은 없다는 사실을 압니다. 하나님께서 의의 평강과 영혼의 부요로 붙들어 주시는 은혜가 있습니다.

사람의 존재와 일의 가치

왕족을 외모로 취치 아니하시며 부자를 가난한 자보다 더 생각하지
아니하시나니 이는 그들이 다 그의 손으로 지으신 바 됨이니라 (욥기
34장 19절)

불의를 행하는 자는 불의의 보응을 받으리니 주는 외모로 사람을 취
하심이 없느니라 (골로새서 3장 25절)

사람들은 흔히 부자나 높은 자리에 앉거나 중요한 일을 맡은 사람을 가
치 있다고 생각합니다. 하지만 하나님을 아는 사람들은 사람과 일을 그런
기준으로 생각하지 않습니다. 인생의 가치는 사람들이 알아주고 우러러보
는 위치나 형태에 있지 않습니다. 가난하고 천해 보이는 일을 하고 살아도
하나님께서 보실 때 좋아 보이고 기뻐하셔서 인정해 주시면, 그 인생은 빛
나며 가치 있는 것입니다. 이를테면 교회에서나 사회에서 앞에 서 있는 사
람이나 그 일이 가치 있는 것이 아니라, 그 사람이 그 일을 어떤 마음으로
하느냐가 가치를 결정하는 척도입니다.

인생의 모든 발달 단계에서 존재하는 과정 모두가 귀하고 소중합니다.
이 세상에 태어난 지 얼마 안 되어 아무 생각 없이 먹고 자고 싸고 울고 보
채는 아기와 아기의 활동이 가치 있습니다. 가정주부가 나가서 돈을 벌지
않고 살림만 한다고 해서 가치 없는 것이 아닙니다. 가족을 사랑하는 마음
으로 알뜰살뜰 분주히 움직이는 수고가 귀하고 아름답습니다. 또한 남이
자고 있는 밤과 새벽에 극한의 작업을 하는 노동자들의 일이 중요하고 가
치 있습니다.

한마디로 말하자면 이 세상에 어떤 사람이나 일도 높고 낮음이 없고, 귀
하고 천함이 없습니다. 어떤 일에 종사하든지 상관없이 의롭고 바르고 진
실 되게 할 때, 그 사람과 그 일이 가치 있는 것입니다. 그러나 그 자리가
좋아 보이고 아무리 대단해 보이는 일일지라도 불의가 있으면 어떤 가치도
없습니다. 그 사람도, 일도 추할 뿐입니다.

인생의 통과의례

내가 진실로 진실로 너희에게 이르노니 한 알의 밀이 땅에 떨어져 죽지 아니하면 한 알 그대로 있고 죽으면 많은 열매를 맺느니라 (요한복음 12장 24절)

보라 인내하는 자를 우리가 복되다 하나니 너희가 욥의 인내를 들었고 주께서 주신 결말을 보았거니와 주는 가장 자비하시고 긍휼히 여기는 자시니라 (야고보서 5장 11절)

인생에서 그냥 되는 것은 없습니다. 한 알의 밀이 깜깜한 땅에 떨어져서 죽어야 비로소 열매가 맺힙니다. 잘 익은 포도가 으깨어지고 짓이겨져서 향기로운 단맛을 내고, 쌀이 가마솥에서 뜨거운 김을 내뿜으면서 익어야 맛난 밥이 됩니다. 포도가 짓이겨져서 포도 음료가 되고 쌀이 익어 밥이 되는 것처럼 우리도 광야와 고난이라는 용광로를 거치면서 짓이겨지고 으깨지는 과정을 통과해야 합니다.

그런 통과의례를 거친 모세는 80세에 부름을 받았고, 요셉은 7년 기근 때에 그동안 비축해놓은 양식창고를 열어 이스라엘 백성을 살렸습니다. 예수님께서도 십자가에서 죽으시기까지 고통을 치르심으로 인류의 구원을 위한 대속물이 되셨습니다.

하나님께서는 현재 우리의 상황이 아무리 고통스럽다 해도, 그 고통을 믿음과 기도와 인내로 통과하면 좋은 열매를 맺고, 그 열매를 나누는 인생이 되게 하십니다.

그리고 하나님 은혜로 맺은 열매를 자신만 간직하고 만족하는 데에 머무르지 말고. 뜨거운 밥솥에서 잘 지어진 밥과 으깨진 포도즙처럼 나눠지고 부어져서 누군가에게 생명의 양식과 음료가 되라 하십니다.

악의 함정에 빠지지 않으려면

보라 내가 너희를 보냄이 양을 이리 가운데 보냄과 같도다 그러므로 너희는 뱀같이 지혜롭고 비둘기같이 순결하라 (마태복음 10장 16절)

근신하라 깨어라 너희 대적 마귀가 우는 사자같이 두루 다니며 삼킬 자를 찾나니 너희는 믿음을 굳게 하여 저를 대적하라 (베드로전서 5장 8-9절)

사건 사고가 많은 세상입니다. 단정히 차려입고 길을 나섰다가 웅덩이가 있는 것을 못 보고 빠져서 잘 못 되는 일이 있습니다.

천국 가는 성도도 그런 함정에 빠지기 쉽습니다. 마귀가 덫을 놓아서 사람이나 환경을 통해 속이고 파멸에 빠지도록 술수를 씁니다. 그래서 좋은 일 하다가도 속아서 낭패를 당하고 책임을 뒤집어쓰는 일도 생기는 것입니다. 그러므로 순결한 마음으로 살되 뱀처럼 지혜로워야 합니다.

그리고 무슨 일을 하든지 성급하면 안 됩니다. 기도하면서 성령님의 도우심과 인도하심을 따라야 합니다. 자칫 자기 생각을 따라 성령의 뜻을 거스를 때 예기치 않은 곳에서 어처구니없이 일이 꼬이고 낭패를 보는 등 대가를 치르게 됩니다. 그래서 항상 신중한 판단력과 분별의 지혜가 필요합니다.

또한 물질이든 명예이든 사람이든 욕심을 가지면 미혹되기 쉬우므로, 언제나 비둘기처럼 순결한 마음가짐으로 살아야 합니다.

또한 사단의 계략을 직시하고 뱀처럼 지혜롭게 대처해야 합니다. 모든 것이 하나님의 은혜가 아니면 안 되는 것을 알고, 하나님을 의지하고 깨어서 살아가야 합니다. 그러면 악의 함정에 빠지지 않습니다.

하나님 말씀을 귀히 여기는 삶

내가 그의 입술의 명령을 어기지 아니하고 일정한 음식보다 그 입의
말씀을 귀히 여겼구나 (욥기 23장 10절)

하나님의 말씀은 살았고 운동력이 있어 좌우에 날선 어떤 검 보다도
예리하여 혼과 영과 및 관절과 골수를 찔러 쪼개기까지 하며 또 마
음의 생각과 뜻을 감찰하나니 (히브리서 4장 12절)

하나님께서 말씀으로 천지를 창조하셨습니다. 하나님 말씀의 능력은 우
주를 창조하시고 다스리시는 권세가 있습니다. 죽은 자가 살아나고 인생
앞에 놓인 태산을 넘게 합니다. 인생의 모든 어려움의 시기에 붙잡은 그 생
명의 말씀이 우리를 영원까지 이끌어 갑니다. 그 말씀이 사단의 계략을 이
기고 승리하게 합니다. 하나님 말씀을 귀히 여기고 무장할 때, 시험의 산과
질병의 산과 환난의 산과 불행의 산을 뛰어넘는 것입니다. 목동 다윗이 하
나님을 만나 삶 속에서 이루어지는 모든 사건이 형통했던 것은 하나님께
서 함께하심이었습니다. 다윗이 하나님 말씀을 정금 보다 더 사모했더니
그 말씀이 송이 꿀보다 더 달았고 그 말씀이 승리케 했습니다. 하나님께서
에스겔을 부르시고 말씀의 두루마리를 먹어 창자에 채우라고 하셨습니다.
에스겔이 순종하고 말씀을 먹어 배에 들어가니, 하나님께서 에스겔을 해
골 골짜기로 부르십니다. 골짜기의 뼈들에게 말씀을 들으라고 대언하라 하
셨고. 그렇게 하니 마른 뼈들에 생기가 들어가고 살아났습니다.

하나님 말씀은 힘이 있고 권세가 있습니다. 세상에 보이는 물질 잡으려
고 마음 빼앗기지 말고, 하나님 말씀을 금과 은보다도 더 사모하고 말씀에
젖으면 어떤 환난 시험 불행도 이기게 합니다. 우리의 육체는 땅에 있지만,
심령을 생각과 골수와 관절을 찔러서 쪼개는 성령의 검인 하나님의 말씀
으로 채울 때 그 어떤 것도 부족하지 않고 부러울 것이 없게 됩니다. 인생
은 짧지만 하나님 나라는 영원하기에 영원한 산 소망으로 든든합니다.

훈계와 생명 길

대저 명령은 등불이요 법은 빛이요 훈계의 책망은 곧 생명길이라 (잠언 6장 23절)

자주 책망을 받으면서도 목이 곧은 사람은 갑자기 패망을 당하고 피하지 못하리라 (잠언 29장 1절)

술을 잔뜩 마시고 운전하다 큰 사고를 내서 소중한 생명을 빼앗아가는 일이 많이 일어납니다. 음주 운전에 대한 법규가 있음에도 주의하지 않고 무시한 까닭입니다. 법규를 강화하고 형벌 수위를 높여도 아랑곳없이 음주 운전 사고가 계속 일어나는 것은, 운전하는 사람이 평소 바르지 못한 생활 태도와 법을 우습게 보는 정신으로 살기 때문입니다.

우리가 하나님 말씀을 듣고 깨닫고 말씀의 지시를 따라가면 하나님의 빛 안에서 생명 길을 갑니다. 그러나 하나님의 명령을 알면서도 눈앞의 이익이나 욕망을 따라 삶의 핸들을 자기 마음대로 잡고 살아가면 패망을 당할 수도 있습니다. 자기중심적인 생각으로 마음이 거만하고 높아서 하나님의 명령과 법과 훈계의 책망을 멸시하다가 갑자기 어려움이 오면 어디에도 피할 수 없습니다.

그러나 하나님을 주인으로 모시고 섬기면서 삶의 핸들을 하나님께 올려드리고 그 말씀을 순종하고 살면, 생명 길을 갑니다. 하나님의 보호 안에서 안전하고 평안합니다. 하나님의 명령과 법과 훈계가 등불과 빛이 되고 책망이 되어, 우리를 귀하고 존귀한 사람으로 살게 합니다.

하나님께서 세워주시는 삶

부와 귀가 주께로 말미암고 또 주는 만유의 주재가 되사 손에 권세와 능력이 있사오니 모든 자를 크게 하심과 강하게 하심이 주의 손에 있나이다 (역대상 29장 12절)

여호와께서 집을 세우지 아니하시면 세우는 자의 수고가 헛되며, 여호와께서 성을 지키지 아니하시면 파수꾼의 깨어 있음이 헛되도다 너희가 일찍이 일어나고 늦게 누우며 수고의 떡을 먹음이 헛되도다 (시편 127편 1-2절)

하나님께서는 창조주이시고 만유를 다스리시며 우리 인생의 주관자가 되십니다. 모든 국가의 흥망성쇠뿐 아니라 우리의 인생이 하나님의 주권 안에 있습니다. 하나님께서 지켜 주셔야 국가도 든든히 서 가고, 우리 인생도 하나님의 능력 안에서 헛되지 않게 세워지며, 영생구원을 이루며 삽니다.

인생을 세우고, 지키고, 하나님의 뜻을 펼쳐 나가게 하는 것이 하나님께 달려 있습니다. 사람이 애를 쓰고 수고를 많이 한다고 해서 다 이루는 것도 아니고, 공부를 많이 해도 목표를 이루지 못해 허망해 하는 일도 많습니다.

그러나 하나님께서 붙들어주시고 세우시면 거름더미 같은 환경에서도 끌어 올려서 높이십니다. 인생에서 수고하고 애쓴 것들이 헛되지 않고 아름다운 열매를 맺습니다.

우리의 삶에 하나님께서 함께하시므로 아침에 일찍 일어나고 늦게 누우며 수고한 모든 것들이 하나님의 기쁨이 되고 복된 열매를 맺는 것입니다. 영적 파수꾼으로 깨어서 기도할 때 들으시고 우리 삶을 성령의 불 담과 불칼로 지켜 주십니다. 하나님께서 세워주시고 보호하시며 열매 맺게 하시므로 복되고 영광된 삶이 됩니다.

February **5** 월

승리의 여정

"우리 주 예수 그리스도로 말미암아 우리에게 이김을 주시는 하나님께 감사하노니" (고린도전서 15장 57절)

승리의 여정

범사에 감사하라 이는 그리스도 예수 안에서 너희를 향하신 하나님의 뜻이니라 (데살로니가전서 5장 18절)

이는 큰 환난에서 나오는 자들인데 어린 양의 피에 그 옷을 씻어 희게 하였느니라… 저희가 다시 주리지도 아니하고 목마르지도 아니하고 해나 아무 뜨거운 기운에 상하지 아니할찌니 (요한계시록 7장 14, 16절)

바닥이 없는 인생이 없다는 말처럼, 누구나 어떠한 바닥에 놓여 있을 수 있습니다. 인생에 바닥이 닥치면 두려움과 괴로움과 염려근심이 몰려올 수밖에 없습니다. 만일 바닥이 닥치고 사방이 다 막혀 있을 때, 위에 계신 하나님을 바라볼 수 있다면 큰 복입니다. 믿음의 눈으로 보이는 열린 창문을 통해 희망의 빛이 비쳐옵니다.

앞을 볼 수 없는 칠흑같이 어두운 상황에서 승리의 원동력은, 하나님의 선하심을 바라보며 감사하는 믿음입니다. 감사로 받아들이기에는 어려움이 있겠지만, 하나님 은혜를 생각하면서 감사할 때 마음의 여유가 생기고, 하나님의 약속을 붙드는 지혜를 갖습니다. 불평과 낙담이 사라집니다. 얼마나 큰 복을 준비하셨으면 이렇게도 뜨거운 담금질로 다루시며, 바닥을 치게 하실까? 하는 마음으로 기도드리고 신뢰하며, 무한긍정의 참 믿음으로 잠잠히 견딥니다. 이런 과정이 진정으로 살아있는 믿음의 삶이고, 이런 믿음의 중심을 귀하게 보신 하나님이 일하기 시작하십니다.

하나님은 하나님 자녀가 바닥을 치고 있을 때도 서두르지 않으십니다. 자녀를 사랑하시므로 다루실 만큼 다루시고 속사람 뿌리까지 견고해지도록 단련하십니다. 그리고 높은 곳으로 끌어 올리시며 새로운 문을 여시고 준비된 복을 주십니다. 드디어 고통과 좌절과 혼란이 지나고 그동안의 고통과 암담함과 슬픔 같은 모든 일들이 합력하여 아름다운 작품으로 삶에 펼쳐지므로, 살아계신 하나님을 증거 하는 복의 통로가 됩니다.

하나님을 경외하는 신앙

너희는 귀를 기울여 내 목소리를 들으라 자세히 내 말을 들으라… 이
는 그의 하나님이 그에게 적당한 방법으로 보이사 가르치셨음이며
(이사야 28장 23절, 26절)

내가 소경을 그들의 알지 못하던 길로 이끌며 그들의 알지 못하는
첩경으로 인도하며 흑암으로 그 앞에 광명이 되게 하며 굽은 데를 곧
게 할 것이라 내가 이 일을 행하여 그들을 버리지 아니하리니 (이사야
42장 16절)

하나님께서는 우리의 삶에 어떤 것이 가장 좋은지 정확히 아십니다. 그
러므로 자신의 생각과 궁리를 내려놓고, 하나님의 가르치심과 교훈을 받으
며 인도하심을 따라가는 것이 가장 안전하고 복된 길입니다. 우리가 하나
님을 경외할 때, 갈 길을 가르쳐 보이시고 주목하시고 교훈을 주신다고 하
셨습니다.

하나님을 진정으로 경외하는 것은 하나님을 사랑하고 두려워하는 마음
으로 범사에 하나님을 인정하고 사는 삶의 자세입니다. 또한 하나님을 바
로 섬길 수 있는 근본이 되는 믿음과 순종의 덕목입니다. 이런 경외함은 겸
손하지 않고, 자신의 고집을 꺾지 않으면 불가능합니다. 자신의 지식과 생
각과 노력을 내려놓고, 금식도 하면서 하나님을 찾을 때, 자신은 작아지고
하나님이 크게 다가옵니다. 그런 중심에 하나님이 경외하는 신을 부어주시
므로 입혀지는 아름다운 능력입니다.

하나님을 경외할 때 자신을 낮추어 바짝 엎드려 탄원과 간구와 진정성
있는 내밀한 고백을 드릴 수 있고, 그 목소리가 쌓여서 하나님께 상달됩니
다. 그리고 하나님의 인도하심이 시작됩니다. 하나님의 인도하심은 우리가
감아서 볼 수 없었던 눈을 열어 주시고, 갈 길을 밝히 보게 하십니다. 그리
고 뜻하신 곧은길로 걸어가게 하시며, 더딘 거 같고 늦어진 거 같던 걸음을
재촉하시므로 하나님이 준비하신 삶의 지름길로 들어서도록 일하십니다.

말씀하신 바를 지키시는 하나님

하나님은 인생이 아니시니 식언치 않으시고 인자가 아니시니 후회가 없으시도다. 어찌 그 말씀하신 바를 행치 않으시며, 하신 말씀을 실행치 않으시랴 (민수기 23장 19절)

하나님은 약속을 기업으로 받는 자들에게 그 뜻이 변치 아니함을 충분히 나타내시려고 그 일에 맹세로 보증하셨나니, 이는 하나님이 거짓말을 하실 수 없는 두 가지 변치 못할 사실을 인하여 앞에 있는 소망을 얻으려고 피하여 가는 우리로 큰 안위를 받게 하려 하심이라 (히브리서 6장 17-18절)

하나님께는 거짓이 없고, 거짓말도 하지 못하십니다. 우리가 하나님 말씀을 기업으로 받고 순종하며 살 때 하나님께서는 영원까지 약속을 이루시며, 각자의 삶에 주신 약속을 반드시 이루어주십니다. 그러므로 하나님 말씀에 순종하는 믿음과 하나님의 기업을 약속으로 가진 사람은 그 자체로 큰 복을 받은 것입니다.

그래서 이 땅에서 화려하지 않고, 사람들 입에 오르내릴 만큼 성공하지 않아도 괜찮습니다. 하루하루를 잘 살아가면서 자신에게 맡겨진 일에 진실하고 성실하게 최선을 다하면 됩니다. 하나님이 약속하신 궁극적인 축복은 예수님이 영원한 기업이 되시기에, 이 세상의 모든 좋은 것을 합한 것과도 비교되지 않는 영광스러움이며, 이 땅의 생명보다도 귀하기 때문입니다.

하나님께서는 신실한 믿음의 자녀를 그냥 그렇게 두지 않으십니다. 건강도 주시고, 물질도 주십니다. 하나님이 기뻐 받을 만하신 성공도 주시고 영광도 주시며, 영광을 나타내시고 영광을 받으십니다.

하나님 앞에 내세울 것 하나 없이 부족한데도 불구하고, 하나님의 약속 안에 거하는 믿음과 복된 소망을 주시고 큰 안위로 함께하십니다.

생명의 부활

선한 일을 행한 자는 생명의 부활로 악한 일을 행한 자는 심판의 부
활로 나오리라 (요한복음 5장 29절)

사랑하는 자여 악한 것을 본받지 말고 선한 것을 본받으라. 선을 행
하는 자는 하나님께 속하고 악을 행하는 자는 하나님을 뵈옵지 못
하였느니라 (요한3서 1장 11절)

우리가 영원한 부활 생명을 누리려면 선함이 있어야 합니다. 우리 안에
는 선이 없음을 고백하고, 무엇보다도 하나님 말씀과 뜻을 중요하게 생각
하고 살아야 합니다. 그럴 때 선하신 하나님을 본받아 살게 되고 하나님을
뵈올 수 있습니다. 사람에게는 선이 없고, 하나님만 선하시므로 악이 전혀
없으신 하나님 말씀과 뜻에만 완전한 선이 있기 때문입니다.

선이신 하나님을 대적하는 악한 마귀는 악 자체입니다. 하나님 형상을
입고 태어난 사람을 괴롭히고 도적질하고 죽이고 멸망시킵니다. 죄를 짓는
자는 마귀의 종이 되므로, 어쩌든지 죄 짓게 꼬드기고 자신의 종으로 삼아
서 부리다가 종국에는 지옥 데려 가려고 혈안이 되어 있습니다.

복 있는 사람은 악인의 죄를 좇지 않습니다. 사람은 죄성이 있어서 자신
도 모르게 죄와 악과 오만에 물들기 쉬우므로, 죄인의 길에 서지 않고 오만
한 자의 자리에도 앉지 않습니다.

사람에게는 선이 없고, 오직 하나님만 선하십니다. 죄인 된 사람이 새사람
으로 변화 받고 선하게 되어 하나님 말씀을 따라 살 때 선하신 하나님의 마
음을 본받아 선을 행하며 살 수 있습니다. 심판의 부활이 아닌 생명의 부활
을 누리게 됩니다.

5월 5일

분노의 다스림

노하기를 맹렬히 하는 자는 벌을 받을 것이라 네가 그를 건져 주면
다시 건져 주게 되리라 (잠언 19장 19절)

분을 내어도 죄를 짓지 말며 해가 지도록 분을 품지 말고 마귀로 틈
을 타지 못하게 하라 (에베소서 4장 26~27절)

사람이 분노하지 않고도 살 수 있다면 참 바람직합니다. 그러나 인생은
복잡다난하고 고운 빛깔의 무늬로만 짜여지지는 않으므로 분이 날 때가
있습니다. 인류의 첫 사람 아담과 하와가 죄를 짓고 난 후 사람 마음속에
분노의 씨앗이 뿌려진 까닭입니다.

흔히 분노가 일어날 때는 자신을 살피기보다는 상대방에게 책임을 묻
고, 자신과 관계된 상대방의 어떤 부분 때문에 마음이 상했거나, 상식에서
벗어나거나 불의한 일을 보게 된 때입니다.

분노가 일더라도 어떤 경우든지 사람을 미워하면서 죄를 짓지 말아야
합니다. 미움과 분노는 성령을 근심하게 합니다. 분노가 일어날 수는 있지
만 잘 다스리므로 마귀에게 빌미를 주지 않도록 경계해야 합니다.

하나님은 사람이 이런저런 이유로 분노할 수밖에 없는 연약한 존재인 것
을 아시고, 또 그 결과가 커다란 해악임을 아시고, 분을 내더라도 해가 지
도록 분을 품지 말라고 하셨습니다. 분노나 불평은 명백한 죄이므로 마귀
에게 빌미를 줘서 문을 열어주는 것이 됩니다. 마귀는 항상 경계하고 대적
해야 할 어둠이고 악입니다.

그러므로 어떤 일 때문에 괘씸하고 억울해서 속이 부글부글 끓어오르더
라도 사로잡히지 말고 빨리 벗어나는 것이 지혜입니다. 폭풍우가 활퀴고
지나가면서 아무것도 남기지 않고 다 쓰러뜨리는 것처럼, 분노도 평안과
기쁨을 빼앗아 가고 마귀가 던진 악과 불행만 남습니다.

인자하신 사랑

여호와는 노하기를 더디하고 인자가 많아 죄악과 과실을 사하시느니라 (민수기 14장 18절)

그러므로 피곤한 손과 연약한 무릎을 일으켜 세우고 너희 발을 위하여 곧은 길을 만들어 저는 다리로 하여금 어그러지지 않고 고침을 받게 하라 (히브리서 12장 12~13절)

하나님은 모든 죄악을 사해주시고 용서해 주십니다. 독생자를 십자가에 내주신 하나님의 사랑 때문에 영생을 얻을 수 있습니다. 우리는 인자하신 사랑에 감복하고 감사해서 사랑의 빚진 자 되어 삽니다. 그런데 신앙생활을 오래 하고 하나님을 조금씩 알아 가면 갈수록, 완벽하신 하나님께서 성도에게도 그런 완벽을 요구하신다는 사실을 깨닫게 됩니다. 성경은 천국 가는 백성에 대해 엄격한 기준을 제시합니다. 예수님께서도 하늘에 계신 너희 아버지의 온전하심과 같이 너희도 온전하라고 하셨습니다. 그럼에도 하나님의 기준에 따라 제대로 살려는 마음은 갖지만 자신의 힘으로는 도달하기 힘듭니다.

오직 하나님을 향하는 믿음으로 단단히 마음을 모으고, 내주시는 성령님의 도우심으로 한 걸음씩 앞으로 나아가며, 한 단계씩 더 높은 차원으로 올라갈 수 있을 뿐입니다. 그러면서 사람 구원하기를 원하시는 하나님의 인자하심, 기다리시고 오래 참아 주시고 회개하기를 바라시는 하나님의 성품에 대해, 그리고 하나님의 인자하신 사랑은 이 세상에 모든 사람이 구원에 이르기를 원하시는 하나님의 놀라우신 은혜를 감사드릴 따름입니다. 하나님의 인자하신 사랑은 이 세상에 사는 사람 그 누구라도 하나님의 완벽한 기준 앞에서 진정 죄인 됨을 깨닫고 회개하면, 긍휼히 여기시고 죄를 씻기셔서 품에 안아 주시는 사랑입니다. 오직 하나님만이 죄를 사하실 수 있고 용서하실 수 있으며 영생을 선물로 주십니다.

내어 버려둠과 징계

대저 여호와께서 그 사랑하시는 자를 징계하시기를 마치 아비가 그 기뻐하는 아들을 징계함 같이 하시느니라 (잠언 3장 12절)

저희가 마음에 하나님 두기를 싫어하매 하나님께서 저희를 그 상실한 마음대로 내어 버려두사 합당치 못한 일을 하게 하셨으니 (로마서 2장 28절)

하나님께서는 하나님을 모른다 하며 목이 뻣뻣하고 거만한 사람은 그냥 내어버려 두십니다. 그래서 하나님을 믿지 않는 사람들이나 내어버려 둔 사람들은 하나님의 징계가 없으므로 얼른 보기에는 편안하게 사는 거 같습니다. 징계받을 자격이 없기 때문에 어떻게 살건 하나님께서 간섭하지 않은 까닭입니다.

성경은 징계가 없으면 사생자이고 참 아들이 아니라 하고 또 징계를 싫어하는 사람은 짐승 같다고 합니다. 하나님은 하나님이 받으시고 특별히 사랑하는 자를 채찍질하시고 징계하시는데, 징계를 싫어하고 거부하면 변화될 가능성이 없기 때문입니다.

한마디로 하나님의 징계는 하나님의 사랑 표현입니다. 지옥의 세력으로부터 천국으로 이끄는 하나님의 강한 손입니다. 하나님의 자녀들이 심판의 날 정죄를 당하여 지옥 불에 빠지지 않도록 손 써주시는 사랑입니다. 징계받을 때 하나님 사랑에 감사하고 돌이키는 것이 큰 복입니다.

5월 8일

부당한 대우를 받을 때

사환들아 범사에 두려워함으로 주인들에게 순복하되 선하고 관용하는 자들에게만 아니라 또한 까다로운 자들에게도 그리하라 (베드로전서 2장 18절)

악을 악으로, 욕을 욕으로 갚지 말고 도리어 복을 빌라 이를 위하여 너희가 부르심을 입었으니 이는 복을 유업으로 받게 하려 하심이라 (베드로전서 3장 9절)

살아가면서 자신이 해야 할 일을 최선을 다해서 감당하는데도 불구하고 권위자로부터 이해와 존중을 받지 못해서 속상하고 억울할 때가 있습니다. 그러나 이런 힘든 때가 하나님의 인정을 받을 기회입니다. 마음을 다잡고 하나님을 의지하고 전후 사정 기도로 올려드리면서 기뻐하고 감사하면 됩니다. 선하신 하나님께서 예비하신 복이 기다리고 있습니다.

교회나 사회에서 성도로서, 직원으로서, 시민으로서, 자신 위에 주어진 권위에 순복해야 하며, 그런 복종이 바른 질서입니다. 문제는 상사나 리더가 부당한 권위를 사용할 때, 그리스도인으로서 어떻게 해야 하는지에 대한 성경의 권면이 위안이 됩니다. 상사나 리더로부터 불공평하며 까다롭고 모욕적인 대우를 받더라도 그들의 말에 순복하고, 오히려 복을 빌어줘야 합니다. 억울한 감정 때문에 쉽지 않은 일이지만 그렇게 할 때 하나님 보시기에 경건하고 견고한 성품으로 빚어집니다.

그리고 억울한 상황에 대해서는 공의로 정확하게 심판하시는 하나님의 손에 올려드리면 하나님께서 판단하시고 처리하십니다. 좋으신 하나님은 부당하고 억울하게 고난받으면서도 기도와 믿음으로 잘 참아내는 사람에게 확실한 상으로 갚아주십니다.

5월 9일

노래하고 기뻐하라

여호와의 말씀에 시온의 딸아 노래하고 기뻐하라 이는 내가 와서 네 가운데에 머물 것임이라 (스가랴 2장 10절)

너의 하나님 여호와가 너의 가운데 계시니 그는 구원을 베푸실 전능자시라 그가 너로 인하여 기쁨을 이기지 못하여 하시며 너를 잠잠히 사랑하시며 너로 인하여 즐거이 부르며 기뻐하시리라 하리라 (스바냐 3장 17절)

  현대 사회의 문제 중 하나는 외로움입니다. 많은 사람들과 섞여 살아도 고독하다고 해서 군중 속의 고독이라고 표현하는데, 급기야는 고독 때문에 세상을 등지는 안타까운 일도 있습니다. 만일 신앙생활 하는 성도가 외로움과 고독이 느껴진다면 다른 무엇보다도 하나님을 찾을 때입니다.

  하나님은 외로움의 근원을 아십니다. 세상은 우리가 누구인지 모르고 사람들은 우리를 알아주지 않더라도 하나님은 우리 각자를 아십니다. 우리가 하나님을 찾을 때 변함없는 생명으로 채우시고 사랑으로 반겨주십니다. 택하시고 부르신 자녀들 덕분에 즐거워하십니다. 부모가 자녀들에게 바라듯이 하나님의 자녀가 노래하고 기뻐하는 삶이 되기를 원하십니다.

  하나님 안에 있는 기쁨은 세상 사람들이 일시적으로 맛보는 기쁨과 차원이 다릅니다. 우주 만물의 창조자이시며 우리 각 사람을 지으시고 구원을 베푸시는 전능자 하나님께서 우리 가운데 거하십니다. 온 마음 다해 기쁨으로 노래하며 감사와 찬양으로 송축 드리는 이유입니다.

문제의 근원을 알고 대처하기

종말로 너희가 주 안에서와 그 힘의 능력으로 강건하여지고 마귀의 궤계를 능히 대적하기 위하여 하나님의 전신갑주를 입으라 (에베소서 6장 10-11절)

하나님의 아들이 나타나신 것은 마귀의 일을 멸하려 하심이니라 (요한 1서 3장 8절)

어떤 일에 문제가 생기면 많은 경우 그 배후를 살피기보다는 실망과 걱정에 빠지거나 낙심하거나 불안해합니다. 기도 응답이 지체되기라도 하면 배후가 사단인 것을 알지 못한 나머지 '아마도 하나님 뜻이 아니고 하나님께서 원하시지 않은가 보다.'라는 생각으로 기도 응답을 쉽게 포기하고 맙니다. 결과적으로 사단과 싸워보지도 않고 패배를 당하는 것입니다.

예수님이 이 땅에 오신 것은 마귀의 일을 멸하려고 오셨습니다. 성경은 주 안에서 강건하라고 하십니다. 자기 힘으로 강해지려고 할 때는 실수하고 실패합니다. 그러나 하나님과 관계에서 거리낌이 없는 경우 담대한 마음으로 하나님의 전신갑주를 입고 하나님이 주시는 힘으로 강해질 수 있습니다. 그러므로 어떤 일에서 염려와 걱정. 의심, 두려움, 잡생각과 혼란이 오면, 조금도 지체 말고, "나는 예수 그리스도 이름으로 나의 ~에 의심을 주는 것들을 대적한다."라고 선포하므로 사단을 대적할 때, 생각과 마음에서 먹구름같이 드리워진 어둠들이 물러갑니다. 그리고 문제를 제대로 직면할 수 있습니다.

우리는 이미 예수님의 이름으로 사단을 대적할 수 있는 권세를 가졌습니다. 승리의 삶을 원한다면, 문제의 근원이 무엇인지 분별하고, 하나님 앞에서 자신을 살펴 회개하고, 하나님 말씀과 예수님 이름으로 마귀를 대적하면 됩니다. 사단은 우리의 어떠함 때문이 아니라 예수님 이름 권세 때문에 벌벌 떨고 물러갑니다. 평안이 오고 행복 해지고 얼굴이 환해집니다. 문제가 풀어지고 한걸음 더 성장합니다.

영원히 사라지지 않는 축복

너의 가는 모든 곳에서는 내가 너로 생명 얻기를 노략물을 얻는 것
같게 하리라 (예레미야 45장 5절)

위엣 것을 생각하고 땅엣 것을 생각지 말라 이는 너희가 죽었고 너
희 생명이 그리스도와 함께 하나님 안에 감추어졌음이라 (골로새서
3장 2~3절)

우리가 예수 그리스도의 구속과 부활생명 안에서 하나님과 연합된 자가
되면 우리 시야가 새로워집니다. 그렇게 대단해 보이고 크게 보이던 것들
이 더 이상 그렇게 대단하거나 크게 보이지 않습니다. 세상 사람들이 그렇
게도 열광하는 것들에 사로잡히지 않고, 부럽지 않습니다. 마음 중심에서
부터 그런 추구와 열망이 자연스레 사라집니다.

그래서 하나님을 가까이할수록 삶이 단순해지고 명료해집니다. 모든 부
분이 한 가지 하나님께 대한 순종으로 집약되기 때문입니다. 그런 성도들
에게 주시는 하나님의 축복이 있습니다. 하나님 안에 감추어진 생명입니
다. 하나님께서 우리에게 생명 얻기를 노략물 얻는 것같이 하게 하시겠다
고 불변의 약속을 하셨습니다. 삶의 시련이 있을지라도, 물 가운데 지나고
불 가운데 다닐지라도, 물에 떠내려가지 않고 불에 타지 않게 보호하신다
는 뜻입니다. 아골 골짝 빈들이나 어디를 가든지, 비록 지옥이라도 하나님
의 생명으로 해를 받지 않고, 무사히 통과하게 해주시겠다는 약속입니다.

우리가 세상적 욕망과 복잡한 자아를 좇아 자기의 길로 가지 않고 예수
그리스도 안에서 말씀을 따라 하나님의 길을 갈 때 주시는 보장입니다. 하
나님께서 보장하시는 생명은 예수 그리스도와 함께 하나님 안에 감추어져
있습니다. 영원히 사라지지 않는 축복입니다.

성경은 보물 지도입니다

이에 저희 마음을 열어 성경을 깨닫게 하시고 (누가복음 24장 45절)

성경은 능히 너로 하여금 그리스도 예수 안에 있는 믿음으로 말미암아 구원에 이르는 지혜가 있게 하니라 (디모데후서 3장 15절)

다음은 현재 미국에서 사역하는 맥스 루케이도 목사님의 '보물지도'라는 글입니다.

'성경은 금지되고 불태워지고 멸시와 조롱을 당했다. 학자들은 어리석다며 성경을 깔보았다. 왕들은 성경에 불법이라는 낙인을 찍었다. 성경을 무덤에 파묻고 장송곡을 연주하는 일이 수없이 반복되었다. 그럼에도 성경은 무덤 안에 머물지 않았다. 성경은 살아남았을 뿐만 아니라 번성했다. 성경은 역사를 통하여 가장 널리 보급된 책이다. 오랜 세월 동안 베스트셀러 중 최고의 베스트셀러 자리를 차지했다. 이 현상을 도무지 설명할 길이 없다. 아마도 설명할 길이 없다는 게 유일한 설명일 것이다. 답은? 성경의 끈덕진 생명력은 이 땅이 아닌 천국에 있다. 성경의 주장들을 시험해본 후 그 약속들을 주장한 수많은 이들이 내세우는 답은 오직 하나뿐이다. 성경은 하나님의 책이요 그분의 음성이다. 성경은 자녀들을 구원하기 위한 하나님의 계획과 열정을 선포하는 것이다. 이것이 이 책이 수세기를 견뎌온 이유다. 성경은 우리를 하나님의 지고한 보물인 영생으로 이끄는 보물지도다.'

이 목사님은 하나님의 말씀인 성경의 불변성과 역사성과 신적 권위에 대해 언급한 것입니다. 영생으로 인도하는 보물지도라는 표현처럼 성경의 주인공은 예수 그리스도이십니다. 우리에게 천국 가는 길을 분명하게 안내하는 보물지도입니다.

이제까지 성경의 오류를 찾아서 반박하려고 성경을 연구하던 무신론 학자들, 영화 벤허의 저자를 비롯한 사람들이 성경을 살피다가 도리어 성경 속에서 하나님을 만나고 하나님께로 돌아온 일이 많습니다. 우리의 손에 들려진 성경은 우리를 영원까지 안내하는 보물지도임이 틀림없습니다.

5월 13일

버려야 하는 것들

너희가 만일 그 땅 거민을 너희 앞에서 몰아내지 아니하면 너희의 남겨둔 자가 너희의 눈에 가시와 너희의 옆구리에 찌르는 것이 되어 너희의 거하는 땅에서 너희를 괴롭게 할 것이요 (민수기 33장 55절)

내가 이르노니 너희는 성령을 좇아 행하라 그리하면 육체의 소욕을 이루지 아니하리라 육체의 소욕은 성령을 거스리고 성령의 소욕은 육체를 거스리나니 이 둘이 서로 대적함으로 너희의 원하는 것을 하지 못하게 하려 함이니라 (갈라디아서 5장 16~17절)

하나님께서 이스라엘 백성들에게 약속하신 가나안 땅에는 원주민들이 살고 있었는데, 하나님께서 명령하시기를 "그 땅 거민들을 몰아내라 그러지 않으면, 그것들이 올무가 되어 너희를 괴롭게 할 것이다."라고 하셨습니다. 오늘날 우리에게 '그 땅 거민'은 우리 마음에 하나님보다 더 중요하게 여기고 갈망하는 그 무엇이고, 그것은 하나님 앞에서 우상이 됩니다. 또한 미신과 세상 정욕과 육체의 소욕도 깨끗이 버려야 할 것들입니다.

하나님은 질투하는 하나님이십니다. 예수님의 피 값으로 사신 바 된 백성들의 순전한 마음을 원하시므로, 하나님을 앞서 마음에 집착하는 그 어떤 것도 하나님과의 관계가 나빠지는 요인이 됩니다. 하나님께서 기뻐하시지 않으면, 그렇게도 원해서 쌓아둔 것들이 눈과 옆구리에 박힌 가시처럼 찌르므로 괴롭게 할 것입니다. 그러므로 우리가 복되게 사는 길은, 언제나 하나님께서 이르신 말씀에 순종하는 데 있습니다. 하나님의 말씀 받들어 우상을 제하며 육체의 소욕을 이길 때 하나님의 뜻을 이루는 도구가 되며, 이 땅에서뿐만 아니라 영원히 승리합니다. 우리를 사랑하시는 예수 그리스도 성령으로 말미암아 넉넉히 이길 수 있습니다. 우리의 마음과 집안과 관계에서 하나님께서 원하시지 않은 것들을 깨끗이 몰아내는 믿음이 온전히 하나님을 좇는 믿음입니다. 하나님의 기쁨이 되며 승리와 행복이 있습니다.

화평을 무너뜨리는 시기

마음의 화평은 육신의 생명이나 시기는 뼈의 썩음이니라 (잠언 14장 30절)

시기와 다툼이 있는 곳에는 요란과 모든 악한 일이 있음이니라 (야고보서 3장 16절)

우리나라 속담에 사촌이 땅을 사면 배가 아프다는 말이 있습니다. 부러운 마음에 멀쩡하던 배가 아픈 것처럼 가까운 사람이 잘 되면 기뻐해 주기보다는 시기하고 질투하는 못된 마음을 뜻하는 말입니다. 그래서 가까운 사람과의 관계의 어려움을 말할 때, '좋은 일을 말했더니 시샘이 되어 돌아오고, 슬픈 일을 털어놓았더니 험담이 되어 돌아온다.'는 말이 있나 봅니다.

흔히 말하기를 진정한 친구는 좋은 일에 진심으로 기뻐해 주는 사람이라고 합니다. 이 말이 맞구나 싶을 때가 여러 번 있었습니다. 안 좋은 일에는 누구나 본성적으로 지닌 연민으로 인해 너그러워질 수 있기 때문입니다. 좋은 일에 대해서는 시기하지 않고 기뻐해 주는 것이 그만큼 쉽지 않다는 뜻이기도 합니다.

시기는 자신과 가까운 상대방의 어떠함과 자신을 비교하고 탐하는 마음에서 일어납니다. 그러나 사람은 겸손한 마음으로 다른 사람이 받는 복을 인정할 때 자신이 기쁘고 즐겁습니다. 하지만 다른 사람의 능력이나 그 사람이 잘 되는 것을 인정하지 못하고 시샘하고 탐내면 스스로의 마음이 어두워지고 괴로우며 화평이 깨지며, 자연스레 관계가 손상될 수밖에 없는 것입니다.

시기는 마귀적인 것입니다. 악독과 증오감을 키우고 영적으로 혼란스럽게 되며 분별을 잃습니다. 영혼을 망가뜨립니다. 은혜가 떠납니다. 하나님 앞에서 속히 치료받고 뿌리 뽑아야 할 무서운 죄성입니다.

예수님을 따르는 자에게 주시는 영광

예수께서 이르시되 손에 쟁기를 잡고 뒤를 돌아보는 자는 하나님의
나라에 합당치 아니하니라 하시니라 (누가복음 9장 62절)

우리가 살아도 주를 위하여 살고 죽어도 주를 위하여 죽나니 그러므
로 사나 죽으나 우리가 주의 것이로다 (로마서 14장 8절)

우리가 예수님을 진실하게 믿고 거듭나며 구원의 반열에 서면 인생의 목
표가 달라집니다. 자신의 쾌락과 만족을 위해 살지 않습니다. 눈에 보이는
어떤 일보다도 예수님과의 관계를 위해 힘쓰고 말씀을 주의 깊게 살피며
따라갑니다. 멋있어 보이고 가기 쉬운 길로 가지 않고, 험하고 볼품없으며
찾는 사람이 많지 않은 좁은 길을 갑니다. 예배를 드리든지, 헌금을 드리든
지, 말씀을 전하든지, 찬송을 부르든지, 집이나 직장에서 일을 하든지, 무
엇을 먹거나 마시든지, 하나님의 영광을 위해 삽니다.

육신의 눈에는 예수님도 안 보이고, 천국도 안 보이고, 지옥도 안 보이
고, 천사도 안 보이지만, 하나님 말씀을 믿고 믿음으로 따라갑니다. 육신의
눈에 좋고 높아 보이는 명예, 권력, 물질, 세상 재미, 잘나 보이는 사람들을
따르지 않습니다. 마음으로부터 내려놓고 뒤로하고 자기의 십자가 지고 따
릅니다. 때로는 오해도 받고 손가락질도 받고 핍박도 있지만 개의치 않습
니다.

보통 우리가 좁은 길을 가고 하나님께서 원하시는 대로 순종한다면 인생
이 불행해질 거라는 우려를 합니다. 그러나 하나님께서는 예수님을 따르는
성도의 삶을 결코 불행해지게 그냥 두시지 않고 축복하십니다. 이 땅과 영
원까지 붙드시고 보장하시며 영화롭게 하십니다. 예수님을 순수하고 진실
되게 따르는 자에게 주시는 영광입니다.

세상근심과 하나님 뜻대로 하는 근심

주께서 영원히 버리실까, 다시는 은혜를 베풀지 아니하실까, 그 인자하심이 길이 다하였는가, 그 허락을 영구히 폐하셨는가, 하나님이 은혜 베푸심을 잊으셨는가, 노하심으로 그 긍휼을 막으셨는가 하였나이다 (시편 77편 7-9절)

하나님의 뜻대로 하는 근심은 후회할 것이 없는 구원에 이르게 하는 회개를 이루는 것이요 세상 근심은 사망을 이루는 것이니라 (고린도후서 7장 10절)

세상 근심은 자신이 원하거나 뜻한 바대로 되지 않을 때 마음에 무거움이나 고통을 느끼며, 좌절하고 갈등하는 감정을 말합니다. 이때에는 마음에 압력을 받으며 근심에 눌리게 됩니다. 외적으로 아무리 유감을 표현해도 평안하지 않습니다. 오히려 짐이 더 무거워지고 건강을 해치기도 합니다. 그래서 성경은 세상세상 근심은 자신이 원하는 바대로 되지 않을 때 생깁니다. 이는 마음에 무거움 근심을 사망을 이루는 것이라고 말씀합니다.

그러나 하나님께서 뜻하신 근심은 말씀을 통한 성찰로 인해 일시적으로 고통은 받지만, 본인 스스로 말씀 앞에 바로 서기 위해 애쓰게 됩니다. 그래서 하나님의 긍휼을 입고 성령의 도우심을 받아 회개에 이르므로 의를 이루고 생명을 누리게 됩니다. 이렇게 하나님께서 뜻하신 근심은 하나님 앞에서 바로 살기 위한 노력으로 새롭게 되는 변화를 이룹니다. 이에 하나님께서 주시는 은혜가 임하므로 삶이 좋아지고, 유쾌한 날이 기다립니다.

우리는 믿음이 있다 하면서도 때로 하나님 없이 살려고 합니다. 그렇게 되면 본인이 의식하지 못하더라도 내면은 불안과 끝없는 고통과 괴로움으로 얼룩집니다. 그것은 자기중심적이고 이기적 자아로 인한 산물이며, 후회와 사망으로 자신을 이끄는 원인이 됩니다. 그런 까닭에 우리에게는 항상 하나님께서 뜻하신 근심이 필요하고 이를 복되게 감당해야 합니다.

가나안 땅의 영광을 누리는 삶

유월절 이튿날에 그 땅 소산을 먹되 그날에 무교병과 볶은 곡식을 먹었더니 그 땅 소산을 먹은 다음날에 만나가 그쳤으니 이스라엘 사람들이 다시는 만나를 얻지 못하였고 그 해에 가나안 땅의 열매를 먹었더라 (여호수아 5장 11-12절)

바리새인들이 하나님의 나라가 어느 때에 임하나이까 묻거늘 예수께서 대답하여 가라사대 하나님의 나라는 볼 수 있게 임하는 것이 아니요 또 여기 있다 저기 있다고도 못하리니 하나님의 나라는 너희 안에 있느니라 (누가복음 17장 20-21절)

가나안 땅은 세상 죄악을 떠나 예수님을 믿고 말씀에 순종하는 백성들이 들어가는 천국을 상징합니다. 하나님께서 약속하신 땅으로 영화롭고 거룩하며 참 안식이 있습니다.

가나안 땅의 소출을 먹고 누리는 삶은 그냥 주어지지 않습니다. 시험과 유혹이 많은 광야를 지나고 말씀 순종을 통해 요단강을 건너야 다다를 수 있는 땅입니다.

예수님께서 하나님 나라는 여기 있다 저기 있다 할 수 있는 것이 아니고 우리 마음에 있다 하셨습니다. 우리가 하나님의 은혜를 받아 성령으로 충만하여 마음에 하나님 나라가 이루어지면, 하나님께서 주시는 안식을 누립니다.

사도 바울은 하나님 나라는 먹고 마시는 것이 아니라 의와 희락과 평강이라 했습니다. 무언가가 잘 되어서 맛보는 정도의 기쁨이 아니라 죄와 마귀 시험과 세상 유혹과 자신의 본성적 자아를 십자가에 못 박고 승리한 그리스도인들이 누리는 안식입니다. 가나안 땅에 이르러 하나님의 영광을 누리는 삶은 최고로 영광스러운 축복입니다.

변화가 필요한 사람 마음

만물보다 거짓되고 심히 부패한 것은 마음이라 (예레미야 17장 9절)

입에서 나오는 것들은 마음에서 나오나니 이것이야말로 사람을 더럽게 하느니라 마음에서 나오는 것은 악한 생각과 살인과 간음과 음란과 도적질과 거짓 증거와 훼방이니 (마태복음 15장 18~20절)

우리가 보통 어떤 사람을 볼 때 그 사람의 말을 듣거나 외모나 행동을 보고 판단하지만, 하나님 외에는 정확히 알 수 없습니다. 그래서 예부터 "열 길 물속은 알아도 한 길 사람 속은 모른다"는 말이 있습니다. 한 길은 보통 사람의 키 만한 길이를 말하므로, 열 길 물속은 사람 키의 열 배만큼 깊습니다. 열 길 물속이 아무리 깊어도 돌멩이에 줄을 단다거나 특수 기계를 장치해서 그 깊이를 헤아릴 수 있지만, 사람 마음은 알아내기 어렵다는 뜻입니다. 사람의 마음은 이렇게 복잡합니다. 예레미야 선지자는 마음을 만물보다 거짓되고 심히 부패한 것이라고 했고, 예수님께서는 마음에서 온갖 죄와 더러운 것들이 나온다고 하셨습니다. 하나님은 사람의 겉모습뿐만 아니라 마음 깊은 곳 전체와 동기까지 정확히 아십니다. 심장을 살피고 폐부를 시험하고 각각 그 행위와 행실대로 보응하십니다.

우리가 하나님의 은혜를 받아 마음이 새로워지는 것이 큰 축복입니다. 변화는 하나님의 말씀을 머리가 아닌 마음으로 받을 때 일어납니다. 악한 생각과 미움과 살인이 나오고, 음란과 호색과 음행과 도적질이 나오고, 분노와 시기와 거짓 증거와 훼방과 교만과 원망 불평이 나오는 마음으로는, 거룩하시고 의로우시며 선이시고 거짓이 없으시고 악을 차마 보지 못하신 하나님을 만날 수 없습니다. 예수님께서도 마음이 청결한 자가 하나님을 볼 것이라 하셨습니다. 그러므로 하나님 말씀의 빛과 성령의 조명가운데 마음을 돌아봐야 합니다. 고백하고, 버리고, 예수님 보혈로 씻음 받고 깨끗해지는 것입니다.

행복의 비결

이스라엘이요 너는 행복자로다 여호와의 구원을 너같이 얻은 백성이 누구뇨 그는 너를 돕는 방패시오 너의 영광의 칼이시로다 네 대적이 네게 복종하리니 네가 그들의 높은 곳을 밟으리로다 (신명기 33장 29절)

하나님의 나라는 먹는 것과 마시는 것이 아니요 오직 성령 안에서 의와 평강과 희락이라 (로마서 14장 17절)

우리는 지금 죄를 매우 가볍게 여기는 시대를 살아갑니다. 예수님을 믿는 자 중에 죄의 심각성을 아는 사람들도 많지만, 죄가 얼마나 끈질기며 교활하고 사악한 것인지 그리고 그 배후에 세상의 공중권세를 잡은 사단이 역사한다는 사실을 가볍게 여깁니다. 그래서 심지어 성직의 자리에 있는 자까지도 한탕으로 돈을 벌어보려고 하거나 한순간 쾌락에 눈이 멀어 도박이나 불륜이나 마약 같은 죄에 빠지기도 합니다. 마음만 먹으면 얼마든지 바로 끊을 수 있다고 여기겠지만, 죄의 특성상 한번 물리면 빠져나오기가 쉽지 않습니다. 그렇게 생각하는 것부터가 이미 죄와 타협한 것입니다. 결국은 하나님의 영광을 가리고 인생을 파탄시키며 생명을 자살시켜서 영혼을 지옥으로 끌고 가는 것으로 끝장을 냅니다.

큰 죄나 작은 죄나 모든 죄의 원인은 욕심입니다. 욕심은 생각이나 마음으로 자신에게 주어진 것이 아닌 것을 더 가지려는 욕망입니다. 그 욕심이 잉태해서 죄를 낳고 죄가 자라서 사망을 낳습니다. 작은 죄를 가볍게 여기는 습관이 되면 쌓이고 커져서 발목을 잡는 것입니다. 철저한 회개를 할 때만 하나님의 능력으로 빠져나올 수 있습니다.

그러므로 욕심부리지 말고, 철저하고 분명하게 자기 것이 아닌 것은 넘보지 말아야 한다는 기준을 따라 살아야 합니다. 복과 행복에 주리면 행복하기 어렵습니다. 의에 주리므로 하나님께서 말씀하신 법의 원리 안에서 올바른 생각과 깨끗한 마음으로 사는 것이 행복의 비결입니다.

임마누엘의 은혜

내가 너와 함께 있어 네가 어디로 가든지 너를 지키며 너를 이끌어 이 땅으로 돌아오게 할지라 내가 네게 허락한 것을 다 이루기까지 너를 떠나지 아니하리라 하신지라 (창세기 28장 15절)

내가 너희를 고아와 같이 버려두지 아니하고 너희에게로 오리라 (요한복음 14장 18절)

때로 외로움으로 힘들어하는 분들을 봅니다. 사람의 외로움이 인간 실체의 현주소라는 말도 있지만, 분명한 것은 예수님을 믿고 거듭난 성도들에게는 어울리지 않는 증상입니다. '외로움은 마귀의 놀이터'라는 말도 있는데, 외로움 때문에 마음을 주지 않아도 될 곳에 주고, 발을 그릇되게 내디딤으로 어둠 속으로 빠져들기도 하기 때문입니다.

예수님께서 보혜사 성령으로 오셔서 우리와 함께하십니다. 고아와 같이 버려두지 않으시고 힘주시고 도와주시며 위로하십니다. 우리가 주님과 주님의 말씀을 떠나지 않는 한, 천국 가는 그 순간과 그 이후까지 함께하십니다. 사망의 음침한 골짜기에 다닐지라도 함께하시고 주의 능력으로 붙드십니다.

우리는 주님의 피 값으로 산 백성입니다. 주님과 멀어지면 초라하고 외로울 수밖에 없지만, 주님과 함께할 때는 결코 외로울 수 없습니다. 주님의 충만함으로 기쁨과 생동감이 넘칩니다. 만일 하나님을 믿는데도 외로움이 틈타는 것은 그리스도인으로서 어울리지 않는 정서입니다. 기도하지 않거나 자기에게 주어진 섬김과 사명에 집중하지 못하고 있어서입니다. 기도하면서 하루하루 하나님께서 맡겨 주신 일에 충실하면 외로울 틈이 없습니다. 순간순간이 함께하시는 임마누엘 주님의 은혜와 생명으로 채워집니다.

인생의 행복

여수룬이여 하나님 같은 자 없도다 그가 너를 도우시려고 하늘을 타시고 궁창에서 위엄을 나타내시는도다 (신명기 33장 26절)

사람이 먹고 마시며 수고하는 가운데서 심령으로 낙(행복)을 누리게 하는 것보다 나은 것이 없나니 내가 이것도 본즉 하나님의 손에서 나는 것이로다 (전도서 2장 24절)

인생의 행복은 자신의 욕망을 충족시키는 데서 얻어지는 것이 아닙니다. 사람이 가진 욕망의 100%, 아니 200%가 성취된다 해도 진정으로 행복하지 않습니다. 잠시 동안의 만족과 기쁨이 아무리 크더라도 그 행복은 오래가지 않기 때문입니다. 은을 사랑하는 사람은 은으로 만족할 수 없고, 물질의 풍요를 사랑하는 사람은 소득으로 만족함이 없습니다.

하나님은 우리가 행복하기를 원하십니다. 진정한 행복은 하나님께로부터 옵니다. 우리 스스로 행복을 추구해서 얻어지는 것이 아닙니다. 하나님이 함께하셔서 도우실 때 고생하면서도 내적으로 누리는 즐거움이 있습니다. 하나님께서 기뻐하시는 자에게 주십니다.

죄를 버리고 하나님 말씀을 따라 의와 거룩을 추구하고 살면 평안하고 행복합니다. 인생의 참 행복은 하나님을 경외하고 하나님의 말씀과 뜻을 이루며 사는 사람에게 하나님의 손으로부터 오는 축복이고 은혜입니다.

믿음의 선한 싸움

우리의 씨름은 혈과 육에 대한 것이 아니요 정사와 이 어두움의 세상 주관자들과 하늘에 있는 악의 영들에게 대함이라 (에베소서 6장 12절)

믿음의 선한 싸움을 싸우라 영생을 취하라 이를 위하여 네가 부르심을 입었고 많은 증인 앞에서 선한 증거를 증거하였도다 (디모데전서 6장 12절)

믿음은 하나님께서 주신 은혜의 선물로 정금보다 더 귀합니다. 이 믿음을 지키기 위해 믿음의 선한 싸움을 잘 싸워야 합니다. 그 싸움은 영적 싸움으로 눈에 보이는 육신을 상대하는 것이 아니라 눈에 보이지 않는 어둠의 영적 세력과의 싸움입니다. 마귀는 예수님께서 다시 오실 때가 머지않은 것을 알고, 어떻게든 하나님의 백성들을 넘어뜨리는 일에 혈안이 되어, 우는 사자같이 삼킬 자를 찾습니다. 수단과 방법을 가리지 않고 택한 백성을 노립니다. 죄를 짓거나 시험에 빠져 믿음을 잃게 합니다.

마귀는 하나님의 아들이신 예수님께도 찾아와서 시험하고 타협을 권했는데, 하물며 우리에게는 어쩌겠는가? 싶습니다. 싸움은 영적인 싸움이지만, 삶의 현장에서 나타납니다. 씨름 선수가 씨름판에서 "아차!" 하는 순간 기우뚱하다가 넘어지는 것처럼 잠깐 방심하는 사이에 마귀가 던지는 미끼에 걸려 넘어지기 십상입니다. 그러므로 평소에 하나님 말씀과 뜻에서 만큼은 목숨을 내놓더라도 굽히지 않겠다는 결연한 신앙의 소신이 필요합니다. 예수님께서 마귀의 시험에 말씀으로 이기셨던 것처럼 말씀에 굳게 서서 죄와 세상 쾌락과 유혹에 결코 양보하지 말아야 합니다.

하나님 말씀과 성령의 능력으로 전신갑주를 입고 어떤 틈도 주지 말아야 합니다. 노아의 방주에 역청을 발라 물이 새어들어 오지 못하게 했던 것처럼 죄와 불의와 타협하지 않는 믿음으로 살 때 승리합니다.

5월 23일

자신을 살피고 깨어 있는 삶

그러므로 네 속에 있는 빛이 어둡지 아니한가 보라 (누가복음 11장 35절)

너희가 믿음에 있는가 너희 자신을 시험하고 너희 자신을 확증하라 예수 그리스도께서 너희 안에 계신 줄을 너희가 스스로 알지 못하느냐 그렇지 않으면 너희가 버리운 자니라 (고린도후서 13장 5절)

우리가 하나님의 백성으로서 승리하는 삶을 살려면, 어떤 일도 가볍게 여겨서는 안 됩니다. '설마가 사람 잡는다'는 말처럼, '이런 것 정도는 괜찮겠지' 할 때, 사단이 엿보는 틈이 생길 수 있습니다. '이쯤이야 어떻겠어?'라는 생각이 드는 방심을 경계해야 합니다. 한 번 발을 잘못 내디뎌 어둠 속으로 들어가면 빠져나오기가 쉽지 않습니다. 술이나 도박과 마약이나 게임이나 그 이외의 모든 중독자들이 공통적으로 후회하는 한탄이 있습니다. 자신이 결코 중독자가 되리라고는 생각하지 않았고, 처음에는 가볍게 생각했으며, 마음만 먹으면 언제든지 끊을 수 있을 것으로 생각했다는 것입니다. '이번만', '이번만' 하다가 가족까지 고통스럽게 하고, 급기야 모든 것을 잃고 인생이 파탄 나고 맙니다. 술 한 잔 속에, 가벼운 게임에, 흥미로 다가간 도박에 폭탄을 품은 지뢰가 숨겨져 있기 때문입니다.

그러므로 우리는 하나님 말씀에 어긋나는 것이라면 아무리 작은 일이라도 대수롭지 않게 여기고 넘어가서는 안 됩니다. 어떻게 해서든지 하나님과의 관계를 끊어 놓으려는 원수 사단의 공격은 끈질기고, 택한 백성일지라도 어둠 속에 가두려고 치밀하게 연구하기 때문입니다.

죄악 많은 세상에서 자신을 지킬 수 있는 것은 삶의 기준을 하나님 말씀에 두고, 마음을 집중해서 자신을 살피며 의지적인 순종으로 사는 것입니다. 자신을 살피는 경건은 깨어 있는 삶입니다. 자신 안에 빛이 있는지, 어둠이 있는지 살피며 깨어있는 삶을 살 때 영혼도 삶도 맑고 밝으며 당당하고 화창하게 빛납니다.

반석 위에 지은 집과 모래 위에 지은 집

누구든지 나의 이 말을 듣고 행하는 자는 그 집을 반석 위에 지은 지혜
로운 사람 같으리니 비가 내리고 창수가 나고 바람이 불어 그 집에 부
딪히되 무너지지 아니하나니 이는 주초를 반석 위에 놓은 연고요 나
의 이 말을 듣고 행치 아니 하는 자는 그 집을 모래 위에 지은 어리석은
사람 같으리니 비가 내리고 창수가 나고 바람이 불어 그 집에 부딪히매
무너져 그 무너짐이 심하니라 (마태복음 7장 24-27절)

예수님께서 하신 말씀은, 우리가 말씀을 듣고 행하는 삶을 살 때는 세상
근심과 어떤 환난이나 미혹에 무너지지 않지만, 들은 말씀을 행하지 않고
살면 환난풍파와 어둠의 공격에 심하게 무너진다는 뜻입니다. 그러므로
우리의 영혼과 삶이 하나님 말씀으로 튼튼히 세워지는 것은 매우 중요하
며, 행함이 있는 삶을 살면, 영혼의 집이 아름답고 견고하게합니다. 말씀과
성령의 은혜로 영혼이 깨어나 경각심을 갖고, 하나님을 경외함으로 지어집
니다. 예수님 말씀을 믿고 순종하는 삶으로 지어진 집은 어떤 시험이 와
도, 환난의 비바람이 불고 홍수가 몰아쳐도 무너지지 않습니다.

그러나 기독교 교리를 아무리 잘 이해하고, 하나님 말씀을 많이 알고 다
외우더라도 실제로 행하지 않으면, 모래 위에 지은 집처럼 부실해서 무너
집니다. 사단이 조금만 건드려도 흔들려서 금이 가고 시험과 환난의 바람
이 불면 지탱하지 못하고 심하게 무너집니다.

인생의 하루하루가 쏜살같이 지나가지만 영원의 관점에서 복된 의미와
가치가 있습니다. 노아가 하나님의 말씀대로 120년 동안 방주를 튼튼하게
지었던 것처럼 우리의 인생은 영원한 반석이신 예수 그리스도 안에서 행함
있는 믿음으로, 영혼의 집을 튼튼히 지어나갈 소중한 기회입니다. 날마다
구원을 이루어 나가는 반석 같은 신앙을 가진 사람은 하나님 보시기에 지
혜롭습니다.

5월 25일

하나님의 선하신 은혜

아버지가 자식을 긍휼히 여김 같이 여호와께서는 자기를 경외하는 자를 긍휼히 여기시나니 이는 그가 우리의 체질을 아시며 우리가 단지 먼지뿐임을 기억하심이로다 (시편 103편 13~14절)

나는 선한 목자라 내가 내 양을 알고 양도 나를 아는 것이 아버지께서 나를 아시고 내가 아버지를 아는 것 같으니 나는 양을 위하여 목숨을 버리노라 (요한복음 10장 14~15절)

우리가 신앙생활을 제대로 잘하려고 하다 보면 스스로의 노력으로 완전에 이르고자 힘쓰고 애쓰면서 고군분투 완벽주의 성향을 가질 수 있습니다. 때로는 지난날의 선택이나 실패에 대해 후회하고 번민하며, "그때 ~할걸 그랬어. 그렇게 했더라면 지금 더 나을 텐데." 하는 상념에 빠지면서 지난날을 후회합니다. 하지만 그런다고 달라질 것은 하나도 없고, 오히려 하나님으로부터 멀어지기 쉽습니다.

우리가 자신의 어떤 부족함이나 실수도 용납하지 못하고 스스로 옭아매는 것은 하나님의 선하신 은혜를 등지는 그릇된 자세입니다. 그런 경향이 나타날 때는 모두 것을 아시는 하나님께로 나가는 것이 좋습니다. 실수나 연약함을 이해하시고 측은히 여겨주시는 하나님의 사랑의 품에 안기는 것입니다.

하나님의 선하신 은혜는 사람의 연약함이나 실수나 실패에 사랑의 차등을 두지 않으십니다. 깨닫고 돌이켜서 하나님을 신뢰하고 의지하며 경외함으로 순종하는 자에게 회복의 은혜를 베푸십니다. 지난날에 대한 후회나 실패를 교훈 삼아 더 성숙을 이루게 하시며 하나님을 사랑하는 값진 존재로 변화시켜서 인생을 아름다운 작품으로 만들어 가십니다. 그 누구든지 하나님께 나아가 하나님의 선하신 은혜를 힘입으면, 후회나 연민이나 쓰라린 상처는 눈 녹듯이 사라지고, 깊은 평안과 자유함을 누리게 됩니다.

소망의 하나님

> 진실로 각 사람은 그림자같이 다니고 헛된 일에 분요하며 재물을 쌓
> 으나 누가 취할는지 알지 못하나이다 주여 내가 무엇을 바라리요 나
> 의 소망은 주께 있나이다 (시편 39편 4-7절)

타인의 삶과 죽음을 통해 우리의 삶을 돌아볼 때가 있습니다. 1년 전에 세상을 떠난 어느 고등학교 교장 부인 이야기를 전해 들었습니다. 이 부인은 어린 시절 가난에 대한 상처 때문인지 평생을 돈 모으는 일에 집착했는데 사채이자 놀이로 많은 돈을 벌어서 마침내 모두가 알아주는 부자가 되었답니다. 그런데 그 부인은 급성폐렴으로 입원한 지 얼마 지나지 않아 합병증으로 세상을 떠났고, 이후 교장 선생님은 이 집에서 일하던 파출부와 눈이 맞았다고 합니다. 이 파출부는 오래전 남편과 사별한 후 두 아이를 키우려고 돈이 필요해서 이 집에서 일했는데, 교장은 부인이 세상을 떠나자 15살 연하인 이 파출부와 함께 산다는 이야기였습니다.

참된 지혜는 인생의 무상함과 허망함을 깨닫고 하나님 안에서만 참된 소망이 있음을 알고 하나님을 믿고 의지하고 섬기며 사는 것입니다. 손에 움켜쥐려고 욕심으로 사는 것이 아니라 기도하며 기회 되는대로 시간도 마음도 물질도 사랑도 하나님께서 뜻하시는 일에 드리며 사는 삶이 가치 있고 아름답습니다. 창조주 하나님도 만나지 못하여 우매하고 욕심 많아서 사채놀이까지 하며 돈을 모아도 자기 것이 되지 않습니다. 그럼에도 가진 것 모두가 내 것이라고 여기면서 욕심을 따라 살아갈 때가 많습니다. 하나님 없는 인생은 허망하고 욕심껏 쌓아놓아도 누가 취할지 알지 못합니다. 하나님이 훅 불어 버리시면 모든 것이 허사가 됩니다. 힘도 지혜도 물질도 건강도 내 것이 아닙니다. 하나님이 맡겨 주신 것입니다. 이 세상의 삶도, 손 넓이만 한 짧은 인생이 끝난 후 하나님 나라의 영광이 주어지는가 아니면 영원히 비참한 고통이 주어지는가의 열쇠도, 오직 하나님께 있습니다.

5월 27일

성령의 권능

요한은 물로 세례를 베풀었으나 너희는 몇 날이 못되어 성령으로 세례를 받으리라 하셨느니라 (사도행전 1장 5절)

가로되 너희가 믿을 때에 성령을 받았느냐 (사도행전 19장 2절)

예수님께서 공생애 시작하시기 전에 성령이 비둘기같이 내려 임하셨고, 하나님께서 성령을 물 붓듯 부으셔서 사역하게 하셨습니다. 예수님이 십자가에 달리신 후 두려움에 떨던 사도들은 부활하신 예수님을 만나고 성령이 임하자 목숨을 내놓을 만큼 담대했습니다.

우리가 예수님을 믿고 따르는 것도 성령의 일하심 때문입니다. 성령으로 하지 않고는 이 세상 그 누구도 예수님을 믿을 수 없고 '주'시라고 고백할수 없습니다. 성령님은 예수님을 믿고 거듭난 모든 그리스도인 안에 인격으로 거하십니다. 내주 하실 뿐 아니라 충만함으로 통치하시기를 원하십니다. 우리가 은혜와 진리되신 예수님을 알고 사랑하도록 내적으로 역사하시고, 삶의 모든 외적 영역에서 하나님의 뜻을 이루도록 일하십니다. 말씀을 통해서, 기도하게 하심으로, 또는 죄에 대해 책망하시며 징계를 통해 하나님께 더 가까이 나아가고 영적으로 성장하도록 이끄십니다.

우리는 우리와 함께하시는 성령의 역사와 권위와 권세를 알고 감사하며, 성령 충만 받기를 사모해야 합니다. 성령의 능력은 지혜롭게 하며, 용감하게 하고, 하나님을 향해 열정 있게 하며, 시든 풀도 살아나게 합니다. 무에서 유를 창조하며, 안 되는 것도 되게 합니다.

하나님께서 받으시는 제사

가인은 땅의 소산으로 제물을 삼아 여호와께 드렸고 아벨은 자기도 양의 첫 새끼와 그 기름으로 드렸더니 여호와께서 아벨과 그 제물은 열납하셨으나 가인과 그 제물은 열납하지 아니하신지라 가인이 심히 분하여 안색이 변하니 여호와께서 가인에게 이르시되 네가 분하여 함은 어찜이며 안색이 변함은 어찜이뇨 네가 선을 행하면 어찌 낯을 들지 못하겠느냐 선을 행치 아니하면 죄가 문에 엎드리느니라 (창세기 4장 3~7절)

악인의 제사는 여호와께서 미워하셔도 정직한 자의 기도는 그가 기뻐하시느니라 (잠언 15장 8절)

하나님께서는 악인의 제사를 미워하셨습니다. 구약 때 제사는 지금의 예배를 말하며 제물보다 사람을 먼저 보시는 것입니다. 하나님께 중요한 것은 마음의 어떠함입니다. 외모로 보지 않으시고 중심을 보십니다.

가인이 하나님께 제사를 드렸을 때 하나님께서는 가인도, 가인이 드린 제물도 받지 않으셨습니다. 그러나 가인의 동생 아벨과 아벨이 드린 제물은 열납하셨습니다. 심중을 살피시는 하나님께서 보실 때 가인에게는 죄의 소원과 악독이 있었기 때문이며, 아벨은 마음이 순전했기 때문입니다.

하나님께서는 예수 그리스도 안에서 말씀과 성령으로 변화 받고 마음이 새롭게 되어, 신령과 진정으로 드리는 제사와 그런 예배자를 찾으시고, 그 사람이 드리는 예배와 기도를 기뻐 받으십니다.

유일무이한 구원자, 예수 그리스도

예수께서 가라사대 내가 곧 길이요 진리요 생명이니 나로 말미암지 않고는 아버지께로 올 자가 없느니라 (요한복음 14장 6절)

다른 이로서는 구원을 얻을 수 없나니 천하 인간에 구원을 얻을 만한 다른 이름을 우리에게 주신 일이 없음이니라 하였더라 (사도행전 4장 12절)

지금 이 시간에도 수많은 사람들이 종교를 통해 하나님을 만나기 위해서 자신들이 선택한 길을 가고 있습니다. 불교나 힌두교나 모슬렘이나 토속 신앙이나 사이비와 이단의 교주 등을 통해서입니다. 그러나 죄인 된 인간이 거룩하신 하나님을 만날 수 있는 길은 오직 하나 뿐입니다. 하나님께서 육신을 입고 우리를 찾아오신 예수 그리스도입니다.

예수님께서는 "나는 길이고 진리고 생명이다. 나를 말미암지 않고는 아버지 하나님께로 올 자가 없다."고 하셨습니다.

예수님 말씀은 생명이고, 예수님 안에 있는 길은 많은 길 중의 하나가 아니라 유일무이한 생명 길입니다. 그러므로 예수 그리스도를 믿는 기독교는 종교라기보다는 생명입니다. 전능자 하나님이 이 땅에 오셔서 십자가에서 피 흘리시고, 죽으시고, 사망 권세를 이기시고, 부활 승천 하시므로 우리의 생명이 되시고, 영원한 왕이 되셨습니다.

우리는 이 역사적 사실을 느낌이나 감정으로 믿는 것이 아니라, 예수님께서 "천지는 없어질지라도 변치 않는다."고 하신 하나님의 말씀에 근거해서 믿습니다. 오직 예수 그리스도만이 우리의 구원자이시며 만유의 주이시고 믿는 자의 주인이시며 하나님께로 가는 유일무이한 길입니다.

새롭고 자유하게 하시는 은혜

나는 너희를 애굽 땅에서 인도해 내어 그들에게 종된 것을 면하게 한 여호와 너희의 하나님이니라 내가 너희의 멍에의 빗장을 부수고 너희를 바로 서서 걷게 하였느니라 (레위기 26장 13절)

그리스도께서 우리로 자유케 하려고 자유를 주셨으니 그러므로 굳세게 서서 다시는 종의멍에를 메지 말라 (갈라디아서 5장 1절)

누구든지 예수님을 믿고 거듭나면 하나님의 자녀가 됩니다. 하나님의 자녀가 되었지만, 믿음이 작고 영이 어리면 하나님 말씀을 온전히 따르지 못할 때가 많습니다. 그러나 하나님께서는 택하시고 부르시고 거듭나게 하신 자녀를 그냥 두지 않으십니다. 인생사는 동안 수많은 상황을 통해 가르치시고 훈계하시며 위로도 하시고 징계도 하시면서, 성령의 능력으로 죄에서 온전히 벗어나 복음의 영광을 누리는 거룩한 백성이 되도록 만들어 가십니다.

하나님께로 난 자마다 죄를 짓지 않는다는 말씀은, 하나님의 은혜로 온전히 새롭게 된 사람은 계속해서 습관적으로 죄를 지을 수 없다는 뜻입니다. 죄를 지으면 내주하시는 성령께서 근심하시기 때문에 평안함이 없습니다. 양심이 알고 고통받습니다. 깨닫고 애통해 하는 마음으로 하나님의 긍휼을 구하고 돌이켜야 합니다.

그러면 예수님의 피로 씻기시고 성령의 능력으로 새롭게 해주십니다. 예수님께서 십자가에서 죽으시고 부활하신 능력입니다. 멍에를 벗겨내고 죄에서 해방시켜서 바로 걷게 하십니다. 하나님의 아들 예수님께서 베푸신 참 자유를 영혼 가득 누리며 살게 하시는 은혜입니다.

주님의 재림과 성도의 소망

그 날에 강림하사 그의 성도들에게서 영광을 얻으시고 모든 믿는 자에게서 기이히 여김을 얻으시리라 (데살로니가후서 1장 10절)

복스러운 소망과 우리의 크신 하나님 구주 예수 그리스도의 영광이 나타나심을 기다리게 하셨으니 (디도서 2장 13절)

예수님께서는 믿는 자들을 향하여 진실로 다시 오신다고 약속하셨습니다. 그 약속을 믿고 기다리는 우리의 소망이 복스럽습니다. 주님의 다시 오시는 일은, 무덤에서 사흘 만에 살아나신 부활과 함께 우주 역사에 엄청난 하나님의 영광이 나타날 날이 될 것입니다. 심판주로 오시는 그날이 안 믿는 사람들에게는 치욕과 공포의 날이 되겠지만, 믿는 성도들에게는 큰 기쁨과 영광과 행한 대로 상 받는 날이 됩니다.

그 날과 그 시간이 언제일는지는 아무도 모르지만, 우리가 주님을 사모하며 소망 가운데 살아가는 데에 영혼의 닻처럼 견고한 믿음으로 하나님을 바라게 합니다. 우리가 그리스도께서 다시 오실 그 날, 주님과 함께 영광중에 나타날 것을 소망하며 몸의 구속을 기다리는 것처럼, 땅의 피조물들도 죄악 많은 세상에서 고통받고 탄식하며, 그 날을 고대하고 있습니다.

주님께서 다시 오시면, 우리도 주님과 같은 신령한 몸을 입게 됩니다. 지금은 주님을 보지 못하고 믿음으로 섬기지만, 그 날은 주님과 얼굴을 맞대고 대면할 것입니다. 우리가 이 영광스러운 복된 소망을 가지고 살아갈 때, 주님과 영원토록 함께 살아갈 것입니다.

June **6** 월

영원한 관점에서의
복

"믿음의 선한 싸움을 싸우라 영생을 취하라 이를 위하여 네가 부르심을 입었고 많은 증인 앞에서 선한 증거를 증거하였도다" (디모데전서 6장 12절)

6월 1일

이단과 미혹으로부터 자신을 지키는 지혜

악한 자의 임함은 사단의 역사를 따라 모든 능력과 표적과 거짓 기적
과 불의의 모든 속임으로 멸망하는 자들에게 임하리니 이는 저희가
진리의 사랑을 받지 아니하여 구원함을 받지 못함이니라 이러므로
하나님이 유혹을 저의 가운데 역사하게 하사 거짓 것을 믿게 하심은
진리를 믿지 아니하고 불의를 믿는 모든 자로 심판을 받게 하려 하심
이니라 (데살로니가후서 2장 9~12절)

이단에 속한 사람을 한두 번 훈계한 후에 멀리하라 (디도서 3장 10절)

이단들의 극성은 참 대단합니다. 대학가와 교회 주변에서 그럴 듯 호감
이 가고 좋은 뜻을 가진 이름을 내건 동아리 모임을 소개하거나 설문조사
나 심리 상담을 해준다거나, 누가 봐도 건전해 보이는 교단 소속 간판을 달
고 사람들을 유인하여 미혹하고 있습니다. 이단들도 다 틀린 말 하는 것이
아닙니다. 처음에는 예수님 이름과 십자가를 앞세우고 성경을 말하며, 이
치에 들어맞는 옳은 말도 합니다. 또 사랑이 흡족하게 느껴 질만큼 감정적
으로 따끈따끈한 관심을 주고, 능력도 나타나므로 그것이 진실한 사랑과
진짜 은혜라고 믿게 됩니다. 요지부동하던 사람이 쉽게 현혹되는 것은 그
렇게 감정적으로 좋아 보이게 다가오는 성의에 마음이 끌려서입니다.

그러나 이단의 결국은 멸망과 처참한 운명으로 끝납니다. 하나님께서 성
경의 본질을 왜곡시키고 진리의 실체를 속이므로 영혼을 미혹해서 파멸로
끌고 간 것에 대해 반드시 심판하십니다. 신실한 성도라 할지라도 혹시라
도 한순간의 잘못된 판단으로 흘려서 발을 잘못 내디디면, 자기도 모르게
영이 미혹되므로 참과 거짓이 혼잡된 비 진리에 물들어 옳고 그른 것이 분
별이 안 됩니다. 아니다 싶을 때는 이미 자기 마음으로 안되고 빠져나오기
어렵습니다. 인생이 파탄 나며 그 집단을 믿고 직분을 지키면서 실컷 충성
하다가 최후에 지옥에 떨어집니다. 그러므로 이단을 분별하여 멀리하고,
어떤 이단에도 걸려들지 않고 조심하고 또 조심해야 합니다. 자신의 영혼
을 은혜와 진리로 보호하는 힘이며 지혜입니다.

예수님을 바라는 시선과 행동의 척도

여호와께서 사람의 생각이 허무함을 아시느니라 (시편 94편 11절)

믿음의 주요 또 온전케 하시는 이인 예수를 바라보자 (히브리서 12장 2절)

우리가 잘 아는 '파스칼'은 17세기 프랑스의 수학자이고 과학자이며 신학자이고 철학자였습니다. 그는 하나님을 잘 믿었는데, "성도는 자신을 그 누구와도 비교할 필요가 없다. 다른 사람과도, 자신과도 그렇다. 단지 자신 안에 거하시는 주님을 발견하고 주님과 비교하면 된다."라고 말했습니다.

하나님께서 인간들을 만드실 때 온 세상을 다스리고 정복할 만큼 무척이나 지혜롭게 만드셨습니다. 그럼에도 인류의 첫 사람 아담과 하와로부터 전가된 죄성으로 인하여 자신을 제대로 알 수 없는 무지한 인간이 되었습니다. 그런 까닭에 우리는 그 무엇보다도 예수님을 아는 것만큼 자신을 알수밖에 없는 존재입니다.

우리가 무엇을 바라보고 사는가에 따라 생각과 마음가짐과 행동이 달라지는데, 하나님을 의지하고 기도하며 말씀을 통해 자신을 발견하면서 참된 존재를 이루어 가는 것입니다. 우리가 예수님을 바라보는 것은, 성육신 하시고 신성을 갖고 완전한 인간이 되신 예수님의 말씀과 성령의 가르침을 나침반으로 삼아 삶의 지침으로 하고 살아갑니다.

오직 예수님만이 만물 안에서 완벽하고 온전하게 역사하시는 유일한 하나님이십니다. 예수님만이 믿음의 주시고, 우리를 하나님의 보좌 앞에 흠과 티 없이 설 수 있도록 의와 거룩으로 온전케 하실 수 있습니다. 하나님께로 이르게 하는 길과 진리와 생명이십니다. 우리가 주님을 기준으로 하고 순종으로 살아가면 사람들의 인정과 평판에서 자유롭게 되며, 하나님의 기쁨이 되는 것이 기준이 됩니다. 내면의 안정감과 은혜가 있음으로 영광스러운 삶이 되는 것입니다.

6월 3일

인생길에서 발견한 최고와 최상의 예수 그리스도

주께서 생명의 길로 내게 보이시리니 주의 앞에는 기쁨이 충만하고
주의 우편에는 영원한 즐거움이 있나이다 (시편 16편 11절)

그 안에는 지혜와 지식의 보화가 감추어져 있느니라 (골로새서 2장
3절)

우리가 좋은 부모를 만나고 좋은 배우자와 스승과 친구를 잘 만나 살아
가는 것이 인생의 큰 복입니다. 그보다도 크고 영광스러운 복은 예수님을
믿고 유일신 참 하나님을 만나는 복입니다. 하나님을 인격적으로 만나 하
나님 말씀을 따라가면, 인생의 구부러지고 위험한 길에서 벗어납니다. 뿐
만 아니라 하나님 말씀이 깨달아 지면서 성경을 통해 진리의 보화를 얻을
수 있습니다. 우리가 진리의 영이신 성령님의 도움을 받으면, 성경 말씀이
마음에 차곡차곡 쌓이면서 믿음의 부자, 영혼의 부자가 됩니다. 평안과 구
원과 지혜와 지식이 풍부함으로 인해 이 세상 어떤 것과 비교할 수 없는
든든한 보화를 소유한 사람으로 인생을 가치 있게 살아갈 수 있습니다.

하나님께서는 택한 백성이 인생길에서 이 보화를 발견하는 눈을 열어주
시기 위하여 강도 높은 훈련을 시키십니다. 마음이 청결하고 성결한 존재
가 되기까지 마음 찢어지는 고통과 아픔과 슬픔도 겪게 하시고 갖가지 고
난을 허락하십니다. 그 모든 것이 알고 보면 영의 눈이 열리고 진리를 아는
지식과 지혜가 주어지며 하나님을 가까이하게 하시는 특별한 사랑이며 큰
은혜입니다. 삶의 어려움을 통해 세상 이익 따라가지 않고, 하나님 말씀
따라가면서 경외함으로 섬기며 인격적으로 만날 수 있기 때문입니다.

말씀이 육신이 되어 우리 가운데 오신 예수 그리스도, 우리의 주님은 진
리와 은혜가 충만하십니다. 이 세상 그 어떤 것과도 비교할 수 없는 최고와
최상의 보화이십니다.

존재를 가치 있게 하는 하나님 말씀

내가 주의 법을 어찌 그리 사랑하는지요 내가 그것을 종일 묵상하나이다 주의 계명이 항상 나와 함께하므로 그것이 나를 원수보다 지혜롭게 하나이다 (시편 119장 97~98절)

지혜를 얻은 자와 명철을 얻은 자는 복이 있나니 이는 지혜를 얻는 것이 은을 얻는 것보다 낫고 그 이익이 정금보다 나음이니라 지혜는 진주보다 귀하니 너의 사모하는 모든 것으로 이에 비교할 수 없도다. 그 우편 손에는 장수가 있고 그 좌편 손에는 부귀가 있나니 그 길은 즐거운 길이요 그 첩경은 다 평강이니라 (잠언 3장 13~17절)

지혜는 하나님 말씀을 배우고 깨닫는 것입니다. 우리는 하나님의 말씀인 성경을 읽고 듣고 배우면서 하나님의 사랑과 공의를 알고 법도를 마음에 새깁니다. 그래서 하나님을 인식하며 죄를 피하고 의로운 삶을 추구합니다.

우리가 하나님 말씀을 열심히 배우고 주야로 묵상한다고 삶이 당장 눈에 띄게 달라지지 않습니다. 마음먹은 대로 뭐가 잘 되고 돈이 들어오고 출세하고 유명해지는 것이 아닙니다. 그러나 창세 전에 우리를 지으시고 빚어가시는 하나님과 함께하므로 호위를 받고 참 지혜를 얻으며 하나님의 은혜 안에 거하게 됩니다.

뿐만 아니라, 하나님 말씀을 배우고 순종하며 지혜를 얻으면서 점점 영의 눈이 밝아지고 명철해집니다. 하나님의 사랑을 알고, 자신이 얼마나 보배롭고 존귀한 존재인지 깨닫습니다. 그래서 마음에서 슬픔이 사라지고 분노가 떠나가고 짜증과 우울과 원망이 설 자리를 잃고 사라집니다. 안정된 내면의 질서 안에 소망이 새겨집니다. 이 세상 문화가 주는 것과는 비교가 안 될 만큼 영혼에 평온하고 고상한 기쁨으로 채워지며, 때가 되면 형통한 복을 받고 누리게 됩니다.

착한 양심과 화인 맞은 양심

우리가 마음에 뿌림을 받아 양심의 악을 깨닫고 몸을 맑은 물로 씻었으니 참 마음과 온전한 믿음으로 하나님께 나아가자 (히브리서 10장 22절)

믿음과 착한 양심을 가지라 어떤 이들이 이 양심을 버렸고 그 믿음에 관하여는 파선하였느니라 (디모데전서 1장 19절)

사람에게 있는 양심은 영혼의 눈과 같고 등불과 같습니다. 사람마다 양심의 수준이 다릅니다. 잘못된 생각이나 행동을 할 때 마음이 불편하고 양심이 괴로워서 견딜 수 없는 것은 양심이 살아있다는 증거로, 하나님이 불쾌하게 여기시기 때문입니다.

그럼에도 돌이키지 않고 불량한 양심이 계속 굳어지면 화인 맞은 것처럼 되어버립니다. 살에 뜨거운 인두로 도장을 찍어도 지져진 곳이 아무런 감각이 없는 것처럼, 죄를 지어도 감각이 없으므로 전혀 양심의 가책을 느끼지 못합니다. 그래서 돌이킬 기회를 놓치고 믿음이 파선한 줄도 모르고 계속 멸망의 길로 가다 끝내 돌이킬 수 없는 파멸의 자리까지 이르고 맙니다.

착한 양심은 선한 양심이고, 하나님이 기뻐하시므로 마음이 평안합니다. 자기 이익을 챙길 기회가 와도 하나님 말씀에 어긋나면 쳐다보지 않습니다. 또 손해 보더라도 거짓말하지 않고 하나님이 원하시는 것을 중요하게 생각합니다.

하나님은 양심이 깨끗하고 정직한 사람을 좋아하십니다. 회개할 때 예수님의 피로 씻겨 지면서 점점 마음이 새로워집니다. 말씀과 기도와 성령의 은혜와 예수님 피의 능력으로 늘 맑게 닦으므로 깨끗한 양심으로 성결하게 살아갑니다.

마음을 다스리는 여유

노하기를 더디 하는 자는 용사보다 낫고 자기의 마음을 다스리는 자
는 성을 빼앗는 자보다 나으니라 (잠언 16장 32절)

평안을 너희에게 끼치노니 곧 나의 평안을 너희에게 주노라 내가 너
희에게 주는 것은 세상이 주는 것 같지 아니하니라 너희는 마음에
근심도 말고 두려워 하지도 말라 (요한복음 14장 27절)

오늘날은 사회의 시스템이 다각화되고 고속화되어 있는 까닭인지, 생활
이 예전보다 많이 편리해졌음에도 불구하고 사람들의 마음과 정신은 더
복잡해져 있습니다. 생각과 마음이 여유를 잃고 요동하기 쉽습니다. 어떤
이는 가스통을 매달고 달리는 것처럼 분노나 화가 차 있다가 폭발시켜서
사회적 물의를 일으키기도 합니다.

분노나 울화를 다스리는 것이 얼마나 중요한지 모릅니다. 하나님께서는
쉽게 분노를 발하지 않고 자기 마음을 다스리는 사람은 용사보다 강하고,
성을 빼앗는 자보다 낫다고 하십니다. 쉽게 화내지 않고 감정을 잘 다스리
는 사람을 높이 보신다는 뜻입니다. 이 세상에 화를 전혀 내지 않고 사는
사람은 없습니다. 어떤 사람은 쉽게 상처받고 열 받기 쉬운 연약한 성정을
가졌고 어떤 사람은 좀 더 견딜 수 있는 그 정도의 차이가 있을 뿐입니다.

사람이 크고 작은 분노를 다스리기는 쉽지 않습니다. 입을 꼭 아물고 단
단히 결심한다고 해도 화가 날 만한 상황이 되면 발끈할 때가 있습니다. 문
제는 크게 화를 낼 일이 아닌데 습관적으로 버럭버럭 하는 데 있습니다.
그러나 마음과 생각이 말씀과 기도로 깨끗해지고 성령으로 채워지면 채워
질수록, 속사람이 변화를 받고 마음의 쓴 뿌리가 사라집니다. 온유하고 겸
손해지므로 분노할 일을 만나도 어렵지 않게 다스릴 수 있게 됩니다.

그리스도의 보배로운 피의 능력

그 날에 죄와 더러움을 씻는 샘이 다윗의 족속 예루살렘 거민을 위하여 열리리라 (스가랴 13장 1절)

너희가 알거니와 너희 조상의 유전한 망령된 행실에서 구속된 것은 은이나 금같이 없어질 것으로 한 것이 아니요 오직 흠 없고 점 없는 어린 양 같은 그리스도의 보배로운 피로 한 것이니라 (베드로전서 1장 18~19절)

　　2016년 봄, 남편과 함께 한참 상영되고 있던 영화 〈벤허〉 신작을 관람했습니다. 영화 속에 등장하는 유다 벤허의 어머니와 누이가 음산하기 그지 없는 깊숙한 감옥에 갇힌 채 처참한 모습을 하고 있었고 문둥병까지 걸린 상태였습니다. 그때 예수님은 무거운 십자가를 지고 모진 수모를 겪으며 채찍 맞고 창에 찔리고 피 흘린 채 쓰러지고 일어나기를 반복하신 후 십자가에 매달리셨습니다. 몸에서 물 한 방울, 피 한 방울 남김없이 다 쏟아졌습니다. 그 피가 그 땅에 흘러내렸습니다. 사람들이 서로를 용서하고 화해했고 치유받고 회복 받았습니다. 십자가에서 흘리신 예수님의 피가 샘물처럼 솟아나 사람들 마음에 흘러들어 갔습니다. 깊숙한 감옥에서 문둥병을 앓으며 두더지처럼 남루하기 그지없던 유다 벤허의 어머니와 누이에게도 그 능력이 역사했습니다. 순식간에 문둥병이 사라지고 찬란한 생명의 빛이 임했습니다. 웃음이 피어나고 얼굴에 화색이 돌아왔으며, 왕족 일가의 기품을 회복했습니다. 유다 벤허와 그 어머니와 누이의 영적 신분이 회복된 것입니다. 세상 왕족의 일가인 귀족으로서가 아니라, 예수님을 믿고 따르는 하늘나라 왕족이 된 것입니다.

　　이 땅에 태어난 모든 사람 중에 예수님만 의인이시고 완전하십니다. 그래서 의로우신 예수님 피만이 죄를 사할 수 있고 우리를 구원하실 수 있습니다. 예수님 피로 이루어진 구원의 샘물은 지금도 믿는 자에게 흘러 역사하고 있습니다. 십자가 앞에 나가서 하나님을 찾으면 구원의 샘물을 마실 수 있습니다. 영혼이 깨끗함을 받고 삶이 열리며 환해집니다. 구속의 은혜입니다.

심은 대로 거두는 원리

악인의 삯은 허무하되 의를 뿌린 자의 상은 확실하니라 (잠언 11장 18절)

스스로 속이지 말라 하나님은 만홀히 여김을 받지 아니하시나니 사람이 무엇으로 심든지 그대로 거두리라 (갈라디아서 6장 7절)

우리는 인생이라는 밭에 날마다 무엇인가를 심으면서 살아갑니다. 씨앗을 뿌리면 한동안은 아무것도 나타나지 않습니다. 그러다가 시간이 지나면 싹이 나고 열매를 맺습니다. 좋은 것을 심으면 좋은 것을 나쁜 것을 심으면 나쁜 것을 거두며, 많이 심으면 많이 거두고 적게 심으면 적게 거두게 됩니다.

이 세상에서 원인 없는 결과가 없으며, 무엇을 심든지 심은 대로 거두는 것은 하나님의 법칙입니다. 선을 심으면 하나님의 은총을 거두고, 악을 심으면 악한 구덩이를 거둡니다. 믿음의 기도와 인내와 감사의 눈물로 씨를 뿌리면 기쁨의 단을 거둡니다.

젊은 날에 하나님을 경외함으로 믿음과 순종과 헌신과 사랑을 심으면 나머지 삶이 든든합니다. 하나님께서는 우리가 시간이든지, 믿음이든지, 마음이든지, 기도든지, 물질이든지, 재능이든지 그 무엇일지라도 심게 하시고, 심은 대로 거두게 하십니다.

소중한 인생의 밭에 하나님 보시기에 나쁜 것 심지 말고 선하고 좋은 것 심어서, 하나님께서 평안과 행복과 장수의 복을 주실 수밖에 없는 삶이 되어야 합니다.

불을 던지러 오신 주님

여호와 나의 하나님이여 주의 행하신 기적이 많고 우리를 향하신 주의 생각도 많도소이다 내가 들어 말하고자 하나 주의 앞에 베풀 수도 없고 그 수를 셀 수도 없나이다 (시편 40편 5절)

내가 불을 땅에 던지러 왔노니 이 불이 이미 붙었으면 내가 무엇을 원하리요 (누가복음 12장 49절)

예수님은 이 땅에 불을 던지러 오셨다고 하셨습니다. 사람들 마음속에 있는 무의미한 것들과 허망한 것과 거짓을 태우고 진리와 영원한 생명으로 하나님 나라를 세워주시기 위해서입니다.

우리가 찬송 부르고 기도하고 말씀 들을 때 하나님 은혜를 받는데, 은혜를 받으면 마음에서 새로운 변화를 느낍니다. 진리가 깨달아지고 마음이 시원해지고 뜨거워지고 감사하게 되고 애통의 눈물도 나고 새로운 결단도 생깁니다. 몸과 마음이 평안하고 날아갈 것처럼 가볍습니다. 성령의 거룩한 불로 마음에 온갖 죄악을 태우고 어둠을 몰아내시므로 눌림이 사라지기 때문입니다. 하늘로부터 임한 은혜의 불이 가슴에 붙은 것입니다. 부지런해지고 활기차고 밝아집니다. 하나님을 사랑하고 이웃을 사랑하며 좋은 일과 선한 일에 열심히 생깁니다. 삶에 좋은 일이 일어납니다.

하나님의 보좌 앞에 나가서 은혜 받는 삶이 얼마나 감사한지 모릅니다. 하나님이 주시는 거룩하고 순전한 은혜의 불로, 하나님께 속하지 않은 어둠들이 태워지고 빛으로 채워지는 것입니다. 믿음도 굳건해지고 새로운 비전이 생깁니다. 하나님께서는 이런 은혜를 경험하고 가슴속에 그 은혜를 간직한 사람을 이곳저곳에 세워주셔서 거룩하고 순결한 성령의 불을 붙이는 자로 귀하게 쓰시며 하나님 나라를 세워갑니다. 그 삶이 귀하고 영광스러운 것은 하나님께서 도구로 쓰시기 때문입니다.

불량하고 악한 사람

여호와의 눈은 온 땅을 감찰하시사 (역대하 16장 9절)

불량하고 악한 자는 그 행동에 궤휼한 입을 벌리며 눈짓을 하며 발로 뜻을 보이며 손가락질로 알게 하며 그 마음에 패역을 품으며 항상 악을 꾀하여 다툼을 일으키는 자라 그러므로 그 재앙이 갑자기 임한즉 도움을 얻지 못하고 당장에 패망하리라 (잠언 6장 12~15절)

불량하고 악한 사람의 사전적 의미는 행실과 성품이 나쁜 사람이고, 히브리 원어적 의미는 마귀적인 사람이라는 뜻입니다. 불량하고 악한 사람은 하나님이 가장 싫어하시는 일을 적극적으로 골라서 하는데, 말도 구부러지게 합니다. 마음에 있는 악이 말을 통해 외부적으로 표현되는 것입니다. 성경은 그런 입을 궤휼한 입이라 합니다. 마음에 다른 사람에 대한 시기와 질투나 증오와 불만과 불평을 담고 있으므로 까닭 없이 비방하고 험담을 하기 때문입니다. 또 거짓말을 만들어 좋은 사이를 나쁘게 만드는 데 앞장서기도 합니다.

성경은 이런 사람을 하나님 보시기에 불량하고 악한 자라고 합니다. 사람은 속일 수 있을지라도 마음을 정확히 감찰하시며 어떤 비밀도 숨길 수 없는 하나님께는 그 악과 불량이 다 드러납니다. 그래서 그런 사람이 잠시 위풍당당 기세를 부릴지라도, 하나님께서 좋아하시지 않으므로 삶이 안 좋습니다. 얼마간은 좋아 보이더라도 끝이 좋지 않습니다. 고생은 고생대로 하다가 결국 버림당합니다. 재앙이 내려 도움을 받지 못해서 살릴 길이 없게 되므로 패망하고 마는 것입니다.

하나님은 사람 마음의 은밀한 것을 보시고 다 아십니다. 마음을 하나님 말씀으로 채워서 착하고 진실하면, 불량하고 나쁜 행동이 나오지 않습니다. 마음이 악이 떠나므로 건강하고 선해집니다. 하나님께서 좋아하시고 다른 사람에게 유익이 되므로 밤에 달과 아침 햇살처럼 맑고 밝게 살아갑니다.

사방이 막힐 때 인내의 소망

이는 여호와시니 선하신 소견대로 하실 것이니라 (사무엘상 3장 18절)

보라 인내하는 자를 우리가 복되다 하나니 너희가 욥의 인내를 들었고 주께서 주신 결말을 보았거니와 주는 가장 자비하시고 긍휼히 여기는 자시니라 (야고보서 5장 11절)

때로는 선한 계획을 가지고 기도하며 일을 진행하려고 하는데 좀처럼 열리지 않을 때가 있습니다. 영적 혼란을 겪으며 더 낙심하게 되고, 하나님을 원망하는 죄를 범하기 쉽습니다. 그럴 때는 사면이 다 막혀도 열려 있는 한 곳, 하늘을 바라봐야 합니다. 하나님께 더 크고 좋은 계획이 있음을 믿고 하나님의 선하심과 뜻하심을 신뢰하는 것입니다.

신앙의 승리는 자기 계획대로 잘 나가고 뻗어 가는 데 있지 않습니다. 길이 막혀서 멈추더라도 그 기회를 복되게 알고 감사함으로 하나님과 함께하며 하나님의 뜻하심을 찾아 따르는 데 있습니다.

만일 우리가 사방이 막혀서 한 점 희망이 보이지 않는 상황에 있더라도, 어린아이처럼 순수한 마음으로 하나님을 바라고 기도하며 기다리면서 자신에게 주어진 일에 최선을 다하면, 어느 땐가 하늘 문이 열리게 됩니다. 하나님께서 주시는 은혜와 복을 받기 시작합니다.

그래서 자신의 생각보다 더 좋은 것으로 복 주시는 하나님의 일하심을 경험할 것입니다. 너무나 힘들어 때로는 하나님을 의심했는데 지나고 보니 그것이 하나님의 선하신 지혜였음을 알게 됩니다. 좋으신 하나님께서는 반드시 적절한 시기에 갈 길을 보이시고 열어주십니다.

단순한 생활 속의 담대함과 평온

내 백성이 화평한 집과 안전한 거처와 종용히 쉬는 곳에 있으려니와
(이사야 32장 18절)

사랑하는 자들아 만일 우리 마음이 우리를 책망할 것이 없으면 하나
님 앞에서 담대함을 얻고 (요한1서 3장 21절)

하나님과 올바른 관계를 갖고 자신의 정체성이 확립된 하나님 자녀는 담대하고 힘이 있습니다. 그 담대한 힘은 하나님과의 화평한 관계에서 주어진 충만함이며, 삶을 단순하게 살게 합니다. 단순하게 사는 힘을 경험해 본 사람은 그런 생활이 얼마나 유익한지를 이해하고 좋아합니다.

우선 신앙의 본질에 충실합니다. 본질이 아닌 것은 과감하게 거리를 둡니다. 때로 이것도 저것도 다 중요해 보일 때는 하나님 말씀과 성령님이 원하는 가장 중요한 일에 집중합니다. 그래서 자신이 자신의 수준을 정해놓고 고군분투하느라 이기적이기 쉬운 헛된 노력을 하지 않습니다. 그 대신 이타적이고 편안한 마음으로 하나님 말씀을 붙잡고 순종합니다. 하나님 외에는 두려울 것이 없습니다. 또 다른 사람의 평판에 휘둘리지 않으며 일희일비하지 않습니다. 자기 인생의 모든 것이 예수님의 십자가 구속의 은혜와 속죄의 은총 안에서 온전할 수 있다는 사실을 알기 때문입니다.

자신의 유익을 구하지 않고 머리로 계산하지 않아도 모든 것이 풍성합니다. 하나님 은혜 안에서의 단순하고 담대한 생활은 삶을 풍성하게 하고 생명력 있게 하며, 내면 깊숙이 안정감과 평안을 줍니다.

인생의 질문과 하나님의 뜻

하나님의 성소에 들어갈 때에야 그들의 종말을 내가 깨달았나이다
(시편 73편 17절)

보라 그의 마음은 교만하며 그의 속에서 정직하지 못하니라 그러나
의인은 그 믿음으로 말미암아 살리라 (하박국 2장 4절)

어느 시대에나 하나님을 경외하는 의인들이 궁금해했던 질문이 있었습
니다. 하박국 선지자도 그랬고 시편 기자도 그랬으며 오늘날 신앙인의 질
문이기도 합니다. 그것은 악인들이 불법을 저지르고 악을 행하며 득세하
고, 재앙도 만나지 않고 건강하고 잘 되는 것을 보면서, '과연 하나님께 살
아계신다면 어떻게 그럴 수 있을까?' 하는 것입니다.

그러나 시편 기자도 하박국 선지자도 그랬고 우리들도 하나님의 말씀을
듣거나 주의 전에 나아가서 기도 할 때 하나님의 뜻하심이 깨달아집니다.
하나님 없이 형통하는 악인들의 비참한 종국에 대해 안타까움을 갖습니
다. 하나님 없이 살면서 지옥으로 달려가는 자신의 종국을 모르고 사는 모
습이 가엾어집니다. 사랑과 공의의 하나님께서는 사람을 사랑하시지만 불
신앙과 죄와 악에 대해서는 반드시 심판하시기 때문입니다.

그러므로 이 세상에서는 크게 잘 되는 일 없더라도 예수님을 믿고 생명
길을 가면서 하나님께 예배드리는 삶에 대해 기뻐하고 감사하게 됩니다. 또
한 하나님 없이 살아가는 이들도 하나님 만날 수 있기를 기도하게 됩니다.

인식의 전환이 필요한 신앙생활

볼지어다 이들은 악인이라 항상 평안하고 재물은 더욱 불어나는도다 (시편 73편 12절)

사랑하는 자들아 너희를 시련하려고 오는 불시험을 이상한 일 당하는 것같이 이상히 여기지 말고 (베드로전서 4장 12절)

보통 예수님 믿으면 복 받고 잘 된다고 생각합니다. 그런데 이 말은 항상 딱 들어맞지는 않습니다. 신앙생활 제대로 하면 영혼 구원과 천국 영생의 복을 받는 것은 확실합니다. 하지만 하나님의 성품을 닮고 뜻과 목적을 이루기 위한 훈련과 믿음의 시련도 많습니다. 그러기에 현실에서 믿음으로 살면 복 받고 잘되며, 안 믿는 사람들은 잘 안 되고 망한다는 말이 항상 들어맞는 것은 아닙니다. 이 세상 현실을 보면 신앙도 좋고 착하게 사는 사람이 어려움 당해서 뒤로 처지고 밀리고 꼬이고, 세상 욕심껏 요령 부리고 사기 치고 사는 사람이 더 평안하고 재물도 늘어나는 일이 많습니다.

그러므로 우리가 이 세상에서 하나님을 의지하고 살 때 악인이 더 형통하고 잘 살 수도 있으며, 의인에게 시험과 고난이 많을 수도 있지만, 하나님께서 그 모든 고난에서 건지신다는 사실을 받아들여야 합니다. 또한 예수님을 믿고 하나님의 자녀가 된 것이 가장 큰 보물이라는 사실과 하나님의 영광을 위해 잘 사용하라고 주신 은사와 물질과 시간과 건강과 지식과 만남과 자녀도 하나님께서 주신 값진 보물임을 알고 감사해야 합니다.

그럴 때 어떤 어려움을 만날지라도 시험에 빠지거나 하나님을 떠나지 않습니다. 오히려 하나님께서 자신과 함께하시는지와 하나님의 지혜를 따라 사는지, 그리고 자신의 삶을 하나님께서 어떻게 생각하시는지와 인정하시는지를 더 가치 있고 중요하게 여기며, 힘을 내고 전진합니다.

예수 그리스도 안에서 새로운 삶

개가 그 토한 것을 도로 먹는 것 같이 미련한 자는 그 미련한 것을 거듭 행하느니라 (잠언 26장 11절)

그런즉 누구든지 그리스도 안에 있으면 새로운 피조물이라 이전 것은 지나갔으니 보라 새것이 되었도다 (고린도후서 5장 17절)

진실로 예수님을 믿으면 사람이 바뀝니다. 반드시 변화가 있습니다. 하나님 은혜로 거듭나고 새로운 피조물이 되어 하나님의 백성이 될 뿐만 아니라, 하나님의 백성으로서의 새로운 삶이 시작됩니다. 사람마다 다르지만 금방 바뀌는 것이 아니라 서서히 조금씩 평생에 걸쳐 새로워지는 변화입니다.

그런데 거짓의 아비인 마귀의 미혹을 받아서 이단에 빠지면, 사람이 금세 달라집니다. 바른 신앙에서 떠나 잘못된 길로 치닫습니다. 가깝게 지내는 친구가 자신의 막내 동서가 이상한 곳에 빠져 남편 몰래 자신의 명의로 된 집을 팔아 바치고 자녀들과 함께 그 집단으로 들어가 버려 친구의 시동생은 가족들과 별거 중이라고 했습니다. 안타까운 일입니다. 주변에 보면 학업과 직장을 그만두기도 하고 전 재산을 바치고 가정을 버리고 이혼하기도 하는 일이 많습니다.

구원의 주이신 예수님을 말씀과 성령을 통해 인격적으로 바로 만나고, 바른 신앙생활을 하면 그런 위험에 빠지지 않습니다. 하나님 말씀을 들으면서 옳고 그른 것을 분별하는 지각을 얻게 되기 때문입니다. 예수님을 제대로 믿으면 새로운 변화를 통하여 삶이 깨끗해지고 환해지고 가정생활도 더 충실하고 화목합니다. 몸도 마음도 생각도 건강해지고 행복하며 가치 있는 미래를 향해 나아갑니다. 그리스도 안에서 새로운 피조물이 되게 하신 하나님의 생명, 신앙의 힘입니다.

부족함 없는 은혜

무릇 많이 받은 자에게는 많이 찾을 것이요 많이 맡은 자에게는 많이 달라 할 것이니라 (누가복음 12장 48절)

우리 주의 은혜가 그리스도 예수 안에 있는 믿음과 사랑과 함께 넘치도록 풍성하였도다 (디모데전서 1장 14절)

예수님은 우리의 주시며 우리 하나님이십니다. 십자가에서 물과 피를 한 방울 남김없이 쏟으시고 극한의 고통 속에서 '목마르다.'고 하셨습니다. 십자가 죽음을 이겨내시고 부활하신 그 능력과 사랑으로 우리를 부르셨습니다. 2000년 전 역사 속에서 계셨을 뿐만 아니라 성령으로 오늘도 우리와 함께하시며 변함없는 은혜로 돌보아주십니다. 예수님께서 수가성 우물가에서 사마리아 여인을 만났을 때, "물을 좀 달라."고 하셨습니다. 지금도 주님은 우리에게 "내가 목마르니 물을 좀 달라."고 하십니다. 주님을 목마르지 않게 해드리고 사는 삶은, 베풀어 주신 은혜를 당연하게 여기지 않고 겸손과 감사한 마음으로 받으며, 주님께 자신을 드리는 것입니다. 자신의 갈증을 풀고 욕망을 이루기 위해 주님을 찾고 원하는 것이 아니라, 주님께 기쁨의 물을 부어드리기 위해 주님을 원하고 기도합니다. 또한 하나님께서 맡기신 일과 삶의 환경이 마음에 들지 않더라도 하나님을 사랑하는 마음으로 감사하며 기쁘게 삽니다.

그리고 살아계신 하나님을 찬송하면서 하나님을 증거 하는 증인의 삶을 삽니다. 수시로 마음과 뜻을 주님께 집중하므로 삶 속에서 성령의 일하심을 보게 되며 하나님께서 행하시는 기이한 일들을 만나면 감사하며 찬양합니다.

우리가 이 땅에 사는 동안 주님께 자신을 드려 주님의 원하심을 이루어드리는 삶은 그 무엇과 비교되지 않은 최고의 삶입니다. 하나님께서 기뻐 받으시고 우리의 영혼과 삶을 물댄 동산 같이 축복하시므로 어떤 것에도 목마르지 않고 부족함이 없습니다.

6월 17일

보호자 되시는 하나님

내가 주를 의뢰하고 적군에 달리며 (사무엘하 22장 30절)

저가 그 말씀을 보내어 저희를 고치사 위경에서 건지시는도다 (시편 107편 20절)

33년 전, 꽃샘추위가 끝나고 그리 춥지는 않지만, 아직 추울 때 일입니다. 태어난 지 5개월 된 둘째 딸을 데리고 교회지하기도실에서 40일 작정으로 철야기도를 하던 중, 하루는 기름 난로에서 나오는 석유 냄새가 힘들었는지 아기 숨소리가 유난히 거칠었습니다. 집사님들 권고로 새벽 2시쯤 집으로 돌아오는데, 화곡동 도로변 횡단보도 앞에 검정 승용차가 정차되어 있었습니다. 운전석에 앉아있는 남자가 아기를 업고 횡단보도 쪽으로 걸음을 옮기는 나를 보더니 뒤에 앉은 사람에게 뭔가를 지시하는 몸짓을 한 후 차 문을 열고 나왔습니다.

인신매매단이 기승을 부릴 때라 순식간에 너무나 불길한 느낌이 들었습니다. 있는 힘을 다해 집 쪽으로 뛰었습니다. 아파트 정문을 향해서 상당한 거리가 되는 언덕배기 경사진 도로를 지나느라 숨이 너무나 차서 몰아쉬며 뛰면서도, "내가 사망의 음침한 골짜기를 다닐지라도 해를 두려워하지 않을 것은 주께서 나와 함께하심이라"는 시편 23편 4절 말씀을 계속 마음과 입술로 고백했습니다. 아기가 세차게 흔들리는 것이 신경 쓰였지만 어쩔 수 없었습니다. 차가 나를 뒤따라 경사진 고갯마루를 올라오는 것이 분명히 보였는데, 한참을 힘껏 뛴 후 돌아보니 그 차가 보이지 않았습니다.

추운 날씨인데도 땀에 흠뻑 젖은 체 아파트 3층 계단을 오르면서, 어떤 위경가운데서도 하나님을 신뢰하고 하나님 말씀을 붙들면 돕는 천사가 동원된다는 사실을 확신하며 감사했습니다. 말씀의 권능이 위경에서 건지십니다. 마음으로 고백하는 말씀의 권세 앞에서 악한 마귀가 한길로 쳐러 왔다가 일곱 길로 도망갑니다. 하나님께서는 하나님을 믿고 의지하고 신뢰하는 자를 보호하십니다.

여호와 이레의 복

아브라함이 그 땅 이름을 여호와 이레라 하였으므로 오늘까지 사람들이 이르기를 여호와의 산에서 준비되리라 하더라 (창세기 22장 14절)

너희에게 인내가 필요함은 너희가 하나님의 뜻을 행한 후에 약속을 받기 위함이라 (히브리서 10장 36절)

하나님께서는 아브라함이 100세 때 주셨던 독자 이삭을 하나님이 지시하신 곳에서 번제물로 바치라고 명령하셨습니다. 아브라함은 하나님 말씀에 즉각 순종하는데, 이삭이 죽더라도 하나님이 다시 살리실 것을 믿는 믿음이 있었습니다. 하나님께서는 말씀하신 명령에 즉각 순종하는 아브라함의 믿음을 보시고 모리아 산에 숫양을 준비하셨고, 믿음의 조상 아브라함의 계보를 통해 하나님의 독생자 예수님을 준비하셨습니다. 모리아산은 예수님께서 십자가에서 피 흘리고 죽으신 갈보리 언덕을 예표합니다. 또한 아브라함이 이삭을 번제로 드리고자 했던 복종의 마음은, 세상 죄를 지고 가는 어린 양이신 예수님께서 인류의 죄를 짊어지고 십자가에서 자신을 화목제물로 하나님께 드려 구원의 길을 여신 희생의 예표입니다. 하나님께서는 독생자 예수님을 갈보리 언덕 십자가에서 온 인류 구원을 위한 제물로 피 흘려 죽게 하셨고, 사흘 만에 다시 살리셨습니다. 그러므로 '여호와 이레의 복'은 우리가 하나님 말씀을 있는 그대로 믿고 그 말씀에 순종할 때 예수 그리스도를 통해서 오는 복을 말합니다. 믿음과 순종으로 온전한 인내를 이룰 때 오는 복으로 영혼 구원의 복이고, 또 구원받은 백성이 이 땅에서 하나님께서 준비하신 물질, 건강, 만남, 관계, 직장, 형통함을 누리게 되는 복을 말합니다. 우리는 오늘도 하나님이 독생자 아들을 희생시키신 사랑과 은혜를 누리고 있습니다. 영혼 구원과 삶 속에서 범사의 구원입니다. 하나님을 경외하는 믿음은 믿음의 조상 아브라함처럼 말도 안 되는 명령이 있을 때라도 달리 생각하거나 따지지 않고, 순종하는 믿음입니다. 살아있는 믿음이고 이 땅에서도 하늘평안을 누리며 영생을 소망하는 믿음입니다.

6월 19일

결산할 날이 있는 인생

내가 진실로 너희에게 이르노니 이 지극히 작은 자 하나에게 하지 아니한 것이 곧 내게 하지 아니한 것이니라 하시리니 (마태복음 25 장 45절)

그러므로 때가 이르기 전 곧 주께서 오시기까지 아무것도 판단치 말라 그가 어두움에 감추인 것들을 드러내고 마음의 뜻을 나타내 시리니 그때에 각 사람에게 하나님으로부터 칭찬이 있으리라 (고린 도전서 4장 5절)

하나님께서는 선하시고 의로우시며, 멀리서도 우리의 생각을 다 헤아리고 살피십니다. 앉고 일어서는 것을 모두 아십니다. 때가 되면 악하고 선한 모든 일이 빛 가운데 드러나는데, 하나님께서 각 사람을 알아보시고 만나서 칭찬하시며 직접 상을 주신다고 하십니다. 하나님은 인생의 한 부분이 아니라 전체를 보시고 평가하시고 결산하십니다. 선하고 의로운 마음으로 하나님을 사랑하고 이웃을 생각하며 살아간 것도 아시고, 악한 마음과 욕심으로 자기 이익만 챙기며 산 것도 아십니다. 그러므로 늘 다윗의 기도에 담긴 중심이 필요합니다. '하나님이여 나를 살피사 내 마음을 아시며 나를 시험하사 내 뜻을 아옵소서 내게 무슨 악한 행위가 있나 보시고 나를 선하고 의롭게 하시며 영원한 길로 인도하소서.'

하나님의 약속은 하나님을 사랑하고 이웃을 사랑하는 마음으로 선하고 착하게 살고, 작은 일이라도 진실한 마음으로 충성한 사람에게 주신 약속입니다. 사람 보기에 하찮아 보이고 작은 일이라고 소홀히 하지 말아야 합니다. 누군가가 우리의 수고와 진심을 몰라준다고 서운해 할 필요도 없습니다. 하나님께서 남모르는 수고도 고생도 진실한 마음도 다 보시고 아시고 기억해 주십니다. 남이 드러내지 않고 알아주지 않은 일들이 더 값진 보석으로 상으로 하늘나라에 간직됩니다. 우리 모두 세월이 지나고 언젠가 이 영광스러운 순간을 마주할 것인데, 하나님께서 약속하신 칭찬과 상이 베풀어지질 수 있는 사람으로 살기 원합니다.

깨달음과 감사

하나님이 그 사람을 긍휼히 여기사 이르시기를 그를 건져서 구덩이
에 내려가지 않게 하라 내가 대속물을 얻었다 하시리라 (욥기 33장
24절)

여호와께 감사하라 그는 선하시며 그 인자하심이 영원함이로다…
모든 육체에게 식물을 주신 이에게 감사하라 그 인자하심이 영원함
이로다 하늘의 하나님께 감사하라 그 인자하심이 영원함이로다 (시편
136편 1절, 25-26절)

우리를 향하신 하나님의 선하심과 인자하심과 능력과 위대하심이 크고
영원하십니다. 그 은혜와 사랑을 깨달으면 한순간도 감사하지 않을 수 없
습니다.

하지만 많이 배우고 많이 가졌어도 이 세상을 자기 힘으로 사는 것처럼
오만하고, 감사에 인색한 사람이 있습니다. 반면에 믿음과 겸손한 성품 말
고는 아무것도 가진 것이 없어 보이는데도 하나님께 드림도, 감사도, 부요
한 사람이 있습니다.

하나님께서 자신의 영혼과 삶에 베푸신 은혜의 깨달음 차이이고 성품과
감사의 수준 차이입니다. 많이 가졌어도 시야가 현실에 매여 있으면 감사
가 어렵습니다. 그러나 하나님의 은혜를 깨닫고 진심으로 감사하는 순간
눈앞의 현실보다는 영원을 바라보고 내일을 소망하며 기대하는 눈이 열립
니다.

또한 감사는 삶의 지경을 넓혀서 미래를 열고 더 큰 문으로 인도합니다.
믿음과 소망이 또렷해집니다. 불평과 원망으로 시끄럽고 오염된 세상에 살
지만, 우리 각자가 하나님 은혜를 깨달은 대로 감사하면 주변이 밝아집니
다. 꽃이 자기 빛깔로 향기를 발하듯이 자신에게 주신 은혜대로 귀하고 밝
은 빛을 피워냅니다.

6월 21일

성령세례와 능력

나는 너희로 회개케 하기 위하여 물로 세례를 주거니와 내 뒤에 오시는 이는 나보다 능력이 많으시니 나는 그의 신을 들기도 감당치 못하겠노라 그는 성령과 불로 너희에게 세례를 주실 것이요 (마태복음 3장 11절)

베드로가 가로되 너희가 회개하여 각각 예수 그리스도의 이름으로 세례를 받고 죄 사함을 얻으라 그리하면 성령을 선물로 받으리니 이 약속은 너희와 너희 자녀와 모든 먼 데 사람 곧 우리 주 하나님이 얼마든지 부르시는 자들에게 하신 것이라 (사도행전 2장 38-39절)

예수님께서는 제자들에게 자신이 하늘로 올라가면 하나님께서 보혜사 성령을 보내 주신다고 하셨습니다. 약속하신 대로 오순절에 성령이 오심으로 마가의 다락방에서 기도하던 120문도에게 놀라운 역사가 일어났습니다. 사도바울은 "너희가 믿을 때에 성령을 받았느냐."고 묻고, 성령의 능력 받기를 사모하라고 권했습니다. 오순절 성령강림 이후 지금까지 기독교 역사 가운데 수많은 사람들이 성령세례와 성령의 능력을 받아 누리고 있습니다.

우리가 좋은 것 주시기 원하시는 하나님 앞에서 낮아진 마음으로 성령의 능력을 사모하고 마음을 다해 기도에 힘쓰면, 성령의 능력을 주십니다. 성령의 능력이 임하면 변화가 일어납니다. 생명의 능력으로 충만케 되고, 거룩하게 되며, 영혼과 몸과 마음이 힘을 얻습니다. 세상과 멀어지고, 하나님을 더 알게 되며, 참믿음이 심어집니다. 하나님 은혜의 빛이 비춰서 가는 길과 목적과 하나님의 일하심이 알아집니다. 만물을 복종케 하시는 하나님의 역사가 성령의 능력을 통하여 우리를 새롭게 하시고 통치하시므로 영적 시야가 새로워집니다. 하나님께서 위로부터 베푸시는 영광스럽고 복된 이 은혜는 결코 그냥 임하지 않습니다. 철저하게 회개하고 돌이키며 죄를 버리고 예수님의 속죄 은혜를 입고 뜨겁게 기도할 때 누릴 수 있습니다.

누구에게나 확실한 실존, 죽음

진실로 진실로 너희에게 이르노니 사람이 내 말을 지키면 죽음을 영원히 보지 아니하리라 (요한복음 8장 51절)

주 안에서 죽는 자들은 복이 있도다 하시매 성령이 가라사대 그러하다 저희 수고를 그치고 쉬리니 이는 저희의 행한 일이 따름이라 하시더라 (요한계시록 14장 13절)

이 세상에 태어난 사람이라면 그 누구도 예외 없이 한 번은 꼭 죽습니다. 이 세상에 태어날 때는 순서가 있지만, 세상을 떠날 때는 순서가 없습니다. 어쨌든 죽음은 인간 누구에게나 확실히 닥쳐오는 기정사실입니다. 그럼에도 우리는 대부분 죽음 같은 것은 존재하지 않은 것처럼 여기고 살아갑니다. 단어의 어감이 주는 무거움 때문인지 언급하는 것을 꺼리기도 합니다. 그러다가 평소 가까이 지내던 사람이 세상을 떠나면 충격을 받고 죽음과 그 후의 세계를 의식하고 질문하다가도 얼마 지나지 않아서 잊어버립니다. 그리고 이 땅에서 영원히 살 것처럼 생각합니다. 물론 죽음 같은 차후의 일에 매이지 않고 현실에 충실한 것은 좋은 일입니다. 그러나 아무런 생각이나 준비 없이 사는 것은 더 바람직하지 않습니다. 라틴어로 '메멘토 모리'라는 낱말이 있습니다. '자신의 죽음을 기억하라'는 뜻으로 죽음을 준비하는 것이 잘 사는 것이라고 가르칩니다. 죽음을 가장 잘 준비하는 것은 원하는 것이 있고 도움이 필요할 때만 하나님을 찾는 것이 아니라 평소에 회개와 믿음과 순종으로 개인적인 관계를 잘하는 것입니다. 하나님은 영혼과 인생의 주인이십니다. 하나님과 관계를 진실하게 하고 믿음과 순종으로 사는 것이 죽음을 가장 완벽하게 준비하는 삶입니다. 모든 사람이 누구나 한번은 육체의 죽음은 겪어야 하지만, 예수님 안에 있는 사람은, 음부와 함께 지옥 불에 들어가는 둘째 사망을 겪지 않고 부활생명을 얻어 영생한다는 뜻입니다. 그래서 예수님을 믿고 예수님의 말씀을 순종하는 사람은 죽어서도 영원히 사는 것입니다. 죽음 후에 영원한 본향, 천국이 준비되어 있습니다.

주님께 붙어 있는 삶

나는 포도나무요 너희는 가지니 저가 내 안에, 내가 저 안에 있으면 이 사람은 과실을 많이 맺나니 나를 떠나서는 너희가 아무것도 할 수 없음이라 (요한복음 15장 5절)

저 안에 거한다 하는 자는 그의 행하시는 대로 자기도 행할지니라 (요한1서 2장 6절)

가지는 나무에 붙어 있을 때 생명력이 있습니다. 나무에 붙어 있지 않으면 말라비틀어지고 버려집니다. 가지가 나무에 붙어 있을 때 살아 있는 것처럼, 성도는 주님께 붙어 있을 때 하나님 은혜와 능력으로 충만한 삶을 살 수 있습니다. 가지인 우리가 포도나무이신 예수님께 잘 붙어 있으면, 저절로 예수님의 생명 진액을 흡수하면서 건강하게 성장하여 좋은 과실을 맺게 되는 것입니다. 그런데 세상과 짝하면서 세상의 가치관과 삶의 방식이 좋아보여서 마음을 두고 산다면 내면이 메마름으로 공허할 수밖에 없습니다. 만일 자신도 모르는 사이에 이 세상의 가치를 따라 현실과 타협하게 되면, 하나님과 관계에 틈이 생기고 은혜와 진리에서 멀어지는 것입니다.

그러므로 무슨 일이 있어도 예수님 이름 의지하고 예수님께 붙어 있어야 합니다. 천지는 없어지더라도 결코 변치 않는 하나님 말씀을 중심으로 살아가야 합니다. 이것이 생명의 삶이고 하나님의 통치 안에서 사는 삶으로 참 소망으로 살아있는 삶입니다. 우리가 예수님께 붙은 자로 살아갈 때 스스로 애쓰지 않아도 성장하며 열매를 맺고 삶이 번성하게 됩니다. 또한 하나님의 돌보심과 사랑과 공의를 힘입어 의의 열매를 맺으며 구원을 이루므로 든든하고 힘 있게 살아갑니다.

6월 24일

신앙의 본질과 영광

> 율법이 육신으로 말미암아 연약하여 할 수 없는 그것을 하나님은 하시나니 곧 죄를 인하여 자기 아들을 죄 있는 육신의 모양으로 보내어 육신에 죄를 정하사 육신을 좇지 않고 그 영을 좇아 행하는 우리에게 율법의 요구를 이루어지게 하려 하심이니라 (로마서 8장 3~4절)

> 내가 율법으로 말미암아 율법을 향하여 죽었나니 이는 하나님을 향하여 살려 함이라 내가 그리스도와 함께 십자가에 못박혔나니 그런즉 이제는 내가 산 것이 아니요 오직 내 안에 그리스도께서 사신 것이라 이제 내가 육체 가운데 사는 것은 나를 사랑하사 나를 위하여 자기 몸을 버리신 하나님의 아들을 믿는 믿음 안에서 사는 것이라
> (갈라디아서 2장 19~20절)

예수님께서 육체를 입고 세상에 오셔서 피 흘려 죽으시고 부활하신 것은 믿는 자가 예수님 보혈로 죄를 사함받고 성령을 따라 살게 하기 위해서였습니다. 이 은혜를 아는 우리가 추구해야 할 신앙의 본질은, 거룩이며 이 세상에서 행복하게 사느냐, 불행하게 사느냐 정도의 문제가 아닙니다. 죄를 사함받느냐 못 받느냐의 문제이며, 십자가에서 죽으시고 다시 사셔서 부활의 축복과 소망을 주신 예수님과 동행하며 성령의 인도를 따라 사느냐의 문제입니다.

우리가 이 땅에 사는 동안과 영원히 구원하실 분은, 오직 예수님 한 분뿐이십니다. 그저 이론과 교리가 아니고 실제이며, 영원한 운명을 결정하는 매우 중요한 진리입니다. 예수님을 믿고 성령을 따라 사는 사람에게 율법의 요구가 이루어지기 때문입니다. 예수님께서 십자가에서 못 박혀 죽으시고 살아나셔서 빈 무덤을 남기신 부활의 은혜는, 우리의 자랑과 영광과 소망이 됩니다. 이 세상의 어떤 영화와 영광과도 비교할 수 없습니다. 이 세상의 영화와 영광은 아무리 높고 화려할지라도, 금방 사라지는 안개와 같고, 떨어지는 꽃과 쉬이 마르는 풀과 같으며 냄새나는 분토와 같습니다. 우리에게 완전하고 변하지 않는 영광은 길과 진리와 생명이신 예수님, 하늘과 땅과 음부의 권세를 가지신 예수님 한 분입니다.

6월 25일

욕심과 탐심의 열매

저희에게 이르시되 삼가 모든 탐심을 물리치라 사람의 생명이 그 소유의 넉넉한 데 있지 아니하니라 하고 (누가복음 12장 25절)

부하려 하는 자들은 시험과 올무와 여러 가지 어리석고 해로운 정욕에 떨어지나니 곧 사람으로 침륜과 멸망에 빠지게 하는 것이라 돈을 사랑함이 일만 악의 뿌리가 되나니 이것을 사모하는 자들이 미혹을 받아 믿음에서 떠나 많은 근심으로써 자기를 찔렀도다 (디모데전서 6장 9~10절)

사람에게 남이 가진 것을 부러워하고 탐하는 마음이 있는 것은 마음 바탕에 있는 욕심에서 시작됩니다. 탐심이며, 그것은 뭔가 부족함 때문에 갖게 되는 것이 아니라 부족하지 않아도 욕심으로 인하여 갖게 되는 욕망입니다. 탐심은 하나님께서 명하신 십계명 중에 10번째로 금하신 계명입니다. 모든 죄가 탐하는 마음에서 시작되므로 예수님께서 모든 탐심을 물리치라고 말씀하셨고, 사도바울도 탐심은 우상숭배라 말했습니다.

욕심이나 탐심은 재물이나 무엇을 더 얻고 또 얻는다고 해서 해소되는 것이 아닙니다. 그만하면 재물이나 명예를 다 가진 사람 같은데, 법을 어기면서까지 욕심을 부리다가 패가망신 당하는 사람을 봅니다. 과연 사람 속에 있는 욕심은 끝이 없나 싶습니다. 탐심을 일으키는 욕망은 필요가 아니고 양껏 더 가지고자 하는 욕심이 갈증을 일으키므로 생기는 소욕이기에, 그 욕구는 바닷물을 마시면 마실수록 갈증만 더 나는 것과 같습니다. 사람이 설령 온갖 것을 움켜쥔다고 해도 욕심과 탐심을 버리지 않으면 자신이 가진 것에 만족할 수 없습니다.

오직 한 가지만으로 극복됩니다. 모든 것의 모든 것 되시고 인생의 주인이신 하나님을 모시고 말씀과 성령을 따라 사는 것입니다. 그러면 욕심과 탐심에서 벗어나서 자신에게 주어진 삶에 만족하고 감사하면서, 삶을 진정으로 즐길 수 있습니다.

영원한 관점에서의 복

그가 자기 백성을 저희 죄에서 구원할 자이심이라 (마태복음 1장 21절)

거기는 구더기도 죽지 않고 불도 꺼지지 아니하느니라 사람마다 불로서 소금 치듯 함을 받으리라 (마가복음 9장 48~49절)

예수님께서 말씀하시기를 의인은 영생에 악인은 영벌에 들어간다고 하셨습니다. 영생은 하나님 나라에서 영원토록 하나님의 복을 누리며 사는 것입니다. 그 나라의 영화로움은 이 세상의 모든 좋은 것을 다 합쳐도 한 조각 흉내조차 낼 수 없을 만큼 영광스럽고 아름다운 곳입니다. 반면에 영벌은 죄 가운데서 영영한 형벌을 누리는 상태이고, 무시무시한 불구덩이로서 구더기도 죽지 않고 사람이 불로 소금 치듯 함을 받는 곳, 지옥에서 영원토록 고통받는 것입니다. 사람이 그 어떤 지식과 학식과 도덕 윤리 철학을 섭렵하고 도통했을지라도 사람의 노력과 발버둥으로는 마귀가 왕 노릇하는 곳에 한번 들어가면 다시는 빠져나올 수 없고, 모든 것을 다 동원해도 영생천국에 들어갈 수 없습니다. 오직 예수님을 믿는 믿음과 순종을 통해서 구원에 이를 수 있다는 진리가 하나님께서 정하신 구원의 도리이며, 성경의 말씀입니다. 그러므로 우리가 진정으로 은혜를 받으면 영의 눈이 열립니다. 그래서 영생천국과 영벌지옥을, 하나님의 영광과 두려움을 인식하고 살아가게 됩니다. 지옥을 낳게 하는 죄악이 얼마나 무섭고 끔찍한지를 깨달으며, 천국의 영광과 아름다움이 사람이 가히 표현할 수 없는 정도인 것을 알고 믿고 사모하는 것입니다.

성경에서 알려주는 진리를 통하여 영생과 영벌을 알고, 영으로 붙잡는 사람은 경건하게 살며 즐거운 마음으로 그 나라를 소망합니다. 어떠한 죄의 유혹이 있을지라도 말씀과 성령의 능력을 힘입고 바로 섭니다. 하나님의 법을 떠난 세속의 바람이 아무리 세차게 불더라도 빨려들어 휩싸이지 않습니다. 하나님 앞에 설날을 생각하며 천국을 소망합니다. 하나님께서 베푸신 은혜의 들판에서 영생의 복에 감사하며 영혼이 기쁨과 승리로 살아갑니다.

복 있는 사람

복 있는 사람은 악인의 꾀를 좇지 아니하며 죄인의 길에 서지 아니하며 오만한 자의 자리에 앉지 아니하고 오직 여호와의 율법을 주야로 묵상하는 자로다 (시편 1편 1절)

내 아들아 그러므로 네가 그리스도 예수 안에 있는 은혜 속에서 강하고 (디모데후서 2장 1절)

세상이 너무나 급속도로 죄악으로 치닫고 있습니다. 거짓과 타락으로 물든 세속의 검은 물결이 얼마나 드센지 놀랍기 그지없습니다. 하나님을 믿으면서도 하나님을 향한 두려움이 없으므로 죄를 짓고 지탄받는 것을 봅니다. 친구를 잘 못 만났거나 악한 영의 꾐에 빠져 속임 당하므로 자기관리 못 하고 파멸에 이르는 사람들도 있습니다.

사람은 누구나 복을 원하는데, 믿는 사람들은 무엇보다도 복 있는 사람이 되어야 합니다. 하나님 앞에서 복 있는 사람으로 살아야 합니다. 거룩하시고 진실하시고 참되시고 의로우신 예수님과 동행하는 생활에 힘써야 합니다. 하나님께서 죄인과 악인과 오만한 사람으로 보시는 사람들과 함께하지 말아야 합니다. 그런 쪽은 세상적으로 볼 때 아무리 성공하고 좋아 보이더라도 쳐다보지 말아야 합니다. 눈앞에 즐길 거리가 있고 이익이 보이더라도 거절해야 합니다. 그런 길을. 따르지 않고, 그런 길에 서지 않고, 그런 자리에 앉지 않는 것입니다. 하나님의 뜻대로 사는 일에 힘쓰고, 하나님 나라와 의를 구하며 마음의 청결을 사모하고 하나님을 사랑하는 사람들과 함께해야 합니다.

하나님의 말씀을 주야로 묵상하며 마음속에 채우고 분별 있게 살 때, 삶이 시절을 좇아 좋은 열매를 맺습니다. 죄악으로부터 자신을 지키고 하나님을 가까이하는 자녀의 권세를 누리는 복된 사람의 삶입니다.

인생의 진정한 주인, 예수님

예수께서 가라사대 내가 곧 길이요 진리요 생명이니 나로 말미암지
않고는 아버지께로 올 자가 없느니라 (요한복음 14장 6절)

만물이 그에게 창조되되 하늘과 땅에서 보이는 것들과 보이지 않
는 것들과 혹은 보좌들이나 주관들이나 정사들이나 권세들이나 만
물이 다 그로 말미암고 그를 위하여 창조되었고 (골로새서 1장 16절)

인생은 하나님의 손에 달려 있습니다. 하나님께서 하늘과 땅의 모든 권
세를 예수님께 주셨습니다. 그러므로 우리 인생의 모든 것은 예수님께 달
려 있습니다. 만물을 다 예수님 손에 주셨고, 모든 충만으로 예수님 안에
거하게 하셨습니다. 예수님은 하나님이시고 죽은 자와 산 자의 주가 되시
며, 구원과 모든 복과 생사의 절대권자가 되십니다.

진정한 믿음은 우리가 무엇을 할 수 있다 없다가 아니고, 우리의 상황에
맞추는 것이 아닙니다. 하나님 말씀과 원하시는 뜻에 맞춰 순종하는 것입
니다. 하나님께서는 그 순종을 믿음으로 받으시고 구원과 축복을 주십니
다. 성경에 기록된 말씀을 이루시고 약속을 지키십니다. 또한 그저 맹목적
으로 믿는 것이 아닙니다. 성경 말씀을 기준으로 정확하게 알고 믿습니다.
길과 진리와 생명이신 예수님을 믿으므로 따라갑니다. 다른 길은 길일지라
도 영생으로 이끄는 생명 길은 없습니다. 이 세상에 구원에 이를 수 있는
다른 길은 없습니다. 하나님께서 성경에 예수님 외에는 천하 인간에 구원
얻을 만한 다른 이름을 주신 일이 없다고 말씀하셨습니다.

하나님이신 예수님을 만나지 않고서는 그 어디에도 진정한 행복, 마음의
평안과 안전한 보장이 없습니다. 돈이 많다고 건강하다고 삶을 제대로 누
리는 것도 아닙니다. 만물과 생명의 주권자이신 예수님께서 죄를 사하시고
죽음 후의 구원 문제를 해결해주시고, 온갖 축복과 선한 것들과 함께 건강
과 평안을 주실 때, 삶을 제대로 누릴 수 있고 참 만족이 있는 것입니다.

모든 것을 다 아시는 하나님

우리가 선을 행하되 낙심하지 말지니 피곤하지 아니하면 때가 이르매 거두리라 (갈라디아서 6장 9절)

또 무엇을 하든지 말에나 일에나 주 예수의 이름으로 하고 (골로새서 3장 17절)

천지를 창조하신 하나님은 우리와 먼데 계신 하나님이 아니시고 가까운데 계신 하나님이십니다. 천지에 충만하신 하나님께는 보이지 않는 것이 없고 드러나지 않는 것이 없습니다. 사람이 자신을 숨기려고 어떤 은밀한 곳에 숨을지라도 전혀 숨길 수 없습니다.

하나님께서는 예수님께서 십자가 죽음을 앞두고 있을 때, 예수님의 장사 준비를 위해 옥합을 깨뜨린 마리아의 헌신을 아십니다. 또한 예수님께서 십자가에 못 박혀 죽으신 후 무덤으로 달려간 마리아와 막달라 마리아의 마음과 발걸음을 보고 아셨습니다.

우리가 주님을 섬기는 사역이나 주님을 찾아 그분의 임재에 머물러 있는 순간, 그리고 소소한 일상과 상황과 사람들과의 관계 속에서 감사하는 마음과 행동과 마음의 빛깔이 깨끗한지, 사악한지, 그리고 진실한지 보십니다. 본인은 아무도 모르는 것 같이 생각할지라도 하나님께서는 보고 알고 계십니다. 그 누구도 알아주지 않더라도 예수님 이름으로 믿음과 사랑의 마음으로 꾸준히 선을 행하면, 하나님께서 주시는 수고의 열매를 거두게 됩니다.

죄에 대한 인식과 대속의 은혜

이튿날 요한이 예수께서 자기에게 나아오심을 보고 가로되 보라 세상 죄를 지고 가는 하나님의 어린 양이로다 (요한복음 1장 29절)

그리스도께서 하나님 곧 우리 아버지의 뜻을 따라 이 악한 세대에서 우리를 건지시려고 우리 죄를 위하여 자기 몸을 드리셨으니 (갈라디아서 1장 4절)

하나님은 죄를 너무나 미워하십니다. 구약 때는 짐승을 잡아 그 피로 제사를 지냄으로 죄를 사함받았습니다. 신약 때는 예수님께서 십자가에서 흘리신 피를 믿음으로 죄를 사함받습니다. 죄를 미워하신 하나님께서 독생자 예수님을 세상에 보내시고 십자가에서 대속의 제물로 피 흘리게 하셨습니다. 우리가 하나님의 사랑과 피 흘리시고 죽기까지 순종하신 예수님의 사랑과 희생을 알면 알수록, 죄에 대한 인식이 점점 더 뚜렷해지고 죄를 버리게 됩니다.

환자가 아픈 곳을 제대로 찾지 못하면 병든 부위를 알 수 없으므로 치료가 어렵습니다. 마찬가지로 죄에 대한 인식이 둔하면, 몸의 감각을 잃어버린 중풍 환자처럼 영적 감각이 마비되므로 위험합니다. 죄에 대한 인식은 영이 깨어 있게 함으로 자신이 무엇을 잘못했는지 알고 주의하며 거룩하고 바르게 살게 됩니다.

죄에 대한 인식과 죄를 피하고 버리는 것은 죄를 미워하시는 하나님의 사랑을 받은 자로서, 세상 죄를 지고 가는 하나님의 어린양으로 십자가에 못 박혀 죽으심으로 자기 몸을 버려 죄를 대속해주신 예수님의 희생을 아는 자로서, 마땅한 도리입니다.

시작과 마침이 되신 예수님

"주 하나님이 가라사대 나는 알파와 오메가라 이제도 있고 전에도 있었고 장차 올 자요 전능한 자라 하시더라" (요한계시록 1장 8절)

은혜를 받고 누리는 삶

여호와 하나님은 해요 방패시라 여호와께서 은혜와 영화를 주시며 정직히 행하는 자에게 좋은 것을 아끼지 아니하실 것임이니이다 (시편 84편 11절)

우리 주의 은혜가 그리스도 예수 안에 있는 믿음과 사랑과 함께 넘치도록 풍성하였도다 (디모데전서 1장 14절)

하나님은 성도에게 해와 방패가 되십니다. 하나님을 사랑하는 우리가 예기치 않은 위태한 상황에 처할 때 보호하십니다. 또 좋은 것을 아끼지 않으시므로 우리의 삶에 감사와 간증이 넘치는 것입니다. 하나님을 의지하고 사는 우리는 하나님께 은혜 받는 것을 좋아하고 감사합니다. 흔히 교회에서 예배드리고 은혜 받았다고 하고, 설교나 간증을 듣고 은혜 받았다고 합니다. 설교 시간에 좋은 말을 들으면 마음이 따뜻해지고 위안이 됩니다. 이치에 딱 들어 맞는 말을 들으면 고개가 절로 끄덕여지고 속이 시원할 때도 있습니다. 마음에 하나도 부담이 없이 은혜가 됩니다.

그러나 진정으로 최고의 은혜를 받는 것은, 자신의 죄를 깨닫고, 부족함을 발견하는 것입니다. 하나님 말씀과 성령의 조명 하심 가운데서, 자신이 알지 못하는 자기의 마음, 하나님만 아시는 마음의 깊은 곳이 보여집니다. 애통하는 마음으로 겸손히 하나님을 찾을 때, 하나님만 보시고 아시는 마음 중심을 새롭게 해주십니다. 그래서 죄를 짓지 않으려고 조심하지 않아도 저절로 죄를 짓지 않고, 이기는 삶을 살 수 있게 됩니다.

그럴 때 영혼은 봄날처럼 화창해 지고 행복과 환희가 있습니다. 사는 것이 기쁘고 좋아지고 감사하게 됩니다. 하나님 은혜를 받고 진정으로 누리는 삶입니다.

고상하고 존귀한 지식

여호와를 경외하는 것이 지식의 근본이어늘 (잠언 1장 7절)

내 주 그리스도 예수를 아는 지식이 가장 고상함을 인함이라 내가 그를 위하여 모든 것을 잃어버리고 배설물로 여김은 그리스도를 얻고 그 안에서 발견되려 함이니 (빌립보서 3장 8-9절)

지식은 귀한 것입니다. 지식에는 사상과 학문적 지식과 철학과 법과 문학과 의학적이고 시사적인 지식과 세상 이치에 대한 지식 등이 있습니다. 각 분야마다 나름대로 뛰어나고 훌륭한 부분이 있습니다. 그러나 구원과 생명은 없습니다. 지금 이 순간에도 어떤 분야의 지식을 얻기 위해 연구하며 책과 씨름하고 있는 사람들이 많습니다.

이 세상에서 가장 차원 높고 고상하며 존귀한 지식은 예수 그리스도를 아는 지식입니다. 사도 바울은 그 당시에 유명한 율법학자 가말리엘의 문하생이었고, 온갖 학문에 능통했습니다. 그러나 어느 날 다메섹 길을 가다 예수님께서 부르시는 음성을 듣고 예수님을 인격적으로 만난 후, 예수님을 위하여 모든 것을 잃어버리고 배설물처럼 여겼습니다. 예수님을 아는 지식이 가장 높고 존귀함을 알았기에 자신이 예수님 안에서 발견되기를 원했기 때문입니다. 그로부터 지금까지, 그리고 앞으로도 예수님을 만난 후, 세상의 좋은 것들을 뒤로하고 예수님을 더 알아가는 지식의 성장을 즐거워하는 사람들이 끊이지 않을 것입니다.

우리가 성경을 통하여 성경의 주인공이신 예수님을 잘 믿고 잘 알아가기를 원하면, 진리의 영이신 성령님께서 이해력과 깨달음으로 도와주십니다. 하나님과 예수 그리스도를 만나고 알아감으로써 지혜롭고 명철한 사람이 되며 가장 고상하고 존귀한 지식을 소유하게 됩니다.

하나님을 도움으로 삼는 삶

방백들을 의지하지 말며 도울 힘이 없는 인생도 의지하지 말지니 그 호흡이 끊어지면 흙으로 돌아가서 당일에 그 도모가 소멸하리로다. 야곱의 하나님으로 자기 도움을 삼으며 여호와 자기 하나님에게 그 소망을 두는 자는 복이 있도다 (시편 146편 3-5절)

나 여호와가 이같이 말하노라 무릇 사람을 믿으며 혈육으로 그 권력을 삼고 마음이 여호와에게서 떠난 그 사람은 저주를 받을 것이라… 그러나 무릇 여호와를 의뢰하는 그 사람은 복을 받을 것이라 (예레미야 17장 5, 7절)

사람들은 흔히 사람 자체보다는 그 사람이 가진 배경을 의식하고 대합니다. 배경이 있고 없고를 따지고, 돈 있고 권력이 있는 사람의 마음을 사려고 비굴해지기도 합니다. 그러나 사람의 도움을 받아서 성공한 사람은 많지 않습니다. 인생에는 사람이 갖고 있는 힘이 아무리 막강할지라도 도와줄 수 없는 부분이 많습니다. 설사 돕더라도 잠시 지지대는 되어줄 수 있겠으나 완전히 도울 힘은 없습니다. 중병으로 누워있을 때, 특히나 (이 세상 사람 그 누구라도) 죽음 이후의 생명에 대해서는 티끌만큼의 도움도 줄 수 없습니다.

인생은 도울 힘이 없습니다. 오직 하나님만이 우리의 도움이 되십니다. 우리가 의지할 분이시고, 기꺼이 손 내밀어 주시고 도와주십니다. 그러므로 사람 의지하지 말고 사람 눈치 보고 비위 맞추고 살지 말고 하나님께 기도하고 도움을 받으며, 하나님께서 원하시는 삶을 순종함으로 당당하게 살면 됩니다.

오직 하나님만이 도우심이 됨을 믿고 바라고 살면, 천지만물과 만사를 주관하고 다스리시는 하나님의 방법으로 사람이나 환경을 통해 역사 해주십니다. 하나님께서 성도를 도우시고 복을 주시는 방법이기도 합니다.

영적 호흡인 기도

시험에 들지 않게 깨어 있어 기도하라 마음에는 원이로되 육신이 약
하도다 (마태복음 26장 41절)

기도를 항상 힘쓰고 기도에 감사함으로 깨어 있으라 (골로새서 4장 2절)

우리가 숨을 쉬지 않으면 한순간도 살 수 없는 것처럼 기도하지 않으면
영혼이 빈들에 마른 풀 같이 메마르고 시듭니다. 그러다가도 마음을 정하
고 기도하면, 성령께서 은혜를 주시므로 다시 힘을 얻습니다. 그런데도 기
도하지 않는 이유는 대개는 기도할 생각이 없어서입니다. 그러므로 서툴게
라도 기도를 시작하는 것이 중요합니다. 주님과의 관계가 깊어지는 비결
중의 하나가 기도입니다. 하나님은 신실하시고 공의로우셔서 하나님을 찾
고 기도하는 자들을 기뻐하시고 가까이하십니다. 하나님의 임재가 있을
때 우리를 괴롭히는 사단의 시험이나 어둠이 접근하지 못합니다. 때로 문
제가 있어서 기도하면, 문제는 그대로 있을지라도 먼저 자신이 바뀝니다.
잘못 살아온 삶의 방식이나 잘못된 생각과 마음이 보이니, 믿음의 눈으로
문제를 보게 되고 문제보다는 자신의 변화를 위해 기도하게 됩니다. 그러면
영혼이 힘을 얻고 자기 안에서 변화가 이루어지면서 문제도 해결됩니다.

예수님께서도 때로는 한적한 곳으로 가셔서 하나님 앞에 머무셨습니다.
마귀의 궤계와 우리 연약함을 아시고, "시험에 들지 않게 깨어 있어 기도하
라."고 명령 하셨습니다. 우리도 일을 하다가 잠깐씩이라도 의식적으로 하
나님을 찾는 것이 필요합니다. 기도는 영적 호흡이므로 멈추면 안 될 만큼
아주 중요합니다. 아무런 죄도 흠도 없으신 몸으로 인류의 죄 짐을 지시고
십자가에 달리신 예수님을 잠잠히 묵상하면, 마음이 고요해지고 평안해집
니다. 문제가 있든지 없든지 평안하고 형통할 때에도, 숨 쉬는 것처럼 기도
에 힘쓰고 감사함으로 영이 깨어 있어야 합니다.

행복한 사람

이스라엘이여 너는 행복자로다 여호와의 구원을 너같이 얻은 백성이 누구뇨 그는 너를 돕는 방패시요 너의 영광의 칼이시로다 네 대적이 네게 복종하리니 네가 그들의 높은 곳을 밟으리로다 (신명기 33장 29절)

우리 주의 은혜가 그리스도 예수 안에 있는 믿음과 사랑과 함께 넘치도록 풍성하였도다 (디모데전서 1장 14절)

사람들은 모두 행복을 원합니다. 행복하기 위해서 공부하고 일하고 돈도 벌고 여행하고 결혼도 하고 아이도 낳아 키웁니다. 그런데 사람의 생명이 그렇듯이, 우리 행복의 원천과 주인은 하나님이십니다. 행복해지려고 노력하는 것보다 복된 것은, 천지와 인간을 창조하신 하나님께서 행복한 사람이라고 불러 주시는 사람이 되는 것입니다.

하나님께서는 구원받은 영적 이스라엘을 가리켜 행복자라고 말씀하십니다. 하나님께서 너는 행복자라고 말씀하신 이스라엘은, 지금 예수 그리스도 안에서 사는 사람을 말합니다. 하나님의 택하심을 받아 예수님을 믿고 거듭나서 하나님의 자녀가 된 사람입니다. 하나님을 경외하고 그분의 말씀을 귀히 여기고 순종합니다. 그런 사람에게 하나님께서 돕는 방패시고 영광의 칼이 되어 주십니다. 삶에 하나님의 크신 보호가 있고 우리를 노리는 원수 대적과 싸워주시므로 대적이 오히려 복종합니다. 원수의 등과 목을 밟고 올라서게 하시는 것입니다. 겸손하게 자신을 낮추지만 하나님께서 높여 주십니다.

우리는 예수 그리스도 안에 있는 믿음의 자녀들에게 베푸시는 넘치도록 풍성한 사랑과 권능을 든든한 배경으로 삼고, 행복한 사람으로 살아가는 것입니다. 아무 공로 없이 베풀어 주신 십자가의 사랑과 구속과 속죄와 성령의 풍성한 은혜로서, 구원자 하나님과 바른 관계에서 누리는 복입니다.

하나님의 사랑과 공의

나 주 여호와가 말하노라 이스라엘 족속아 내가 너희 각 사람의 행한 대로 국문할지라 너희는 돌이켜 회개하고 모든 죄에서 떠날지어다 그리한즉 죄악이 너희를 패망케 아니하리라 (에스겔 18장 31절)

만일 우리가 우리 죄를 자백하면 저는 미쁘시고 의로우사 우리 죄를 사하시며 모든 불의에서 우리를 깨끗게 하실 것이요 (요한1서 1장 9절)

거룩하신 하나님께서는 죄에 대해서는 반드시 심판하시는 공의의 하나님이십니다. 또한 죄인 된 인간을 구원하시기 위해서 독생자 예수님을 이 땅에 보내셔서 십자가에서 대속의 제물로 피 흘리게 하실 만큼 인간을 사랑하신 사랑의 하나님이십니다.

예수님을 십자가에서 죽게 하신 하나님의 공의는, 각 사람이 행한 대로 보응하십니다. 하나님의 백성이 죄를 회개하지 않고 계속 완고한 마음으로 고집부리면 진노를 내리시기도 하십니다. 그러나 죄에서 돌이키고, 자백하고, 빛 가운데서 살면, 깨끗게 하십니다. 죄를 범하므로 잃어버린 것을 다시 회복시켜 주십니다.

하나님께서는 축복도 징계도 우리가 행한 대로 하십니다. 분명한 사실입니다. 하나님의 백성이 하나님의 말씀을 떠나 범죄 할 때 징계를 가하십니다. 그러므로 징계가 오거든 감사해야 합니다. "주님, 저를 이렇게 사랑하십니까?"라고 엎드려 경배와 감사를 드려야 합니다. 우리 하나님은 사랑과 공의로 다스리시는 좋으신 아버지이십니다.

하나님 손의 왕관

의인은 그 길을 꾸준히 가고 손이 깨끗한 자는 점점 힘을 얻느니라 (욥기 17장 9절)

열방이 네 공의를 열왕이 다 네 영광을 볼 것이요 너는 여호와의 이름으로 정하실 새 이름으로 일컬음이 될 것이며 너는 또 여호와의 손의 아름다운 면류관, 네 하나님의 손의 왕관이 될 것이라 (이사야 62장 2-3절)

하나님께서는 아브람을 '아브라함'이라 부르시고, 사래를 '사라'라 부르시며, 야곱을 '이스라엘'이라고 하셨고, 시몬을 '게바'라 하시며 사울을 '바울'이라 하셨습니다. 그리고 하나님의 영광을 위해 값지게 사용하셨습니다.

우리가 하나님의 말씀과 성령으로 변화 받고 영혼이 아름다워지면, 하나님께서는 새 이름을 주십니다. 하나님께서는 각 사람을 아시되 정확히 아시기 때문에 사람이 모르는 부분과 특질까지 헤아리십니다. 하나님께서 원하시는 대로 부르시고 변화에 필요한 은혜를 주셔서 결국은 하나님의 의와 선과 구원을 드러내는 은혜의 도구로 사용하십니다.

구원과 기쁨의 근원인 예수 그리스도의 은혜로 옷 입혀서, 하나님과 이웃과 세상을 섬기는 하나님 손의 왕관이 되게 하십니다. 오직 하나님만 사랑하고 인생을 하나님으로만 만족하면서 보낸 자에게 주시는 영예입니다. 하나님의 존귀와 위엄으로 옷 입히시고 매우 가치 있는 존재로 사용하십니다. 그래서 평소 그를 비난하고 미워하던 세상 사람들이 흠모하는 자리로 이끄시고 세우셔서 은혜의 도구로 사용하시는 것입니다. 하나님 손의 왕관처럼 빛나는 삶이 됩니다.

주님이 주시는 평안

의의 공효는 화평이요 의의 결과는 영원한 평안과 안전이라 (이사야 32장 17절)

평안을 너희에게 끼치노니 곧 나의 평안을 너희에게 주노라 내가 너희에게 주는 것은 세상이 주는 것과 같지 아니하니라 너희는 마음에 근심하지도 말고 두려워하지도 말라 (요한복음 14장 32절)

예수님을 믿는 우리가 누리는 평안은 주님이 주신 것입니다. 때로는 어떤 환경에서 잠시 고달픔이 있다 할 지라도 영혼 깊숙이 흐트러짐 없는 평안이 자리하고 있음을 느끼고 살아갑니다. 그것은 높은 곳에서 온 누리를 비추는 태양처럼 자신의 백성을 향하여 변함없이 비춰주시는 평안입니다. 이 평안은 예수님 안에 있는 의의 평안이고, 환경과 상황을 초월하는 은혜의 선물입니다. 또한 모든 지각을 뛰어넘는 것으로 세상이 주는 것과 같지 않습니다.

예수님께서 부활하신 후 만난 제자들에게 제일 먼저 하신 말씀이 "평안을 받으라."였습니다. "내 평안을 너희에게 준다. 내 평안은 세상이 주는 것과 같지 않다. 그러니 근심하지도 말고 두려워하지도 말라."고 하신, 예수님 안에서 누리는 평안은 참으로 값지고 소중하고 감사한 선물입니다.

그런데 이 귀한 평안을 잃는 경우가 있습니다. 하나님 말씀을 떠나 범죄함으로 마음에 거리낌이 있거나, 하나님보다 다른 것을 애지중지 여기거나, 자신의 이익이나 사람의 평판에 따라 의를 버리거나 타협할 때입니다. 주어진 평안을 상실합니다. 우리는 주님이 주시는 평안을 귀히 여기고 빼앗기지 말며 감사함으로 누려야 합니다. 이 세상의 모든 것을 다 얻는다 해도 이 평안이 없으면 진실로 아무것도 얻지 못한 것과 같고, 이 세상의 모든 것을 다 갖지 못해도 주님이 주시는 평안이 있으면 진실로 부요한 사람입니다.

인간 본성의 황폐함과 충만한 생명

하나님의 떡은 하늘에서 내려 세상에게 생명을 주신 것이니라 (요한 복음 6장 33절)

저희는 이성 없는 짐승같이 본능으로 아는 그것으로 멸망하느니라 (유다서 10절)

지금은 시대가 변하고 달라졌지만, 농사는 옛날부터 나라의 근본이었습니다. 농사를 지어야 백성들이 먹고살 수 있었습니다. 그래서 임금은 임금이 되면 댐을 만들어서 농사짓는 데 필요한 물을 비축했습니다. 땅이 비옥해야 곡식이 잘 자라는데, 아무리 땅이 좋아도 물이 없으면 비옥한 땅이 아무 소용없기 때문입니다.

하나님께서 이 땅에 보내신 인생도 마찬가지입니다. 본능으로 살다가 짐승처럼 멸망하는 길로 가지 말고 충만한 의와 생수가 흐르는 길을 따라가야 합니다. 하늘에서 내린 떡을 먹어야 합니다. 하나님의 떡은 하늘에서 내려 생명을 줍니다. 예수님 안에 있는 충만한 생명입니다. 그 생명을 누리며, 생수의 근원이신 하나님 말씀의 거울에 자신을 비춰보며, 새롭고 좋은 쪽으로 만들어 가는 것입니다. 사람이 이 세상에 태어날 때 선한 거 같아도 하나님 보시기에는 본질상 진노의 자녀로 욕심과 교만의 죄에 물든 채 태어나기 때문입니다. 사람이 자기 생각대로 본능으로만 산다면 황폐합니다. 매스컴을 통해 사람이 저럴 수가 있을까 하는 행악을 보면서 충격을 받습니다. 사람이 자기 통제를 잃어버리면 이성적 사고가 마비되어서 인간임을 포기하고 마음을 짐승에게 내주고 인격을 파멸시킨 까닭입니다.

사람 마음은 농사짓는 땅과 같습니다. 마음이 옥토처럼 좋아도, 말씀의 씨앗과 생수가 없으면 열매를 맺을 수 없습니다. 하나님의 은혜가 아니고서는 근본이 새로워질 수 없습니다. 그리스도의 말씀과 성령의 능력으로 새롭게 될 때, 하나님께서 기뻐하시는 선한 존재가 됩니다. 예수 그리스도 안에서 진리와 생명과 의와 선으로 복되고 충만한 삶을 살아갈 수 있습니다.

7월 10일

열방과 역사의 주관자

어찌하여 열방이 분노하며 민족들이 허사를 경영하는고… 하늘에 계신 자가 웃으심이여 주께서 저희를 비웃으시리로다 (시편 2편 1, 4절)

보라 그에게는 열방은 통의 한 방울 물 같고 저울의 적은 티끌 같으며 섬들은 떠오르는 먼지 같으니… 그 앞에는 모든 열방이 아무것도 아니라 그는 그들을 없는 것같이 빈 것같이 여기시느니라 (이사야 40장 15, 17절)

어떤 모임에서 초등학교 교사 출신으로 똑똑하지만, 하나님을 안 믿는 여성이 하는 말을 들었습니다. 그녀는 아직까지 미국이 전 세계에서 가장 잘 사는 나라라고 하면서, 그렇게 잘 사는 이유는 과학의 힘과 어려운 나라와 사람들에게 많이 베풀어서라고 했습니다. 틀린 말은 아니지만 일부분만 맞는 이야기입니다. 미국이 잘 사는 이유는, 하나님을 잘 섬기고자 하는 목적으로 미국 땅을 밟고, 제일 먼저 교회를 짓고 예배부터 드린 청교도들의 믿음을 기뻐 받으신 하나님 은혜가 있기 때문입니다. 나라가 세워진 지 240년밖에 안 된 짧은 역사 동안에 하나님께서 축복하시고 최강대국으로 세우신 것입니다.

미국이 재채기를 하면 모든 나라가 감기에 걸리고 기침을 한다는 우스갯소리가 있습니다. 트럼프 대통령이 중국과 경제 전쟁을 계속하겠다고 말한 후 중국 기업들의 주가가 폭락했습니다. 이것이 미국과 미국 대통령의 힘입니다. 그러나 그 배후에서 하나님께서 주관하십니다. 사람은 아무리 강대국 대통령이라도 하나님의 도구일 뿐입니다.

하나님께서 우주 만물을 다스리시고 전 세계의 역사와 지상의 모든 권세, 그리고 인간의 생사화복을 주관하십니다. 모든 좋은 것이 하나님께로부터 옵니다. 그러므로 우리는 이 세상 권세자나 사람을 의지하고 두려워해서는 안 됩니다. 오직 하나님만 두려워하고 경외하며 순종하고 기쁨과 감사로 살아야겠습니다.

비교할 수 없는 하나님의 사랑

너의 하나님 여호와가 너의 가운데 계시니 그는 구원을 베푸실 전
능자시라 그가 너로 인하여 기쁨을 이기지 못하여 하시며 너를 잠
잠히 사랑하시며 너로 인하여 즐거이 부르며 기뻐하시리라 하리라
(스바냐 3장 17절)

우리가 아직 죄인 되었을 때에 그리스도께서 우리를 위하여 죽으심
으로 하나님께서 우리에게 대한 자기의 사랑을 확증하셨느니라 (로마
서 5장 8절)

하나님께서는 우리를 사랑하시는 그 사랑을 십자가에서 보여 주셨습니
다. 우리가 아직 죄인되었을 때에 예수님께서 수치와 수모와 능욕을 당하
시고, 물 한 방울 피 한 방울 남김없이 쏟으시고 죽임까지 당하셨습니다.

이 세상에 십자가에 나타내신 하나님 사랑보다 더 큰 사랑은 없습니다.
강하고 위대하신 전능자 하나님께서 미천하고 더러운 존재 안에 들어오셨
습니다. 그 사랑은 우리가 하나님을 떠나지 않는 이상, 영원토록 변함없으
십니다. 우리가 들이마시는 공기보다도 더 가까이 계시면서 잠잠히 사랑하
십니다. 우리 삶의 사소한 순간부터 모든 크고 작은 일까지 돌보시고 보호
하시며 지혜와 능력으로 함께하십니다.

물론 우리가 하나님을 믿고 하나님을 섬기는 것은 하나님의 보살핌을 받
기 위한 것은 아닙니다. 하나님께서 어떠한 사랑으로 우리를 사랑하셨는지
그 사랑을 알게 해 주신 은혜로 인해 감사하며, 그 사랑을 믿고 감사함으
로 그 안에 거하는 것입니다.

우리가 세상 끝날까지 우리와 함께하시는 예수님 안에서 하나님을 사랑
하고 섬기며 살아갈 때, 어떤 것과 비교할 수 없는 그 사랑 안에서 오늘도
내일도 영원까지, 하나님의 생명을 누리고 호흡하며 존재합니다. 전능자
하나님께서 베푸신 구원의 은혜입니다.

7월 12일

생명력 있는 믿음

만군의 여호와께서 말씀하시되 이는 힘으로 되지 아니하며 능으로 되지 오직 나의 신으로 되느니라 (스가랴 4장 6절)

진실로 너희에게 이르노니 너희가 만일 믿음이 한 겨자씨만큼만 있으면 이 산을 명하여 여기서 저기로 옮기라 하여도 옮길 것이요 또 너희가 못할 것이 없으리라 (마태복음 17장 20절)

하나님께서 우리의 작은 것 하나까지 세심하게 살피십니다. 삶에서 크고 작은 문제로 인하여 발을 동동 구를 때에도 다 아십니다. 우리에게 겨자씨만 한 작은 믿음 참믿음이 있어서, 그 믿음으로 간절히 기도하면 문제가 클지라도 해결됩니다. 우리의 힘이나 지식이나 머리나 체험으로서가 아니라 불가능이 없으신 하나님의 신의 능력 때문입니다.

겨자씨만 한 믿음은 하나님의 영원한 생명이 있는 믿음으로 살아있는 믿음이고 진짜 믿음입니다. 십자가에서 부활하신 예수님과 연합된 믿음이며, 말씀이 실제가 되는 역사가 있는 믿음입니다. 예수님은 우리에게 겨자씨만큼 작을지라도 하나님 보시기에 참믿음이며 그렇게 살아있는 믿음이 있다면, 큰 산 같은 문제나 사단의 방해로 가로막힌 일도 평지가 되게 하실 수 있으십니다. 그러므로 우리의 형편과 만나는 상황에서 터득한 경험보다 더 필요한 것은, 살아있는 믿음입니다. 부활하신 예수님께서 나와 함께하신다는 믿음, 나를 붙들고 성령님이 내게 역사하신다는 믿음이 필요합니다. 우리가 평안할 때 마음이 높아져서 기도하지 않고도 살 만큼 편안하다고 기도하지 않으면 믿음도 약해지고 하나님께로 향한 마음도 멀어집니다. 매일매일 기도할 때 새로운 믿음으로 충만해집니다. 옹달샘에 물이 퐁퐁 솟아나듯이 날마다 순전하고 새로운 믿음이 솟아나도록 자연스런 호흡처럼 기도하면서 하나님을 가까이하는 삶을 살아야 합니다.

7월 13일

힘과 능력 되신 하나님의 사랑

이 사랑은 많은 물이 꺼치지 못하겠고 홍수라도 엄몰하지 못하나니 사람이 그 온 가산을 다 주고 사랑과 바꾸려 할지라도 오히려 멸시를 받으리라 (아가서 8장 7절)

이 모든 일에 우리를 사랑하시는 이로 말미암아 우리가 넉넉히 이기느니라 (로마서 8장 37절)

하나님은 우리의 생명의 근원이시고 힘의 원천이십니다. 다윗은 편안할 때나 어려울 때 언제든지 '나의 힘이 되신 여호와여 내가 주를 사랑하나이다.'라고 고백하면서 힘을 얻었습니다. 하나님은 하나님을 우러러 찾는 자에게 새 힘을 주시는데, 피곤한 자에게 능력을 주시고 무능한 자에게 강함과 담대함과 힘을 더해 주십니다. 하나님과 올바른 관계를 갖고 살아가면 언제나 그 사람의 편이십니다. 하나님께서 위하시면 그 어떤 것도 대적할 수 없습니다.

살아가면서 우리는 스트레스를 받지 않을 수 없으므로 때로는 육체와 마음이 쇠잔할 때도 있지만, 반석이시고 영원한 분깃이신 하나님을 신뢰함으로 평안한 담력으로 힘차게 삽니다.

우리를 향하신 하나님의 사랑은 많은 물로도 끌 수 없고 홍수도 삼킬 수 없습니다. 온 우주에서 가장 강력한 사랑, 그 사랑을 의지하여 대적을 누르고, 자신을 치려고 일어나는 세력을 밟고 승리합니다. 하나님께서 함께 하시고 붙드시고 일하시는 은혜입니다. 명하신 모든 율례와 규례를 삼가 행하면서 누리는 사랑, 우리의 힘과 능력이 되신 하나님의 사랑입니다.

바른 생각

내가 종일 손을 펴서 자기 생각을 좇아 불선한 길을 행하는 패역한 백성들을 불렀나니 (이사야 65장 2절)

모든 이론을 파하며 하나님을 아는 것을 대적하여 높아진 것을 다 파하고 모든 생각을 사로잡아 그리스도에게 복종케 하니 (고린도후서 10장 5절)

우리는 하루를 사는 동안 순간순간, 많은 생각을 합니다. 사람의 마음과 생각은 행동을 낳기 때문에 우리가 어떤 생각을 하고 사는가에 따라 삶이 달라집니다. 하나님께서 우리에게 자신의 생각을 살필 수 있는 능력을 주셨으므로 생각에 따른 행위의 열매를 먹게 되는 것이 사람에게 정하신 하나님의 법칙입니다. 하나님과 반대되는 자기중심적 생각이나 사단이 주는 어두운 생각은 버리고, 하나님의 말씀과 성령의 감동으로 복된 생각을 채워야 합니다.

우리는 언제든지 스스로의 생각을 살피며 어떤 생각을 할지 선택할 수 있습니다. 생각을 살필 때 영적으로 큰 도움이 되는 것은 선하지 못한 미움과 판단과 시새움이나 염려나 불안, 걱정 근심이 들 때, 어둡고 부정적인 생각을 버리고, 긍정적이고 밝은 생각으로 바꾸는 것입니다.

하나님께서 보시기에 선하고 바른 생각은, 생각이 하나님 말씀으로 채워져서 깨끗하고 거룩해지고 성령의 감동으로 충만해집니다. 하나님께서 그 삶에 복된 기적이 이어지게 하시고 영광 받으십니다.

목마른 영혼에 부어지는 은혜

저가 사모하는 영혼을 만족케 하시며 주린 영혼에게 좋은 것으로 채워 주심이로다 (시편 107편 9절)

내가 그들에게 복을 내리며 내 산 사면 모든 곳도 복되게 하여 때를 따라 비를 내리되 복된 장마 비를 내리리라 그리한즉 밭에 나무가 열매를 맺으며 땅이 그 소산을 내리니 그들이 그 땅에서 평안할지라 (에스겔 35장 26~27절)

연일 40도에 육박한 폭염으로 전국이 가마솥처럼 달구어져 있습니다. 공기에 불이라도 섞인 듯합니다. 어떤 사람은 "왜 폭풍이라도 지나가지 않은지 모르겠다."고 합니다. 이럴 때 소낙비라도 쏟아진다면 시들어 가는 모든 것이 살아나고 춤출 것입니다.

하나님께서는 은혜에 목마른 성도가 하나님을 갈망하고 찾을 때 영혼에 단비를 내려 주십니다. 신령과 진정으로 온 마음 다해 예배드리고 말씀 듣고 찬양을 드리면 하늘 문이 열립니다. 가뭄에 복된 장마 비가 쏟아지듯이 성령 충만 은혜가 임하기도 하고, 이슬 같은 은혜로 마음이 촉촉이 적셔지면서 주님의 평안이 임합니다.

무더위와 가뭄에 그렇게 원했던 비도 한꺼번에 쏟아지면 홍수가 되기도 해 크고 작은 피해가 발생합니다. 그러나 성령 충만 은혜의 단비는 아무리 많이 내려도 전혀 피해가 없습니다. 하나님께서 주시는 복이 임하는데 영혼과 삶과 환경이 살아나고 피어나고 꽃피고 열매 맺습니다. 순전한 마음으로 하나님을 갈망하고 찾는 자들에게 주시는 은혜와 축복입니다.

몰약과 향유로 섬긴 사랑

나의 사랑하는 자는 내 품 가운데 몰약 향낭이요 (아가서 1장 13절)

일찍 예수께 밤에 나아왔던 니고데모도 몰약과 침향 섞은 것을 백 근쯤 가지고 온지라 이에 예수의 시체를 가져다가 유대인의 장려법 대로 그 향품과 함께 세마포로 쌌더라 (요한복음 19장 39~40절)

몰약은 통증을 완화하는 진통제나 보존하는 기능이 있습니다. 시체를 염하는 데 쓰기도 하는 데 맛은 쓰지만 아주 향기롭다고 합니다. 값이 매우 비싸서 신분이 높은 사람에게만 쓰였습니다. 니고데모는 예수님의 장례를 위하여 몰약과 침향 섞은 것 백 근을 가지고 와서 예수님의 시체에 세마포와 함께 쌌습니다.

십자가에서 나타내신 예수님의 희생과 사랑은 몰약의 쓴맛과 비교할 수 없을 만큼 쓰디쓴 고통이었습니다. 그러나 제자들의 배신과 로마 군병의 창에 상처 입고 찢기며 수모와 능욕으로 고통스러웠던 그 사랑은 몰약과 향낭 주머니에 가득 담긴 향유보다도 향기롭고 보배롭습니다.

하나님의 특별한 사랑을 받고 예수님의 품 안에 거하는 우리도, 예수님의 죽음과 부활을 상징하는 몰약과 향낭처럼 주님의 희생과 선하신 마음을 가슴에 간직하고, 그 뜻을 본받아 살아야 합니다.

예수님의 왕 되심을 알고 값비싼 몰약과 침향을 왕족의 장례에 쓰는 분량인 백 근을 준비해서 섬긴 니고데모처럼, 우리도 만왕의 왕이요, 우리의 영원한 왕이신 예수님께 최고의 마음과 정성을 드리며 섬겨야 합니다.

은총을 누리는 덕목

너희는 스스로 깨끗케 하여 거룩할지어다 나는 너희 하나님 여호와
니라 너희는 내 규례를 지켜 행하라 나는 너희를 거룩게 하는 여호
와니라 (레위기 20장 7-8절)

진실로 그는 거만한 자를 비웃으시며 겸손한 자에게 은혜를 베푸시
나니 지혜로운 자는 영광을 기업으로 받거니와 미련한 자의 현달함
은 욕이 되느니라 (잠언 3장 34-35절)

믿음은 하나님이 주신 은혜의 선물입니다. 믿음의 선물을 받은 사람이
하나님 은총을 받는 데 필요한 기본적인 덕목 두 가지가 있습니다. 성결함
과 겸손입니다. 성결할 때 하나님과 좋은 관계가 되고, 겸손할 때 하나님께
서 가까이하시기 때문입니다.

하나님과 관계가 바르면 우리는 하나님과 교통함으로 그분의 뜻을 알 수
있고, 하나님께서는 하나님 뜻을 순종할 만한 지혜와 힘을 주십니다. 가난
한 심령으로 겸손하면 하나님이 역사하십니다.

그러나 하나님께서 사랑하시므로 준비한 복이 있지만, 주실 수 없어서
안타까워하시는 때도 있습니다. 대개 마음이 높아져 있어서이며, 계속 자
신의 생각을 우기면 잡고 계시던 손도 놓으십니다. 자기 생각, 자기 기준,
자신감을 주장하고 살면 한번 해보라 하십니다.

하나님께서는 우리에게 좋은 것 주기를 너무도 원하시지만 받을만한 그릇
이 안 되니 주실 수 없으신 것입니다. 하나님 보시기에 합당한 성결과 겸손의
덕을 갖추므로, 위로부터 하나님의 은총이 부어지는 삶 되기를 원합니다.

하나님이 찾으시는 예배자

아버지께 참으로 예배하는 자들은 신령과 진정으로 예배할 때가 오나니 곧 이때라 아버지께서는 이렇게 자기에게 예배하는 자들을 찾으시느니라 (요한복음 4장 23절)

그러므로 형제들아 내가 하나님의 모든 자비하심으로 너희를 권하노니 너희 몸을 하나님이 기뻐하시는 거룩한 산 제사로 드리라 이는 너희의 드릴 영적 예배니라 (로마서 12장 1절)

하나님께서는 우리가 예배드리러 주의 전에 가는 것을 기뻐하시고 예배를 통해 만나주십니다. 한나라의 대통령과 만남도 영광스러운데, 만왕의 왕이신 하나님과 만남은 얼마나 영광러운 특권인지 모릅니다. 대통령과 만남이 잘 되면 삶이 바뀐다는 말이 있는데, 하물며 인간의 생사화복을 주관하시는 하나님과 만남이 잘 이루어지고 총애를 받으면, 아무것도 구하거나 받지 않아도 그 자체로 존재가 빛나게 됩니다. 하늘에서 천사가 부러워하고 이 땅에서 하나님의 호의가 따르는 행복 자가 됩니다.

우리가 교회에서 예배 잘 드리고, 하나님 말씀과 규례를 따라 정의롭게 살 때, 하나님이 찾으시는 참 예배자로 하나님 눈에 발견됩니다. 예배와 삶을 통해 영광 받으시고 축복하십니다. 흔히들 이렇게 말합니다. "예배에 승리하면 신앙생활에 승리하고, 신앙생활에 승리하면 인생승리로 이어진다."고. 그러므로 예배드리는 시간에 순서마다 성령 안에서 진실한 사랑과 감사의 마음을 담아서 진정성 있게 나아가야 합니다. 또한 말씀을 통해 전달되는 은혜와 진리를 마음에 새기며 믿음으로 자신을 드려야 합니다. 그리고 한 주간 동안 자신이 있는 곳에서 하나님의 이름을 높이고 영화롭게 하는 마음으로 온전하게 살기에 힘써야 합니다. 하나님께서 찾으시는 이런 예배자로 살면서 하나님의 기쁨 되기 원합니다.

돌보시고 아끼시는 은혜

만군의 여호와가 이르노라 내가 나의 정한 날에 그들로 나의 특별한 소유를 삼을 것이요 또 사람이 자기를 섬기는 아들을 아낌같이 내가 그들을 아끼리니 (말라기 3장 17절)

공중의 새를 보라 심지도 않고 거두지도 않고 창고에 모아 들이지도 아니하되 너희 천부께서 기르시나니 너희는 이것들보다 귀하지 아니하냐 (마태복음 6장 26절)

하나님께서는 하나님의 자녀인 우리를 아끼시며 섬세하게 돌보십니다. 순종 잘하는 자녀를 기뻐하시고 자랑스러워하십니다. 예수님 안에 거하는 우리에 대한 사랑이 얼마나 크고 아름다운지 천사들이 부러워하고 흠모합니다. 자신을 십자가에 제물로 내어놓기까지 구속하셨고, 아끼시고 돌보시며 풍성한 은혜로 삶의 필요를 채우시고, 동행하십니다.

하나님은 우리가 불순종할 때도 깨닫고 돌이킬 기회를 주심으로서 돌보십니다. 오래 참고 기다리시는 사랑입니다. 그러나 어느 한계선이 지나면 매를 드시기도 하는데, 징계와 환난을 통하여 강한 손길로 돌보십니다. 너무나 사랑하시기 때문에 온전한 회개가 안 되어서 지옥 갈까 봐 안타까워하시는 사랑의 표현입니다.

우리를 향하신 하나님의 사랑은 진노 중에 징계하시면서도 긍휼을 베푸십니다. 우리의 머리카락까지 다 세시는 정확함과 모든 형편을 아시는 섬세한 눈길로 돌보시는 그 사랑이 참으로 실제적입니다. 도움을 주시되 매우 실제적이고 구체적이십니다. 때로 잠잠히 다가오셔서 마음을 어루만지시고 치유하시며 필요를 채우시고 공급하시는 그 은혜를 대할 때마다 감사하고 놀랍습니다. 그때마다 마음을 다해 경배드리며 경외하는 마음을 갖게 됩니다.

하나님 말씀을 통한 변화

내가 주께 범죄치 아니하려 하여 주의 말씀을 내 마음에 두었나이다 (시편 119편 11절)

하나님의 말씀은 살았고 운동력이 있어 좌우에 날선 어떤 검보다도 예리하여 혼과 영과 및 관절과 골수를 찔러 쪼개기까지 하며 또 마음의 생각과 뜻을 감찰하나니 (히브리서 4장 12절)

우리가 하나님 말씀을 듣고 순종하면 삶이 달라집니다. 영혼이 풍성하고 견고해 져서 일의 성격을 잘 파악하는 지혜를 얻고, 바르게 살 수 있는 훈계를 알아 명철과 통찰력을 가지며, 어떤 상황에서도 하나님을 신뢰하며 인내하는 능력을 힘입습니다. 또한 신앙생활에 나침판과 같아서 옳은 길의 방향을 정확하게 알려줍니다.

하나님 말씀은 살아있고 운동력이 있어서 내적, 외적 변화를 일으킵니다. 우리가 어떤 일을 할 때 여유로운 마음으로 유연하고 순발력 있게 할 수 있도록 지혜를 줍니다. 그래서 맹목적으로 몰아부치지 않고 전체상황을 보고 일의 성격을 파악해서 절호의 기회를 놓치거나 하나님이 주시고자 한 정반대의 어리석은 결과에 이르지 않도록 이끌어 줍니다. 이 세상에 돌아가는 시스템은 우리가 어떤 일을 할 때에 자신 혼자만 바르고 깨끗하다고 해서 순조롭게 흘러가도록 되어 있지 않습니다. 나쁜 마음과 뜻을 갖고 사람을 대하며 이용하는 사람이 많기 때문입니다. 그러므로, 하나님이 주신 전략이 필요한데, 하나님 말씀은 악한 사람의 심중을 미리 내다보고 대처하는 전략을 줍니다.

그러므로 하나님 말씀이 있으면 아기가 엄마의 품에 안긴 것처럼 주님의 손을 잡고 있는 것과 같아서, 세상이 세찬 풍랑에 요동치고 흔들리더라도 든든합니다. 우리가 하나님 말씀을 마음 판에 새기고 순종하면 존재가치가 달라지고 삶이 새로워질 뿐만 아니라 축복의 문이 열립니다.

하나님을 경외하는 신앙

네 귀를 지혜에 귀 기울이며 네 마음을 명철에 두며 지식을 불러 구하며 명철을 얻으려고 소리를 높이며 은을 구하는 것같이 그것을 구하며 감추인 보배를 찾는 것같이 그것을 찾으면 여호와 경외하기를 깨달으며 하나님을 알게 되리니 (잠언 2장 2-5절)

일의 결국을 다 들었으니 하나님을 경외하고 그 명령을 지킬지어다 이것이 사람의 본분이니라 (전도서 12장 13절)

우리가 하나님을 알고 경외하는 것은 하나님의 지혜로 주어지며 아주 중요합니다. 성경은 아주 소중한 이런 지혜가 어떻게 주어지는지 가르쳐 줍니다. 하나님을 알고 경외하기를 뜨거운 마음으로 힘쓰라고 합니다. 자신의 욕망과 야망을 내려놓고 하나님을 아는 일에 혼신의 힘을 기울이는 것입니다. 그럴 때 영적인 눈이 열어 지면서 하나님 안에 있는 지혜가 보이고 명철을 얻게 됩니다. 점점 더 영적 눈이 뜨이면서 하나님 안에 감추어진 지혜를 만납니다. 그 지혜는 세상 사람들이 추구하고 좋아하는 것들이 아니라는 사실을 발견하고, 삶의 방식을 달리하게 합니다. 세상 사람들이 가는 길과 다른 길로 들어서고, 하루하루 하나님 안에 있는 지혜를 따라 살아갑니다. 좁은 문, 좁은 길 신앙의 길입니다.

하나님을 아는 것은 그저 하나님의 존재를 교리상으로 알고 하나님에 대해 이해하는 것이 아닙니다. 기도하고 말씀 붙들고 성령의 조명을 의지하면서 순종에 힘써야 합니다. 하나님께서는 우리가 하나님을 알도록 예수님을 보내주셨고, 성령의 능력으로 믿음의 은사를 주셔서 믿게 하셨습니다. 우리가 하나님 말씀과 성령님의 감동과 인도하심에 순종할 때 하나님을 더 알게 됩니다. 점점 더 깊이 하나님을 알고 경험하면서 하나님을 더 사랑하고, 경건하고 거룩한 두려움으로 하나님을 인식하며 섬기게 되는 것입니다. 이렇게 하나님 경외하기를 깨닫고 하나님 알기에 힘쓰는 일은 우리의 몫입니다.

모든 사람을 다 아시는 그리스도

나다나엘이 가로되 나사렛에서 무슨 선한 것이 날 수 있느냐 빌립이 가로되 와 보라 하니라 (요한복음 1장 46절)

여자가 물동이를 버려두고 동네에 들어가서 사람들에게 이르되 나의 행한 모든 일을 내게 말한 사람을 와 보라 이는 그리스도가 아니냐 (요한복음 4장 28-29절)

2천 년 전 어느 날, 빌립은 나다나엘에게 나사렛에 사는 예수님이 율법에 예언되었고 구약의 선지자가 기록한 그리스도라고 소개했습니다. 나다나엘은 빌립의 말을 듣고 '나사렛에서 무슨 선한 것이 날 수 있겠느냐?'고 가볍게 무시했습니다. 그런 나다나엘에게 빌립은 와서 보라고 했고, 예수님은 나다나엘을 이미 알고 계셨습니다. 나다나엘은 자신을 다 아시는 예수님이 그리스도이신 것을 깨닫고 믿었습니다.

또 다른 어느 날, 예수님께서 사마리아에 있는 수가라 하는 동네를 지나가실 때였습니다. 수가 성 야곱의 우물로 물을 길으러 나온 사마리아 여인을 보시고, 인생에 터진 웅덩이가 있었다는 사실과 영적인 갈망을 보셨습니다. 사마리아 여인은 자신을 정확하게 보신 예수님이 그리스도이신 것을 깨닫고, 물동이를 버려두고 동네로 들어가 사람들에게 그리스도 앞으로 와 보라고 외쳤습니다.

그 이후 지금까지 2천 년 역사 동안 셀 수 없을 만큼 많은 사람들이 예수님께 나왔습니다. 그리고 예수님이 하나님의 아들이시고, 구원자 그리스도시라는 사실을 깨닫고 사랑하는 누군가에게 그리스도에게 와서 보라는 소식을 전했습니다. 무화과나무 아래에 서 있던 나다나엘을 아신 것처럼, 사마리아 수가 성 야곱의 우물로 물을 길으러 나왔던 사마리아 여인에 대해 잘 아셨던 것처럼, 예수님은 지금 이 순간에도 우리의 모든 것을 다 아십니다. 우리도 하나님께서 아시고 찾으시는 소중한 그 누군가에게, 예수님이 구원자 그리스도이심을 와서 보라고 소개해야겠습니다.

신실한 믿음

슬프도소이다 주 여호와여 주께서 큰 능과 드신 팔로 천지를 지으셨
사오니 주에게는 능치 못한 일이 없으시니이다 (예레미야 32장 17절)

내가 너희에게 말하노니 무엇이든지 기도하고 구하는 것은 받은 줄
로 믿으라 그리하면 너희에게 그대로 되리라 (마가복음 11장 24절)

　우리는 전능하신 하나님을 믿고 신뢰합니다. 그럼에도 어려움을 만나거
나 기도 응답이 더디거나 기도 응답이 없으면 실망하고 인내를 힘들어합니
다. 하나님을 불신하고 원망하기도 하는데 그런 불신과 원망은 우울과 자기
연민을 불러일으켜 더 큰 고통을 줍니다. 변함없는 믿음과 착실한 시선으
로 하나님의 뜻하심을 바라며, 가장 좋게 해주시는 하나님의 때가 기다리
고 있다는 것을 알면서도 그때를 기다리는 일이 쉽지 않기 때문입니다. 그
러다가 어떡하든 자기 생각과 힘으로 문제를 해결해 보려고 노력하지만 점
점 더 곤경 속으로 빠져듭니다. 하나님이 능히 하실 수 있다는 사실을 망각
하고, 믿음의 밧줄을 놓아버리는 것입니다.

　그러나 자신의 생각에는 100% 안 되겠다 싶은 일도, 전능하신 하나님께
서 역사하시면 될 수 있다는 사실을 믿고 기도하면, 마음도 밝아지고 인내
할 힘이 생기고 기필코 하나님의 응답을 봅니다. 성경에 등장하는 신실한
믿음의 사람들을 보면 하나같이 암담한 바닥에서도 순전한 믿음으로 하늘
을 우러러 전능하신 하나님을 신뢰함으로 승리했습니다.

　우리가 어떤 상황에 있을지라도 우리의 생각과 마음을 하나님의 약속하
신 말씀과 신실한 믿음으로 채우면, 진리의 영이신 보혜사 성령님의 능력이
함께 합니다. 그래서 전능하신 하나님의 손길을 느끼며 어떤 어려움 가운
데서도 꺾이지 않으며 힘차게 살 수 있습니다.

자신을 낮추는 자에게 주시는 은혜

주 앞에서 낮추라 그리하면 주께서 너희를 높이시리라 (야고보서 4
장 10절)

그러므로 하나님의 능하신 손아래서 겸손하라 때가 되면 너희를 높
이시리라 (베드로전서 5장 6절)

　우리의 삶을 통치하시는 하나님의 손이 우리를 겸손하게 하려고, 어려운
상황을 허용하실 때가 있습니다. 사랑하시기 때문입니다. 이럴 때 자존심
이 상하고 불편함을 느끼기 쉽습니다. 그럼에도 불구하고 하나님 앞에서
올바른 태도와 자세가 필요합니다. 이것은 현재와 미래의 문을 여는 데 너
무나 중요한 덕목입니다.

　자신을 낮추는 것은 매우 중요하지만, 쉽지 않습니다. 이해가 되지 않고
불평이 나오고 이미 자존심은 뭉개져 있는데 거기다가 자신을 낮추어야
하기 때문입니다. 하나님 앞에서 자신을 낮추는 것은 하나님과 하나님의
부르심에 대한 원활한 관계와 반응의 문제입니다.

　또한 하나님이 세운 권위자, 즉 회사상사와 영적 지도자와 부모님과 스
승 앞에서 겸손한 마음가짐과 유순한 말과 태도에서도 해당합니다. 자신
을 낮추고, 하나님을 신뢰하는 믿음으로 행하며 기도할 때, 하나님의 눈에
발견됩니다. 하나님의 인자와 긍휼로 그 사람을 높이십니다. 영화롭게 하
시며 영광 받으십니다. 사람을 높이는 일은 하나님에게서 옵니다.

하나님 말씀과 삶의 기준

여호와의 말씀은 정직하며 그 행사는 다 진실하시도다 (시편 33편
4절)

인자와 진리로 네게서 떠나지 않게 하고 그것을 네 목에 매며 네 마
음판에 새기라 그리하면 네가 하나님과 사람 앞에서 은총과 귀중히
여김을 받으리라 (잠언 3장 3~4절)

세상은 갈수록 세속의 물결로 혼란스럽고 사람들 가슴에는 올바른 기준
이 사라진 것 같습니다. 성경은 하나님의 말씀과 하나님의 법으로서 무엇
이 옳은지 그른지를 알려줍니다. 옳고 그름의 기준입니다.

우리가 국가의 법을 이행하고 살 때 국민으로서 거리낌이 없고, 권리를
행사할 수 있습니다. 마찬가지로 하나님의 백성으로서 하나님의 법을 따라
살면 하나님 앞에서 의인이 됩니다. 그러므로 성경에서 빗나가는 방식으로
인한 것들이 아무리 달콤하고 자신에게 이익이 되더라도 성경을 기준으로
옳지 않을 때는 과감하게 버려야 합니다. 갈대처럼 바람에 흔들리는 것이
아니라 하늘을 향해 곧게 뻗은 대나무와 같이 마음을 다해 하나님 말씀을
순종하고 사는 것입니다. 이런 삶의 자세는 세상적으로 잘 되고 아쉬울 것
없이 사는 것보다도 더 복되고 중요합니다.

우리가 성경의 기준을 잘 구별하고만 살아도 삶이 혼돈과 무질서로 공
허하지 않을 뿐만 아니라 지혜롭고 후회가 없는 인생이 됩니다. 하나님과
사람 앞에서 은총을 받으며 존귀한 사람이 됩니다. 삶의 기준을 바르게 알
고 그 기준을 따라 사는 것이 이 땅에서뿐 아니라 영원한 구원을 이루는
삶이 됩니다.

성령의 전으로서의 삶

예수께서 성전에 들어가사 성전 안에서 매매하는 모든 자를 내어 쫓으시며 돈 바꾸는 자들의 상과 비둘기 파는 자들의 의자를 둘러 엎으시고 저희에게 이르시되 기록된 바 내 집은 기도하는 집이라 일 컬음을 받으리라 하였거늘 너희는 강도의 굴혈을 만드는도다 하시 니라 (마태복음 21장 12-13절)

너희 몸은 너희가 하나님께로부터 받은바 너희 가운데 계신 성령의 전인 줄을 알지 못하느냐 너희는 너희의 것이 아니라 값으로 산 것이 되었으니 그런즉 너희 몸으로 하나님께 영광을 돌리라 (고린도전서 6 장 19-20절)

　예수님께서 마지막 유월절을 앞두고 예루살렘 성에 들어가셨습니다. 십 자가에서 고난 당하시고 죽으실 것을 미리 말씀하셨는데, 그 말씀을 이루 시기 위해서였습니다. 성전에 들리셨을 때 성전에서 물건을 사고파는 것을 보시고, 분노하시며 꾸짖으시고 매매하는 모든 자를 내어 쫓으시므로 성 전을 정결케 하셨습니다.

　성도들의 몸은 거룩하신 성령 하나님이 거하시는 성전입니다. 하나님의 빛 가운데 살아가야 합니다. 우리 속에 있는 어떤 것들이 하나님의 마음과 눈을 거스르는 것인지, 말씀으로 기경되어야 합니다. 하나님의 빛 가운데 서 정결하고 거룩함을 입어야 합니다. 성령님의 크신 능력과 말씀의 검으 로 수술을 받아 온갖 세상 욕심과 탐심과 교만에 찌든 부분이 사라질 때 깨끗해집니다.

　예수님께서 예루살렘 성전을 깨끗게 하셨던 것처럼 우리도 하나님의 성 전으로서의 자신을 늘 살피며 지속적으로 깨끗함을 잘 유지해야 합니다. 이때에 성결한 마음과 삶에 하나님의 임재와 영광이 함께하고 성령 하나님 이 평안히 거하시는 처소가 됩니다.

게으른 사람과 얼음냉수 같은 사람

게으른 자는 그 부리는 사람에게 마치 이에 초 같고 눈에 연기 같으
니라 (잠언 10장 26절)

충성된 사자는 그를 보낸 이에게 마치 추수하는 날에 얼음 냉수 같
아서 능히 그 주인의 마음을 시원케 하느니라 (잠언 25장 13절)

우리가 음식을 만들어 간을 볼 때 식초가 많이 들어가서 맛이 너무 시
면, 저절로 이맛살이 찌푸려집니다. 또 연기가 나서 쏘이게 되면 눈이 맵고
따갑습니다. 성경은 이처럼 다른 사람을 힘들고 성가시게 하는 사람을 게
으른 자라고 합니다.

게으른 사람은 흔히 나태한 사람을 말합니다. 그런데 여기서는 말을 해
도 말귀를 못 알아듣는지, 이해를 못 하는지, 엉뚱한 쪽으로 힘을 쏟는 것
을 말합니다. 그런 사람은 하나님께서 안 좋아하십니다. 나름대로 자신의
생각이 있고 능력도 있기 때문이겠지만, 성경은 그런 사람을 악하고 게으
른 자라고 합니다.

반면에 추수하느라 땀 흘리는 주인의 마음과 갈증을 시원하게 해주는
얼음냉수 같은 사람이 있습니다. 그런 사람은 자신의 생각은 내려놓고, 우
선 주인의 의중을 살펴서 알고, 주인의 말에 충성합니다. 그래서 믿을만하
고 책임감이 있고, 부지런하고, 신실합니다. 그러한 마음과 자세로 살아갈
때 예수님께서는 착하고 충성스럽게 여기시고 기뻐하십니다. 우리는 우리
인생의 주인이신 하나님 앞에서 자기 생각과 고집을 내려놓고, 하나님의
마음과 뜻하심을 살피고 알아서 그 뜻을 받들어 살아야 합니다. 무더운 날
의 얼음냉수 같이 하나님의 마음을 시원하게 해드리는 것입니다.

길이 보이지 않을 때

여호와께서 그들 앞에 행하사 낮에는 구름 기둥으로 그들의 길을 인
도하시고 밤에는 불기둥으로 그들에게 비취사 주야로 진행하게 하
시니 (출애굽기 13장 21절)

너희에게 인내가 필요함은 너희가 하나님의 뜻을 행한 후에 약속을
받기 위함이라 (히브리서 10장 36절)

이스라엘 백성이 애굽을 빠져나온 후 홍해를 건너야 했습니다. 뒤에서는
애굽 군대가 죽이려고 추격하고 있고, 앞에는 깊은 바다가 가로놓여 있고
다른 길은 없었습니다. 뒤로 물러서면 애굽 군대에게 잡혀서 죽고, 앞으로
가자니 바다에 빠져 죽을 수밖에 없는 진퇴양난에 처했습니다. 이런 상황
에서 모세가 하나님의 명령에 순종해서 지팡이를 들고 홍해를 가리켰을
때, 깊은 바다가 갈라지면서 길이 생겼습니다. 이스라엘 백성들은 바다를
육지처럼 건넜고, 애굽 군대는 모두 바다 속으로 빠져 죽었습니다. 사람이
보기에는 분명 길이 없었고 홍해바다만 보였는데 바다 속에 하나님이 준
비해 두신 길이 있었던 것입니다.

우리도 살다 보면 이런 상황을 만납니다. 앞뒤를 돌아보아도 도무지 길
이 안 보입니다. 하나님의 기적을 바라보는 수밖에 없는 형편입니다. 이럴
때 하나님이 내시는 길을 만나기 위해서는 굳건한 믿음과 인내와 하나님의 명
령에 따른 순종이 중요합니다. 하나님의 약속을 믿고 자신이 할 일을 다 하면
서, 구름기둥과 불기둥으로 인도하시는 하나님의 권능을 붙잡는 것입니다.

그때 가로막던 문제가 풀어지기 시작하며 홍해 같은 문제 속에 감춰져
있던 길이 보입니다. 우리를 낙담시키고 두려움과 공포를 주던 문제들이
바다 속으로 빠져 들어갑니다. 하나님의 권능은 어떤 문제나 가로막힌 상
황보다도 더 크고 위대하십니다.

시작과 마침이 되신 예수님

아침에 나로 주의 인자한 말씀을 듣게 하소서 내가 주를 의뢰함이니
이다 나의 다닐 길을 알게 하소서 내가 내 영혼을 주께 받듦이니이
다 (시편 143편 8절)

주 하나님이 가라사대 나는 알파와 오메가라 이제도 있고 전에도 있
었고 장차 올 자요 전능한 자라 하시더라 (요한계시록 1장 8절)

우리의 인생은 본향을 떠나 이 세상이라는 곳에 여행 나온 것과 같습니
다. 나그네 인생입니다. 시간이 지나고 날이 어두워지면 본향에 있는 집으
로 돌아가야 합니다. 그런데 어느 길로 들어서서 어떤 길로 가느냐가 참으
로 중요합니다.

우리의 길과 진리와 생명이신 예수님께서 삶의 과정이 되고 마침이 된다
면, 그보다 큰 은혜와 복은 없습니다. 눈물골짜기를 지날지라도 하나님의
은혜와 능력이 보호하시고 보살피시며, 성경 말씀이 가야 할 길을 알게 하
십니다.

우리가 보이지 않는 세계를 믿음으로 걷는 길이 결코 쉽지는 않지만, 아
침 안개와 들풀처럼 잠깐 있다가 사라지는 세상의 영광과 비교할 수 없습니
다. 하나님을 끝까지 의지하며 기쁜 마음으로 감사하고 찬양하며 걸어갈
만한 가치가 있습니다.

우리의 인생길 가는 동안 중요한 것은 '누구와 동행하는가?'입니다. 우리
삶의 시작과 마침이 되시고 존재 이유가 되시는 예수님께서 인도하시는 대
로 그 손을 잡고 가면 안전합니다. 하나님께서 영원한 위로와 복된 소망을
은혜로 주시고, 영원까지 안전하게 인도하십니다.

성경의 역사를 알면 삶이 보입니다

옛날을 기억하라 역대의 연대를 생각하라 네 아비에게 물으라 그가
네게 설명할 것이요 네 어른들에게 물으라 그들이 네게 이르리로다
(신명기 32장 7절)

성경은 인간의 창조와 타락과 구속과 심판의 역사가 담겨 있습니다. 초
림의 주로 오신 예수님이 태어나시고, 사역하시고, 십자가에서 죽으시고,
부활 승천 하시고, 심판의 주로 다시 오실 것을 말해 줍니다. 우리는 이런
성경의 역사를 통해 시야가 넓어지고, 눈에 보이지 않는 영원세계에 눈이
뜨입니다. 성경의 저자이신 성령님이 이해의 빛을 주시므로 하나님과 영적
세계를 더 확실하게 알게 되기 때문입니다.

성경에 기록된 이스라엘 역사를 보면서 하나님의 성품과 인간의 순종과
불순종에 대한 교훈을 받습니다. 하나님이 어떻게 백성들을 애굽에서 탈
출시켜 주셨는지, 약속의 땅 가나안에 들어가기까지 어떤 이적과 기사로
도와주셨는지 알 수 있습니다. 또 이스라엘 백성들의 순종과 불순종의 신
앙과 그 결말을 알 수 있습니다. 그들은 하나님께서 놀라운 권능으로 역사
하심을 보면서 잠깐 순종하다가도 곧 우상숭배와 불순종으로 계속 범죄
합니다. 하나님께서는 그런 이스라엘 백성이 주변 나라의 침략과 압제를
받게 하십니다. 그들은 고통을 받을 때 다시 하나님을 찾고 부르짖습니
다. 하나님께서 긍휼히 여기시고 선지자들과 사사들을 세우셔서 건져 내십니
다. 그러면 다시 죄를 짓고 타락하므로 바벨론의 포로가 되고 맙니다. 하나
님께서는 작정하신 대로의 심판의 기간이 끝나자 포로 귀환을 통해 다시
회복시키십니다.

우리는 성경을 통해 이스라엘 백성들의 불순종과 타락과 구원과 심판의
패턴을 보면서, 삶을 돌아보면 은혜가 됩니다. 구원의 주 예수님이 오셔서
십자가에 못 박히시고 피 흘려서 구원의 길을 열어 놓으셨는데, 지금의 우
리도 하나님을 믿는다 하면서 불순종과 타락의 길을 걷고 있지는 않은지
에 대해서 돌아볼 때, 영원한 본향을 향해 가는 순례자로서 참믿음과 말
씀에 굳게 서야겠다는 의지가 새로워집니다.

고난을 통한 보석 같은 믿음

의인은 고난이 많으나 여호와께서 그 모든 고난에서 건지시는도다
(시편 34장 19절)

고난 당한 것이 내게 유익이라 이로 인하여 내가 주의 율례를 배우게
되었나이다 주의 입의 법이 내게는 천천 금은보다 중하니이다 (시편
119편 71-72절)

우리가 하나님 말씀과 성령으로 거듭나고, 하나님 뜻대로 순종하는데도
고난이 있습니다. 천국 백성으로 더 온전하고, 더 영화롭게 빚어 가시는 하
나님 사랑의 손길입니다. 그런 까닭에, 고난이 복입니다. 십자가 고난이 없
이 부활이 없듯이, 고난 없는 영광은 없기 때문입니다. 고난이 힘들지라도,
마음을 하나님 말씀으로 채우고, 담대하게 슬기롭게 잘 통과하는 것이 중
요합니다.

고난을 겪으면서 하나님을 앙망할 때, 하나님의 법을 보는 눈이 열립니
다. 하나님의 법을 천천 금은보다 더 귀하고 중요하게 여기게 됩니다. 금과
은이나 세상 자랑이 아니라, 오직 예수 그리스도를 신실하게 믿고 신뢰하
는 보석 같은 믿음의 사람이 됩니다. 죄를 이기고 자신을 이기고 환경을 이
기고 세상을 이기는 믿음의 사람에게 이 세상의 복도 주십니다. 그 복은 결
코 쉽게 뿌리 뽑히거나 허망하게 사라지지 않습니다.

그러므로 이 세상사는 동안, 누가 더 고생을 하는지, 편하게 사는지 등에
는 신경 쓸 필요가 없습니다. 그저 모든 것을 다 아시는 하나님 앞에서 자
기에게 주어진 일을 묵묵히 하고, 감사하면서 고난을 잘 통과하면 됩니다.

August **8** 월

삶의 목적과
목적지를 알고 가는 삶

"그러므로 내가 달음질하기를 향방 없는 것 같이 아니하고 싸우기를 허공을 치는 것 같이 아니하여" (고린도전서 9장 26절)

부정적인 언어와 생명의 언어

온량한 혀는 생명나무라도 패려한 혀는 마음을 상하게 하느니라 (잠언 15장 4절)

마음에 가득한 것을 입으로 말함이라 (마태복음 12장 34절)

사회에서 가까이하지 말아야 할 사람 중의 하나가 부정적인 사람이라고 합니다. 부정적인 사람을 가까이하면, 그 사람 속에 있는 부정적인 에너지로 인해 함께 부정적인 사람이 되기 쉽습니다.

이 세상에 말이 온전하고 실수가 전혀 없는 사람은 없습니다. 그러나 매사에 부정적인 언어 습관을 지닌 사람은 안타깝게도 문제가 됩니다. 가벼운 대화중에 희망사항이나 바람을 말하면, 즉시 부정의 말로 브레이크를 겁니다. 한두 번이면 속 좁은 사람 이면을 보는 거 같아 씁쓸한 기분으로 끝나겠지만, 희망이나 바람을 언급할 때마다 습관처럼 튀어나오면 그 상대방은 맥 빠지고, 할 말을 잃습니다.

'온량한 혀는 생명나무입니다. '온량한'은 원어가 '마르테'로, 살리고 세우고 생명을 준다는 뜻입니다. 반면에 부정적인 말을 많이 한다는 뜻을 가진 '패려한 혀'는, 수탉이 부리로 콕 꼭 쪼는 것처럼, 마음을 헤치고 마음을 상하게 해서 의욕을 꺾습니다.

하나님께서는 불신앙과 부정적인 식견으로 가득 찬 이스라엘 백성들의 입에서 나오는 말 그대로 행하겠다고 언짢아하셨습니다. 어제나 오늘이나 변함없으신 하나님은 지금도 말씀하신 그대로 행하십니다. 항상 믿음의 말, 희망이 담긴 말, 긍정적이고 적극적인 생명의 말, 살리는 말이 필요합니다. 그런 생명의 언어는 본인도 살고 남도 살립니다.

탐욕의 결과

네 이웃의 집을 탐내지 말지니라 네 이웃의 아내나 그의 남종이나 그의 여종이나 그의 소나 그의 나귀나 무릇 네 이웃의 소유를 탐내지 말지니라 (출애굽기 20장 17절)

내 마음을 주의 증거로 향하게 하시고 탐욕으로 향치 말게 하소서 (시편 119편 36절)

십계명 중에 맨 마지막 열 번째 계명은 탐욕이라는 죄와 관련이 있습니다. 하와가 선악과를 먹은 것은 그저 단순한 욕망이 아니라, 하나님처럼 될 수 있다는 지식에 대한 욕망이고, 자신을 하나님처럼 높이려는 자기숭배와 탐욕의 죄였습니다.

사람은 누구나 할 것 없이 하와처럼 탐욕을 가지면, 눈에 보이는 것이 없게 됩니다. 자기 것이 아닌 것을 욕심내므로, 저절로 다른 계명도 어기게 됩니다. 도적질하고, 간음하고, 살인하고, 부모공경과 주일성수도 못합니다. 사람의 타락한 본성은 하나님께서 법으로 정하신 가치를 외면한 채, 죄악 된 일에 더 끌려가도록 유혹하기 때문입니다. 그런 욕망들을, 경계해야 제대로 안전하게 살아갈 수 있습니다. 길을 가다 뱀을 보고 피하듯 신속하게 피해야 합니다.

탐욕을 경계하지 않아서 그동안 쌓아 놓은 덕과 명성을 송두리째 잃고 무너지는 경우를 종종 봅니다. 우리가 얼마나 놀라운 하나님 은혜를 누리고 사는지와 예수님의 십자가 사랑을 잊고 산다면, 손을 움켜쥐고 욕심 채우느라 하나님의 계명을 어기는 줄도 모르고 살기 쉽습니다.

그러나 우리에게 주어진 모든 것이 은혜로 주신 것으로 알고, 많든지 작든지 상관없이 만족하고 감사하고 살 때 탐욕을 이깁니다. 탐욕을 이기고 하나님께로 달려가는 삶에 인생 최후의 승리가 있습니다.

생명수가 흐르는 길

이 강물이 이르는 곳마다 번성하는 모든 생물이 살고 또 고기가 심히 많으리니 이 물이 흘러들어 가므로 바닷물이 소성함을 얻겠고 이 강이 이르는 각처에 모든 것이 살 것이며 (에스겔 47장 9절)

또 저가 수정같이 맑은 생명수의 강을 내게 보이니 하나님과 및 어린양의 보좌로부터 나서 길 가운데로 흐르더라 강 좌우에 생명나무가 있어 열두 가지 실과를 맺히되 달마다 그 실과를 맺히고 그 나무 잎사귀들은 만국을 소성하기 위하여 있더라 (요한계시록 22장 1-2절)

법을 제대로 지키지 않아서 나라를 어지럽게 하는 사태를 보면서, 법을 준행하는 일의 중요성을 생각해 봅니다. '법'이라는 한자를 풀어보면, '물 수' 변에 '갈 거' 자로 되어 있습니다. 물이 위에서 아래로 흐르는 것처럼 자연스러워야 하는 것이 법의 기본이 되어야 한다는 뜻을 담고 있습니다. 물이 역류하거나 거스르지 않고 자연스럽게 흘러가는 것처럼, 법을 제대로 지키고 정의로울 때, 개인도 가정도 사회도 평안합니다.

하나님께서는 죄로 영이 죽은 인간을 살리시려고 독생자 예수님이 십자가에서 물과 피를 쏟게 하시고, 생수의 강이 되게 하셨습니다. 영원한 생수의 근원이신 예수님 안에서 솟아나는 생명수는 수정같이 맑고 깨끗합니다. 예수 그리스도 안에서 하나님과의 관계가 화목한 자에게 주시는 풍성하고 다함 없는 은혜와 축복입니다.

하나님의 법을 준행할 때 우리 가운데 생명수가 흐릅니다. 내면에 질서가 있고 평안하며 범사가 윤택하고 풍성하게 됩니다. 영혼이 잘 되고 삶의 모든 것이 살아납니다. 구원과 생명의 강이신 예수님께 만국을 소생시키는 생명의 능력이 있기 때문입니다.

하나님의 함께하시는 은혜

여호와께서 요셉과 함께하시므로 그가 형통한 자가 되어 그 주인 애굽 사람의 집에 있으니 그 주인이 여호와께서 그와 함께하심을 보며 또 여호와께서 그의 범사에 형통케 하심을 보았더라 (창세기 39장 2~3절)

모세가 여호와께 고하되 주께서 친히 가지 아니하시려거든 우리를 이곳에서 올려보내지 마옵소서 (출애굽기 33장 15절)

인생사는 동안 갖가지 어려움으로 시달릴지라도, 하나님이 함께하시면 평안이 있습니다. 하나님께서 구원의 산성이 되시고 피난처이시며 요새시고 큰 도움이 되시기 때문에, 반드시 확실하게 도와주십니다.

요셉은 매우 억울한 오해를 받고 고난받았지만, 하나님이 함께하시므로 형통한 자가 되었습니다. 그는 어린 시절 아버지 야곱의 특별한 총애를 받으므로, 형들의 시기와 미움을 받아 애굽의 노예로 팔려 갔습니다. 그러나 하나님을 경외하는 요셉이 가는 곳마다, 하는 일마다 하나님께서 함께하셨습니다. 요셉이 종으로 일하는 집주인도 하나님이 요셉과 함께하시는 사실을 알고 요셉에게 집안의 모든 일을 맡겼습니다. 하나님이 함께하신 요셉은 하나님이 높이시므로 더 크게 형통한 자가 되었고, 나라 전체를 다스리는 총리가 되었습니다. 이스라엘의 지도자 모세는 항상 하나님이 함께하시는 길을 가기 원했습니다. 자신의 힘을 의지하지 않고 하나님을 의지했으며, 하나님이 함께하시는 은혜가 중요했기 때문입니다.

우리도 마찬가지입니다. 어떤 어려운 상황에서도 일희일비하지 말고, 하나님이 함께하시는 은혜를 사모하고 믿음으로 마음을 지켜야 합니다. 성도에게는 하나님의 은혜가 있고 하나님께서 함께하심이 다른 어떤 것과도 비교할 수 없는 큰 형통입니다.

8월 5일

순종과 약속하신 복

그들이 항상 이 같은 마음을 품어 나를 경외하여 내 모든 명령을 지켜서 그들과 그 자손이 영원히 복 받기를 원하노라 (신명기 5장 29절)

그가 아들이시라도 받으신 고난으로 순종함을 배워서 온전하게 되었은즉 자기를 순종하는 모든 자에게 영원한 구원의 근원이 되시고 (히브리서 5장 8절)

이 세상 사람들이 최고의 힘으로 치는 것은 돈과 권력입니다. 그러나 예수님을 믿는 사람들에게 최고의 힘은 순종입니다. 하나님께서 순종을 기뻐하십니다.

신앙생활에서 순종할 힘이 있느냐 없느냐가 믿음이 좋고 나쁨의 척도가 됩니다. 아무리 말씀을 몇 장 몇 절 달달 외우고, 뜻을 많이 알아도 순종할 힘이 없으면, 경건의 모양은 있으나 경건의 능력은 없는 것처럼 무익합니다.

문제는 순종이 쉽지 않다는 데 있습니다. 한마디로 교만 때문입니다. 믿음이 삶 가운데서 실제로 역사 되려면 순종을 통해서입니다. 하나님께서 성도의 순종을 통해서 능치 못함이 없는 일을 나타내십니다.

하나님을 알고 경외하며 하나님을 경험할 때 점차 순종이 쉬워집니다. 설사 출중한 실력이나 재능이 없어도, 겸손한 마음으로 순종하는 힘을 가진 사람이 복됩니다. 하나님을 기쁘시게 하고 인정받고 승리합니다. 하나님께서는 순종하는 본인과 자손에까지 복을 약속하셨습니다.

경계와 훈계를 따르는 삶

주의 율법을 복종하게 하시려고 경계하셨으나 저희가 교만히 행하여 사람이 준행하면 그 가운데서 삶을 얻는 주의 계명을 듣지 아니하며 주의 규례를 범하여 고집하는 어깨를 내어밀며 목을 굳게 하여 듣지 아니하였나이다 (느헤미야 9장 29절)

훈계를 저버리는 자에게는 궁핍과 수욕이 이르거니와 경계를 지키는 자는 존영을 얻느니라 (잠언 13장 18절)

　불볕 무더위가 기승을 부리던 2018년 어느 날 아침 9시, 평소처럼 등교한 네 살 된 여자아이가 운전기사와 인솔교사의 부주의로 뜨겁게 달궈진 통학차량에 7시간이나 방치되었다가 오후에 발견될 때는 이미 숨져 있었습니다. 너무나 슬프고 안타깝고 언급하기조차 고통스러운 사건입니다. 그 뒤에도 비슷한 사건이 이어졌습니다. 어처구니없는 사건이 되풀이되는 것은 인성교육 부재 때문입니다. 흔히 요즘 부모들은 자녀에게 훈계하면, 자녀는 훈계로 받지 않고 잔소리로 들으므로 자식과 관계가 나빠진다고 해서 그냥 눈감고 편하게 지나갑니다. 그렇게 훈계 없이 자란 자녀가 사회에 나가 바른 생각과 경계가 없이 생활함으로써 이런 비극적 결과를 낳습니다. 부모가 자녀를 길러 사회에 내놓기까지 가정에서 엄격한 훈계가 있어야 마땅합니다. 부모의 훈계를 통해 교정받고, 바르게 성장해서 사회에 해를 끼치지 않고 유익을 주는 사람이 됩니다.

　성도나 목회자도, 그 누구도 마찬가지입니다. 경계하시는 하나님 말씀을 잔소리로 여기지 않고, 잘 듣고 따르면 올바른 삶을 살고, 생명 길을 갑니다. 혹시라도 본질에서 벗어나거나 잘못된 길로 들어서면 하나님께서 엄중한 말씀으로 공의를 나타내시고 사랑의 채찍으로 지도하심으로 사단의 올무와 위험과 비극과 불행과 사망에서 구원하시기 때문입니다.

8월 7일

하나님을 인식하고 의식하는 마음

사람을 두려워하면 올무에 걸리게 되거니와 여호와를 의지하는 자
는 안전하리라 (잠언 29장 25절)

몸은 죽여도 영혼은 능히 죽이지 못하는 자들을 두려워하지 말고
오직 몸과 영혼을 능히 지옥에 멸하시는 자를 두려워하라 (마태복음
10장 28절)

인생은 쏜살같이 지나갑니다. 100세 시대라 하지만 그 누구라도 빠른 세
월을 느낄 것입니다. 우리는 그 누구도 내일 일을 알지 못합니다. 사람의
생명이 천하보다 귀하지만 잠깐 있다가 없어지는 아침 안개와도 같습니다.

하나님은 인간의 생사화복을 주관하실 뿐 아니라, 능히 몸과 영혼을 지
옥에 멸하실 수 있는 분이십니다. 그러므로 우리가 하나님을 섬길 때 하나
님을 사랑하는 마음으로 경건한 두려움을 가지는 것이 영적으로 건강하고
안전합니다.

하나님을 믿지 않는 사람들은 "하나님이 어디 있느냐? 나는 내 주먹을
믿는다."고 말합니다. 살아계셔서 역사하시는 하나님을 모르고 두려워하지
않기 때문입니다.

그러나 하나님을 진실한 마음으로 믿는 사람들은 하나님을 인식하고 늘
의식하며 마음에 품고 삽니다. 하나님을 인식하고 의식하며 의지하고 경외
함으로 높이고 긍정적인 차원의 두려워하는 마음으로 살아갑니다. 마음도
삶도 평안하고 안전합니다.

독을 마시는 사람

이 무리는 정직한 길을 떠나 어두운 길로 행하며 행악하기를 기뻐하며 악인의 패역을 즐거워하나니 그 길은 구부러지고 그 행위는 패역하니라 (잠언 2장 13~15절)

죄의 삯은 사망이요 (로마서 6장 23절)

이 세상에는 사회 전반에 죄가 널려 있습니다. 옳고 그름의 기준이 모호하므로 자신도 모르게 죄를 쉽게 지을 수 있습니다. 그래서 마음을 단속하지 않으면 자신도 모르게 죄에 물들기 쉽고, 죄를 쉽게 지을 수 있는 환경에 점점 더 노출돼 갑니다.

죄의 삯은 사망입니다. 죄를 범하기는 쉽고, 순식간이지만 그 결과는 너무나 치명적입니다. 하나님께서는 자비로우시므로 진실한 마음으로 회개하는 자의 죄를 사하시기를 기뻐하십니다. 그러나 죄의 대가가 따르게도 하십니다.

그러므로 사람이 죄를 짓는 일은 독약을 마시는 것과 같고, 지뢰를 밟는 것과 같습니다. 죄는 그만큼 생명을 순식간에 파멸시키고도 남을 만한 괴력이 있습니다. 자신뿐만 아니라 가족이나 지인들의 평안과 삶의 안위까지도 파괴할 수 있습니다. 이렇게 죄는 너무나 치명적입니다.

그러므로 아무리 달콤하게 유혹할지라도 죄는 결코 가까이하지 말며 단호하게 거부해야 합니다. 죄의 세계는 어둡고 구부러져 있으며 패역과 행악이 있는 미끄러운 길입니다. 영혼과 인격과 삶이 지옥의 권세에 잡힐 뿐만 아니라 영원한 사망의 장소인 불못과 파멸의 문으로 들어가기 때문입니다.

8월 9일

산 믿음

하나님이 불의치 아니하사 너희 행위와 그의 이름을 위하여 나타낸 사랑으로 이미 성도를 섬긴 것과 이제도 섬기는 것을 잊어버리지 아니하시느니라 (히브리서 6장 10절)

하나님이 살아계신다는 것과 전능하시다는 사실을 아는 믿음은 귀신들도 믿고 두려움에 떱니다. 진정한 믿음은 하나님에 대해 말씀에 대해 아는데 그치는 것이 아니라 하나님 뜻과 말씀을 따라 사는 것입니다. 행함으로 나타납니다. 아무리 기독교 교리를 잘 이해하고, 성경을 많이 알아도 순종이 없이는 하나님과 통하지 않습니다.

얼마 전 친정에 갔다가 옆집에 사시고 엄마와 한 교회를 섬기시는, 이 재청권사님의 선행을 듣고 은혜 받았습니다. 교회 성도 중에 온 가족이 교회에 충성하고 믿음도 좋은데, 몹시 가난해서 두 자녀가 학교에 합격해 놓고도 등록금을 못 내고 있었습니다. 오후 4시 등록 마감 한 시간 전에, 아이들의 엄마가 이 권사님 댁으로 달려와 절박한 사정을 말했습니다. 이 권사님은 처음엔 놀랐지만, "기도하다가 이 권사님에게 가면 해결될 것 같다는 감동을 받고 뛰어왔다."는 말을 듣고, 그 말을 주님이 보내셨다는 믿음으로 받았습니다. 그리고 함께 농협으로 가서 1,600만 원을 인출해서 등록금을 내줬습니다. 하루 지나고 차용증을 써왔는데 받지 않고 돌려주며, 아이들이 공부 잘하고 믿음 생활 잘하고 잘 자라기 바란다는 격려로 마무리했다고 합니다. 만일 성령님이 도우시지 않아서 자신이 거절하므로 등록을 못해, 그 아이들이 학교에 못 갔다면 어찌할 뻔했을까 생각하면, 참 잘했고 기쁘다고 말했습니다. '이웃사랑'이라는 단어 몇 자는 말로는 쉽지만, 막상 닥치면 이웃의 처지에 자신을 맞추느라 희생적 행함으로 순종을 나타내야 하므로 결코 쉽지 않은 일입니다.

그러나 분명한 것은 진정한 믿음으로 자신의 유익을 내려놓고 헌신하는 어떤 일도 하나님께서 결코 모른 체하시거나 잊지 않으신다는 사실입니다. 얼마 후나 아니면 훗날, 꼭 흡족하고 감격할 만한 복으로 되갚아주시는데 자녀들에게까지 흘러갑니다.

죄의 종과 의의 종

예수께서 대답하시되 진실로 진실로 너희에게 이르노니 죄를 범하는 자마다 죄의 종이라 (요한복음 8장 34절)

너희 자신을 종으로 드려 누구에게 순종하든지 그 순종함을 받는 자의 종이 되는 줄을 너희가 알지 못하느냐 혹은 죄의 종으로 사망에 이르고 혹은 순종의 종으로 의에 이르느니라 (로마서 6장 16절)

성경은 모든 인간이 죄 아래 있고, 의인은 없나니 하나도 없다고 했습니다. 다윗이 모친의 태중에 잉태되면서부터 죄를 범했다고 고백한 것처럼, 이 세상에 태어난 모든 사람은 죄인입니다. 그래서 사람이 보기에는 비교적 다른 사람보다 조금 더 바르게 사는 사람일지라도 하나님 앞에서는 죄인입니다. 이 사실을 인정하기 싫어도 할 수 없고, 부인해도 그 형편이 달라지지 않습니다.

구원의 주 예수님께서 사람이 의인으로 살아갈 길을 여셨습니다. 예수님을 믿고 회개하고 하나님 말씀 순종함으로, 예수 그리스도의 피와 성령의 능력으로 죄에서 해방 받고 의인이 되는 것입니다. 하나님께서 베푸시는 이 은혜가 복음이고 기쁜 소식입니다.

의의 왕 예수님께서 세상 죄를 지고 가는 하나님의 어린양으로 이 땅에 오신 것은, 죄짓게 하는 마귀의 일을 멸하기 위함이었으며, 예수님께만 죄에서 건지시고, 의의 종이 되게 해 주시는 권세가 있습니다. 죄 없으신 예수님께서 죄인이 되어서 죄를 담당하시고 베풀어 주신 가장 큰 은혜는 죄로 부터의 자유입니다.

그래서 죄인은 죄의 종으로 죄가 죄인지도 모르고 고통과 괴로움 속에서 살지만, 의인은 의의 종으로 하나님을 섬기면서 평안과 즐거움을 누리고, 참 행복자로 살아갑니다.
그래서 죄인은 죄의 종으로 죄가 죄인지도 모르고 고통과 괴로움 속에서 살지만, 의인은 의의 종으로 하나님을 섬기면서 평안과 즐거움을 누리고, 참 행복자로 살아갑니다.

모든 염려를 맡기는 믿음

아무것도 염려하지 말고 오직 모든 일에 기도와 간구로 너희 구할 것을 감사함으로 하나님께 아뢰라 그리하면 모든 지각에 뛰어나신 하나님의 평강이 그리스도 예수 안에서 너희 마음과 생각을 지키시리라
(빌립보서 4장 6-7절)

너희 염려를 다 주께 맡겨버리라 이는 저가 너희를 권고하심이니라
(베드로전서 5장 7절)

사람이 하루 동안 5만5천 가지 정도의 생각을 한다고 합니다. 그래서 오만가지 생각이라는 말이 생겼는데, 그중에 대부분이 염려, 근심 등 쓸데없는 생각이라고 합니다.

우리가 하나님을 믿는다고 하면서도 때로는 염려로 마음이 눌릴 때도 있습니다. 그런데 하나님께서는 우리에게 아무것도 염려하지 말라고 하십니다. 모든 일에 대한 걱정, 근심, 염려를 하나님께 다 맡기고 염려할 시간에 감사함으로 기도하라고 하십니다. 모든 지각에 뛰어나신 하나님의 평강이 마음과 생각을 지키시고, 보호하시며 돌봐주시겠다는 것입니다.

하나님의 시선은 불꽃 같은 눈으로 온 땅을 두루 감찰하십니다. 전심으로 하나님을 향하여 기도하는 자에게 은혜를 주시고 능력을 베푸십니다. 문제는 그대로 있더라도 언제 염려를 했었나 할 정도로 걱정거리가 다 사라져버립니다. 하나님의 임재로 인해 마음이 가벼워지니 힘이 나고 문제를 해결할 지혜와 통찰이 와서 해결하게 됩니다.

그래서 우리 성도들은 하나님께 염려를 맡기고 하나님을 찾고 섬기며 그분의 능력과 선하심을 경험하면 진실한 간증을 하게 됩니다.

인생의 어두운 밤 지날 때

주의 콧김에 물이 쌓이되 파도가 언덕같이 일어서고 큰물이 바다 가운데 엉기니이다 (출애굽기 15장 8절)

여호와여 내가 밤에 주의 이름을 기억하고 주의 법을 지켰나이다…
내가 주의 의로운 규례를 인하여 밤중에 일어나 주께 감사하리이다
(시편 119편 55절, 62절)

사람은 대개 일이 잘 풀리고 형편이 좋을 때는 하나님께 감사하고 찬양도 잘하고 웃고 기뻐합니다. 그러나 환경이 막히고 어둠이 몰아닥치면 하나님을 원망하고 불평하기 쉽고, 얼굴에는 인생의 어둠보다도 더 짙은 근심의 그림자가 드리워지고, 마음도 어둠에 처하기 쉽습니다. 이럴 때는 오히려 하나님을 신뢰하는 믿음으로 바라보며 갈망하고 감사함으로 하나님 말씀을 단단히 붙잡아야 합니다. 이 세상 것 다 잃는다 해도 믿음의 밧줄만은 놓지 않겠다는 의지를 굳게 세울 때입니다.

하나님께서 절망과 낙심의 어두운 밤중을 지나가도록 허용하시는 이유가 있습니다. 이런저런 시련을 통해 천국 가는 믿음의 실력자로 만드시고, 마침내 복 주시려고 훈련하십니다. 어려운 중에 정금 같은 순종을 배우게 하시고, 아무리 똑똑하고 뛰어난 사람이라 할지라도, 사람이 스스로는 강해질 수 없다는 사실을 알게 하십니다.

그러므로 믿음 생활 하다가 어려운 일을 만날 때, 낙심하지 말고 겸비한 마음으로 하나님께 가까이 나아가, 정직하게 모든 것을 숨김없이 기도해야 합니다. 하나님을 찾을 때 우리 자신이 혼자가 아니라 하나님이 함께하신다는 사실을 알려주십니다. 누구든지 인생의 밤중을 만날 때, 신실한 믿음으로 하나님을 찾고 감사로 노래하는 자를 결코 버리지 않으십니다. 반드시 도우시고 건지셔서 승리의 기쁨을 안겨주십니다. 인생의 어두운 밤이 변하여 찬란하게 빛나는 것을 보게 하십니다.

성도의 분명한 소속감과 책임 있는 삶

오직 우리의 시민권은 하늘에 있는지라 거기로서 구원하는 자 곧 주
예수 그리스도를 기다리노니 (빌립보서 3장 20절)

성도가 교회 가는 이유는 부자 되고 건강하고 성공하기 위해서가 아닙
니다. 부자 되려면 교회에 다니지 않고 열심히 일해도 될 수 있고, 건강하
고 좋은 말 많이 들으려면, 병원이나 건강을 연구하는 기관도 있고, 다른
기관에서도 좋은 말을 많이 합니다. 성도가 교회 다니는 목적은 단 하나입
니다. 예수님을 믿고 예수님과 하나 되어서 하나님 뜻대로 의롭게 살다 천
국에 가기 위해서입니다. 누구나 한번은 죽기 때문에 지금 죽어도 천국 가
기 위해 예수님을 믿고 교회에 다니는 것입니다. 신앙생활에 하나님의 은
혜가 있습니다. 그러므로 가난하고 병들고 외롭다가 교회 다니고 구원에
이른 참 성도가 되면, 복이 목적이 아니었는데 하나님이 복을 주십니다. 그
래서 부자도 되고 건강해지고 참 기쁨과 평안을 누리게 되는 것입니다.

그런데 예수님을 믿고 사회적으로 높은 자리에 있던 사람이 죄를 짓고
무너지는 것을 볼 때 무척이나 당황스럽고 충격을 받습니다. 자신에게 주
어진 책임을 망각하고 무엇을 해야 하는지 분명히 알지 못하고, 죄에 이끌
려 무너진 것입니다.

예수님을 만나 확실한 천국 시민이 된 사람은, 명예나 권력과 억만금을
주면서 죄짓도록 유혹하며, 예수님을 믿기 전으로 돌아가라 할지라도 절
대 돌아가지 않습니다. 인간관계에서 만남의 기쁨이나 어떤 모임의 소속감
도 필요하지만, 그 무엇보다도 자신이 하나님께 속하여 있다는 사실을 직
시하고 경건하게 행동합니다. 그런 삶에는 신령한 힘과 지혜가 있고, 삶이
안정되며 평안하고 힘 있게 뻗어 갑니다. 하늘나라의 시민권을 가진 자로서
복된 소망 가운데 참 평안과 진정한 자유를 누리는 행복자로 살아갑니다.

십자가의 도를 알고 따르는 삶

십자가의 도가 멸망하는 자들에게는 미련한 것이요 구원을 얻는 우리에게는 하나님의 능력이라 (고린도전서 1장 18절)

내게는 우리 주 예수 그리스도의 십자가 외에는 결코 자랑할 것이 없으니 그리스도로 말미암아 세상이 나에 대해 십자가에 못 박히고 또한 세상을 대하여 그러하니라 (갈라디아서 6장 14절)

구원은 사람의 노력으로는 받을 수 없고, 하나님 은혜로 받습니다. 구원받는 성도에게 주어진 특별한 은혜가 있습니다. 그것은 십자가의 의미와 가치를 영으로 알고, 그 사랑을 흠모하고 십자가에 더 가까이 나아간다는 것입니다.

구원받고 천국길 가는 성도에게 십자가 대속의 은혜는 믿음의 본질이고 뿌리입니다. 십자가 사랑과 은혜에 감격하고 감사하며 하나님 말씀에 순종하면서 보혈로 속죄함 받고 기도하고 찬양합니다. 성령님의 도움으로 하나님 사랑 이웃사랑에 힘쓰고, 정과 욕심을 십자가에 못 박으며 자신의 삶에 주어진 십자가를 지고 갑니다.

십자가의 도를 알고 십자가를 바라보며 주님과 동행하는 삶이, 세상적으로 항상 순탄한 것은 아니지만 구원의 소망 가운데 하나님의 임재를 누리므로 참 기쁨과 감사가 있습니다. 천국의 무한 영광이 보장된 생명의 삶입니다.

그러나 구원받지 못하고 지옥 가는 사람에게는 십자가의 도가 무가치하고 그저 미련하게 보일 뿐입니다. 세상 것이 너무나 가치 있고 좋아 보이고 자랑스럽습니다. 그래서 자신의 영혼의 가련함과 흑암에 쌓인 고통도 모른 체, 삶의 피상적인 만족을 위해 마음과 뜻을 다해 달려갑니다. 그런 이들은 모든 성취를 다 이룰지라도 영원한 불못이 보장될 뿐입니다.

8월 15일

진정한 행복의 길

이스라엘이여 너는 행복자로다 여호와의 구원을 너같이 얻은 백성이 누구뇨 그는 너를 돕는 방패시요 너의 영광의 칼이시로다 네 대적이 네게 복종하리니 네가 그들의 높은 곳을 밟으리로다 (신명기 33장 29절)

근심하는 자 같으나 항상 기뻐하고 가난한 자 같으나 많은 사람을 부요하게 하고 아무것도 없는 자 같으나 모든 것을 가진 자로다 (고린도후서 6장 10절)

일반적으로 행복하려면 삶이 번창하고 원하는 것이 이루어지고 성공하면 될 것이라고 생각합니다. 그러나 행복의 깊은 뜻을 알면, 행복은 결코 그런 것으로 얻어지는 것이 아니며 그런 성취가 그렇게 높은 가치도 아니라는 사실을 알게 됩니다.

사람들이 그렇게도 바라는 행복이라는 말의 원뜻은 '곧고 똑바르다'입니다. 그러므로 사람이 진정으로 행복하려면, 하나님께서 인간에게 주신 율례와 법도와 계명의 길을 똑바로 걸어가야 합니다. 그럴 때 결과적으로 따라오는 기쁨과 만족감이 행복입니다.

프란시스 쉐퍼 목사님은 행복에 대해 말하기를 "그대가 만일 행복을 따라간다면 그대는 영원히 행복할 수 없을 것입니다. 하지만 그대가 만일 거룩을 따라간다면 행복은 저절로 그대 뒤를 따라올 것입니다."라고 했습니다.

예수님을 믿는 우리의 행복은 행복을 목표로 하고 살아간다고 해서 누릴 수 있는 것이 아니라, 삶의 결과입니다. 죄를 떠나고 예수 그리스도 안에 거하는 삶을 살 때 행복의 원천이신 하나님께서 주시는 은총입니다.

재능과 겸손

주를 두려워하는 자를 위하여 쌓아 두신 은혜 곧 인생 앞에서 주께 피하는 자를 위하여 베푸신 은혜가 어찌 그리 큰지요 (시편 31장 19절)

나의 나 된 것은 하나님의 은혜로 된 것이니 내게 주신 그의 은혜가 헛되지 아니하여… 오직 나와 함께하신 하나님의 은혜로라 (고린도전서 15장 10절)

사람마다 잘하는 것이 있습니다. 그리 힘들게 애쓰지 않아도 비교적 쉽게 잘합니다. 돈 버는 재능, 요리 솜씨, 피아노를 치거나 그림을 그리거나 글을 쓰는 재능, 운동 실력 등의 재능은 하나님께서 은혜로 주신 은사로서 그 사람의 부요함이 됩니다.

그런데 하나님이 주신 그런 재능의 부요함 때문에 교만하기 쉬운 것이 사람입니다. 교만은 주님을 슬프시게 하고, 등을 돌리시게 하는 태도이고, 하나님으로부터 멀어지는 일이므로, 무척이나 위험합니다. "내가 ~할 수 있고, ~를 잘 하고, ~에 자신 있고."가 아닙니다. 조심해야 합니다.

대신에 "나는 아무것도 아니며, 하나님 은혜가 아니면 할 수 없고 궁핍하며 내 힘으로는 도저히 감당이 안 되고, 하나님께서 주시는 은혜로만 가능합니다."라는 태도가 필요합니다. 겸손은 항상 복됩니다. 안전합니다. 귀합니다. 아름답습니다.

그러므로 우리는 혹시라도 자신이 잘하는 재능이 있을 때, 은혜 베풀어 주신 하나님께 감사드리고, 지극히 겸손한 마음으로 하나님께 영광되는 일에 드려야 합니다.

구원의 안전벨트와 믿음의 확증

아래의 음부가 너로 인하여 소동하여 너의 옴을 영접하되 그것이 세상에서의 모든 영웅을 너로 인하여 동하게 하며 열방의 모든 왕으로 그 보좌에서 일어서게 하므로 그들은 다 네게 말하여 이르기를 너도 우리같이 연약하게 되었느냐 너도 우리같이 되었느냐 하리로다 (이사야 14장 9~10절)

너희가 믿음에 있는가 너희 자신을 시험하고 너희 자신을 확증하라 예수 그리스도께서 너희 안에 계신 줄을 너희가 스스로 알지 못하느냐 그렇지 않으면 버리운 자니라 (고린도후서 13장 5절)

우리는 이 세상을 살면서 제대로 잘살아보려고 노력합니다. 샛길로 돌아가지 않고 구덩이에 빠지지 않고 안전하게 살기 원합니다. 그럼에도 뒤돌아보면 실수도 있고 후회스런 점이 있어 아쉽습니다. 그러나 비 온 뒤에 땅이 더 굳어진다는 말처럼 아쉬운 부분들을 발판 삼아 노력하면, 더 발전하고 성장할 기회가 있습니다. 거기다가 예수님 잘 믿고 순종하여 구원의 문으로 들어가면 너무나 복되고 성공한 인생입니다.

그러나 이 세상을 떠난 뒤에는 아무리 후회막심하고 슬피 울더라도 돌이킬 기회가 절대 없습니다. 그러나 스스로 잘 믿는다고 이만하면 됐다고 생각했는데, 만에 하나 발을 잘못 디뎌서 지옥으로 빠진다면 그보다 안타까운 불행은 없을 것입니다. 그러므로 하나님 앞에서 자신의 믿음의 현주소를 진실 되게 살피는 일은 매우 중요합니다. 평소 우리 자신을 믿음 좋다고 알고 있던 죄인들과 지옥에서 만나는 일은 결코 없어야 합니다. 그들이 "잘 믿는다고 하더니 이게 뭐냐? 꼴좋다. 어떻게 우리와 같은 처지가 되었느냐?"고 하는 비참한 조롱은 결코 없어야 하는 것입니다. 자동차나 비행기를 타고 여행할 때 안전벨트가 필수이고, 잘 착용하는 것이 중요합니다. 마찬가지로 신앙생활 가운데 믿음과 회개와 순종으로 이루어진 구원의 안전벨트를 안전하게 착용하고 있는지를 살펴야 합니다. 예수님의 속죄의 은혜에 대한 믿음의 확증과 말씀 순종으로 행함 있는 믿음을 가지고 사는 것이 중요합니다.

하나님의 은혜의 물줄기

그날에 생수가 예루살렘에서 솟아나서 절반은 동해로, 절반은 서해로 흐를 것이라 여름에도 겨울에도 그러하리라 (스가랴 14장 8절)

명절 끝날 곧 큰 날에 예수께서 서서 외쳐 가라사대 누구든지 목마르거든 내게로 와서 마시라 나를 믿는 자는 성경에 이름과 같이 그 배에서 생수의 강이 흘러나리라 (요한복음 7장 37-38절)

예루살렘에서 흐르는 생수의 강은 불볕 여름에도 마르지 않고, 한겨울 한파에도 얼지 않는다고 합니다. 그처럼 하나님의 은혜는 어제나 오늘이나 동일하십니다. 계절이 바뀌고 세월이 지나고 사람이 바뀌어도 변함이 없으십니다. 오순절 이후 성령강림 하신 후 예수 그리스도 안에서 부어진 풍성한 성령의 은혜입니다. 위로와 자비와 평강의 강입니다.

이 은혜의 물줄기는 오늘도 예수님을 믿는 자의 심령 속에 충만하게 흐릅니다. 외양은 화려하고 편리해졌지만, 내면은 사막화되어가는 세상의 황폐한 문화를 거슬러 오늘도 유유히 흐르고 있습니다. 하나님의 은혜로 이 잔잔하고 푸르른 은혜의 강가로 인도받아서 영혼 가득 생수를 맛보고 살아가는 우리는 참으로 복됩니다.

그러니 세속의 온갖 것으로 혼잡 되어 도도히 흐르는 세상의 오염된 강물을 마시려고 두리번거리거나 방황할 필요가 전혀 없습니다. 오히려 사막처럼 메말라가는 이 세상에 살면서 이건 아니다 싶어 고통받으며 목말라하는 그 누군가를, 생수의 강이신 하나님 은혜의 물줄기가 넘쳐흐르는 생명수 강가로 인도해 줘야 합니다. 사마리아 수가 성 우물가에서 예수님을 메시아로 알아보고, "와 보라."고 동네로 달려나간 여인처럼 자신의 영혼을 흡족케 해주신 주님을 전해야 합니다. 하나님께서는 우리가 은혜의 강가에 거하는 자로서 사시사철 열매 맺고 치유하는 약재료가 되기를 바라십니다.

8월 19일

하나님에게서 멀어지지 않으려면

내가 그를 찾아도 못 만났고 불러도 응답이 없었구나 (아가서 5장 6절)

여호와의 손이 짧아 구원치 못하심이 아니요, 귀가 둔하여 듣지 못하심도 아니라 오직 너희 죄악이 너희와 너희 하나님 사이를 내었고 너희 죄가 그 얼굴을 가리워서 너희를 듣지 않으시게 함이니라 (이사야 59장 1-2절)

믿는 자의 불행은 대개 하나님으로부터 멀어져 있는 데서 시작됩니다. 안 믿는 사람들은 하나님과 관계가 없으므로 내어 버려두시지만, 하나님의 자녀가 하나님께로부터 멀어질 때 하나님께 괴로움을 드리게 됩니다.

성경은 하나님의 자녀가 하나님께로부터 멀어지는 원인을 가르쳐 줍니다. 하나님의 사랑은 변함이 없지만 거룩하신 하나님의 속성은 죄를 차마 보지 못하십니다. 그래서 죄를 가지고는 하나님과 가까이 지낼 수가 없는 것입니다. 그럼에도 자비롭고 긍휼이 풍성하신 하나님께서는 예수님 이름과 보혈의 은혜를 주셨습니다. 진실한 마음과 참 회개로 죄를 자백하고 버리면 깨끗하게 해 주십니다. 죄 사함받는 것은 큰 은혜이고 복입니다. 어느 누구도 어떤 권력자도 죄를 사할 수 없습니다. 사람의 힘으로는 불가능하며, 오직 회개와 예수님의 보혈로만 가능합니다.

그러므로 어떤 경우에는 하나님을 찾아도 아니 계신 것 같고 불러도 응답이 없을지라도 하나님을 가까이하고자 하는 열망으로 하나님을 찾아야 합니다. 가난한 마음과 상한 심령으로 하나님을 찾으면 만나주십니다. 하나님과의 사이를 막히게 하는 것이 없을 때 "내가 여기 있다." 하시고 만나주십니다. 인생의 불행은 하나님과 멀어지는 데서 시작된다면, 행복은 하나님께 가까이 돌아오면서 시작됩니다.

구원의 은혜에 대한 감사와 부활신앙

너희가 그 은혜를 인하여 믿음으로 말미암아 구원을 얻었나니 이것
이 너희에게서 난 것이 아니요 하나님의 선물이라 (에베소서 2장 8절)

우리를 구원하시되 우리의 행한 바 의로운 행위로 말미암지 아니하
고 오직 그의 긍휼하심을 좇아 중생의 씻음과 성령의 새롭게 하심
으로 하셨나니 성령을 우리 구주 예수 그리스도로 말미암아 우리에
게 풍성히 부어 주사 우리로 저의 은혜를 힘입어 의롭다 하심을 얻
어 영생의 소망을 따라 후사가 되게 하려 하심이라 (디도서 3장 5-7절)

예수님을 믿는 우리가 받은 복 중에 가장 큰 복은 하나님의 은혜로 받은
구원의 은혜입니다. 복음의 기쁜 소식, 구원자 예수님을 믿어 죄인이 의인
되고, 천국의 복을 받아 영원히 살게 된 것입니다. 사람의 의로운 행위에서
난 것이 아니라 하나님의 긍휼하심을 따라 중생의 씻음과 성령의 새롭게
하심으로 된 것입니다.

과학자이고 한동대 초대총장이며 온누리 교회 장로인 김 영길 장로님은
평생을 신실한 그리스도인으로 살았습니다. 그가 2019년 7월 초에 세상을
떠났습니다. 별세하기 열흘 전에, 신촌 연세대 세브란스병원을 찾은 온누
리교회 이재훈 목사 앞에서 큰 소리로 이렇게 부활의 소망을 고백했다고
합니다.

"목사님, 저는 죽어도 삽니다. 죽음은 저에게 기쁨입니다. 하나님께로 돌
아가는 기쁨입니다."

죽음 앞에서 이렇게 또렷한 부활 신앙으로 곧 돌아가서 뵈올 하나님과
그 나라에 기쁨과 소망을 두고 고백할 수 있는 것은 그냥 주어지는 것이 아
닙니다. 평생을 하나님께 소망을 두고 천국의 상속자로서의 신실하게 살면
서 얻은 믿음의 확신에서 비롯된 것입니다. 우리가 가진 구원과 소망은 오
직 하나님의 은혜입니다.

주님의 기쁨과 영적인 즐거움

너희는 기쁨으로 나아가며 평안히 인도함을 받을 것이요 산들과 작은 산들이 너희 앞에서 노래를 발하고 들의 모든 나무가 손바닥을 칠 것이며 (이사야 55장 12절)

내가 이것을 너희에게 이름은 내 기쁨이 너희 안에 있어 너희 기쁨을 충만하게 하려 함이니라 (요한복음 15장 11절)

악이 횡행하는 세상에서 하나님의 계명을 따라 선하게 사는 삶은 결코 쉽지 않습니다. 그러나 삶의 뜻과 이유를 하나님 말씀을 기뻐하고 순종하는 데에 두고 선을 간절히 구하며 살 때, 하나님께서 기뻐하시고 성령의 임재로 함께하십니다. 베풀어 주시는 평안과 영적인 즐거움이 있습니다.

그런 은혜가 있는 사람의 삶의 방식은 단순하지만 힘이 있습니다. 바람에 날리는 갈대가 아니라 뿌리 깊이 심어진 나무와 같습니다. 나무의 초록 잎사귀처럼 싱싱하며 생명력으로 충만합니다. 탐스러운 열매를 맺습니다.

오래전 같은 아파트에 거주하며 자주 만나는 엄마들 중 가끔 찾아와서 어울리는 지인 한 명이 저를 보고 신기해했습니다. 술도 못 마시고 고스톱도 안 하는데 이 세상을 무슨 재미로 사느냐 싶다며 안쓰러워하는 표정으로 물었습니다. 나는 나대로 그런 것들이 무슨 즐거움을 주느냐며, 신기하다고 하면서 함께 웃은 일이 있습니다.

세상의 즐거움도 나름의 즐거움과 재미는 있습니다. 그러나 일시적이고 자칫 잘못하면 모든 것을 잃어버리게 됩니다. 영적인 즐거움은 주님의 평안과 위안과 소망이 함께 하므로 인생을 시들지 않게 합니다. 성령 안에서 기쁨과 행복을 누립니다. 하나님께서 함께하시므로 영혼의 즐거움과 보살피시며 도우시는 하나님의 은혜가 함께하기 때문입니다.

예수님을 생각하는 습관

주의 인자하심이 내 목전에 있나이다 (시편 26편 3절)

너희는 마음에 근심하지 말라 하나님을 믿으니 또 나를 믿으라
(요한복음 14장 1절)

어느 날 아침, 미국 캘리포니아에 규모 6.4의 강진이 발생했다는 뉴스를 보고 딸에게 연락했습니다. 지진이 난 곳은 딸이 사는 곳에서 승용차로 3~4시간 걸리는 지역이라고 했습니다. 그럼에도 얼마나 충격이 큰지 거실에서 그림책에 색칠하고 있던 손녀가 충격을 느끼고 표정이 얼음처럼 굳어졌다고 합니다. 딸이 4살 된 손녀를 안아주며 "무섭지?" 하자, 아이가 작은 소리로 "엄마, 예수님이 계시잖아요."라고 하더라고 했습니다. 이 말을 듣고 저는 태어난지 38개월 된 어린아이가 두려운 상황을 감지하면서 예수님을 생각하도록 길러 주시는 하나님의 은혜가 놀랍고 감사했습니다.

예수님께서는 우리에게 근심하지 말라고 하셨습니다. 근심하지 않도록 지켜 주신다는 것이 아니라 근심하지 말라고 명령하신 것입니다. 크고 작은 사건과 문제가 쉬지 않고 일어나는 이 세상에서 근심하지 말고 전능하신 하나님을 신뢰하며 어떤 상황에서나 먼저 하나님을 생각하고 의지하고 맡기는 습관을 지니고 살아라는 말씀입니다.

우리를 보살피시는 하나님의 손길과 보호는 우리 삶의 모든 상황에서 실제적으로 함께하십니다. 그 인자하심이 항상 우리의 목전에 있습니다.

온전하고 영원한 대제사장이신 예수님

여호와는 맹세하고 변치 아니하시리라 이르시기를 너는 멜기세덱의 반차를 좇아 영원한 제사장이라 하셨도다 (시편 110편 4절)

이러한 대제사장은 우리에게 합당하니 거룩하고 악이 없고 더러움이 없고 죄인에게서 떠나 계시고 하늘보다 높이 되신 지라… 율법은 약점을 가진 사람들을 제사장으로 세웠거니와 율법 후에 하신 맹세의 말씀은 영원히 온전케 되신 아들을 세우셨느니라 (히브리서 7장 26, 28절)

제사장은 구약 때 하나님께 드리는 제사를 주관하게 하려고 특별히 구별된 사람이었습니다. 제사장들 가운데서 일인자로 뽑힌 대제사장은, 일 년에 한 번씩 정해진 속죄일에 하나님의 지성소에 들어가 자신의 죄와 이스라엘 백성의 죄를 사함받기 위해 향을 피우고 짐승의 피를 뿌려서 제사를 수행했습니다.

하나님의 아들이신 예수님은 모든 믿는 자들의 온전하고 영원한 대제사장이십니다. 우리 죄를 사하기 위해 하나님께 자신의 몸을 희생 제물로 드리셨습니다. 하늘로서 오신 예수님을 믿는 사람들이 하나님께 나아갈 수 있도록 새롭고 살아 있는 길이 되셨습니다. 의의 왕이고 평강의 왕이라 불리는 멜기세덱의 반차를 따라 이 땅에 오신 것입니다. 십자가에서 피 흘려 죽으시고 대속의 제물이 되셔서 단번에 속죄를 이루고, 하나님 보좌 우편에 앉아 우리를 위해 중보해주십니다.

예수님은 온전히 거룩하고 악이 없으시고 더러움이 없으시고 죄인에게서 떠나 계시고 하늘보다 높이 되셨습니다. 우리의 완벽하고 영원한 대제사장이십니다. 예수님은 대제사장 직임을 통해 우리가 언제든지 하나님께로 나아가게 하며 죄 사함과 사랑과 복 주시는 은혜를 받아 누리게 하십니다. 십자가에서 피의 공로로 이루신 사랑으로 인함입니다.

예수님의 피와 화목 제물

이 예수를 하나님이 그 피로 인하여 믿음으로 말미암는 화목 제물로 세우셨으니 이는 하나님께서 길이 참으시는 중에 전에 지은 죄를 간과하심으로 자기의 의로우심을 나타내려 하심이니 (로마서 3장 25절)

전에 악한 행실로 멀리 떠나 마음으로 원수가 되었던 너희를 이제는 그의 육체의 죽음으로 말미암아 화목게 하사 너희를 거룩하고 흠 없고 책망할 것이 없는 자로 그 앞에 세우고자 하셨으니 (골로새서 1장 22절)

예수님은 만백성을 구원하기 원하신 하나님의 뜻을 이루시려고 피 흘려 죽기까지 복종하셨습니다. 죄인 된 인간들을 하나님 앞에서 거룩하고 흠 없고 책망할 것이 없는 자로 드리려고 희생하셨습니다.

우리의 죄와 허물을 진심으로 회개할 때 예수님의 피가 마음에 발라집니다. 죄 사함받고 구원받은 자의 이름이 죽임당하신 어린양의 생명책에 새겨집니다. 피 흘리시고 죽으신 몸으로 화목제물이 되셔서 하나님과 화해를 이루신 것입니다. 하나님의 능력으로 부활하셔서 하나님의 보좌 우편에 앉으시고 만유를 다스리십니다.

이 지구상에 있는 그 어느 누구도, 십자가에서 흘리신 예수님의 피가 없이는 하나님 앞에 설 사람이 없습니다. 예수님의 피의 능력으로만 구속함을 받고 용서받아 의롭게 되어 하나님께 나아갈 수 있는 효력이 있는 것입니다.

그 은혜가 오늘도 찾는 자에게 있습니다. 구원자 예수님께 모든 영광이 있습니다. 세세토록 권능과 부와 지혜와 힘과 존귀와 영광과 찬송을 받기에 지극히 합당하십니다.

하나님을 섬기는 바른 동기

내가 그리스도와 그 부활의 권능과 그 고난에 참여함을 알려 하여 (빌립보서 3장 10절)

오직 우리 주 곧 예수 그리스도의 은혜와 저를 아는 지식에서 자라 가라 (베드로후서 3장 18절)

우리가 범사에 하나님을 인식하고 하나님을 가까이하며 하나님을 사랑하는 순전한 동기로 순종하고 잘 섬기면, 하나님께서 주시는 은혜가 많습니다. 내적 안정과 삶의 질서와 기쁨과 평안이고 행복감입니다.

그러나 사역을 할 때 물질적 욕심이 들어오고 자기 유익을 위해 일한다면 삯꾼이 되는 것이며, 성도가 자신의 기분대로 필요한 때만 하나님을 찾는다면 잘못된 것입니다. 마음의 중심과 동기가 그릇된 방향으로 향하므로, 결과적으로 자기만족이나 자기실현을 이루는 기복신앙이 됩니다. 하나님을 섬긴다고 했지만, 하나님과 상관없는 열정으로 산 것밖에 안 되는 것입니다.

깨끗하며 영적으로 성숙한 삶은 먹든지 마시든지 무엇을 하든지 하나님을 더 알기 원하며 하나님의 영광을 구합니다. 혼자 조용히 기도하거나 말씀을 볼 때나 여럿이 모여 서로 좋은 자극을 받고 선한 영향을 주고받을 때나 봉사하고 선교나 구제할 때에도, 언제나 그 동기와 목적은 하나님의 기쁨과 영광이 되고자 하는 것입니다. 이런 자세가 신앙의 바른 동기이며 하나님께서 주시는 은혜로, 하나님께서 기뻐 받으시는 선한 열매가 있습니다.

삶의 목적과 목적지를 알고 가는 삶

그러므로 달음질을 향방 없는 것 같이 아니하고 싸우기를 허공을 치는 것 같이 아니하여 (고린도전서 9장 26절)

하나님의 뜻은 이것이니 너희의 거룩함이라 (데살로니가전서 4장 3절)

사람들은 분주히 살아가면서도 마음 깊숙이에는 삶의 목적과 목적지에 대한 질문이 있습니다. 대개는 무심코 지나치며 살다가 인생의 어느 때, 무의미와 쓸쓸한 허탈감으로 인해 방황하기 쉽습니다. 그러나 창조주 하나님을 사랑하고 구속하신 예수 그리스도의 사랑을 알고 사는 사람은, 삶의 무의미와 방황과는 상관없이 분명한 목적의식을 가지고 살아갑니다. 인생을 바람 부는 대로 물결치는 대로 그냥 살지 않는 것입니다. 향방 없이 걷거나 허공을 치며 싸우는 것처럼 살지 않습니다. 자신이 어디서 왔으며 어디로 가는지 확고하게 알고, 보고, 믿고 갑니다.

우리를 향하신 하나님의 목적이 우리의 행복이나 부요가 아니라 거룩함인 것을 알고, 그 목적을 추구하고 삽니다. 세속의 물결과 자신의 욕망을 따라가지 않습니다. 삶의 무의미를 느끼거나 공허함으로 방황할 틈이 없습니다. 천지만물과 자신을 지으시고 구속하신 하나님께서 삶의 목적이 되시기 때문입니다. 또한 항상 어디에서 무엇을 하든지 선하신 하나님의 뜻이 있음을 알고, 그 뜻을 찾아 순종함으로 하나님께 영광되기를 원하며 삽니다. 성령 충만을 구하며 하나님의 말씀과 인도하심에 대한 확고한 믿음으로 하나님을 섬기고 하나님 말씀을 사랑하며 선한 일을 기뻐합니다. 예수 그리스도 안에서, 인생의 궁극적인 목적지인 천국의 시민권자로서의 영적인 소속감과 정체성을 가지고 그런 은총을 베푸신 하나님 은혜에 감사하며 삽니다. 태평양 바다를 건너면 미국이 있는 것을 확실히 알고 믿듯이, 기쁨과 소망 중에 영원한 본향인 하늘나라, 그 나라와 의를 구하며 살아갑니다. 삶의 목적을 거룩과 하나님의 뜻을 이루는데 두고 살아가면 자연스레 행복합니다.

구속받은 성도의 영광과 찬송

또 잔을 가지사 사례하시고 저희에게 주시며 가라사대 너희가 다 이
것을 마시라 이것은 죄사함을 얻게 하려고 많은 사람을 위하여 흘리
는 바 나의 피 곧 언약의 피니라 (마태복음 26장 27-28절)

새 노래를 노래하여 가로되 책을 가지시고 그 인봉을 떼기에 합당하
시도다 일찍 죽임을 당하사 각 족속과 방언과 백성과 나라 가운데서
사람들을 피로 사서 하나님께 드리시고 저희로 우리 하나님 앞에서
나라와 제사장을 삼으셨으니 저희가 땅에서 왕 노릇 하리로다 (요한
계시록 5장 9-10절)

　사람은 누구나 죄인으로 태어났기에 아무리 바르게 산다 하더라도 하나
님의 법을 다 따를 수 없습니다. 그 결과 율법의 정죄를 받고, 죄의 올무에
묶이며, 지옥의 불이 기다릴 수밖에 없는 운명을 가졌습니다. 그러나 하나
님께서 십자가 사랑을 베풀어 주셨습니다. 우리가 십자가에서 흘리신 예
수님의 피로 구속 받은 은혜는 말로 다 표현할 수 없는 은혜이고 영광입니
다. 그 피로 인한 구속이 없이는 구원을 얻을 길이 전혀 없기 때문입니다.
예수님의 피에 소망의 근거를 두고 믿음으로 살 때, 성령으로 진리를 깨닫
게 하시고 참 자유를 주십니다. 예수님의 피로 인하여 구속 받고 죄 사함
을 받아 의의 흰옷을 입고 새 예루살렘 성에 들어갈 권세를 얻습니다. 천
국의 진주 문, 의에 문을 지나며 예수 그리스도 안에서 얻은 생명으로 인
하여 영원토록 죽지 않고 생명나무 과실을 먹고 누립니다. 천국의 황금 길
을 걸으며, 창세 이후 천국에 이른 모든 무리와 천사들과 함께 감사와 찬양
과 경배로 하나님의 영광을 노래합니다.
　하나님 나라는 여러 가지 주제로 표현된 찬양이 울려 퍼지는데, 그 가운데
예수님의 피로 인하여 구속을 받은 은혜에 감사해서 부르는 찬양도 울려 퍼
집니다. 이 땅에 사는 동안 예수님을 믿고 구속의 은혜로 죄 사함 받은 사람
이 부르는 찬양입니다. 더 이상 죽음이 없는 천국에서 천사들과 함께 하나님
의 은혜와 사랑을 영원토록 즐거워하고 기뻐하며 찬양하며 살아갑니다.

자신감과 주님을 의지하는 믿음

나의 힘이 되신 여호와여 내가 주를 사랑하나이다 (시편 18편 1절)

그가 나를 인도하여 잔칫집에 들어갔으니 그 사랑이 내 위에 기(승리의 깃발)로구나 (아가서 2장 4절)

자신감은 자기 스스로를 믿는 힘입니다. 우리가 예수님을 의지한다 하면서도 자신의 힘을 의지하고 살 때가 많습니다. 예수님의 수제자 베드로와 제자들도 그랬습니다. 예수님께서 겟세마네로 가기 전 베드로는 예수님께 강력한 신앙 고백을 했고 제자들도 따라 했습니다. "내가 주와 함께 죽을지언정 주를 부인하지 않겠나이다." 그들은 그렇게 호언장담했지만 예수님께서 붙잡히시고 십자가에 매달리시자 두려움에 사로잡혀서 주님을 부인하고 도망갔습니다.

누구에게나 자신감은 필요합니다. 자기 자신을 믿을 필요가 있고 자신을 신뢰하는 것은 당연합니다. 자신감이 없으면 제대로 살아가기 힘들고 패배하기 쉽습니다. 하지만 자기 자신에 대한 지나친 자신감과 신뢰는 하나님 앞에서 자만심과 교만입니다. 자신의 힘으로 죄와 악과 유혹도 거뜬히 물리칠 수 있다고 할 때, 주님의 능력을 의지하지 않고 자기 힘을 의지하는 자만으로 인하여 넘어지기 쉽습니다. 어떤 일이든지 하나님을 의지하지 않고 자신의 힘으로 하려고 하면 어려움을 겪게 됩니다. 진정으로 승리하는 삶을 살고자 하면 자신은 하나님 없이는 아무것도 아니고 아무것도 할 수 없으며 완전히 무능하다고 고백하고 하나님을 의지해야 합니다. 자신의 힘은 미약하지만 하나님의 힘은 강하다는 확신으로 전능하신 하나님을 믿고 살 때, 사단이 넘보지 못합니다.

우리가 하나님을 의지할 수 있음이 복입니다. 우리의 힘과 승리는 우리를 붙드시고 도와주시는 하나님의 사랑에 있기 때문입니다.

8월 29일

예수님께 초점 맞추는 시선

그 아들에게 입맞추라 (시편 2편 12절)

내가 이미 얻었다 함도 아니요 온전히 이루었다 함도 아니라 오직 내가 그리스도 예수께 잡힌 바 된 그것을 잡으려고 좇아가노라 (빌립보서 3장 14절)

세상은 급속도로 변하고 있으며 분주하고 혼란스럽기까지 합니다. 우리가 세상에서 일어나는 일이나 우리가 처한 환경에 너무 오랫동안 집중하면 마음이 분산되고 혼란스럽게 됩니다. 운전할 때 계속 좌우를 보면 위험하므로 전방을 멀리 주시해야 합니다.

마찬가지로 우리의 삶도 안전한 보호를 받기 위해서는 마음과 시선을 예수님께 맞추고 흔들리지 말아야 합니다. 발레리나가 춤을 추면서 몸을 회전할 때도, 미리 정해놓은 한 곳에 시선을 고정하므로 몸의 균형을 유지한다고 합니다.

우리가 신앙과 삶을 바르게 영위하며 열매 맺으려면, 한결같은 마음과 시선으로 예수님께 초점 맞춘 삶을 살아야 합니다. 만일 생활이 너무 분주하거나 세속의 욕망이 틈타므로 예수님 외에 다른 것에 마음이 쏠린다면, 마음과 시선을 예수님께로 신속하게 돌이켜야 합니다. 주님께 연결되어서 예수님을 경배하고 높이며 예수님의 말씀과 뜻을 따라 살 때 자연스레 하나님께서 기뻐하시는 열매를 맺습니다.

하버드 대학의 설립 강령과 인생의 지혜

우리가 저에게서 듣고 너희에게 전하는 소식은 이것이니 곧 하나님
은 빛이시라 그에게는 어두움이 조금도 없으시니라 (요한1서 1장 5절)

세계에서 최고의 명문대학인 미국의 하버드대학은 1646년에 하나님을
경외하는 정신에 기초해서 세워졌습니다. 그때 선언한 설립 강령 3가지가
373년이 지난 오늘에 이르고 있습니다.

　　첫째, 모든 학생은 자신의 삶과 학업의 주된 목적이 영생이신 하나님과
　　　　예수 그리스도를 아는 데 있음을 명심해야 한다.
　　둘째, 모든 학생은 하나님이 지혜 주시는 분임을 명심하면서 은밀한 곳
　　　　에서 기도를 통해 하나님의 지혜를 간구해야 한다.
　　셋째, 모든 학생은 하루에 두 번 성경을 읽으므로 성경의 용어와 사상뿐
　　　　아니라 영적 진리에 대해서 언제라도 설명할 수 있어야 한다.

우리나라에서 최고로 알아주는 학교를 나와서 최고 권력의 중심부에서
활동하고, 합리적이고 상식적인 사람이라고 사랑을 받은 정치평론가가, 또
평소 선하고 성실한 삶과 뛰어난 연기로 호평을 받던 여배우가, 그 외에 많
은 사람들이 삶의 무게를 이기지 못하고 세상을 등지고 있습니다. 우울증
을 앓고 약도 먹었다는데, 결국 자신의 인생을 무너뜨린 여리고 나약한 선
택이 몹시 충격이며 안타깝기 그지없습니다.

자기 연민이나 우울은 바닥이 없는 수렁처럼 미끄럽고, 한번 빠지면 헤
어 나오기 힘듭니다. 온전한 치유와 회복의 길은 하나님을 찾고 하나님께
서 수렁 밑바닥까지 비추시는 빛을 받아 올라오는 데에 있습니다. 교회를
다니고 직분을 가졌다고 해서 안전하지 않습니다. 예수님을 믿고 나서 믿
음의 뿌리를 하나님 말씀에 두며 성령을 받아야 합니다. 예수님을 인격적
으로 만나 관계가 튼튼하면 하나님께서 함께하시므로 사망이 달려들지 못
합니다. 하나님을 의지하고 말씀에 주의하며 순종하고 사는 인생이 지혜
롭습니다.

회개를 통한 변화

선을 행하고 죄를 범치 않은 의인은 세상에 아주 없느니라 (전도서 7장
20절)

만일 우리가 죄 없다 하면 스스로 속이고 또 진리가 우리 속에 있지
아니할 것이요 만일 우리가 우리 죄를 자백하면 저는 미쁘시고 의로
우사 우리 죄를 사하시며 모든 불의에서 우리를 깨끗케 하실 것이요
(요한1서 1장 8-9절)

세상에 완전한 의인은 한 사람도 없습니다. 솔로몬은 선을 행하면서 죄
를 짓지 않은 사람은 없다 했고, 사도 바울도 이사야 선지자의 말을 인용
해서 의인은 없나니 하나도 없다 했습니다. 누구나 회개와 변화가 필요하
다는 뜻입니다. 만일 어떤 사람의 성품이 착해서 행동으로 짓는 죄는 드물
다 할지라도, 내면에는 죄가 많은 것이 인간의 마음입니다. 항아리에 담긴
구정물이 웬만큼 맑아 보이지만, 조금이라도 휘저으면 이물질이 뿌옇게 올
라오는 것처럼 사람도 어떤 상황에 부딪히면 자기도 모르게 무의식적으로
올라오는 것들이 있습니다. 욕심과 분노와 화, 미움, 악과 독, 자존심과 시
기와 질투와 같은 것입니다. 그래서 '저 사람 건드리면 무섭다. 화나면 무
섭다'는 말이 있습니다.

세례요한과 예수님께서 사역을 시작할 때 첫 일성으로 "회개하라 천국
이 가까왔느니라."고 했던 것은, 사람에게 회개가 중요하며 회개와 천국이
밀접하다는 의미입니다. 사람이 회개와 변화를 통한 구원을 이루려면, 자
신이 하나님 앞에 죄인임을 알고, 구원자 예수님을 믿고 의지해야 합니다.
하나님께서는 거룩하시고 죄를 미워하시므로 우리가 흠도 점도 티도 없이
깨끗하기를 바라십니다. 죄가 있으면 구원 을 받을 수 없기 때문입니다. 사
람은 모두 죄인으로 지옥의 형벌을 받을 존재였지만, 고난을 당하신 예수
님의 사랑과 성령의 은혜로 새 생명을 얻어 죄와 결별할 만큼의 변화를 이
루며 영생을 얻게 되는 것입니다.

September **9** 월

하나님을 추구하는 자에게
베푸시는 은총

"자기의 육체를 위하여 심는 자는 육체로부터 썩어진 것을 거두고 성령을 위하여 심는 자는 성령으로부터 영생을 거두리라" (갈라디아서 6장 8절)

나는 죽고, 그리스도가 사시는 삶

만일 우리가 그의 죽으심을 본받아 연합한 자가 되었으면 또한 그의 부활을 본받아 연합한 자가 되리라 (로마서 6장 5절)

형제들아 내가 그리스도 예수 우리 주 안에서 가진바 너희에게 대한 나의 자랑을 두고 단언하노니 나는 날마다 죽노라 (고린도전서 15장 31절)

'나'를 버리지 않고는 하나님 말씀을 순종할 수 없습니다. 내가 죽지 않고는 십자가를 질 수 없습니다. 내가 죽는다는 것은, 나의 힘으로 죽을 수 없으므로 나의 옛사람이 예수님과 함께 십자가에 못 박혀 죽는 것입니다. 그럴 때, 하나님 앞에서 내 뜻과 내 생각과 나의 자존심을 내세우지 않을 수 있으며, 하나님의 뜻과 하나님의 영광을 구하는 삶을 살게 됩니다.

그 어느 누구도 '나'를 부인하지 않고는, 진짜 제자가 될 수 없습니다. 자신의 실상을 알고 회개하고 십자가에 올려놓아야 합니다. 그러면 자신 안에서 성령님이 '나'를 처리하시는 일을 하십니다. 아궁이에 생나무가지를 넣으면 타지 않고 연기만 나는 것처럼, '나'를 그대로 가지고는 하나님의 생명을 누릴 수 없습니다. 오히려 하나님의 생명에서 멀어집니다.

내가 죽는 것은 예수님의 십자가 앞에서 내 권리를 포기하고, 의지의 주도권도 주님께 드리는 것입니다. 내가 죽을 때 하나님의 생명에 이르고, 내 육체의 소욕은 온전하게 영의 지배를 받게 됩니다. 내가 죽을 때, 내 옛사람이 내 자아의 지배를 따라 뿌려진 씨앗의 껍질까지도 다 불살라지고, 그 자리에 생명의 열매가 맺힙니다. 나는 죽고 내 안에 계신 그리스도가 사시는 십자가의 은혜와 능력이 역사하는 삶입니다.

9월 2일

상주시는 하나님

푯대를 향하여 그리스도 예수 안에서 하나님이 위에서 부르신 부름의 상을 위하여 좇아가노라 (빌립보서 3장 14절)

믿음으로 모세는 장성하여 바로의 딸의 아들이라 칭함을 거절하고 도리어 하나님의 백성과 함께 고난 받기를 잠시 죄악의 낙을 누리는 것보다 더 좋아하고 그리스도를 위하여 받는 능욕을 애굽의 모든 보화보다 더 큰 재물로 여겼으니 이는 상 주심을 바라봄이라 (히브리서 11장 24~26절)

국가대표 감독은 선수를 발탁하고 그 선수가 아시안 게임이나 올림픽에서 좋은 성적을 거두는 기량을 갖도록 훈련시킵니다. 때로는 큰 소리로 야단도 치고, 화도 내면서 가혹하리만치 연습에 연습을 시킵니다. 메달을 목에 걸고 국가의 위상을 드높이며 상 받게 하기 위해서입니다. 하나님께서 우리를 사랑하시고 충성스럽게 여기셔서 성도로 주님의 종으로 발탁해 주셨습니다. 영혼의 목자와 감독으로서 삶의 현장과 맡기신 일을 통해서 하나님의 영광을 드높일 수 있도록 연단으로 훈련시키시고 세우십니다. 우리의 믿음과 크고 작은 모든 순종을 빠짐없이 기억하시고, 생각과 마음과 동기의 순도까지 아십니다

예수님께서는 앞에 있는 즐거움을 위하여 십자가를 참으시고 부끄러움을 개의치 않으셨고 죽기까지 순종하셨으며, 하나님보좌 우편에 앉으셨습니다. 사도바울도 상주시는 하나님을 바라보며 이방의 사도로 달려갔습니다. 우리가 상을 받기 위해 살지 않지만 하나님께서는 상을 베풀어 주십니다. 주님께서 다시 오시는 그 날, 각 사람이 행한 대로 갚아 주십니다. 믿음으로, 인내로, 사랑으로 행한 일을 축복하십니다. 하나님의 눈길은 지금 이 순간도 온 땅을 두루 살피십니다. 하나님을 간절히 찾는 사람과 상 받기에 합당한 자를 찾으십니다. 하늘에 상도 예비하실 뿐 아니라 이 세상사는 동안도 회복과 형통함으로 축복하십니다.

믿음으로 터득한 일체의 비결

진리의 말씀과 하나님의 능력 안에 있어 의의 병기로 좌우하고 영광과 욕됨으로 말미암으며 악한 이름과 아름다운 이름으로 말미암으며 속이는 자 같으나 참되고 무명한 자 같으나 유명한 자요 죽은 자 같으나 보라 우리가 살고 징계를 받는 자 같으나 죽임을 당하지 아니하고 근심하는 자 같으나 항상 기뻐하고 가난한 자 같으나 많은 사람을 부요하게 하고 아무 것도 없는 자 같으나 모든 것을 가진 자로다 (고린도후서 6장 7~10절)

내가 비천에 처할 줄도 알고 풍부에 처할 줄도 알아 모든 일에 배부르며 배고픔과 풍부와 궁핍에도 일체의 비결을 배웠노라 (빌립보서 4장 12~13절)

우리는 좋은 것을 원하고 좋은 것에 감사하고 기뻐합니다. 그러나 하나님은 우리 영혼의 유익과 성장을 위해서 안 좋은 상황을 허락하실 때가 많습니다. 그래서 좋은 것만 복이 아니고, 안 좋은 상황과 원하는 대로 안 되는 것도 복입니다. 눈물골짜기를 지나기도 하고, 가시방석에 앉기도 하며, 부당한 대우도 받으며 가난함으로 낮아지고 외면받기도 합니다. 그런 상황을 거치면서 좋은 것도 안 좋은 것도 뛰어넘으며 기쁘게 사는 일체의 비결을 배웁니다. 일체의 비결은 모든 상황에 적응하고 감사할 수 있는 능력입니다. 사도 바울은 그런 믿음의 능력으로 옥에 갇혀서도 기뻐하고 찬송할 수 있었습니다.

우리도 진리의 말씀과 의의 병기를 가진 자로서, 소유나 재물이나 환경과 사람을 의지하지 말고 살아야 합니다. 부유해진다고 해서 거만해지지 않고, 설령 궁핍해진다고 하더라도 위축되지 않습니다. 비천에 처하든, 풍부에 처하든 어떤 처지에서도 영생천국 믿음을 주신 하나님께 감사하고 찬양하고 살면 행복이 옵니다. 모든 것의 모든 것 되시는 하나님의 능력 안에서 모든 것을 다 가지고 누리는 자가 됩니다. 복을 추구하는 신앙이 아니라 하나님 한 분으로 만족하는 차원 높은 삶입니다. 자신의 인생에 주어진 모든 것에 감사하고 기뻐함으로 만족하는 삶의 여유입니다.

하나님 말씀을 깨닫는 기쁨과 영적 성장

여호와의 교훈은 정직하여 마음을 기쁘게 하고 여호와의 계명은 순결하여 눈을 밝게 하도다 (시편 19편 8절)

갓난아이들같이 순전하고 신령한 젖을 사모하라 이는 이로 말미암아 너희로 구원에 이르도록 자라게 하려 함이라 (베드로전서 2장 2절)

하나님 말씀은 우리를 영생에 이르도록 교훈을 주는 나침반이고 빛입니다. 말씀의 가치를 알고 인정하고 소중히 여기는 사람은, 하나님께서 주시는 지혜와 명철을 귀히 여기고 기쁨으로 순종하며 영적인 성장을 이루어 갑니다. 그런데 하나님을 믿는 사람도 말씀의 가치를 알기는 알지만, 실제 삶으로는 말씀의 가치를 따라 사는 것보다는 세상의 물질과 성공이나 권력이 더 가치 있고 힘이 있다고 믿으며 그것들을 따라가기 쉽습니다. 그러면 진리 안에서 영혼을 빛나게 하는 기쁨도 없고 영적 성장이 어렵습니다.

이스라엘 백성들이 출애굽 한 후 광야에서 모세를 통해 주신 하나님 말씀을 귀히 여기지 않고 불순종할 때가 많았습니다. 하나님 말씀이 자신들 생각이나 형편과 맞지 않는다고 원망하고 불평하며 우상을 숭배했습니다. 40년의 세월이 지났지만 결국 제자리로 돌아왔습니다. 하나님 말씀의 가치를 가볍게 여기고 깨닫는 기쁨을 귀하게 여기지 않은 사람도 마찬가지입니다. 하나님을 알고 말씀도 알지만 하나님을 멸시하는 것입니다. 그러니 세상적으로는 잘 나가고 잘 되는 것 같은데, 영적으로는 그 자리에 계속 맴돌 수밖에 없습니다. 우리가 신앙생활을 하는 것은 교리에 대한 지식을 얻거나 어떤 교양을 쌓는 일이나 사람들과의 친교가 목적이 아닙니다. 천국 가는 길을 앎으로 그 길을 따라 구원을 이루는 것입니다. 하나님의 말씀인 성경이 이 길을 안내합니다. 이 세상의 모든 지식 중에 생명이 담긴 진리와 구원에 이르게 하는 도는 하나님 말씀뿐입니다. 완전하고 확실하여 우리의 영혼을 깨어나게 하고 구원에 이르도록 합니다.

9월 5일

고난이 주는 유익과 소망

고난 당한 것이 내게 유익이라 이로 인하여 내가 주의 율례를 배우게 되었나이다 (시편 119편 71절)

자녀이면 후사 곧 하나님의 후사요 그리스도와 함께한 후사니 우리가 그와 함께 영광을 받기 위하여 고난도 함께 받아야 될 것이니라 생각건대 현재의 고난은 장차 우리에게 나타날 영광과 족히 비교할수 없도다 (로마서 8장 17-18절)

이 세상에 고난을 원하는 사람은 없습니다. 그러기에 편안함과 형통을 원합니다. 하는 일마다 잘 되고 부러울 것 없고 건강할 때는 고난이 주는 유익이 어떤 것인지 도무지 상상이 안 됩니다. 그러나 고난을 통해 얻는 유익이 많습니다. 눈에 보이는 것이 전부인 줄 알고 살던 삶에서 돌이켜 하나님을 바라고 찾으며 하나님의 율례와 법을 중요하게 여기는 삶을 살게 됩니다.

우리 인생 가운데 하나님께서 하시는 일은 그때는 잘 모르고 지내놓고 봐야 알 수 있을 때가 많습니다. 그런데 세월이 흐른 뒤에 뒤돌아보면, 하나님께서는 하나님을 경외하는 자의 모든 일을 선하게 이루시고, 황무지에서 꽃을 피워내는 것처럼 고통 속에서 영혼을 강건하게 하시고 의와 거룩의 열매를 맺게 하셨다는 사실을 알고 감격하며 감사 찬양하게 됩니다. 그러므로 어떤 고난이 있더라도 하나님 앞에서 자신을 낮추고 겸손한 마음으로 고통을 참고 인내하면 여러 가지 유익이 있습니다. 굳어 있고 잠자던 영혼이 깨어 일어나고, 하나님의 의와 법과 율례가 보이고 정신이 번쩍 듭니다. 또한 평안할 때 감사하지 못했던 것들이 비로소 가치 있게 다가오며 감사하게 됩니다. 그리고 하나님의 사랑 안에서 믿음을 지키고 소망을 갖는 것이 어떤 것인지 실제로 배우고 알기에, 늘 마음을 활짝 열고 하나님께로 달려가게 됩니다. 소망 중에 즐거워하고 환난 중에 참고 기도에 힘쓰는 삶이 얼마나 영혼을 부요하게 하는지, 삶의 진정한 충만함이 어떤 것인지를 누리게 됩니다.

성벽재건과 믿음의 회복

후에 저희에게 이르기를 우리의 당한 곤경은 너희도 목도하는 바라
예루살렘이 황무하고 성문이 소화되었으니 자, 예루살렘 성을 중건
하여 다시 수치를 받지 말자 하고 (느헤미야 2장 17절)

하나님의 말씀과 기도로 거룩하여 짐이니라 (디모데전서 4장 5절)

  예루살렘은 하나님의 거룩과 영광이 함께하는 도시였습니다. 그런데 하
나님께 불순종을 거듭하다가 바벨론 포로로 잡혀갔습니다. 갈대아 왕에
의해 성이 점령되고 불바다가 되었으며 이방인들에게 비참하게 짓밟혔습
니다. 예루살렘 성이 파괴된 후 120년이 지나도록 방치되고 있었습니다. 성
벽이 무너지니 원수로부터 공격을 당하고 이방인들의 비웃음거리가 되었
습니다. 이때 바사국에서 왕의 신임을 받는 자리에 있던 느헤미야는 이 사
실을 듣고 눈물을 흘리고 금식하며 성전 재건에 나섰습니다. 원수의 온갖
방해에도 불구하고 하나님의 도우심으로 52일 만에 성전이 재건되는 기적
의 역사를 이루었습니다.

  우리는 성령이 거하시는 성전으로 하나님의 임재가 함께 합니다. 마땅히
하나님의 영광을 위해 살아야 하는데, 거듭되는 불순종으로 인하여 믿음
이 파괴되면, 안 믿는 사람들과 사단으로부터 공격을 받습니다. 손가락질
받고 비웃음을 당합니다. 수치스러운 일입니다.

  그러므로 우리는 항상 하나님의 거룩하신 이름과 영광이 훼파되지 않도
록 순종과 거룩한 삶을 살아야 합니다. 혹시라도 부주의로 믿음과 순종에
금이 가거나 파괴된 부분이 있다면, 회복해야 합니다. 사단이 참소하며 방
해할 지라도 괴롭히는 사단의 참소와 방해를 물리치고, 하나님께 나아가
수리하고 고침을 받아야 합니다. 하나님께서 회복시켜 주시는 믿음은 점점
더 강하고 담대해집니다. 도우시는 하나님 은혜로 승리하게 됩니다.

인생을 향한 하나님의 목적

하나님께서 미리 아신 자들로 또한 그 아들의 형상을 본받게 하기 위하여 미리 정하셨으니 이는 그로 많은 형제 중에서 맏아들이 되게 하려 하심이니라 (로마서 8장 29~30절)

또 아는 것은 하나님의 아들이 이르러 우리에게 지각을 주사 우리로 참된 자를 알게 하신 것과 또한 우리가 그의 아들 예수 그리스도 안에 있는 것이니 그는 참 하나님이시오 영생이시라 (요한1서 5장 20절)

하나님께서는 우리의 존재가 변화되기를 원하십니다. 아브람이 변하여 믿음의 조상 아브라함이 되고, 사래가 변하여 사라가 되고, 야곱이 변화 받아 이스라엘이 되고, 사울이 예수님을 만난 후 바울이 된 것처럼, 우리가 우리의 옛사람인 죄의 본성을 인정하게 하십니다. 그러고 나서 예수 그리스도 안에서 변화를 일으키시고 새 생명을 주시고 새사람 되게 하십니다. 자신을 지으신 하나님께 불순종하던 자리에서 순종하고 의에 이르도록 성령으로 역사해 주십니다.

하나님께서 우리를 부르신 목적은 태초에 창조하신 자아를 회복시키시고 하나님의 형상을 이루게 하심입니다. 그래서 우리에게 거룩하고 바르고 의로운 삶과 진정한 비전, 즉 하나님께서 계획하신 목적이 우리의 인생을 통해 이루어지게 되는 것입니다. 그 목적을 이루시기 위하여 때로는 징계도 하시고, 골짜기도 지나게 하시며 물과 불을 통과하게 하십니다. 우리 각자의 인생의 작품을 우리 스스로는 만들 수 없습니다. 하나님께서 허용하시는 시련과 온갖 경험을 통해 목적하신 대로 만들어져 갑니다. 예수님을 믿는 믿음으로 살아온 사람들은 누구나 안개같이 희미하게 자신의 삶이 또렷해지며 미쳐 생각하거나 기대하지 못했던 자리에까지 이르렀는지, 하나님의 특별한 뜻이 있었음을 알고 그 은혜에 놀라게 될 것입니다. 우리의 삶은 그냥 사는 것이 아니라 하나님의 손에 붙잡혀 하나님의 뜻하신 그릇으로 만들어지는 것입니다.

믿음의 정절

네가 배불리고 아름다운 집을 짓고 거하게 되며 또 우양이 번성하며 네 은금이 증식되며 네 소유가 풍부하게 될 때에 두렵건대 네 마음이 교만하여 네 하나님 여호와를 잊어버릴까 하노라 (신명기 8장 11-14절)

모든 이론을 파하며 하나님 아는 것을 대적하여 높아진 것을 다 파하고 모든 생각을 사로잡아 그리스도에게 복종케 하니 (고린도후서 10장 5절)

아기나 어린이에게는 엄마가 전부입니다. 찾고 의지하고 '네', '네' 하는 말로 잘 따르고 순종합니다. 그런데 머리가 크면서 자기 힘을 의지하고 혼자 힘으로 살아가려는 독립적인 자아가 생겨 자기중심적으로 행동합니다. 마찬가지로 성도가 믿음이 어릴 때는 순수한 신앙으로 하나님 말씀에 순종도 잘합니다. 간혹 어려움이 생기면 하나님을 더 의지합니다. 문제 해결해 주고, 복 주시면 하나님을 더 잘 섬기겠다고 다짐합니다. 그런데 하나님께서 은혜를 베풀어 주셔서 문제가 해결되고, 믿음의 연수가 오래되면 순수한 신앙이 변질되기 쉽습니다. 하나님을 향한 마음이 식고, 하나님 말씀을 많이 듣고 지식적인 머리가 커지니, 알 만큼 안다고 생각하면서 신앙의 중심과 자세가 경망스러워집니다. 하나님 말씀 대신 세상적 논리와 자기 생각과 주장의 지배를 받는 것입니다. 하나님 말씀을 많이 알고 듣지만, 마음이 높아지니 순종할 힘은 약해집니다. 이미 받은 복이 많은데, 거기다가 더 받으려는 탐심 때문에 마음눈이 어두워집니다. 그래서 입술에는 하나님이 있을지 몰라도 마음은 하나님을 떠나, 세상 욕심과 재미와 섞이므로 신앙이 변질됩니다.

분명한 사실은 변함없는 믿음의 정절로 하나님을 찾고 섬길 때, 삶이 가장 안전하고 복됩니다. 사는 것이 편해지고, 아쉬운 것 없다 할지라도 하나님의 은혜와 사랑은 절대 잊지 않아야 합니다. 인생은 금방 지나갑니다. 자기 유익을 좇으며 하나님을 떠나서 영원한 파멸의 길로 가지 말고 하나님 앞에 서는 순간까지, 주님 오시는 그날까지, 일편단심 믿음의 정절로 잘 섬겨야 합니다.

후하게 주시는 하나님 은혜와 기도

우리 가운데서 역사하시는 능력대로 우리의 온갖 구하는 것이나 생각하는 것에 더 넘치도록 능히 하실 이에게 (에베소서 3장 20절)

너희 중에 누구든지 지혜가 부족하거든 모든 사람에게 후히 주시고 꾸짖지 아니하시는 하나님께 구하라 그리하면 주시리라 오직 믿음으로 구하고 조금도 의심하지 말라 의심하는 자는 마치 바람에 밀려 요동하는 바다 물결 같으니 이런 사람은 무엇이든지 주께 얻기를 생각하지 말라 (야고보서 1장 5-7절)

성경 말씀은 하나님께서 자녀가 된 성도에게 보내신 편지입니다. 하나님께서는 자녀의 필요를 구하지 않아도 다 아십니다. 그래도 이루어 주시기를 구해야 하는 것은 하나님과 관계가 중요하며, 우리가 기도하면서 하나님을 만나고 하나님을 더 잘 알고 하나님 사랑을 경험하기 때문입니다. 우리의 마음에 하나님 말씀이 거하고, 하나님 뜻에 순종할 때 응답이 있습니다. 만일 하나님 뜻에 순종했는데도 때로는 응답이 없을 때도 있는데, 그런 경우에는 연단과 인내를 겪으면서 하나님 은혜와 능력에 대해 더 많이 배우게 됩니다.

하나님께서는 우리가 기도할 때 후하게 주기를 원하십니다. 하나님의 은혜는 풍성 합니다. 우리가 하나님의 기쁨이 되면 구하지 않은 것도 주십니다. 그러나 기도해야 할 일이 있는데도 구하지 않으면, 받지 못합니다. 또 의심하거나 세상 욕망을 따라 정욕에 쓰려고 욕심과 이기적인 동기로 구하면 주시지 않습니다. 하나님은 정확하시고 만홀히 여김을 받지 않으시며, 속지 않으십니다. 만일 입술에 거짓이 있고 행실이 죄악을 더럽혀져 있거나 혀에 악독이 있으면 듣지 않으십니다. 우리와 하나님 사이에 크든 작든 어떤 죄 일지라도 죄가 있으면 그 죄가 하나님의 얼굴을 가리워서 입니다. 하나님께는 죄 만큼은 통하지 않고 용납이 안 됩니다. 후히 주시는 하나님의 응답을 가로막습니다.

9월 10일

하나님을 목적으로 하는 신앙

너희 성도들아 여호와를 경외하라 저를 경외하는 자에게는 부족함이 없도다 젊은 사자는 궁핍하여 주릴찌라도 여호와를 찾는 자는 모든 좋은 것에 부족함이 없으리로다 (시편 34편 9~10절)

우리 주 하나님이여 영광과 존귀와 능력을 받으시는 것이 합당하오니 주께서 만물을 지으신지라 만물이 주의 뜻대로 있었고 또 지으심을 받았나이다 (요한계시록 4장 11절)

신앙생활은 복이나 성공을 목적으로 하는 것이 아니라 만물을 지으시고 뜻하신 대로 다스리시는 하나님을 목적으로 해야 합니다. 만일 하나님을 목적으로 하지 않고, 하나님을 축복을 얻기 위한 수단으로 삼는다면, 하나님 없이 살아서 불행한 것보다도 더 불행합니다.

하나님께서 우리에게 주신 가장 큰 복은 임마누엘, 하나님께서 함께 해 주시는 축복입니다. 나라도 개인도 하나님의 돌보심과 보호가 없으면 쇠퇴하고, 하나님이 함께하시면 형통하고 번창합니다. 그러므로 하나님 앞에서 자신이 어떤 신앙의 사람이 되는가가 중요 합니다.

성도가 거룩하신 하나님을 목적으로 하고 진실 된 믿음으로 경외하며 경배드리는 마음으로 살 때, 하나님께서 주시는 복이 있습니다. 그럼에도 주신 복을 목적으로 하지 않고, 복을 주시는 하나님을 경외함으로 섬기고 살 때, 하나님이 복 받는 수단이 되지 않고, 하나님께서 영광을 받으십니다.

하나님께 집중할 때 주시는 은혜

여호와와 그 능력을 구할지어다 그 얼굴을 항상 구할지어다 (시편 105편 4절)

기다리는 자들에게나 구하는 영혼들에게 여호와는 선하시도다 사람이 여호와의 구원을 바라고 잠잠히 기다림이 좋도다 (예레미야애가 3장 25~26절)

우리는 바삐 행동하지 않으면 뒤처진 것 같은 분위기가 팽배한 세상에 사는 까닭에 하나님 앞에 앉아 하나님 말씀을 묵상하며 기도하며 하나님 앞에 머무르는 일이 쉽지 않습니다. 특히나 첨단의 미디어가 우리 삶과 떼려야 뗄 수 없을 만큼 친근하며, 비성경적인 메시지들에 노출된 환경 가운데 살고 있습니다.

그럼에도 하나님 앞에 머무르는 시간을 하나님께서 원하시며, 이런 시간을 통해 예비하신 은혜와 복을 베푸신다는 사실을 아는 소수 사람들의 삶은 다릅니다. 다른 무엇보다도 하나님께 나아가고 머무르며 집중하고 말씀을 듣는 시간을 소중하고 중요하게 여깁니다.

예수님께서는 주님을 위해 음식을 준비하는 마르다보다, 예수님 발 앞에 앉아 말씀을 듣는 마리아에게 더 좋은 편을 택했다는 말씀으로 칭찬하셨습니다. 주님을 위한 일이나 봉사가 중요하지 않다는 것이 아니라 그것들보다 먼저 하나님 앞에서 머무르면서 말씀을 듣는 것을 더 귀히 여기신다는 뜻입니다.

하나님께서는 하나님께 집중하고 말씀을 가까이하는 그런 중심을 기뻐하시고 은혜를 베푸십니다. 믿음의 성장과 영혼의 건강함과 거룩함에 이르는 삶으로 발돋음하고 도약하도록 축복하십니다. 그리고 영혼과 삶에 예비하신 은혜와 복이 생수의 강같이 흐르도록 역사해 주십니다.

좋은 열매 맺는 삶

좋은 열매 맺지 아니하는 나무마다 찍어 불에 던지우리라 (마태복음 3장 10절)

오직 성령의 열매는 사랑과 희락과 화평과 오래 참음과 자비와 양선과 충성과 온유와 절제니 이 같은 것을 금지할 법이 없느니라 (갈라디아서 5장 22절)

벼와 콩과 옥수수와 한 그루의 나무가 열매를 맺기까지는 여러 과정을 거칩니다. 봄에 논과 밭에 씨앗을 뿌리면 싹이 나오고 잎이 자라고 꽃을 피우고 열매를 맺습니다. 여름날의 불볕과 가뭄과 폭풍을 견디면서 맛이 들고 단단하게 영급니다.

한 알의 씨앗이나 한 그루의 나무가 땅에 심어져 영양가 있는 곡식, 단맛 나는 과일로서 값나가는 상품이 되듯이 신앙은 하나님의 아들을 믿는 것과 아는 것에 하나가 되어 온전한 사람으로 자라가는 것입니다. 믿음을 심고 예배와 순종의 노력을 심습니다.

땅속에 심겨진 씨앗이 깜깜한 땅속에 떨어지고 발아해서 열매를 맺기까지는 인고의 과정과 햇빛과 물과 자양분이 필요하듯이, 예수님을 믿고 거듭나서 변화 받고 열매 맺기까지, 힘쓰고 애쓰는 노력과 많은 인내가 필요한 것입니다. 바라던 열매를 맺는데 지름길은 없고 붙들어 주시는 하나님 은혜가 있어야 함은 두말할 필요도 없습니다.

농작물이 좋은 열매를 맺어야 제 값을 받는 것처럼 예수 그리스도로 옷 입은 그리스도인이 되는 것도 어떤 마술적인 힘으로 이루어지지 않습니다. 삶에서 믿음과 순종과 오래 견딤으로 자라고, 인내함으로 의의 열매가 맺히는 것입니다.

9월 13일

하나님의 간섭하심과 은혜

주를 두려워하는 자를 위하여 쌓아 두신 은혜 곧 인생 앞에서 주께 피하는 자를 위하여 베푸신 은혜가 어찌 그리 큰지요 (시편 31편 19절)

또 내가 보니 죽은 자들이 무론 대소하고 그 보좌 앞에 섰는데 책들이 펴 있고 또 다른 책이 펴졌으니 곧 생명책이라 죽은 자들이 자기 행위를 따라 책들에 기록된 대로 심판을 받으니… 누구든지 생명책에 기록되지 못한 자는 불못에 던지우리라 (요한계시록 20장 12, 15절)

하나님께서는 사람들이 하는 일을 다 보고 알고 계십니다. 그럼에도 전혀 안 보시고 모르시는 것처럼 일절 간섭하지 않고 그냥 보고만 계시는 것 같습니다. 그러나 결정적인 때에 간섭하심의 증거를 화나 복으로 나타내십니다. 그러므로 사람이 중요하게 생각해야 할 부분은 다른 무엇보다도 하나님께서 자신을 어떻게 보시는가? 입니다. 처음에는 하나님의 눈과 마음을 거슬려도 그럭저럭 괜찮은 거 같았는데, 긍휼과 자비가 한없으신 하나님께서 오래 참으시지만, 계속 깨닫지 못하면 징계를 통해 말씀하실 때도 있습니다. 하나님께서 어떤 사람을 사랑스럽게 여기시면 삶 가운데 하나님께서 주시는 참 평안이 있습니다.

또한 우리가 무엇보다도 중요하게 생각할 것은 생명책에 자신의 이름이 없을 수도 있다는 사실을 알고 영혼이 병들거나 잠들지 않도록 경성해야 합니다. 이 일이 중요하므로 예수님께서도 제자들이 사역을 성공적으로 마치고 좋아하자 "그런 일로 기뻐하지 말고, 너희 이름이 하늘 생명책에 기록된 것으로 기뻐하라."고 하셨습니다. 우리가 이 땅에서 어떤 일과 사역의 잘 됨과 소문나는 복을 받는 것보다도 생명책에 이름이 새겨져서 또렷하게 빛나고 있음이 가장 큰 복입니다. 하나님과의 관계가 올바르면 생명책에 기록된 우리 이름이 결코 흐려지거나 지워지지 않습니다. 하나님이 계신 곳, 그곳은 사람의 지각으로는 도무지 생각할 수 없을 만큼 좋은 곳으로, 하나님을 사랑하고 믿음으로 순종하는 자들을 위해 예비하셨습니다.

믿음으로 사는 삶

예수께서 가라사대 너는 나를 본 고로 믿느냐 보지 못하고 믿는 자
들은 복 되도다 하시니라 (요한복음 20장 29절)

믿음으로 노아는 아직 보지 못하는 일에 경고하심을 받아 경외함
으로 방주를 예비하여 그 집을 구원하였으니 이로 말미암아 세상
을 정죄하고 믿음을 좇는 의의 후사가 되었느니라 (히브리서 11장 7절)

  예수님께서 부활하신 후 제자들에게 친히 손과 발을 보여 주셨습니다.
제자들은 너무 기이하고도 기뻐서 믿기지 않았습니다. 그 자리에 제자들
과 함께하지 않았던 도마는 그 이야기를 듣고 자신은 예수님을 직접 보기
전에는 믿지 못하겠다고 했습니다.

  예수님께서는 시간과 공간을 초월하여 모든 것을 다 아시기에, 의심하는
도마의 말을 들으시고 표정도 마음 중심도 보시고 가까이 다가오셨습니다.
그리고 도마의 손가락을 못 박혔던 손바닥과 창에 찔린 옆구리에 넣어 보
라고 하셨습니다. 그때서야 도마는 "나의 주시요 나의 하나님이니이다."라
고 부르짖었고, 나중에 인도에서 선교하다가 순교했습니다.

  하나님께서 우리에게 바라시는 것은 우리가 보지 않고 믿는 것으로, 그런
믿음을 복되다고 하셨습니다. 우리는 도마처럼 예수님의 손에 난 못 자국과
옆구리에 상처 난 곳에 손을 넣어 보지는 않았습니다. 그러나 우리는 하나
님께서 은혜를 베풀어주신 믿음의 눈으로 예수님을 주와 그리스도로 믿습
니다. 예수님을 육신의 눈으로는 볼 수 없지만 마음의 눈으로 보고 확실하
게 믿습니다. 눈에 보이는 것으로 하지 않고, 성경 말씀과 우리 안에 계신
성령님의 인도를 따라 믿음으로 행합니다. 설령 받은 바 약속이 눈앞에 실
현되지 않더라도 더 좋은 본향을 사모하고 소망하며 살아갑니다.

9월 15일

말씀을 따르는 자의 복

그 말씀이 너희를 능히 든든히 세우사 거룩게 하심을 입은 모든 자 가운데 기업이 있게 하시리라 (사도행전 20장 32절)

내가 그리스도와 그 부활의 권능과 그 고난에 참예함을 알려 하여 그의 죽으심을 본받아 어찌하든지 죽은 자 가운데서 부활에 이르려 하노니 (빌립보서 3장 10-11절)

믿음의 세계에는, 예수님을 믿겠다고 결단하고 교회에 나가 말씀을 들은 날부터 끝까지 변치 않고 시련을 통해서도 오히려 믿음이 성장하며 알곡이 되어 가는 사람이 있습니다. 또한 도중에 어떤 어려움을 만나면 실망하고 쭉정이가 날아가는 것처럼 떨어져 나가는 사람도 많습니다. 사람은 하나님의 말씀을 거역하고 자기만의 기준과 생각대로 살고자 하는 성향이 강하기 때문에, 하나님을 주인으로 모시고 그분의 말씀으로 자신을 다스리지 않으면 엉뚱한 길로 가기 쉽습니다. 세상에는 잘못된 길도 바른길로 보이는 함정이 많은데, 그런 함정에 빠지는 것은 대부분 자아와 욕심 때문입니다. 그러므로 믿음 생활을 시작한 처음부터 바른길을 가야 합니다. 어떤 함정에 빠졌다가 나오려면 나오기도 쉽지 않아서 실족하며, 나오더라도 징계가 있기에 고달프고 많은 낭비가 있으며 하나님의 뜻이 지연되고 방해받기도 합니다. 그러므로 언제나 당장 사람 마음으로 생각하기에 좋아 보이는 것에는 함정이 있음을 알고, 좋아 보이는 것보다 말씀 앞에서 바른 것인가 아닌가를 살펴봄이 현명합니다.

우리가 하나님 말씀을 중심으로 하는 삶을 살아가면, 안전하고 영혼에 평안과 승리의 기쁨이 있습니다. 지금은 아무것도 없고 세상적으로 볼 때는 우둔해 보이고 망할 것 같지만 절대 그렇지 않습니다. 어느 때가 되면 하나님께서 길을 내시고 복을 내리십니다. 뿐만 아니라 하나님 뜻과 말씀 순종하시느라 십자가에서 죽임당하시고 부활하신 예수님과 함께 영원한 기업의 상속자가 되는 영복을 누리는 영광의 승리, 그 주인공이 되는 것입니다.

9월 16일

하나님 나라의 유업을 이을 자

너희가 그리스도께 속한 자면 곧 아브라함의 자손이요 약속대로 유업을 이을 자니라 (갈라디아서 3장 29절)

하나님이 세상에 대하여는 가난한 자를 택하사 믿음에 부요하게 하시고 또 자기를 사랑하는 자들에게 약속하신 나라를 유업으로 받게 아니 하셨느냐 (야고보서 2장 5절)

예수님의 구속과 속죄로 거듭난 우리의 생명은 그리스도와 함께 하나님 안에 감추어져 있습니다. 예수님 안에서 순종하며 살아갈 때 사망이나 생명이나 천사들이나 권세 자들이나 현재 일이나 장래 일이나 능력이나 높음이나 깊음이나 다른 아무 피조물이라도 우리를 하나님 사랑에서 끊을 수 없으며 그 손에서 빼앗을 수 없습니다. 그러나 하나님을 두려워하지 않고 불순종하며 죄를 끊지 못하는 사람에게는 해당하지 않습니다.

우리는 믿음의 조상 아브라함의 자손으로서 하늘나라의 유업을 이을 자입니다.

유업을 이을 자는, 하나님 은혜로 모든 죄악 가운데서 건져내심을 받고 천국에 들어가도록 구원받은 자를 말합니다. 그래서 하나님께서 약속하신 하나님 나라를 유업으로 상속 받아 소유하고 누리게 될 사람을 가리킵니다.

우리는 이 땅에서 천국의 시민권을 가진 자, 예수 그리스도 안에서 하나님의 사랑을 받아 하나님 나라의 유업을 이을 자로 살아갑니다. 영원한 위로와 좋은 소망을 주신 하나님께 감사드리는 마음으로 선하고 의롭게 믿으며 소망 중에 살아가야 합니다. 이 세상의 좋아 보이는 어떤 것이 아니라 영원하신 하나님을 소망하고 경배하며 사는 것입니다.

진정한 복과 성공적인 삶

여호와를 사랑하는 너희여 악을 미워하라 (시편 97편 10절)

여호와의 손이 짧아 구원치 못하심도 아니요 귀가 둔하여 듣지 못하심도 아니라 오직 너희 죄악이 너희와 하나님 사이를 내었고 너희 죄가 그 얼굴을 가리워서 너희를 듣지 않으시게 함이니 (이사야 59장 1-2절)

하나님께서는 인자와 긍휼이 풍성하셔서 예수님을 믿고 회개하는 자에게 십자가 구속의 은혜를 부어주십니다. 그러나 죄를 너무나도 미워하고 싫어하시므로, 피 흘리기까지 죄와 싸우라 하셨고, 악을 미워하라고 하셨습니다.

죄성은 하나님과의 관계를 누리고 기도를 응답받는 삶에 커다란 걸림돌이 됩니다. 하나님께서 우리의 기도에 응답하시지 못하시는 이유 중의 하나가 죄 때문이라고 하셨습니다. 죄는 거대한 담처럼 하나님과 우리 사이를 가로막습니다. 하나님께서 손이 짧아서 구원하시지 않은 것이 아니고, 귀가 둔해서 못 들으시는 것이 아니라 죄가 가로막고 있어서라고 하십니다.

그러므로 우리에게 승리하는 삶이란 무엇보다도 말씀의 가르침을 통해 하나님께서 원하시는 뜻을 깨달아, 죄성과 싸워 이기는 것입니다.

죄를 이기는 길은 구원자 예수님 안에 있습니다. 죄를 짓게 하는 마귀의 일을 멸하려고 오신 예수님과 연합하여 성령의 능력으로 넉넉히 이길 수 있게 됩니다. 성령 충만한 그리스도인으로서 승리하는 삶을 살 수 있을 것입니다.

성도가 이 땅에 사는 동안 최고 복되고 성공적인 삶은, 죄가 너무나 싫어서 죄를 미워하고, 의를 추구하며 사는 삶입니다. 존재와 삶 자체가 하나님께 기쁨과 영광이 됩니다.

인간의 교만과 고난의 유익

도가니는 은을, 풀무는 금을 연단하거니와 여호와는 마음을 연단하
시느니라 (잠언 17장 3절)

그러나 더욱 큰 은혜를 주시나니 그러므로 일렀으되 하나님이 일렀
으되 하나님이 교만한 자를 물리치시고 겸손한 자에게 은혜를 주신
다 하셨느니라 (야고보서 4장 6절)

　사람은 너나 할 것 없이 금강석처럼 완강한 구석이 있습니다. 비록 유순
해 보이는 사람도 자존심을 건드리면 폭발합니다. 사람은 태생이 교만하기
때문인데, 교만은 하나님을 대적하는 통로로서 모든 죄들 중에 최악이며,
모든 영적 암중에 최악입니다. 그러다가 삶의 어떤 지점에서 질병과 파산
과 실패로 인해, 한계와 무능력을 경험하면서 교만이 꺾어집니다. 하나님
께서는 이렇게 자기가 사랑하는 백성에게 시련과 고난을 허락하십니다. 부
모가 자녀에게 필요한 것을 주고 돌보고 보호하지만, 때로는 훈육을 위해
매를 들어 때리는 것처럼, 하나님께서도 한없는 사랑과 은혜를 베풀어주시
지만, 때로는 고난을 통해 낮추시고 시험하십니다. 뜨거운 불 속에서 도가
니가 은을 연단하고 풀무가 금을 연단하는 것처럼 시험과 고난의 불 속에
서 사람 마음을 연단하시는 것입니다. 연단 중에 세상 줄을 끊고 자기 욕
심을 비우고, 하나님을 찾고 의지할 때 하나님을 인격적으로 새롭게 더 깊
이 만납니다. 영혼이 잘 되고 천국을 소망하는 복된 유익을 얻게 됩니다.

　그러므로 인생사는 동안 혹시나 시험과 고난을 만날 때, 이상한 일 당한
것처럼 두려워하지 말고, '하나님께서 깨뜨려서 하나님을 가까이하는 사람
으로 만드시고, 더 복되고 거룩하게 해서 천국 백성으로 만드시려는 뜻이
있으시나.' 하고, 인내와 감사로 이겨나가면 승리합니다.

하나님의 약속을 기업으로 받는 사람

하나님의 약속은 얼마든지 그리스도 안에서 예가 되니 그런즉 그로 말미암아 아멘 하여 하나님께 영광을 돌리게 되느니라 (고린도후서 1장 20절)

하나님은 약속을 기업으로 받는 자들에게 그 뜻이 변치 아니함을 충분히 나타내시려고 그 일에 맹세로 보증하셨나니 이는 하나님이 거짓말을 하실 수 없는 이 두 가지 변치 못할 사실을 인하여 앞에 있는 소망을 얻으려고 피하여 가는 우리의 큰 안위를 받게 하려 하심이라 (히브리서 6장 17절)

큰 부자를 아버지로 둔 아들이 아버지의 재벌기업을 물려받으면 부러움이 됩니다. 그런데 세상 재벌기업은 아무리 규모가 크고 좋아 보일지라도, 하나님께서 구원받은 자녀에게 약속하신 하늘나라 기업과는 비교가 안 되고, 차원도 완전히 다릅니다.

하나님께서 하나님의 자녀에게 약속하신 기업은, 죄 사함과 인도하심, 돌보시고 보호하시며, 필요를 공급하심이고, 생명과 하늘나라의 영원한 복락입니다. 이 세상의 모든 것과 세상 돈을 다 합할지라도 결코 얻을 수도 없고, 맛볼 수도 없습니다.

그러므로 우리가 하나님 말씀을 순종하고 살면서 하나님의 약속 안에 거하면, 이 땅에서 잘 나지 않아도, 부자가 아니어도, 성공하지 않아도 괜찮습니다. 하나님의 약속을 기업으로 받는 자로서의 든든한 신뢰와 감사가 있고, 모든 것에 모든 것 되시는 하나님 한 분으로 만족하며 자유 합니다.

하나님께서는 눈에 보이는 세상 욕심에 마음 두지 않고 흔들리지 않으며, 자신이 원하는 대로 되든지 안 되든지 연연하지 않고 일편단심 믿음과 감사로 하나님을 사랑하고 섬기는 사람을 결코 잊지 않으십니다. 그냥 내버려 두지 않으시는데, 건강도 주시고 물질도 주시며, 하나님께서 기뻐하시고 영광 받으실 만한 성공도 주십니다.

불신앙, 그리고 믿음의 사람

이에 저를 죽은 자 가운데서 다시 살리신 것으로 모든 사람에게 믿
을 만한 증거를 주셨음이라 하니라 (사도행전 17장 31절)

이는 하나님을 알만한 것이 저희 속에 보임이라 하나님께서 이를 저
희에게 보이셨느니라. 창세로부터 그의 보이지 아니하는 것들 곧 그
의 영원하신 능력과 신성이 그 만드신 만물에 분명히 보여 알게 되나
니 그러므로 저희가 핑계치 못할찌니라 (로마서 1장 19-20절)

만물이 하나님을 증거 합니다. 또한 예수님의 죽으심과 부활이 역사의
기원전과 기원후를 가르는 분기점이 되었습니다. 우리는 예수님이 역사적
실존과 부활의 증거를 통해 확실히 믿어집니다. 핑계할 수 없는 진실입니
다. 그래서 믿지 않는 것이 믿는 것보다 더 어렵다는 생각이 듭니다. 그런
데 세상에는 이렇게 확실한 역사적 사실임에도 예수 그리스도의 주되심과
부활의 사실을 믿지 않는 사람들이 많습니다. 성령으로 역사하는 하나님
은혜가 없이는 그 누구도 믿을 수 없는 까닭입니다. 불신앙은, 믿는 자 안
에도 있습니다. 말씀과 성령의 나타남을 다 믿는다고 하는 성도도 믿음이
좋다고 인정받지만, 어느 순간 교리에 매이다 보면 종교적이 되어서 성령
의 역사에 눈이 어둡게 됩니다. 사도 바울은 하나님은 믿고 율법에 통달 했
지만 예수님은 믿지 않고, 예수님 믿는 사람들을 핍박하는 일에 주동자였
습니다. 어느 날 다메섹도상에서 자신에게 나타나신 예수님을 뵙고 영의
눈이 열렸습니다. 그 후, 하나님의 섭리적 은혜로 기독교역사에 큰 공헌을
했습니다. 이처럼 지금도 예수님을 의심하고 불신하면서 믿는 사람들까지
이유 없이 싫어하는 사람도, 언젠가 진리의 눈을 떠서 의심과 불신이 깨지
면, 광신이 아니라 성경 말씀 안에서 진리를 추구하는 하나님의 사람이 되
기도 합니다. 저 자신이 그랬고, 또 주변에 그렇게 되어 있는 많은 사람을
봅니다. 그러므로 아직 믿지 않는 자나 믿는다고는 하는데 아직 의심이 많
은 성도에게도 소망이 있습니다. 은혜와 진리 되시는 예수님을 개인적으로
인격적으로 만나면, 누가 뭐라해도 변함없이 주님을 따르는 믿음의 사람이
됩니다.

9월 21일

순종하는 믿음과 복 받을 그릇

여호와께서 아브람에게 이르시되 너는 눈을 들어 너 있는 곳에서 동
서 남북을 바라보라 보이는 땅을 내가 너와 네 자손에게 주리니 영
원히 이르리라 (창세기 13장 14~15절)

그런즉 너희가 먹든지 마시든지 무엇을 하든지 다 하나님의 영광을
위하여 하라 (고린도전서 10장 31절)

하나님께서는 때때로 믿음의 사람들에게 주실 복을 미리 준비해 놓으시
고 말씀하십니다. 하나님께서 이스라엘 백성들을 위해 가나안 땅을 준비
해놓으신 것처럼, 축복의 약속을 준비하셨습니다. 그 복을 소유하려면 우
리의 욕심이 아닌 필요를 따라 준비해 놓으신 여호와이레의 하나님을 확
실히 신뢰해야 합니다.

이스라엘 지파 중에는 하나님께서 준비해 놓으신 가나안 땅을 누리지
못한 지파들이 있었습니다. 하나님께서 주시기로 약속한 땅 중에 자기들
의 몫을 제대로 받아 누리지 못하고 언저리에 머물러 그저 바라보기만 한
것입니다. 제대로 복 받을 그릇이 되지 않아서인데, 하나님의 뜻보다는 자
신들의 입맛대로 선택하는 불순종으로 인하여, 하나님 보시기에 합당한
믿음의 그릇이 준비되어 있지 않아서였습니다.

하나님께서 예비하신 복을 받아 누리기 위해서는, 하나님 말씀대로 순
종하는 믿음과 약속하신 말씀이 자신에게 반드시 이루어진다는 믿음이 필
요합니다. 또한 마음 중심으로부터 하나님의 영광을 위하여 먹든지 마시든
지, 죽든지 살든지 무엇을 하든지, 하나님의 이름만이 존귀히 여겨지며 하
나님께 영광을 올리려는 소원을 가져야 합니다. 그렇게 신실하고 순전한
믿음과 삶이 복 받는 그릇이 되어, 하나님께서 베푸시는 은혜와 축복의 역
사를 누리게 됩니다.

세상의 빛 됨과 하나님의 영광

너희는 세상의 빛이라 산 위에 있는 동네가 숨기우지 못할 것이요…
이같이 너희 빛을 사람 앞에 비취게 하여 저희로 너희 착한 행실을
보고 하늘에 계신 너희 아버지께 영광을 돌리게 하라 (마태복음 5장
14, 16절)

악을 행하는 자마다 빛을 미워하여 빛으로 오지 아니하나니 이는 그
행위가 드러날까 함이요 진리를 좇는 자는 빛으로 오나니 이는 그 행
위가 하나님 안에서 행한 것임을 나타내려 함이라 하시니라 (요한복음
3장 20-21절)

세상은 화려해 보이지만 실상은 어둡습니다. 소요와 갈등과 문제가 많
으며, 질병과 고통과 슬픔과 탄식이 있습니다. 예수님께서는 믿는 자들을
세상의 빛이라 하셨습니다. 별처럼 스스로 빛을 내는 발광체가 아니라, 달
이 태양의 빛을 받아 달빛을 내듯이, 하나님께서 주시는 은혜를 받아 빛을
반사할 수 있다는 뜻입니다.

우리가 하나님의 은혜를 충만히 받아 누릴 때, 그 영광의 빛이 다른 사
람에게 비치는 것입니다. 슬픔과 눌림이 있는 곳에 기쁨과 자유함을, 죽음
과 아픔이 있는 곳에 평안과 생명과 치유가 흘러갑니다.

예수님께서는 이르시기를 등불을 켜서 말 아래에 두지 않고 등경 위에
두는 것처럼, 믿는 자들이 소극적으로 움츠리거나 숨지 말고, 세상 사람들
앞으로 나아가서 비추라고 하셨습니다. 그것은 자신을 드러내거나 잘난체
하는 것이 아닙니다. 실제 삶에서 착한 마음과 행실로 행하면 하나님께서
기뻐하시고 영광을 받으시는 것입니다.

하나님 은혜로 하나님 영광의 통로가 되는 자에게는 하나님의 빛과 영
광이 더 부어집니다. 그래서 우리가 하나님 영광의 빛을 충만히 받으면 점
점 더 밝고 환하게 비출 수 있습니다. 자신의 심령과 환경을 뛰어넘어 어두
워 가는 세상의 한구석을 밝히는 빛으로 살아갈 수 있습니다.

실천하는 삶과 믿음의 능력

네 문 빗장은 철과 놋이 될 것이니 네 사는 날을 따라서 능력이 있으리로다 (신명기 33장 25절)

행함이 없는 믿음은 그 자체가 죽은 것이라 (야고보서 3장 17절)

하나님께서 믿음으로 살려고 애쓰는 자에게 말씀과 성령의 계시를 통해 깨달음도 주시고 지혜도 주십니다. 그런데 기도도, 구제도, 봉사도, 건강도, 인내하는 일도, 선하고 의로운 삶도 이론으로는 잘 알지만 실천하지 않으면 아무 소용이 없습니다.

만약에 살아가면서 돈이 필요한데, 앉아서 기도만 한다고 해결되지 않습니다. 하나님의 일을 해야 하는 특별한 부르심이 있는 경우는 예외일 수도 있지만, 생활에 필요한 돈을 벌려고 일자리를 알아봐야 합니다. 그럴 때 하나님께서 수입을 얻어서 생활할 수 있게 도와주십니다.

우리가 살아가는 데 필요한 모든 일이 그렇습니다. 자신의 성품에 좀 더 변화가 필요한 부분도 그렇습니다. 화를 잘 내는 사람이라면, 화내는 것은 옳지 못하다는 이론만 갖고 있거나, 혹은 마귀가 틈타서 그런다고 변명하는 생각만으로는 결코 변화될 수 없습니다. 정신을 바짝 차리고 실제 상황에서 자신의 태도를 올바르게 고치려고 노력할 때, 하나님께서 도와주셔서 화를 내는 대신 화평의 열매를 맺을 수 있는 것입니다.

하나님 말씀과 뜻을 실천하는 삶이 믿음의 능력입니다. 많이 아는 것보다는 훨씬 더 중요합니다.

인생의 길을 훤히 아시는 하나님

주께서 나의 앉고 일어섬을 아시며 멀리서도 나의 생각을 통촉하시오며 나의 길과 눕는 것을 감찰하시며 나의 모든 행위를 익히 아시오니 여호와여 내 혀의 말을 알지 못하시는 것이 하나도 없으시니이다 (시편 139편 2~4절)

예수는 그 몸을 저희에게 의탁지 아니하셨으니 이는 친히 모든 사람을 아심이요 또 친히 사람의 속에 있는 것을 아시므로 사람에 대하여 아무의 증거도 받으실 필요가 없음이니라 (요한복음 2장 24~25절)

하나님의 눈은 불꽃과 같아서 모든 인생이 가는 길을 훤히 아십니다. 구부러지는 길을 가는지 곧은길을 가는지를 보십니다. 뿐만 아니라 성격이나 형편과 개성을, 생각과 행동과 마음속에 있는 모든 것을 살피십니다. 순결함과 간사함, 마음과 행위가 구부러질 때의 어리석음과 교만도 보시고, 정직과 진실과 신실함과 바른 행위와 지혜로움도 아십니다.

모든 사람의 앉고 일어서는 것을 보시고 멀리서도 생각을 살피십니다. 사람은 눈앞의 일도, 잠시 뒤의 일도 알지 못하지만, 하나님은 10년 후, 20년 후 인생 끝 날과 그 이후까지 그 사람에 있을 모든 일을 아십니다.

그러므로 사랑하시는 자녀에게 닥치는 시험과 위험도 아시기 때문에 성령님께서 계시로 알려주시고 미리 피하게 하시므로 보호하십니다.

하나님께서는 가장 정확한 눈으로 보시므로, 정확한 판단으로 갚으십니다. 그러므로 사람이 볼 때는 마음에 악이 없고 독기도 없어서 유순하고 겸손한 사람이 어리석고 나약해 보일지 몰라도, 하나님께서 보실 때는 지혜롭고 강하고 크게 보십니다. 그런 사람은 어려움을 당하지 않고, 어려움이 오더라도 환난에 빠지지 않습니다. 하나님께서 사랑하시고 아끼셔서 긍휼히 여기심으로 건지시고 피할 길을 주시기 때문입니다.

진실 되고 순전한 믿음

우맹이요 소경들이여 어느 것이 크뇨 그 금이냐 금을 거룩하게 하는 성전이냐 … 소경들이여 어느 것이 크뇨 그 예물이냐 예물을 거룩하게 하는 제단이냐 (마태복음 23장 17절, 19절)

베드로가 가로되 은과 금은 내게 없거니와 내게 있는 것으로 네게 주노니 곧 주 예수 그리스도의 이름으로 일어나 걸으라 하고 (사도행전 3장 6절)

예수님의 공생애 당시에 사두개인은 유대 종교지도자였습니다. 그런데 부활을 믿지 않았고 영적 세계를 보지 못하는 소경이었습니다. 부활을 믿지 않았기에 모든 것을 세상적인 기준으로 판단했는데, 성전이신 예수님보다도 성전에 있는 성전기구를 더 크고 중요하게 여겼습니다. 그 기구들은 모두 금으로 만들어졌기 때문에 값나가게 보인 까닭입니다.

영적인 눈이 안 뜨이면 성전에 있는 성물들이 귀한 까닭은, 거룩한 성전 안에 놓여 있기 때문이라는 사실을 보지 못합니다. 그래서 제단보다도 제단 위 예물을 더 귀중히 여긴 것입니다. 당시에 소나 양이 제단 위에 올려지고 하나님께 드려지므로 거룩한 제물이 된 것인데, 제단보다도 제물을 더 가치 있게 본 것입니다. 육신의 눈으로 보니 제단보다 소나 양이 재산가치가 더 컸기 때문입니다.

우리는 영적인 눈이 뜨인 사람들로서, 예수님을 통해 복과 성공이나 소원을 이루는 것보다 예수님을 먼저 사모하고 사랑하고 순종해야 합니다. 우리가 잘되고 성공한 것과 비교 안 될 만큼 중요한 것은 예수님이시기 때문입니다.

진실 되고 순전한 믿음은 오직 예수님께 경배드리고 감사하고 찬양하고 그 이름과 영광을 위하고 높이며 사는 것입니다.

약속을 이루시는 신실하신 하나님

하나님은 인생이 아니시니 식언치 않으시고 인자가 아니시니 후회가 없으시도다 어찌 그 말씀하신 바를 행치 않으시며 하신 말씀을 실행치 않으시랴 (민수기 23장 19절)

또한 약속하신 이는 미쁘시니 우리가 믿는 도리의 소망을 움직이지 말고 굳게 잡아 (히브리서 10장 23절)

사람 간에 약속은 믿기 어려워서 파기해야 하는 것이 더 현명할 때도 있습니다. 약속 내용이 아무리 좋아도 사람 자체가 신빙성이 없고 신뢰하기 어렵다는 판단이 서면, 이루어지지 못할 것이 뻔한 문서상 내용에 묶여 나중에 정신적, 물질적 피해가 따르기 때문입니다.

사람의 약속은 이렇게 안심하기 어려운 때도 있습니다. 그러나 하나님께서는 성경에 기록된 하나님의 모든 약속을 반드시 이루시고, 각 개인에게 성령을 통하여 하신 말씀도 다 이루어 주십니다.

우리의 삶이 간혹 하나님의 약속하신 바와 다르게 흘러가면, 우리는 하나님의 약속을 믿지 못하고 흔들리며 인내하지 못하고 하나님을 원망하기도 합니다. 연약한 믿음 때문입니다. 그러나 결국은 하나님께서 약속하신 대로 선하신 뜻을 더 아름답고 복되게 이루시기 위해 일하시는 과정이었음을 압니다. 하나님의 긴 침묵이 너무나 가혹해 보였던 일이 오히려 더 좋은 것으로 축복하시기 위한 하나님의 지혜였음을 깨닫기도 합니다.

우리가 어떤 상황에서도 하나님의 약속을 확고한 믿음으로 신뢰할 수 있는 이유는, 신실하신 하나님의 위대하신 성품 때문입니다.

9월 27일

빛과 어둠과 구원의 기회

내가 잡혀 있는 자에게 이르기를 나오라 하며 흑암에 있는 자에게 나타나라 하리라 그들이 길에서 먹겠고 모든 자산에도 그들의 풀밭이 있을 것인즉 (이사야 48장 10절)

예수께서 가라사대 아직 잠시 동안 빛이 너희 중에 있으니 빛이 있을 동안에 다녀 어두움에 붙잡히지 않게 하라 어두움에 다니는 자는 그 가는 바를 알지 못하느니라 너희에게 아직 빛이 있을 동안에 빛을 믿으라 그리하면 빛의 아들이 되리라 (요한복음 12장 35~36절)

우리가 사는 세계는 눈에 보이는 세계뿐인 것 같지만 또 하나의 세계가 있습니다. 그 세계는 눈에 보이지 않는 세계로서 빛과 어둠으로 나누어집니다. 이 세상에 살아가는 모든 사람들을 빛이신 하나님 보시기에는 정확하게 빛의 아들과 어둠의 아들로 구별됩니다. 만일 예수님을 믿는다고 하면서도 불신앙과 불순종으로 하나님께 등을 돌리고 빛을 등지며 자기 주관을 따라 산다면 어둠의 지배를 받고 있는 것입니다.

예수님께서는 빛이 있을 동안에 빛을 믿고 따르라고 하셨습니다. 하나님의 은혜와 성령님의 도우심이 있을 때 예수님을 따라 살며 구원을 이루라는 말씀입니다. 그 날과 그 시를 알 수 없지만 우주 역사에 반드시 있어질 주님의 재림 심판 때에는 은혜와 긍휼과 자비가 없고 흑암과 하나님의 공의에 의한 혹독한 심판의 환난만 있을 것이기 때문입니다.

우리 각자의 인생 가운데 주어진 구원의 기회는 항상 있는 것이 아닙니다. 그러므로 쉬지 않고 흘러가는 시간 속에서 순간순간 빛을 따라 살아감이 지혜입니다. 오늘도 하나님께서는 은혜 받을만한 때와 구원의 기회를 놓치지 말고, 빛 가운데 들어가 예수님의 생명을 누리는 빛의 자녀로 거듭나라고 복음의 빛 된 세계로 초청하고 계십니다.

하루를 여는 감사의 습관

아침에 나로 주의 인자한 말씀을 듣게 하소서 내가 주를 의뢰함이니이다 나의 다닐 길을 알게 하소서 내가 내 영혼을 주께 받듦이니이다 (시편 143편 8절)

범사에 우리 주 예수 그리스도의 이름으로 항상 아버지 하나님께 감사하며 (에베소서 5장 20절)

우리가 마음을 모으고 하나님 은혜에 감사드리는 습관은 참 복됩니다. 우리를 하나님과 쉽게 연결해줍니다. 아침에 눈을 뜨면서 한 날을 허락해 주신 은혜에 감사드립니다. 영과 육에 일용할 양식 주심에 감사하고, 거주하는 집이 있고 만나는 이웃이 있으며 해야 할 일이 있으니 감사, 하나님께서 공급해 주신 힘으로 건강하고 충만하게 하루를 지낼 수 있음에 감사, 그외에 마음에 우러나오는 모든 것에 감사의 마음을 올려드리는 것입니다.

하나님 말씀 속에서 진정한 삶의 목적과 방향을 알고 확신하며, 참 소망을 가진 자로서 힘 있게 살게 하심에 감사드립니다. 때로 어려운 일이 있을 때에도 살아계신 구원자 하나님을 찾고 기도할 수 있으니 감사합니다. 하나님의 일하심을 믿고 기도드리며 인내할 때, 기다림의 시간을 축복으로 만들어 주시는 하나님 은혜에 감사드립니다. 천지만물을 창조하시고 다스리시는 하나님께는 모든 것이 가능하기 때문입니다.

우리의 하루를 여는 가장 좋은 시작의 습관은 이렇게 감사의 마음으로 하나님께 나아가 감사를 올려드리는 것입니다.

죄책감으로부터의 자유

그러므로 이제 그리스도 예수 안에 있는 자에게는 결코 정죄함이 없나니 이는 그리스도 예수 안에 있는 생명의 성령의 법이 죄와 사망의 법에서 너를 해방하였음이라 (로마서 8장 1-2절)

모든 것 위에 믿음의 방패를 가지고 이로써 능히 악한 자의 모든 불화살을 소멸하고 (에베소서 6장 16절)

우리의 믿음이 약해질 때가 있습니다. 그러면 생각과 마음은 악한 영의 공격으로 눌리고 위축되기도 합니다. 죄책감을 심어주는 악한 영의 공격에 맞서 싸우는 전쟁터가 되는 것입니다. 사단의 특기는 거짓의 아비로 평안과 행복을 훔쳐가는 도둑이며, 우리의 영혼을 거짓말로 속이고 기만합니다. 진실 되고 분명한 회개를 했음에도 불구하고 죄책감과 정죄감을 심어주는 것입니다.

그러므로 철저하게 회개하고 죄에서 완전히 떠나며, 믿음으로 예수님을 의지하고 기도해야 합니다. 예수님의 십자가 죽음이 죄에서 해방시켰다는 사실을 붙잡고, 사랑으로 용납하신 예수 그리스도 안으로 들어가야 합니다. 믿음의 방패를 가지고 악한 영의 불화살인 거짓된 감정과 싸우고, 생명의 영이신 예수님과 연합할 때, 해방되고 자유로워집니다.

우리 영적인 힘을 빼앗아 기진맥진 위축시키는 사단의 술수를 분별하고 대적하면, 죄책감에서 쉽게 벗어날 수 있습니다. 하나님께서는 우리가 생명의 성령 법 안에서 우리를 향하신 하나님의 사랑을 경험하고 의와 희락과 평강이 넘치는 삶을 살아가기를 바라십니다.

하나님을 추구하는 자에게 베푸시는 은총

너희는 먼저 그의 나라와 그의 의를 구하라 그리하면 이 모든 것을 너희에게 더하시리라 (마태복음 6종 33절)

자기의 육체를 위하여 심는 자는 육체로부터 썩어진 것을 거두고 성령을 위하여 심는 자는 성령으로부터 영생을 거두리라 (갈라디아서 6장 8절)

우리는 누구나 그 어떤 것을 추구하며 살아갑니다. 생각한 결과가 행동으로 나타나며, 자신이 추구하고 애써 노력하는 것을 가지게 됩니다. 그런데 하나님을 섬기는 우리는 하나님과 이 세상의 것을 똑같이 추구할 수 없습니다. 무엇보다도 먼저 하나님의 뜻과 말씀을 중요하게 생각하고 살기 때문입니다. 그래서 눈앞의 상황이나 형편을 넘어섭니다. 그 대신 자신의 생각보다 훨씬 크시고 능하신 하나님의 은총을 신뢰합니다.

이렇게 순전한 믿음으로 하나님을 추구하는 사람에게 하나님께서 주시는 은총이 있습니다. 가난한 자를 택하셔서 믿음에 부요케 하신 하나님의 은혜입니다. 가난한 자 같지만 많은 사람을 부요하게 하고, 아무것도 없는 자 같으나 모든 것 되시는 하나님 안에서 모든 것을 가진 자가 되게 하십니다.

이 세상은 재력이나 권력을 가지고 영향력을 행사하지만, 하나님을 추구하는 사람은 그런 재력이나 권력을 가지지 않았을지라도 하나님께로부터 주어진 은총을 가지고 나누고 섬기면서 선한 영향을 끼칠 수 있습니다. 뿐만 아니라 성령으로부터 영생을 거두게 됩니다. 이 세상과 구별되어 하나님을 추구하며 사는 자들에게 베푸시는 복이며, 신선한 은혜입니다.

October **10**
월

믿음과
순종의 힘

"사무엘이 가로되 여호와께서 번제와 다른 제사를 그 목소리 순종하는 것을 좋아하심 같이 좋아하시겠나이까 순종이 제사보다 낫고 듣는 것이 수양의 기름보다 나으니" (사무엘상 15장 22절)

기도에 대한 통찰

저는 여호와께 복을 받고 구원의 하나님께 의를 얻으리니 이는 여호
와를 찾는 족속이요 야곱의 하나님의 얼굴을 구하는 자로다 (시편 24
편 5~6절)

그를 향하여 우리의 가진바 담대한 것이 이것이니 그의 뜻대로 무엇
을 구하면 들으심이라 우리가 무엇이든지 구하는 바를 들으시는 줄
을 안즉 우리가 그에게 구한 그것을 얻은 줄을 또한 아느니라 (요한1
서 5장 14~15절)

캘빈 밀러라는 분은 기도의 세 가지 비밀에 대해 다음과 같이 말했습니다.

첫째, 우리는 사랑의 아버지께 우리 마음의 소원을 구할 때, 우리 마음
이 티끌만큼의 거리낌도 없어야 한다.
둘째, 우리는 우리가 원하는 것이 보다 높은 뜻에 따라 보류될 수 있다
는 데 동의해야 한다.
셋째, 우리 기도의 궁극적 동기는 우리가 하나님에게서 뭔가를 원한다
는 것이 아니라 하나님을 원한다는 것이어야 한다.

이처럼 기도는 우리가 하나님께 도우심을 간구하고, 필요를 요청하는
것 이상을 포함합니다. 하나님께서 우리에게 기도하게 하신 이유는, 기도
하는 과정을 통해 성령의 역사하심으로 하나님과의 관계를 더 친밀하게 발
전시켜 나가기 때문이기도 합니다. 그런 이유로, 문제나 어려움이 축복입니
다. 어려움에 처해서 하나님을 찾고 간절히 기도하다 보면 어떻게 기도할지
모르고 있었는데, 자연스레 어떻게 기도할지 알게 됩니다. 뿐만 아니라 기
도하고 또 기도해도 응답이 없는 것도 축복입니다. 하나님께 드리는 간곡한
기도가 쌓이면서 하나님의 마음을 이해하게 되고 결국은 하나님의 뜻을 선
택하므로 하나님과 코드가 맞아지기 때문입니다. 대통령이나 사장과 코드가
맞아도 형통한데, 하나님과 코드가 맞는 것보다 더 큰 복은 없습니다.

혀의 세계와 성령의 다스리심

입과 혀를 지키는 자는 그 영혼을 환난에서 보전하느니라 (잠언 21장 23절)

혀는 곧 불이요 불의의 세계라 혀는 우리 지체중에서 온몸을 더럽히고 삶의 수레바퀴를 불사르나니 그 사르는 것이 지옥불에서 나느니라 (야고보서 3장 6절)

혀의 세계가 있습니다. 불이고 불의의 세계가 내포되어 있습니다. 그래서 늘 조심해야 할 부분입니다. 몸의 지극히 작은 일부분이지만 조심하지 않으면, 온몸을 지옥 불에 들어가게 할 수도 있습니다.

1962년 이 세상에 태어난 순간부터 뇌성마비의 생을 시작하여 학교 문턱에도 가보지 못하고, 스스로 글을 깨우쳐 수많은 신앙 시를 쓴 송 명희 시인은, 사람의 입에 대해 "선한 말과 악한 말 다 나오는 사람의 입은 가장 넓다란 것"이라고 하였습니다. 한마디 말을 하려면 온 몸을 비틀어 힘겹게 해야 하는 시인의 표현이라 더 울림이 있습니다.

혀의 세계가 이렇게 넓습니다. 선하고 진실한 말도 하지만, 악하고 불의한 거짓말을 해서 죄를 짓습니다. 혀가 말로 이런저런 죄를 지으면 온몸이 더럽혀집니다. 심하면 인생을 불태워 버릴 수도 있습니다. 지옥 불에서 나오는 세력 때문입니다.

야고보 사도는 혀는 능히 길들일 사람이 없고 쉬지 않는 악이고 죽이는 독이 가득한 것이라고 하며, 말의 실수가 없는 사람이 없다고 했습니다. 하나님 마음에 합했던 성군 다윗도 "내 입에 파수꾼을 세우시고 내 입술의 문을 지키소서."라고 기도했습니다. 혀를 잘 다스리기가 쉽지 않다는 뜻입니다.

혀가 부정적이고 파괴적인 불의의 세계에 쓰이지 않고, 감사하고 축복하고 위로하고 권면하는 사려 깊은 말로 선하고 복되게 쓰이려면, 성령의 도우심이 필요합니다. 혀를 바르고 은혜롭게 사용하면 사람을 살리는 언어가 됩니다.

하나님의 눈에 발견되는 은혜

노아는 하나님께 은혜를 입었더라… 노아는 의인이요 당세에 완전한 자라 그가 하나님과 동행하였으며 (창세기 6장 8~9절)

예수께서 나다니엘이 자기에게 오는 것을 보시고 그를 가리켜 가라사대 보라 이는 참 이스라엘 사람이라 그 속에 간사한 것이 없도다 (요한복음 1장 47절)

하나님께서는 이 지구상에 있는 모든 사람을 감찰하시지만, 또 각 사람을 일일이 보십니다. 죄악이 관영한 세상의 수많은 죄인의 무리 속에서 의인 노아를 보셨고, 방주를 짓도록 하셨습니다. 노아는 온갖 불법과 악행이 난무하는 세상에서 주변 사람들의 비웃음과 조롱에도 흔들리지 않는 믿음으로 하나님 말씀에 순종하여 방주를 지었습니다. 그 덕분에 하나님께서 대홍수로 심판을 내리실 때, 자신과 가족의 생명을 구했습니다.

모든 사람을 다 아시는 하나님께서는 오늘도 세상의 모든 사람들과 믿는 사람들까지 악을 행하므로 하나님을 모욕하고 하나님의 말씀을 욕되게 한다 할지라도, 하나님을 경외하며 경건하게 살아가는 소수의 사람을 보시고 아십니다. 그러므로 때로는 믿음으로 경건하게 사는 삶이 버겁게 느껴질 때도 있고, 순간적으로 세상 풍조에 흔들리더라도 마음을 굳게 지켜야 합니다. 자비롭고 인자하신 하나님의 눈길과 공의로 심판하시는 하나님을 바라보며, 태초부터 세말까지 영원토록 살아 역사하시는 하나님을 향한 믿음과 확신을 가져야 합니다. 죄악이 관영했던 시대에 하나님께 은혜를 입어 하나님의 눈에 의인이고 완전한 자로 발견되었던 노아와 동행하신 것처럼, 예수님께서 무화과나무 아래 서 있던 나다니엘을 보실 때 순전함을 발견하신 것처럼, 하나님께서는 오늘도 예수 그리스도 안에 있는 우리와 우리의 마음과 삶을 다 아시고 보고 계십니다. 하나님께 은혜를 입어 언제까지나 이 세상의 풍조와 죄에 물들지 않고 의롭고 순전한 자로 발견되기를 원합니다.

그럼에도 불구하고의 신앙

비록 무화과나무가 무성치 못하며 포도나무에 열매가 없으며 감람나무에 소출이 없으며 밭에 식물이 없으며 우리에 양이 없으며 외양간에 소가 없을지라도 나는 여호와로 인하여 즐거워하며 나의 구원의 하나님을 인하여 기뻐하리로다 (하박국 3장 17-18절)

이를 인하여 내가 또 이 고난을 받되 부끄러워하지 아니함은 나의 의뢰한 자를 알고 또 나의 의탁한 것을 그날까지 저가 능히 지키실 줄을 확신함이라 (디모데후서 1장 12절)

성경에는 하나님 말씀에 순종하면 복 받고 흥하며, 불순종하면 벌 받고 쇠한다는 약속이 많습니다. 또 성도가 믿음 생활 잘하고 순종해도 환난을 당하고, 시험이 있으며, 일이 잘 안 풀리는 시련이 있다고 말씀합니다. 자칫 혼란스러울 수도 있지만 그렇지 않은 것은, 이 지상에서 인생과 영생까지의 전체를 아울러서 보면, 어찌하든지 구원에 이르도록 하시는 하나님의 섭리적 사랑이, 믿음으로 이해되기 때문입니다. 하나님께서 기뻐하신다면 나는 잘 되든지 못되든지, 행복하든지 불행하든지 상관없다는 신앙, 자신보다는 하나님을 최우선으로 하는 믿음으로 하나님의 선하심을 믿고 인내할 때, 하나님께서는 그냥 계시지 않습니다. 인생 어느 때에 삶을 아름답게 하시고 영광 받으십니다. 아니라면 자녀들 세대에, 그리고 천국에서 상으로 갚아주십니다. 예수님과 함께 했던 제자들, 예수님을 만난 사도바울도 예수님 뜻대로 살고, 기도하고, 예수님과 동행했지만, 육신의 눈으로 보기에는 가진 것이 없었고, 초라했고, 비난과 핍박받고, 나중에는 목숨까지 잃었습니다. 그럼에도 불구하고, 그들은 하나님이 자신의 모든 것 되심을 믿고, 주님 사랑과 영생 천국의 소망을 가졌으므로 만족했고, 감사했고, 기뻐했습니다. 하나님의 선하심을 신뢰했고, 맛보아 알았으며, 눈에 보이지 않는 영원한 세계를 믿고, 바라보고, 확신했기 때문입니다. 환난이나 축복과 관계없이 단지 구원의 하나님 때문에 즐거워할 수 있는 믿음은 그 자체가 진정한 복이고 승리입니다.

육신의 생각과 영의 생각

보라 내가 오늘날 생명과 복과 사망과 화를 네 앞에 두었나니 곧 내가 오늘날 너를 명하여 네 하나님 여호와를 사랑하고 그 모든 길로 행하며 그 명령과 규례와 법도를 지키라 하는 것이라… 그러나 네가 만일 마음을 돌이켜 듣지 아니하고 유혹을 받아서 다른 신들에게 절하고 그를 섬기면 (신명기 30장 15절)

육신의 생각은 사망이요 영의 생각은 생명과 평안이니라 (로마서 8장 6절)

우리가 인생의 끝이 어디인지를 염두에 두고 산다면, 함부로 생각하고 아무렇게나 살 수 없습니다. 생각이 중요합니다. 생각은 마음으로 들어가는 문이고, 마음은 씨앗을 뿌리는 땅과 같아서 마음 밭이 비옥할 때 좋은 열매를 맺을 수 있습니다. 문제는, 육신은 육의 본능과 이기적인 욕심으로 살려고 하고, 영은 하나님을 따라 살려고 하는데, 육신의 생각은 하나님과 원수가 되어 하나님 뜻을 못 이루게 한다는 것입니다. 예수님께서도 제자들이 기도해야 할 시간에 졸음을 이기지 못하는 것을 보시고 "마음은 원이로되 육신이 약하다."고 하셨습니다.

하나님께서는 우리 마음의 깊고 후미진 구석까지 아시므로, 육신적이고 정결하지 못한 생각이 들어오면 근심하십니다. 육신의 생각은 어둠입니다. 어둠은 어둠을 몰고 와서 사망에 이르므로, 잘 막아내야 합니다. 반면에 하나님의 영을 따라가면 의의 빛이 빛을 더하므로, 생명과 평안으로 충만해집니다.

우리가 육신을 이기고 영을 좇아 살면서 승리의 삶을 살기 위해서는 다른 방법이 없습니다. 하나님 말씀 붙잡고 기도할 때 성령님이 도우셔서 근본적이고 온전한 변화를 이룹니다. 육신의 생각이 들어올 때면 빛 되신 주님의 이름으로 곧바로 처리함으로써 영의 생각을 좇아 승리할 수 있습니다.

주님 안에서 성령으로 행함

만일 우리가 성령으로 살면 또한 성령으로 행할지니 (갈라디아서 5장 25절)

그는 허물과 죄로 죽었던 너희를 살리셨도다 그때에 너희는 그 가운데서 행하여 이 세상 풍조를 따르고 공중의 권세 잡은 자를 따랐으니 곧 지금 불순종의 아들들 가운데서 역사하는 영이라 (에베소서 2장 1-2절)

예수님을 믿기 이전에 우리는 죄와 허물로 영이 죽었습니다. 그래서 예수님을 구주로 알아볼 수 있는 마음의 눈도, 영접할 능력도 없었습니다.

그런 가운데 있던 우리를 성령님이 도우셔서, 하나님께서 부르시고 찾으시는 은혜에 마음을 열고 순종할 수 있게 하셨습니다. 성경은 성령으로 말미암지 않고는 그 누구도 예수님을 '주'시라고 할 자가 없다고 합니다. 그런데 우리는 성령님의 인도와 도우심으로 예수님을 주와 구주로 모시고, 영원한 생명을 받아 누리며 살아가고 있습니다.

이렇게 우리는 하나님의 큰 사랑을 받았습니다. 영광의 주님 안에 머무르게 해주신 은혜에 감사드리며, 성령의 도움을 구하고 그 사랑의 손길에 자신을 맡기면, 우리의 삶은 점점 더 나아지고 은혜롭게 될 것입니다.

그 언젠가 이 세상에서의 삶이 다하고, 하나님 앞에 서는 그 순간까지, 성령님의 인도와 도우심을 의지하고 하나님의 발걸음에 보조를 맞추고 한 걸음씩 앞으로 나아가는 삶을 살면 됩니다. 평안하며, 끝까지 승리의 기쁨을 누릴 것입니다.

말씀 안에 있는 생명 길

여호와의 말씀은 순결함이여 흙 도가니에 일곱 번 단련한 은 같도
다 여호와여 저희를 지키사 이 세대로부터 영원토록 보존하시리이다
(시편 12편 6-7절)

예수께서 가라사대 내가 곧 생명의 떡이니 내게 오는 자는 결코 주리
지 아니할 터이요 나를 믿는 자는 영원히 목마르지 아니하리라 (요한
복음 6장 35절)

세상의 온갖 정보가 차고 넘칩니다. 아무리 오래 교회에 다녔더라도 영
적으로 거듭나지 않거나, 영의 귀를 열지 않으면, 사람들의 옳은 식견은 공
감하고 실용적 정보에는 쉽게 이끌리지만, 하나님 말씀은 지루하고 대수
롭지 않게 여기기 쉽습니다. 그러나 우리에게 주어진 성경, 하나님 말씀은
더할 나위 없이 순수하고 순전하며 그 자체가 진리입니다. 하나님 말씀은
하나님을 믿는 사람들을 축복하셔서, 황망한 인생사는 동안 죽음의 사막
에서 나와 영생에 눈 뜨고 생명길 가도록 이끄시고 지도하십니다. 하나님
말씀을 가난한 심령과 겸허한 마음으로 받으면 영혼의 살이 되고 피가 되
고 배부릅니다. 영혼의 상처를 치료하고 바르게 하며 새 힘을 주고 이 세상
유혹과 시험에서 건져내며 생명 길을 걷게 합니다.

하나님께서는 여호와의 책을 자세히 살피라고 말씀하셨습니다. 신구약
66권에 진리의 퍼즐을 흩뿌려 놓으셨는데 우리가 말씀을 통해 하나씩 맞
춰 가면, 이 땅에서 가야 할 길과 본향까지 안전하게 이르는 길이 보입니
다. 진리가 알아지며 영원한 살 길을 만나게 됩니다. 말씀이 육신이 되어
우리 가운데 길과 진리와 생명으로 오신 예수님 안에 있는 생명입니다. 그
러므로 이 세상에서 가장 복되고 지혜로운 사람은 하나님의 생명책을 자
세히 살피며 자신이 가야할 길을 발견하고 따라가는 사람입니다. 성령으
로 거듭난 사람은 아기가 자신을 부르는 엄마의 목소리를 알고 반기는 것
처럼 하나님 말씀을 대할 때, 저절로 하나님의 음성으로 알게 됩니다.

10월 8일

영혼과 몸의 양약인 말씀의 위력

여호와의 말씀으로 하늘이 지음이 되었으며 그 만상이 그 입 기운으로 이루었도다 (시편 33편 6절)

스스로 지혜롭게 말지어다 여호와를 경외하며 악을 떠날지어다 이것이 네 몸에 양약이 되어 네 골수로 윤택하게 하리라 (잠언 3장 7~8절)

하나님 말씀은 신령한 젖으로, 순전하고 거룩합니다. 하나님 말씀을 듣고 믿음을 합하여 '아멘!'으로 받으면, 보약을 마시는 것과 같습니다. 보약을 먹고 시간이 지나면 몸이 좋아지는 것을 느끼는 것처럼 하나님 말씀의 효력은 확실하며 탁월합니다.

하나님 말씀은 참이고 진리이고 생명이고 의로움과 선함과 거룩 자체이시고 온전하기 때문입니다. 믿고 순종하는 자의 방패가 되고 양약이 되어, 구원에 이르도록 자라게 합니다.

어느 날, 하나님께서 권능으로 에스겔 선지자를 데리고 골짜기의 아주 많이 마른 뼈들에게 대언의 영으로 말씀을 전하게 하셨습니다. 마른 뼈들이 하나님 말씀을 듣자 하나님께서 생기를 넣어 뼈들이 서로 움직이며 들어맞기 시작했습니다. 뼈에 힘줄이 생기고 살이 오르며 그 위에 가죽이 덮였습니다. 그리고 하나님께서 보내신 생기가 들어가서 사망의 자리에 있던 마른 뼈들이 살아났고 하나님의 군대처럼 용맹스럽게 일어났습니다. 죽음이 덮여 있던 골짜기가 생명이 넘치는 골짜기로 변한 것입니다. 이렇게 하나님 말씀을 들으면 영이 깨어나고 소생합니다. 영육 간에 건강과 의식을 새롭게 하는 하나님 말씀을 날마다 일용할 양식으로 먹는 것은 양약을 먹는 것과 같습니다. 영혼과 내면이 평안하고 생명력이 있으며, 안정되고 질서가 세워지며 삶이 윤택함을 누리게 됩니다.

향유를 부은 여인

여자를 돌아보시며 시몬에게 이르시되 이 여자를 보느냐 내가 네 집
에 들어오매 너는 내게 발 씻을 물도 주지 아니하였으되 이 여자는
눈물로 내 발을 적시고 그 머리털로 씻었으며 너는 내게 입 맞추지
아니하였으되 저는 내가 들어올 때로부터 내 발에 입 맞추기를 그치
지 아니하였으며 너는 내 머리에 감람유도 붓지 아니하였으되 저는
향유를 내 발에 부었느니라 (누가복음 7장 44~46절)

그 앞에서 기뻐하시는 것을 행함이라 (요한1서 3장 22절)

　막달라 마리아는 일곱 귀신 들렸었는데, 예수님이 치유해 주셨습니다.
마리아는 어느 날, 가버나움 바리새인 시몬의 집에 예수님이 계신 것을 알
고, 값비싼 향유를 담은 옥합을 가지고 갔습니다. 예수님 발 앞에 무릎을
꿇고 앉아, 그 발을 눈물로 적시고, 입 맞추고, 향유를 부었습니다. 바리새
인 시몬은 이 여인에게 비싼 향유를 허비한다고 정죄했지만, 예수님은 마
리아의 진심 어린 헌신을 받으시고 칭찬하셨습니다. 예수님께서 십자가에
서 죽으시고 부활하신 후, 맨 먼저 막달라 마리아에게 자신을 나타내 보이
셨습니다. 마리아는 예수님 부활하신 후 첫날 새벽, 부활하신 예수님을 가
장 먼저 뵈옵는 영광의 주인공이 되었습니다.

　우리의 신앙 여정에서 때때로 성령님의 감동 감화 인도하시는 은혜로,
크지 않을지라도 예수님께 순전한 마음을 담은 사랑을 표현할 수 있는 기
회를 만납니다. 그럴 때 감사와 사랑의 마음이 담긴 순종으로 섬기면, 값
비싼 향유를 깨뜨려 붓는 헌신이 됩니다.

　우리가 예수님을 믿고 찾으며 섬기는 동기는, 사람 보기에 잘 되고 복 받
고 인정받으려는 것이 아니라, 예수님 한 분을 진심으로 사랑하는 마음 때
문입니다. 예수님은 반드시 그 사람에게 남다른 기쁨과 사랑과 은혜를 베
풀어 주십니다.

영원한 구원에 대한 소망

이는 내가 살았고 너희도 살겠음이라 그 날에는 내가 아버지 안에,
너희가 내 안에, 내가 너희 안에 있는 것을 너희가 알리라 (요한복음
14장 19-20절)

아담 안에서 모든 사람이 죽은 것같이 그리스도 안에서 모든 사람이
삶을 얻으리라 (고린도전서 15장 22절)

"아담 안에서 모든 사람이 죽은 것처럼 그리스도 안에서 모든 사람이
삶을 얻을 것이다."는 말씀은 하나님의 약속입니다. 그리스도 안에서 얻은
삶은 생명이며 영생을 말합니다. 사망 권세를 이기시고 부활 승리하신 주
님의 승리가 곧 성도의 승리인 것입니다. 유한한 인생을 살아가는 우리에
게 커다란 위로와 소망이 됩니다. 하나님께서 성도를 위하시면, 그 무엇도
그 누구도 대적할 수 없습니다. 지금 이 순간도 예수님께서 성도를 위해 변
호하시고 중보해 주십니다.

그러므로 우리가 바라볼 대상은 오직 하나님입니다. 하나님을 떠나 다
른 것은 바랄 수도 의지할 수도 없습니다. 세상 사람들이 인생무상과 허무
를 잊으려고 술로 시름을 달래고 향락에 취할지라도, 예수님 안에 거하는
우리는 유한한 인생에 허무와 슬픔을 가질 필요가 없고 향락을 찾을 마음
이 없습니다.

우리는 십자가에서 대속의 제물 되신 예수님의 생명 안에서 하나님의
말씀을 따라 살기 때문에, 죽음 후의 일에도 두려움 대신 소망이 있습니
다. 예수님의 은혜와 능력을 힘입어서 살고 있고, 부활승천 하신 그리스도
안에서 영원한 삶을 얻을 것에 대한 소망이 깜깜한 하늘에 빛나는 별처럼
마음에 확고한 믿음으로 새겨져 있습니다.

거듭남과 거듭나지 못함의 차이

예수께서 대답하시되 진실로 진실로 네게 이르노니 사람이 물과 성령으로 나지 아니하면 하나님 나라에 들어갈 수 없느니라 (요한복음 3장 5절)

우리가 그의 계명을 지키면 이로써 우리가 저를 아는 줄로 알 것이요 저를 아노라 하고 그의 계명을 지키지 아니하는 자는 거짓말하는 자요 진리가 그 속에 있지 아니하되 (요한1서 2장 3~4절)

구원은 거듭남에서부터 시작되므로 거듭남은 너무나 중요합니다. 교회 다닌다고 거듭난 것이 아닙니다. 예수님께서 물과 성령으로 거듭나지 아니하면 하나님 나라에 들어갈 수 없다고 하신 것은, 성령을 받고 말씀대로 살 때 다시 태어난다는 뜻입니다.

거듭난 사람이 혹시라도 죄를 지으면 자신의 심령 안에 있는 말씀과 성령의 탄식을 통해 자신의 모습을 깨닫습니다. 진실된 마음으로 회개하고 돌이켜서 바로 섭니다.

그러나 거듭나지 않은 사람은 죄를 지으면서도 죄를 인식하거나 자신의 모습을 깨닫지 못하고, "사람이 다 그런 거지 뭐." 하면서 합리화 시킵니다. 죄를 짓고도 양심의 가책도 없으며 죄를 깨닫지 못하는 것입니다.

거듭난 사람과 거듭나지 못한 사람의 하나님과 죄에 대한 인식은 이렇게 다릅니다. 하나님 말씀을 머리로는 알지만, 심령에는 말씀이 없기 때문입니다. 교회도 다니고 예수님을 믿고 안다고 신앙 고백도 하지만, 말씀하신 계명을 중요하게 여기지 않고 지키지 않습니다. 결국은 하나님을 무시하고 하나님을 거짓말하는 자로 만듭니다. 죄를 짓고 지탄을 받음으로 오히려 하나님의 영광을 가리웁니다.

극한 상황을 뛰어넘는 신앙

내가 네 곁으로 지나갈 때에 네가 피투성이가 되어 발짓하는 것을 보고 네게 이르기를 너는 피투성이라도 살라 다시 이르기를 너는 피투성이라도 살라 하고 (에스겔 16장 6절)

무릇 경건한 자는 주를 만날 기회를 타서 주께 기도할지라 진실로 홍수가 범람할지라도 저에게 미치지 못하리이다 (시편 32편 6절)

사회적으로 큰 영향을 끼치던 사람들이 자살로 생을 끝내는 것을 볼 때, 안타깝습니다. 평소에 양심적으로 살려고 노력했지만 그렇게 살지 못했고, 어느 순간 자신의 불의가 드러나고 명예와 자존심이 무너지자 견디기 힘들었던 것입니다.

만일 하나님을 알고, 죄를 사해주시는 예수 그리스도의 은혜를 알고 믿고 있었다면, 언론의 집중조명과 비난이 홍수처럼 밀려오더라도 사망의 물결에 휩싸여 떠내려가지는 않았을 것입니다. 자신의 실수와 죄를 깨닫고 구원의 주님을 만날 기회로 알아 엎드리고, 법에 따라 형벌을 치르고, 더 가치 있게 살 수 있기 때문입니다.

하나님께서는 우리에게 죽을 거 같은 고통 속에서도 억지로 죽지 말고 살라고 하십니다. 피투성이가 될지라도 십자가에서 피 흘리시고 구속해주신 생명의 주, 예수님을 붙들고 기도하며 살라고 하십니다.

10월 13일

하나님이 원하시는 일상의 삶

내가 심중에 이르기를 인생의 일에 대하여 하나님이 저희를 시험하시리니 저희로 자기가 짐승보다 다름이 없는 줄을 깨닫게 하려 하심이라 하였노라 (전도서 3장 17절)

이러므로 너희가 더욱 힘써 너희 믿음에 덕을, 덕에 지식을, 지식에 절제를, 절제에 인내를, 인내에 경건을, 경건에 형제 우애를, 형제 우애에 사랑을 공급하라 (베드로후서 1장 5-7절)

오늘이 어제 같고 내일도 오늘 같은 날들, 단조롭고 미미한 일을 다람쥐 쳇바퀴 도는 듯하는 것 같은 일상이, 때로는 발전 없고 진부하게만 느껴질 때도 있습니다. 그러나 하나님께서는 대단한 일을 통해서가 아니라 어떤 마음과 자세로 살아가는지를 더 중요하고 가치 있게 보십니다. 그래서 대단해 보이지 않고, 아무도 알아주지 않는 지극히 평범한 일상 속에서 자신에게 주어진 역할을 묵묵히 감당할 때, 하나님께서 함께하심을 나타내 주십니다.

하나님께서 바라시는 성품은 천성적으로 타고나지 않습니다. 인생의 다양한 일속에서 깨달음을 통하여 빚어져 갑니다. 눈에 띄지 않고 대단한 일을 하면서가 아니라 누가 알아주지 않는 지극히 평범한 일상 속에서의 부딪침 속에서 발견과 깨달음을 통해 모난 면이 깎여 나가고, 단단한 부분이 깨지면서 조화롭게 빚어지는 것입니다.

그러므로 하나님께서 허락하신 평범한 일상의 일들과 사람들과의 관계는, 하나님이 원하시는 성품을 빚어 가시는 시금석이 됩니다. 평범한 일상은 하나님께서 주신 삶의 기회로서, 하나님의 성품을 배우고 하나님께로부터 신의 성품에 참여한 자로 인정받을 수 있는 현장입니다. 오늘 여기, 하루하루를 하나님을 인식하는 믿음과 감사로 기쁘게 맞이합니다.

불에 타지 않는 공력

만일 누구든지 금이나 은이나 보석이나 나무나 풀이나 짚으로 이 터 위에 세우면 각각 공력이 나타날 터인데 그 날이 공력을 밝히리니 이는 불로 나타내고 그 불이 각 사람의 공력이 어떠한 것을 시험할 것임이니라 (고린도전서 3장 12~13절)

보라 내가 속히 오리니 내가 줄 상이 내게 있어 각 사람에게 그의 일한 대로 갚아 주리라 (요한계시록 22장 12절)

하나님을 잘 믿는 성도들은 누구나 삶을 통해 하나님께 영광 올리기를 원합니다. 하나님 앞에서 행한 일은, 이 땅에서도 복으로 주어지지만, 모든 공력에 대한 상은 주님 재림하신 후 심판 날에 나타나고 영원히 누리게 됩니다. 심판의 불을 통해 공력의 수준이 가려지는데, 나무나 풀이나 짚으로 된 것은 불에 타서 사라져버릴 것이고, 금이나 은이나 보석은 불타지 않고 남을 것입니다.

하나님 앞에서 좋은 공력은 교회에서 뿐만 아니라 일상에서의 삶이 진실하고 깨끗한 것입니다. 하나님 사랑, 이웃 사랑하는 마음으로 하나님 말씀과 성령의 지시에 순종하는 공력은 정금처럼 불타지 않고, 빛날 것입니다.

우리가 하나님을 찾고 예배드리고 섬기는 동기가 중요합니다. 만일 복 받고 잘되고 성공하기 위한 것이라면, 진짜 믿음이 아니므로 풀이나 짚처럼 불탈 것이고, 또한 자신의 욕심 채우는 물질축복이나 자기만족과 자랑, 명예, 소원성취를 이루기 위한 기도나 충성도 소멸하고 말 것입니다.

그러므로 무엇이든지 작은 일이라도 하나님을 사랑하는 마음으로, 성령의 인도에 순종함으로 하나님의 영광을 위해서 하는 것이 중요합니다. 공력이 불타지 않고 그대로 있으면 상을 얻고 불타면 해를 받습니다. 하나님께 순수한 마음과 믿음으로 드려지는 모든 일은 결코 불에 타지 않습니다. 하나님께서 각자가 일한대로 상으로 갚아 주십니다.

영혼의 지성소, 기도의 골방

너는 기도할 때에 네 골방에 들어가 문을 닫고 은밀한 중에 계신 네
아버지께 기도하라 은밀한 중에 보시는 네 아버지께서 갚으시리라
(누가복음 12장 6절)

그러므로 우리가 긍휼하심을 받고 때를 따라 돕는 은혜를 얻기 위
하여 은혜의 보좌 앞에 담대히 나아갈 것이니라 (히브리서 4장 16절)

기도는 호흡처럼 중요한 영혼의 생명줄입니다. 우리는 이 사실을 잘 알
면서도 바쁜 일정으로 분주한 까닭에 기도할 시간을 놓치기 쉽습니다. 기
도하지 않고도 얼마든지 살 수 있을 것 같고 일도 차질 없이 돌아가므로 경
각심도 없습니다.

그러나 기도하지 않고 사는 시간이 점점 늘어나면, 하나님과의 관계에
균열이 생기고 문제가 발생합니다. 화려하고 웅장한 타이타닉호를 침몰시
킨 것은 작은 틈이었습니다. 기도하지 않으므로 생긴 작은 균열이 신앙을
파선시킬 수도 있다는 것입니다. 또 하나님께서 쓰시고자 만드신 사람의
그릇은 크기가 큰데, 기도의 분량이 미미할 때 영혼이 공허하고 고통스럽
습니다.

우리의 모든 것이 하나님 은혜로 되어집니다. 우리의 머리털 수까지 다
아시는 하나님 앞에서 우리는 기도 없이, 하나님의 도우시는 은혜 없이는
살 수 없습니다. 모든 것이 하나님 은혜로 되어지기 때문입니다.

기도의 골방은 사람마다 다릅니다. 교회나 기도원, 그리고 집 안방에서,
운전할 때 차 안에서, 대중교통을 이용할 때 등, 정신을 집중하고 마음의
무릎을 꿇어 하나님께 나가는 장소입니다. 은밀한 중에 계시는 하나님께
서는 각자의 기도 골방에서 은밀히 드리는 기도를 들으시고, 때를 따라 돕
는 은혜를 베푸십니다. 세상일이 바쁘다고 기도하지 않으면, 하나님과 멀어
지고 시험에 들거나 죄에 빠지면 하나님께서 준비하신 많은 좋은 것을 얻
을 기회를 잃게 됩니다. 우리 각자 기도의 골방은 우리 영혼의 지성소로 하
나님을 만나는 장소로서 매우 중요합니다.

하나님 안에서 우연 없는 세상만사

사람이 마음으로 자기의 일을 계획할지라도 그 걸음을 인도하는 자
는 여호와시니라 (잠언 16장 9절)

만군의 여호와께서 맹세하여 가라사대 나의 생각한 것이 반드시 되
며 나의 경영한 것이 반드시 이루리라 (이사야 14장 24절)

하나님께서는 만사를 계획하시고 작정하시며 경영하고 계십니다. 그래
서 하나님을 믿고 의지하고 사는 사람에게 일어나는 모든 일, 도무지 이해
할 수 없는 일들까지도 하나님께서 작정하신 뜻과 계획 안에 있습니다.

그래서 성도에게 일어나는 좋은 일, 나쁜 일들은 모두 우연히 일어나지
않습니다. 우리가 보기에는 우연인 것 같아도 모두가 하나님의 섭리와 작
정하심 안에서 일어나는 것입니다. 하나님께서는 하나님을 사랑하는 성도
에게 일어나는 기쁘고 좋은 일뿐만 아니라, 힘들고 어려운 일도 하나님의
영광을 위해 섭리하시고 합력하여 선을 이루시어 영광을 나타내십니다.

그러므로 혹시 나쁜 일이나 불행한 일을 만날지라도, 그 일을 통하여
도 선을 이루실 하나님을 바라보고 하나님의 역사를 기대하는 사람은, 기
죽거나 낙심하지 않고 그 일을 통해 복되고 아름답게 역사하시는 하나님의
선을 맛봅니다.

하나님께서는 결코 진실한 마음으로 드리는 기도를 모른 체하지 않으십
니다. 사람은 하나님께서 행하시는 일의 시작과 끝을 헤아릴 수 없지만, 하
나님은 모든 문제에 정확한 답을 아시고 행하시는 일은 완전하십니다.

10월 17일

하나님의 개입과 보호

여호와여 나의 영혼이 주를 우러러보나이다 나의 하나님이여 내가 주께 의지하였사오니 나로 부끄럽지 않게 하시고 나의 원수로 나를 이기어 개가를 부르지 못하게 하소서 주를 바라는 자는 수치를 당하지 아니하려니와 무고히 속이는 자는 수치를 당하리이다 (시편 25편 1-3절)

우리 주 예수 그리스도로 말미암아 우리에게 이김을 주시는 하나님께 감사하노니 (고린도전서 15장 57절)

우리 마음은 항상 무언가로 향하고, 이런저런 곳으로 분산될 때가 많습니다. 이런 마음이 아기가 한순간도 엄마를 의식하지 않고 찾지 않을 때가 없는 것처럼, 하나님을 의식하고 바라는 마음이 하나님에 의해 둘러싸여 있으므로 염려나 불안 같은 그림자에 의해 시달리지 않습니다. 악이나 원수가 방패와 피난처 되신 하나님의 보호막을 침입할 수 없는 것입니다. 우리가 이렇게 하나님을 의식하며 의지하고 살면 언제 어디서나 어떤 상황에서든지 두려워할 필요가 없고 강하고 담대할 수 있습니다.

성경의 인물 중에 모르드개는 하나님 뜻을 찾고 하나님을 의식하고 경외했습니다. 그가 왕의 눈에 띄어 인정을 받자, 하만이라는 사람이 모르드개를 모함하고 무고히 속여서 죽이려고 장대를 준비했습니다. 그러나 하만의 음모가 하나님이 개입하심으로 천하에 드러났습니다. 왕은 하만이 모르드개를 매달려고 준비했던 장대에 하만을 매어 달라고 명령했습니다. 음모를 꾸미며 모르드개를 죽이려 했던 하만은 수치를 당하며 그 장대에 달려 죽었고, 억울한 지경에 몰렸던 모르드개는 영화로운 지위를 얻었습니다.

이처럼 우리가 언제 어디서나 무엇을 하든지 하나님을 의식하고 바라면 하나님의 호의가 따릅니다. 권능과 함께 사랑하시므로 낭패나 수치를 당하지 않습니다. 이유 없이 괴롭히는 사람이 하나님의 눈 밖에 나며 도리어 수치를 당합니다.

의에 주리고 목마른 자의 배부름

너희 목마른 자들아 물로 나아오라 돈 없는 자도 오라 너희는 와서
사 먹되 돈 없이, 값없이 와서 포도주와 젖을 사라 너희가 어찌하여
양식 아닌 것을 위하여 은을 달아 주며 배부르게 못 할 것을 위하여
수고하느냐 나를 청종하라 그리하면 너희가 좋은 것을 먹을 것이며
너희 마음이 기름진 것으로 즐거움을 얻으리라 (이사야 55장 1-2절)

의에 주리고 목마른 자는 복이 있나니 저희가 배부를 것임이요 (마태
복음 5장 6절)

사람은 입에서 나오는 열매로 배부릅니다. 아기는 엄마 젖과 엄마 입에
서 나오는 말로 배부르고, 학생은 선생님 입에서 나오는 가르침으로 배부
르며, 환자는 자기 병에 대한 의사의 소견을 들을 때 배부릅니다.

우리는 하나님의 입에서 나오는 말씀으로 배부릅니다. 하나님 말씀을
읽거나 듣고 믿음으로 받는 것은, 하늘 양식인 생명의 떡을 먹는 것과 같습
니다. 영혼을 소생시키고 힘 있게 세웁니다. 너무나 정결하고 의롭고 힘 있
고, 성령과 은혜의 생수가 넘쳐서, 영혼의 갈증을 날려 보냅니다. 많이 먹
는다고 해서 결코 해롭지 않습니다. 영혼에 헛배가 부르게 하거나, 가스가
차게 하거나 탈이 나게 하지 않습니다.

특별히 의에 주리고 목마른 사람은 기도와 말씀을 묵상하는 일을 즐거
워하며, 죄를 미워하며 하나님을 알고 예수님을 닮아 가는 데 뜻을 두고 삽
니다. 하나님의 입에서 나오는 하나님의 말씀은, 생명이 되며, 진정으로 배
부르게 하고, 영혼이 윤택하고 살찌게 합니다.

우리가 하나님의 의와 생명의 말씀으로 배부르게 되기 원합니다. 그래
서 허탄한 세상 자랑과 화려함이 아니라 사랑과 희락과 화평과 오래 참음
과 자비와 양선과 충성과 온유와 절제 같은 아름다운 성령의 열매 맺는 삶
되기를 소원합니다.

오직 하나님

너는 나 외에는 다른 신들을 네게 있게 말지니라 (출애굽기 20장 3절)

예수께서 가라사대 네 마음을 다하고 목숨을 다하고 뜻을 다하여 주 너의 하나님을 사랑하라 하셨으니 이것이 크고 첫째 되는 계명이요 (마태복음 22장 37~38절)

하나님은 우리 삶에 일어나는 모든 일에 대해 우리보다도 더 잘 아십니다. 창조자이시고 절대 주권자이신 하나님은 우리를 사랑하실 뿐만 아니라 질투하는 하나님이십니다. 그래서 하나님 자녀인 우리가 하나님보다 더 우선으로 두고 마음을 빼앗기는 것을 매우 싫어하십니다. 때로는 징계하시기도 합니다. 그러므로 우리의 마음에서 하나님보다 더 중요하게 여기는 것들이 있는지 살펴봐야 합니다. 물질인가, 취미생활인가, 건강인가, 명예인가, 자녀인가, 사업인가, 자기 욕심인가, 좋은 음식인가, 사역인가. 언뜻 생각할 때 좋아 보이는 것도 있지만, 자칫하다 보면 그것이 하나님보다 더 중요하게 차지할 때가 많습니다. 위험합니다. 그것은 하나님 보시기에 다른 신이고, 우상이며 죄이기 때문입니다.

하나님과 바른 관계는 다른 무엇보다도 하나님을 더 우선적으로 사랑하는 마음과 정신에서 시작됩니다. 그러므로 우리가 참으로 복된 인생을 살려면 무엇보다도 중요한 것이 하나님과의 좋은 관계입니다. 항상 하나님과의 관계를 최우선에 둬야 한다는 사실을 생각하고 살아야 합니다.

하나님께서는 우리의 마음을 가장 중요하게 보시고 원하시기에, 형식적이고 의무적인 종교적 행위는 좋아하지 않으십니다. 믿음과 감사와 사랑이 담긴 것은 작은 것이라도 기뻐하시고 흠향하십니다. 그러므로 우리의 마음 중심과 삶에 항상 하나님을 주인으로 모실 뿐만 아니라 하나님의 뜻과 말씀을 최우선으로 섬기며 살아야 합니다.

미혹의 영과 건강한 신앙

예수께서 대답하여 가라사대 너희가 사람의 미혹을 받지 않도록 주의하라 많은 사람이 내 이름으로 와서 이르되 나는 그리스도라 하여 많은 사람을 미혹게 하리라 (마태복음 24장 4~5절)

성령이 밝히 말씀하시기를 후일에 어떤 사람들이 믿음에서 떠나 미혹게 하는 영과 귀신의 가르침을 좇으리라 하셨으니 (디모데전서 4장 1절)

미혹은 마음이 흐려져서 홀림을 당한 것을 말합니다. 사람은 죄와 욕심으로 인하여 쉽게 미혹 받으며, 예수님을 믿으면서도 하나님 뜻과 말씀을 따라 살지 않고, 욕망을 따라 살면 미혹받기 쉽습니다. 분명 겉으로 보기에는 믿음으로 사는 것 같아도 그 믿음이 하나님을 향한 사랑이 아니라, 자신의 종교적 욕심을 채우려는 영적 탐심이 있을 때 미혹되기 쉽습니다. 악한 영인 귀신이 사람 속에 있는 영을 미혹해서 멸망으로 끌고 가는 것입니다. 바른 믿음과 하나님을 향한 순전한 사랑은 같은 맥락입니다. 주님을 믿고 주님의 계명을 지키는 것이 주님을 사랑하는 것인데, 사랑이 식으므로 미혹되고 불법이 역사합니다.

성경은 말세에 미혹게 하는 영과 귀신의 가르침을 좇아 사는 사람이 많을 것이라고 말씀 합니다. 사단의 졸개인 귀신은 성령님을 모방하는 영물이므로, 믿음 좋다고 하는 사람도 말씀이 약하고 교회에 대해 불평불만이 많을 때 악령이 역사하므로 미혹을 받아서, 왜곡된 말씀과 각종 신비한 표적으로 장난치는 이단 사이비에게 속아 넘어가는 것입니다.

예수님께서 이런 일이 많을 것에 대해 "사람의 미혹을 받지 않도록 주의하라."고 하셨습니다. 하나님 말씀은 영이고 빛이므로 미혹을 드러내어 보호해 주기 때문에, 건강한 신앙은 말씀으로 깊이 뿌리내려 좋은 열매를 맺습니다.

신앙의 본질과 참 표적

예수님께서 마음속에 깊이 탄식 하시며 가라사대 어찌하여 이 세대 가 표적을 구하느냐 내가 진실로 너희에게 이르노니 이 세대에게 표 적을 주지 아니하리라 하시고 (마가복음 8장 12절)

무리가 모였을 때에 예수님께서 말씀하시되 이 세대는 악한 세대라 표적을 구하되 요나의 표적밖에는 보일 표적이 없나니 (누가복음 11 장 29절)

우리가 예수님을 믿고 신앙생활에 충실하면 점차 하나님 말씀도 이해가 되고 영적 체험도 하게 됩니다. 귀신이 쫓겨 나가고 영적 육적인 질병도 고침을 받습니다. 이런 것들은 하나님을 믿고 따르다 보니 하나님께서 뜻과 마음을 보여주시는 표적이고 간증입니다. 홍해가 갈라진 기적도, 이스라엘 백성들이 출애굽 할 때 애굽에 내리신 10가지 재앙도 이적이고 놀라운 간증입니다. 그러나 이런 표적이나 간증들이 신앙의 본질은 아닙니다. 신앙의 목표도 아니고 목적도 될 수 없습니다.

사람은 영적 체험을 하면 할수록 더 확실한 것, 더 기이한 것에 끌리는 속성이 있기 때문에, 성경에서 가르치는 진리의 본질을 바로 알지 않으면 속기 쉽습니다. 그래서 더 잘 믿어보려고 했던 많은 사람들이, 첫걸음은 바르게 내디뎠지만 도중에 현혹되는 것을 볼 때, 참 안타깝습니다. 내용은 가짜인데 그럴듯하게 포장을 해서 약효를 과대 선전하는 약품처럼, 달콤한 언변과 표적으로 진리를 변질시키는 것을 분별하지 못한 까닭입니다.

신앙의 본질인 회개의 참 표적은 요나의 표적입니다. 요나의 표적은 회개의 참 표적으로서 예수님의 십자가 죽으심과 3일 만에 다시 사심을 예표합니다. 또한 예수님의 부활하심은 예수님이 하나님의 아들이심을 증거하는 참 표적입니다. 우리가 요나처럼 회개하고 영혼에 주시는 참 표적을 경험할 때 십자가보혈로 사함받고 영생을 누리게 됩니다. 하나님께서 목적하시고 바라시는 신앙의 본질은 회개를 통한 변화인 것입니다.

365일 묵상집

영적인 감수성과 의로움의 기준

선을 행하고 죄를 범치 아니하는 의인은 세상에 아주 없느니라 (전도서 7장 20절)

모든 사람이 죄를 범하였으매 하나님의 영광에 이르지 못하더니 그리스도 예수 안에 있는 구속으로 말미암아 값없이 의로움을 얻는 자 되었느니라 (로마서 3장 23~24절)

만물의 영장인 사람은 자칫 교만해지기 쉽고, 죄를 짓지 않고 사는 자가 없습니다. 행위로는 죄를 짓지 않는다 해도 본성 가운데 마음 깊숙이 죄로 물들어 있기 때문입니다. 그래서 성경은 모든 사람이 죄 아래 있다고 선언합니다. 하나님 자녀로서 웬만큼 부끄럽지 않게 흠 없이 사는 것 같았는데, 때로는 어떤 일로 갈등이 생기고 짜증과 불평이 올라오기도 합니다. 그럴 때는 자신의 속사람 형편이 어떤지를 직면하고 회개하고, 예수님 보혈로 씻김을 받아야 합니다. 이렇게 하나님을 두려워하고 깨어 있는 성도는, 죄와 허물에 민감합니다. 하나님을 알면 알수록 자신이 아무리 바르고 깨끗하게 산다 해도 자신이 더 죄인이라는 사실을 깨닫습니다. 예수님 보혈로 깨끗해져 있기에 하얀 도화지에 검은 점이 눈에 확 띄듯이 깨끗하게 된 마음과 환경을 통해 들어오는 검은 티나 얼룩이 눈금 만큼 작을지라도 금세 알아차리는 것입니다. 예수님은 자신이 하나도 부족함 없이 의롭다고 고백한 바리새인을 책망하시고, 기도를 받지 않으셨습니다. 그러나 자신을 죄인이라고 하면서 자신의 부족함을 고백한 세리는 의롭다 하시고, 그의 기도를 받으셨습니다. 이 땅에 의인은 없고, 하나도 없습니다. 죄로 물든 인간들 때문에 예수님께서 십자가에서 죽으시고 피 흘리셨습니다. 하나님께서는 자신의 죄인 됨을 알고 상한 마음으로 통회하는 사람을, 자신이 의롭다면서 바리새적으로 자신을 높이는 사람보다 더 의롭다 하십니다. 온전히 선하시고 의로우시며 선과 의로움 그 자체이신 하나님 앞에 상한 마음으로 겸손하게 나가는 사람이 하나님의 은혜를 입습니다. 그 은혜는 말씀을 가까이하면서 죄를 끊고 예수님의 의로 옷을 입고 살아갈 수 있는 힘이 됩니다.

믿음과 순종의 힘

너희가 나의 규례와 계명을 준행하면 내가 너희 비를 그 시후에 주리니 땅은 그 산물을 내고 밭의 수목은 열매를 맺을찌라 (레위기 26장 3~4절)

너희가 즐겨 순종하면 땅의 아름다운 소산을 먹을 것이요 배반하면 칼에 삼키우리라 여호와의 입의 말씀이니라 (이사야 1장 9~10절)

하나님의 축복하심은 미리 정해져 있는 것이 아닙니다. 누구에게는 복을 주고, 누구에게는 안 준다는 것은 정해져 있지 않습니다. 하나님은 모든 사람이 복 받고 구원받기를 바라십니다.

성경에서 교훈하는 핵심메시지는 성도가 하나님의 말씀에 믿음으로 순종하면서 살라는 것입니다. 하나님 말씀에 순종하면 복을 받고, 불순종하면 저주를 받는 것입니다. 믿음이 있으면 순종이 쉽고, 믿음이 없으면 불순종이 쉽습니다. 그래서 천국 가려고 예수님을 믿었는데, 순종이 부담되어 근심하고 주님을 떠나는 경우도 있습니다. 믿음으로 순종하면 구원과 상이 준비되며, 불순종하면 주님과 멀어질 뿐만 아니라 주님을 잃게 됩니다.

축복과 저주는 순전히 우리의 순종의 결단에 달려있습니다. 믿음으로 살아가는 일은, 하나님 말씀에 순종하는 것을 빼놓고는 성립되지 않습니다. 이 세상에 똑같이 살고 있지만 예수님을 믿는 사람과 안 믿는 사람으로 나뉘는 것처럼, 믿는다고 하는 사람들 중에도 하나님 보시기에 순종하는 사람과 불순종하는 사람으로 나뉩니다.

우리는 돈이 많아서 기쁜 것이 아니라 순종할 때 기쁩니다. 하나님께서 보실 때, 믿음과 순종의 사람이 되는 것이 가장 큰 복입니다.

만물에 나타난 하나님의 현존

우주와 그 가운데 있는 만유를 지으신 신께서는 천지의 주재시니 손
으로 지은 전에 계시지 아니하시고 또 무엇이 부족한 것처럼 사람의
손으로 섬김을 받으시는 것이 아니니 이는 만민에게 생명과 호흡과
만물을 친히 주시는 자이심이라… 우리가 그를 힘입어 살며 기동하
며 있느니라 (사도행전 17장 24~25절, 28절 상반절)

이는 만물이 주에게서 나오고 주로 말미암고 주에게로 돌아감이라
영광이 그에게 세세토록 있으리로다 아멘 (로마서 11장 36절)

하나님은 온 우주와 천지와 만물과 사람을 만드신 창조주이십니다. 모든
것이 하나님께로부터 왔고 하나님께로 돌아갑니다. 하나님께서는 지금 이
순간도 무한한 지혜로 지구와 우주를 다스려서 움직이시고, 역사의 수레
바퀴를 운행하고 계십니다. 그분의 손길을 힘입어 살아가는 우리에게 바른
삶의 목적이 있습니다. 하나님의 광대하신 은혜를 찬양하며 경외하고, 그
분의 영광을 위해 존재하는 것입니다.

그런데 사람의 본성은 선하신 하나님을 현존을 거부하고 부인합니다. 우
리가 하나님의 현존을 인정하든지 거부하든지는 하나님께서 사람에게 자
유의지를 주셨으므로, 각자의 자유입니다. 받아들이든지 안 받아들이든지
하나님의 현존은 불변하며 명백한 진리입니다. 그러므로 그 선택의 결과
는 자기 마음대로 선택할 수 없습니다. 예수님께서 이 땅에 오신 이후부터
지금 까지는 은혜와 성령의 시대입니다. 그러나 그 날과 시는 누구도 알지
못하지만 언젠가 예수님께서 심판의 주로써 공의를 나타내실 때가 반드시
있습니다. 예수님께서 재림의 주로 다시 오셔서 어두움에 감추어진 일을
드러내시고 각 사람이 믿고 행한 대로 심판하실 때입니다. 하나님께서는
그 날에 합당한 상과 벌로서 자신의 현존을 나타내실 것입니다.

선하고 착한 그리스도인의 삶

선한 일을 행하고 선한 사업에 부하고 나눠주기를 좋아하며 동정하
는 자가 되게 하라 이것이 장래에 자기를 위하여 좋은 터를 쌓아 참
된 생명을 취하는 것이니라 (디모데전서 6장 18-19절)

너희 중에 지혜와 총명이 있는 자가 누구뇨 그는 선행으로 말미암아
지혜의 온유함으로 그 행함을 보일찌니라 (야고보서 3장 13절)

진실한 신앙으로 예수님을 믿는 사람들은, 세상을 축복하는 복의 통로
로 살아갑니다. 나라와 위정자들을 위해 기도하고, 소외되고 불우한 이웃
에게 손을 폅니다. 오른손이 하는 것을 왼손이 모르게 하라는 말씀 받들
어서 은밀히 행하므로 잘 알려지지 않아서 그렇지, 아마도 교회가 감당하
지 않으면 나라의 복지가 어렵다고 할 만큼 그리스도인들이 많은 부분을
감당하고 있습니다.

그럼에도 안 믿는 사람들은 교회 다니면 마땅히 착하게 살아야 한다고
생각하면서, 조금이라도 그렇지 않은 것이 보이면 혹독하게 비판하고 비방
합니다. 사실 일부 성도나 목회자가 욕심내고 타락해서 본을 보이지 못해
지탄을 받는 경우도 있습니다. 그러나 수많은 그리스도인은 하나님의 영광
을 위하여 선한 마음으로 착한 일을 하며 삽니다. 예수님께서는 선한 일을
행한 자는 생명의 부활로 나타날 것이라고 말씀하셨습니다. 하나님께서는
그런 성도에게 이 땅에 사는 동안도 하늘의 창고를 여시고 풍성한 복을 주
셔서 복을 풀어놓는 통로로 사용하십니다. 충성되고 착하다 하시고, 삶을
보장하시며 후손까지 대대로 복으로 갚아주십니다.

단순하고 정돈된 삶의 힘

너희는 길에 서서 보며 옛적길, 곧 선한 길이 어디인지 알아보고 그리로 행하라 너희 심령이 평강을 얻으리라 (예레미야 6장 16절)

하나님이여 주의 인자하심이 어찌 그리 보배로우신지요 인생이 주의 날개 그늘 아래 피하나이다 저희가 주의 집의 살찐 것으로 풍족할 것이라 주께서 주의 복락의 강수로 마시우리이다 (시편 36편 7-8절)

분주하고 바쁘게 살아가는 것은 죄는 아니지만 그렇다고 자랑할 일도 아닙니다. 무가치하고 공허한 일에 매달리느라 바쁜 것은 좋지 않습니다. 자신도 모르는 사이에 내면이 어그러지고 망가지는 줄도 모른 체 정신없이 지내느라, 진정한 삶의 목적을 놓치기 쉽기 때문입니다. 그러나 예수 그리스도 안에 거함으로 맛보는 단순한 삶은 힘 있고 강하며 내면의 질서와 평강이 있습니다. 우리가 단순하고 잘 정돈된 삶을 살기 위해서는, 하나님께서 좋아하시고 자신에게 뜻하시는 일에 귀와 눈을 열고 마음을 쏟아서 최선의 노력을 다해야 합니다.

성경 전체를 통해 드러난 하나님의 뜻은 간단명료합니다. 먼저 하나님을 사랑하고 사람도 그렇게 사랑하라 는 것입니다. 우리가 이것을 떠나 사해바다처럼 죽은 물 같은 명예나 권력이나 물질이나 인기나 사람의 인정이나 칭찬을 좇아가면, 피곤하고 지칠 수밖에 없습니다. 그런 것들은 맛보면 맛볼수록 더 목마르게 하기 때문입니다.

그러나 그리스도인으로서의 분명한 정체성을 가지고, 누가 알아주든지 안 알아주든지 진실하게 부지런히 살면 참으로 만족스럽고 기쁘고 행복합니다. 또한 한 가지라도 좋은 편을 택한 마리아처럼, 마음에 말씀을 두고 살 때, 삶이 풍성한 은혜와 평강으로 여유 있게 채워집니다. 단순하지만 잘 정돈된 삶은 강한 힘이 있습니다.

선행을 잊지 않으시는 하나님

너희는 세상의 빛이라 산 위에 있는 동네가 숨기우지 못할 것이요 사람이 등불을 켜서 말 아래 두지 아니하고 등경 위에 두나니 이러므로 집안 모든 사람에게 비취느니라. 이같이 너희 빛을 사람 앞에 비취게 하여 저희로 너희 착한 행실을 보고 하늘에 계신 아버지께 영광을 돌리게 하라 (마태복음 5장 14~16절)

사람이 선을 행할 줄 알고도 행하지 않으면 죄니라 (야고보서 4장 17절)

하나님께서는 가난한 사람을 생각하십니다. 추수할 때 밭에 떨어져 있는 이삭을 다 거두지 말고, 가난한 사람이 줍도록 일부러 조금씩 떨어뜨려 놓으라고 말씀하셨습니다. 가난한 자를 생각하시는 하나님의 사랑은 우리의 몸이 약하고 병들 때 치유의 손과 긍휼로 다가오셔서 치유해주십니다. 그 사랑을 본받아 몸과 마음이 병들고 상처받아 고통을 겪는 이웃을 사랑으로 위로하라 하십니다.

우리 안에는 예수님께서 주신 생명과 함께 선한 빛이 있습니다. 이 땅에 사는 동안 이 빛을 주님의 이름과 사랑으로 나누고, 섬기고, 돌보고, 위로하며 사는 삶을 기뻐하십니다. 마땅히 해야 할 일이지만 그런 행동을 선행이라 하셨습니다. 주님의 이름으로 어린 소자에게 냉수 한 잔이라도 주는 사람은, 결코 그 상을 잊지 않으신다 하셨습니다. 상을 바라고 행한 것이 아님에도 준 것보다 더 많은 것을 상으로 갚아 주십니다.

하나님께서는 선을 행할 줄 알고도 행하지 않으면 죄라고 하셨습니다. 우리가 무엇에든지 하나님께서 기뻐하시는 선을 행하며 살 때 평안하고 행복합니다. 하나님께 순종하는 기쁨이며, 선을 행하느라 악을 피하고 죄를 짓지 않으며, 의를 따르는 승리의 기쁨을 누립니다.

성령을 좇아 행하는 믿음과 은혜

내가 이르노니 너희는 성령을 좇아 행하라 그리하면 육체의 욕심을
이루지 아니하리라 육체의 소욕은 성령을 거스리고 성령의 소욕은
육체를 거스리나니 이 둘이 서로 대적함으로 너희의 원하는 것을 하
지 못하게 하려 함이니라 (갈라디아서 5장 16-17절)

하나님을 안 믿는 사람들은 자기 힘을 의지하고 살지만, 믿는 자는 자신
이 하나님 안에 거한다는 것과 하나님께서 성령으로 자신 안에 거하시는
것을 알고 삽니다. 자신의 힘보다는 성령님의 힘과 도우심을 의지하고 인
도하심을 따라서 살아갑니다. 그런 믿음과 순종의 삶을 사는 사람의 인생
길에는 성령님의 은혜와 생수가 있고, 불기둥과 구름기둥의 인도하심이 있
습니다. 육체의 욕심을 멀리하므로 마음과 삶이 평온합니다.

그런데 사람이 예수님을 믿고 거듭났다 할지라도 온전한 구원을 이루어
하나님의 통치를 받기 전에는 연약한 점들이 있습니다. 죄성이 있고, 세상
정욕과 이생의 자랑과 탐욕과 분노도 있습니다. 그래서 평소에 누구보다도
잘 믿고 바르게 산 것처럼 보이던 사람이 죄를 이기지 못하고 넘어지는 것
을 봅니다. 성령을 좇지 않고 육체의 욕심을 따라 죄에 빠져서 그동안 쌓아
올린 인격과 명성과 물질 등의 모든 것을 잃어버릴 뿐만 아니라 하나님의
성령을 심히 근심시키는 죄를 범하는 것입니다.

우리는 어찌하든지 믿는 자 안에 계셔서 역사하시고 인도하시는 성령을
좇아 말씀 붙잡고 살아야 합니다. 구원을 이루는 삶이며 생명길입니다. 그
길에 성령 하나님이 함께 계시니 마귀가 건드리지 못합니다. 혹시 시험과
유혹이 올지라도 타협하지 않고 올무에 걸리지 않고 하나님께로 즉시 돌
아섭니다. 붙들어 주시는 은혜와 능력입니다.

10월 29일

주 예수 그리스도를 믿는 믿음

예수께서 가라사대 너희는 아래서 났고 나는 위에서 났으며 너희는
이 세상에 속하였고 나는 이 세상에 속하지 아니하였느니라 이러므
로 내가 너희에게 말하기를 너희가 너희 죄 가운데서 죽으리라 하였
노라 너희가 만일 내가 그인 줄 믿지 아니하면 너희가 죄 가운데서
죽으리라 (요한복음 8장 23~24절)

기약이 이르면 하나님이 그의 나타나심을 보이시리니 하나님은 복
되시고 홀로 한 분이신 능하신 자이며 만왕의 왕이시며 만주의 주
시요 오직 그에게만 죽지 아니함이 있고 가까이 못 할 빛에 거하시
고 아무 사람도 보지 못하였고 또 볼 수 없는 자시니 그에게 존귀와
영원한 능력을 돌릴지어다 아멘 (디모데전서 6장 15~16절)

우리의 구주와 주님이신 예수님은 하나님의 영광의 광채시고, 그 본체
의 형상이십니다. 태어날 때부터 소경되었던 바디매오 맹인이 예수님을 만
나 눈을 떴고, 예수님이 구주이심을 밝히 알았으며, "주여 내가 믿나이다."
라고 고백했습니다.

우리도 예전에는 예수님을 몰라보는 영적 소경이었습니다. 성경책을 들
고 지나가는 사람을 보면 이상하게 보였습니다. 예수님을 모르고 영적 소
속이 달라서였습니다. 그런데 하나님의 특별한 사랑으로 택함을 받아 성령
의 은혜를 받고 보니 영의 눈을 밝히 뜨고, 하나님이신 주 예수 그리스도
를 믿고, 성경의 가치를 알고 감사와 찬양과 경배와 사랑으로 섬기며 살게
된 것입니다.

세상의 구주이신 예수님은 믿는 자에게 생명이고 참 보배이시며 산 소
망이십니다. 예수님을 믿고 순종하는 자는, 진노의 날 심판과 부끄러움을
당하지 않습니다. 어제나 오늘이나 영원토록 동일하신 하나님이신 우리 주
예수 그리스도이십니다.

10월 30일

상한 심령을 위로하시는 하나님

하나님의 구하시는 제사는 상한 심령이라 하나님이여 상하고 통회
하는 마음을 주께서 멸시치 아니하시리이다 (시편 51편 17절)

애통하는 자는 복이 있나니 저희가 위로를 받을 것임이요 (마태복음
5장 4절)

하나님은 상한 갈대를 꺾지 않으시고 꺼져가는 심지를 끄지 않으십니다.
자비의 아버지시고 모든 위로의 하나님이시며, 아비가 자식을 불쌍히 여김
같이 자기를 경외하는 자를 불쌍히 여기십니다. 우리의 체질을 아시고 진
토인 것을 기억하시기 때문입니다.

인자와 진실이 풍부하신 하나님은 우리가 험한 세상의 파도에 시달려
상한 마음으로 겸손히 하나님을 찾고 의지하면 멸시하지 않으십니다. 긍휼
히 여기시고 상처를 싸매주십니다. 주님의 포근한 날개 그늘 안에서 쉼과
평안을 베푸십니다. 우리가 애통하는 마음과 상한 심령으로 하나님께 나
아가서 마음을 털어놓을 때, 어미가 자식을 측은히 여기는 것처럼 위로하
십니다.

하나님께서 우리에게 구하시는 제사는 상한 심령입니다. 곧은 목과 높아
진 마음은 외면하시고 물리치시지만, 상하고 통회하는 마음은, 멸시치 않
으시고 보듬어 주십니다. 상심한 마음을 고치시고 상처를 싸매어 주시며
인자와 선을 베푸십니다. 진실하고 겸손히, 애통한 마음으로 드리는 기도
에 귀를 기울이시고, 귀하게 받으십니다. 새 힘과 용기와 소망을 주시고 살
길을 열어주십니다.

10월 31일

용서의 어려움과 승리

너희가 사람의 과실을 용서하면 너희 천부께서도 너희 과실을 용
서하려니와 너희가 사람의 과실을 용서하지 아니하면 너희 아버지
께서도 너희 과실을 용서하지 아니하시리라 (마태복음 6장 14-15절)

너희는 스스로 조심하라 만일 네 형제가 죄를 범하거든 경계하고 회
개하거든 용서하라 (누가복음 17장 3절)

우리는 하나님의 자비와 긍휼로 인하여 죄와 허물을 용서받은 사람입니
다. 예수님께서 하나님의 자비로 우리가 용서받은 것처럼 다른 사람이 잘
못했다고 용서를 빌 때 용서해야 한다는 말씀을 엄중하게 하셨습니다. 또
한 무조건적으로 자신에게 피해를 입힌 사람을 용서해야 한다고도 하셨는
데, 우리는 그 말씀을 잘 압니다. 그럼에도 막상 용서가 필요한 상황을 겪
으면 용서하기 어려울 때가 있습니다. 살에 박힌 가시를 빼내려고 할 때 잘
못 건드리면 더 깊숙이 들어가 더 아픈 것처럼 용서하려고 하는데 잘 안되
면 더 고통스럽습니다. 마음에 억울함과 분노와 미움이 있어서입니다. 그
런데 마음에 남은 고통보다 더 무서운 것이 있습니다. 다른 사람의 허물을
용서하지 않으면 하나님께서도 우리의 허물과 과실을 용서하지 않으신다
는 사실입니다. 그래서 용서 하지 못한 마음이 지옥이 되는 것이고, 용서를
하지 않고 세상을 떠나도 어둠에 거할 것입니다.

그러므로 우리는 우리의 모든 허물도 예수님의 십자가 속죄의 은혜로
용서를 받았다는 사실을 잊지 않고 우리의 허물을 용서하신 하나님의 자
비를 생각하며, 감사함으로 기도해야 합니다. 그러다 보면 하나님 은혜와
사랑이 마음에 부어지면서 용서가 안 되었던 일과 사람을 향한 안 좋은 감
정이 사라지고, 용서되는 승리를 하게 됩니다.

365일 묵상집

November **11**월

보지 않고
믿는 믿음

"예수께서 가라사대 너는 나를 본 고로 믿느냐 보지 못하고
믿는 자들은 복되도다 하시니라" (요한복음 20장 29절)

연단을 받은 후의 복

여호와께서 복을 주시므로 사람으로 부하게 하시고 근심을 겸하여 주지 아니하시느니라 미련한 자는 행악으로 낙을 삼는 것 같이 명철한 자는 지혜로 낙을 삼느니라 (잠언 10장 22-23절)

무릇 징계가 당시에는 즐거워 보이지 않고 슬퍼 보이나 후에 그로 말미암아 연달한 자에게는 의의 평강한 열매를 맺나니 (히브리서 12장 11절)

하나님은 사랑하는 자를 징계하십니다. 불에 녹이시고 연단하시는데, 그 연단이 의의 평강한 열매를 맺고 복이 됩니다. 갯벌 속에 진흙 덩어리처럼 내면에 뭉쳐진 어두운 에너지와 쓸데없는 고집과 오기와 자존심과 미련함이 깨어져 나가고 부서지면서, 어리석음과 욕심과 무지와 미련이 벗겨지고, 바른 지각과 명철과 하나님의 지혜로 채워져 정금 같은 하늘의 사람으로 변화시키기 때문입니다.

연단 받은 후의 삶이 아름답습니다. 생각과 마음과 행동에 죄와 어둠과 악이 떠나가고, 의와 빛과 선으로 채워집니다. 지식과 지혜의 근본이신 하나님을 경외함으로 섬기는 것을 최고의 본분으로 알고, 의와 공의를 따라 사는 삶을 즐겁고 기쁜 행복으로 여깁니다. 그러므로 연단이 당시에는 괴로우나 지내 놓고 보면, 참으로 값집니다. 삶이 맑고 깨끗하며 단순하고 간결하면서도 힘이 있습니다.

또한 연단을 잘 통과한 후에 받은 복은 근심이 없는 복이며, 쉽게 사라지지 않습니다. 시련과 역경을 통해 단단해진 신앙인격과 어디에 두어도 변질되지 않는 정금 같은 믿음 위에 주어진 것이며, 복의 근원이신 성령 하나님이 보증해 주시기 때문입니다.

참된 믿음과 기도의 능력

오직 믿음으로 구하고 조금도 의심하지 말라 의심하는 자는 마치 바람에 밀려 요동하는 바다 물결 같으니 이런 사람은 무엇이든지 주께 얻기를 생각하지 말라 두 마음을 품어 모든 일에 정함이 없는 자로다
(야고보서 1장 6~8절)

이와 같이 성령도 우리 연약함을 도우시나니 우리가 마땅히 빌 바를 알지 못하나 오직 성령이 말할 수 없는 탄식으로 우리를 위하여 친히 간구하시느니라 마음을 감찰하시는 이가 성령의 생각을 아시나니 이는 성령이 하나님의 뜻대로 성도를 위하여 간구하심이니라
(로마서 8장 26~27)

참된 믿음의 기도는 하나님을 사랑하는 진실한 마음으로 드리는 기도입니다. 자기중심적인 믿음으로 욕심을 따라서 입으로 "믿습니다. 믿습니다. 이루어 주세요."를 되뇌지 않습니다. 우리가 참된 믿음의 기도를 드리면 하나님께서 받으시고 역사하시므로 기적을 경험합니다. 참된 믿음의 기도를 드리려면, 기도하기 전에 먼저 하나님과 인격적이고 영적인 좋은 관계가 있어야 합니다. 참된 믿음은 자기신념이나 확신으로 발생하는 것이 아니라, 평소의 삶에서 거룩과 친밀한 사귐과 순종과 전적인 신뢰가 있을 때, 하늘로부터 주어집니다. 성령이 주시는 믿음입니다. 하나님께서는 이렇게 자신의 욕심이 아니라 성령이 주시는 믿음으로, 자신의 필요를 구하면 놀라운 방법으로 응답해 주십니다. 전능하신 하나님이 역사하시고 나타내시기 때문에 성령이 주시는 참된 믿음의 기도에 능력이 있기 때문입니다

우리 삶의 모든 근원이 하나님께 있습니다. 믿음이 없음을 고백하고 참된 믿음 얻기를 소원하면, 예수님께서는 믿음 없음을 긍휼히 여겨주시고 마음에 믿음이 생겨나도록 역사해 주십니다. 성령의 감동 감화에 순종과 사랑의 행함을 통해 사랑이신 하나님과 돈독한 관계를 갖도록 도와주십니다. 우리가 참된 믿음으로 기도하면 능력의 원천이신 하나님이 하시는 놀라운 일들을 경험합니다. 하나님의 뜻 하신대로 응답이 이루어지며 살아계신 하나님이 하시는 일들을 증언하는 삶이 됩니다.

마음 가난한 사람과 거만한 사람

나 지혜로 말미암아 네 날이 많아질 것이요 네 생명의 해로 네게 더하리라 네가 만일 지혜로우면 그 지혜가 네게 유익할 것이나 네가 만일 거만하면 너 홀로 해를 당하리라 (잠언 9장 11-12절)

나 여호와가 말하노라 나의 손이 이 모든 것을 지어서 다 이루었느니라 무릇 마음이 가난하고 심령에 통회하며 나의 말을 인하여 떠는 자 그 사람은 내가 권고하려니와 (이사야 66장 2절)

예수님은 산상수훈에서 심령이 가난한 사람이 천국을 얻게 될 것이라고 말씀하셨습니다. 마음이 가난한 사람은 겸손하여 생각과 마음이 하나님의 뜻과 같아지므로 하나님이 다스리시는 왕국인 천국 백성의 자격을 갖추게 되는 것입니다.

심령이 가난한 사람은 세상사는 동안 고난을 겪으면서, 하나님 앞에서 자신은 아무것도 아닌 것을 알고 하나님 앞에 자신을 낮추는 사람으로, 마음이 옥토처럼 부드럽고 연합니다. 하나님 말씀이 어렵고 자신이 생각하는 이치와 달라서 잘 이해가 안 될지라도 믿음으로 받아들입니다.

이렇게 하나님 앞에서 자존심을 버리는 사람이 복 있는 사람이고, 지혜롭습니다. 가난하고 겸손한 마음에 하나님의 말씀이 조금씩 쌓여 가면 하나님의 능력이 나타납니다. 힘이 생기고 어떤 불안이나 두려움과 염려가 사라지며 평안합니다. 인생을 하나님이 책임지시고 보장하시므로 천사의 보호를 받으며 안전하게 살아갑니다.

그러나 하나님 앞에서 자존심을 내세우며 목이 곧고 배부른 마음으로 거만한 사람은 하나님이 비웃으십니다. 버려두십니다. 우선은 자기 힘으로 잘 사는 것으로 보일지라도, 자기 힘의 한계를 느낄 만한 일이 터질 때 비참해집니다.

남김없이 던지신 사랑

내가 나를 위하여 증거하는 자가 되고 나를 보내신 아버지도 나를 위하여 증거하시느니라 (요한복음 8장 18절)

그리스도께서 너희를 사랑하신 것같이 너희도 사랑 가운데서 행하라 그는 우리를 위하여 자신을 버리사 향기로운 제물과 생축으로 하나님께 드리셨느니라 (에베소서 5장 2절)

하나님의 사랑은 모든 사람이 구원받기를 위하여 아낌없이 내놓으신 사랑입니다. 동정녀의 몸을 빌려 육체를 입고 아들로 오셨고, 십자가에 자신을 남김없이 던지셨습니다. 이유는 단 하나입니다. 죄로 물든 인류를 건지시기 위함이었습니다. 하늘로서 온 산 떡으로, 우리의 참된 양식과 음료가 되셨습니다.

하나님께서 인류를 위해 자신을 던지신 아가페 사랑은, 거짓과 오류의 한계가 없는 하나님의 증언이며, 예수님이 스스로 십자가에 매달리심으로 확실한 증거가 되셨습니다. 자신을 아낌없이 남김없이 던져서 영혼의 양식이 된 주님의 그 은혜와 사랑을 받은 우리는 감사하게 살고, 기도하며 살고, 죄와 상관없이 살기를 힘쓰고, 하나님 인도 따라 계산하지 않고, 하나님 보실 때, 분명하고 가치 있는 목적을 위해 자신을 던지는 삶을 살아야 합니다.

아무것도 아닌 존재를 하나님께서 아시고 받아 주신다는 사실이 감사하고 영광스러우며 보람될 뿐입니다. 큰 은혜를 입은 자로서 우리는 기회 되는대로 하나님께 자신을 드리며, 사랑가운데서 행하기를 힘써야 합니다. 자신을 내어드리는 삶, 그 자체가 복이고 영광입니다. 그 결과에 대한 것은 생각할 일이 아닙니다.

두 주인을 섬긴 삶의 결과

여호와를 배반하고 따르지 아니한 자들과 여호와를 찾지도 아니하
며 구하지도 아니한 자들은 멸절하리라 (스바냐 1장 6절)

간음하는 여자들이여 세상과 벗된 것이 하나님의 원수임을 알지 못
하느뇨 그런즉 누구든지 세상과 벗이 되고자 하는 자는 스스로 하
나님과 원수 되게 하는 것이니라 (야고보서 4장 4절)

　예수님은 사람이 두 주인을 섬길 수 없다고 하셨습니다. 두 주인을 섬기
는 것은 우상숭배입니다. 욕망을 버리지 못한 채 하나님께 예배도 드리고
헌금도 하고 봉사도 하지만, 돈이 더 중요하고 세상 정욕과 욕망이 마음속
자리를 차지하고 있는 것입니다. 이렇게 신앙생활도 오래 하고 직분도 있는
사람이 교회는 종교적으로 충실히 다니지만 하나님을 두려워하지 않고,
죄짓고 타락해서 멸망 길로 가는 경우도 있습니다. 서울 시내 큰 교회 담임
목사님께 한 여인이 피맺힌 절규가 담긴 편지를 보냈다고 합니다. 사연인
즉, 그 여인은 암에 걸려 오래도록 투병생활을 하고 있는데, 장로인 남편은
젊은 여인과 동거 하면서 동거녀와 함께 여인이 편지 보낸 교회에서 주일
예배를 드리고 있다는 하소연이 담긴 내용이었습니다. 철저하게 두 주인을
섬기고 있는 경우입니다. 병든 아내를 멀리하고 자신의 욕망을 따라 불륜
을 저지르고 사는 장로는 이미 하나님을 믿는 사람도 아니고 장로도 아닙
니다. 하나님께서는 하나님을 믿고 섬긴다고 예배하는 그 사람을 얼마나
역겨워하시고 진노하실지 하나님의 공의가 두렵습니다.
　성경은 이런 사람이 목사이건, 장로이건, 누구라도 하나님을 배반한 음
녀로 진단합니다. 교회에 걸어 들어가 자리에 앉아 예배참석은 할 수 있고,
양심을 저버리고 사람 앞에서 직임은 감당할 수 있겠지만, 하나님은 그런
사람의 예배나 봉사를 전혀 받지 않으십니다. 하나님을 배반한 자이고 하
나님을 찾지도 않은 자로 보십니다. 진실하게 회개하고 돌이키지 않으면 상
실한 마음 그대로 내어버려 두시며, 최후의 심판의 날 음부와 함께 불 못에
던져 멸절시키기 위한 심판을 예비하실 뿐입니다.

인생이 안 되는 이유와 회복의 기회

진실로 그는 거만한 자를 비웃으시며 겸손한 자에게 은혜를 베푸시나니 (잠언 3장 34절)

그러나 더욱 큰 은혜를 주시나니 그러므로 일렀으되 하나님이 교만한 자를 물리치시고 겸손한 자에게 은혜를 베푸신다 하셨느니라 (야고보서 4장 6절)

대체로 사람이 망하는 이유는 여러 가지가 있습니다. 먹고살 만한데도 지나친 욕심과 야망을 품다 무리해서이기도 하고, 무능함으로 직업을 얻지 못하거나 직업은 구했어도 적응을 못 해서이기도 합니다. 또한 어리석어서 사기를 당하기도 하고, 알맹이 없이 큰 소리 뻥뻥 치다가 미끄러지고 넘어지기도 합니다.

그와는 반대로 아무리 똑똑하고 바르고 일을 잘하고 모범생 일지라도 교만하면 하나님이 비웃으십니다. 하나님께서는 멀리서도 교만을 보십니다. 눈이 교만한지, 마음이 교만한지를 다 아십니다. 교만을 지극히 미워하십니다. 그래서 성경은 교만이 패망의 선봉이라고 합니다. 내 주먹 믿는다면서 계속 깨닫지 못하고 교만해서 악으로 채워지면 버리십니다.

하나님이 버리시면 끝납니다. 자신도 모르는 사이에 아무리 힘쓰고 애쓸지라도 막히고, 되는 것이 없는 인생이 되는 것입니다. 그러나 하나님 사랑 안에 회복의 기회가 있습니다. 눈에 보이지 않는 하나님을 무시한 채, 자기 힘과 눈에 보이는 욕심을 따라가다가 어느 기회에 인생무상과 자기만의 교만을 깨닫고, 하나님께 나가서 돌이키고 하나님 말씀을 따라가면 다시 받아 주십니다. 회복의 은혜입니다.

아무쪼록 우리의 인생이 끝까지 승리하기 위해서는 변함없이 겸손한 마음과 순종이 필요합니다. 신실한 믿음으로 하나님을 바르게 잘 섬기면 영혼 구원뿐 아니라 삶도 흥하게 하십니다.

간섭하시는 사랑과 은혜

내가 너를 내 손바닥에 새겼고 너의 성벽이 항상 내 앞에 있나니 (이사야 49장 16절)

주께서 그 사랑하시는 자를 징계하시고 그의 받으시는 아들마다 채찍질 하심이니라 (히브리서 12장 6절)

사람은 아무 상관 없는 사람은 간섭하지 않습니다. 사랑이 있고 마음이 가기 때문에 간섭하는 것입니다. 할머니는 손자·손녀가 소중하고 사랑스러우므로 자주 '손 씻자'고 합니다. 장난감 만진 손으로 과자를 집어 들면 세균이 입에 들어갈 것 같아 자꾸 신경이 쓰입니다. 그런데 아가는 그런 참견이 불편합니다. 또 세상을 더 산 부모 눈으로 보기에 자녀가 까닥하면 인생을 잘못 그르칠 수도 있으니 잘되라고 간섭합니다. 부부간에도 남의 아내나 남편은 간섭하지 않은데 부부니까 피차 잔소리도 하고 간섭하는 것입니다. 그런데도 대개는 참견이나 간섭을 잔소리로 알고 불편해하고 싫어합니다.

하나님께서도 하나님 자녀를 그냥 내버려두지 않으십니다. 삶의 구석구석을 들추어내시면서 '나쁜 것은 모양이라도 끊어라', '기도해라', '순종해라' 등 말씀으로 간섭하시고, 성령의 감동 감화로 참견하십니다.

이 세상 모든 사람이 한자리에 모여 있어도, 하나님께서는 한 사람 한 사람 각자의 모든 상태를 한눈에 알아보십니다. 믿음이 자라면 자랄수록 조그마한 먼지가 쌓이는 것도 알게 하셔서 털어내고 정결하게 하십니다. 하나님 마음과 손바닥에 사랑의 관심 대상으로 새겨져 있으며 말씀으로 회복되고 순종할 때 주실 은혜와 복이 있기 때문입니다.

하나님의 영광 안에서 새롭게 된 삶

맑은 물로 너희에게 뿌려서 너희로 정결케 하되 곧 모든 더러운 것에서와 모든 우상을 섬김에서 너희를 정결케 할 것이며 또 새 영을 너희 속에 두고 새 마음을 너희에게 주되 너희 육신에서 굳은 마음을 제하고 부드러운 마음을 줄 것이며 또 내 신을 너희 속에 두어 너희로 내 율례를 행하게 하리니 너희가 내 규례를 지켜 행할지라 (에스겔 36장 25-27절)

우리가 마음에 뿌림을 받아 양심의 악을 깨닫고 몸을 맑은 물로 씻었으니 참 마음과 온전한 믿음으로 하나님께 나아가자 (히브리서 10장 22절)

사람이 완전하신 하나님 보시기에 인정할 만큼 정결하고 의롭게 되는 길은, 인간 세상의 모든 학식과 교양과 물질과 문명을 동원해도 불가능합니다. 하나님의 법과 규례를 따라 사는 것도 사람이 힘쓰고 노력만으로는 한계가 있고 무너지기 쉽습니다. 방법도 없고 길이 없습니다.

그런 인간의 실상을 긍휼히 여긴 하나님께서 이 땅에 예수님을 보내셨습니다. 세상 죄를 지고 가는 어린양으로 이 땅에 오신 예수님께서 십자가에서 피 흘리시고 죽으시고 다시 사심으로, 우리가 예수님의 피와 성령과 말씀으로 거룩하신 하나님께 나아가는 길을 내셨습니다.

우리는 아무런 공로나 값없이 하나님의 영광 안에 들어가는 은혜를 입었습니다. 죄를 사함받을 자격도 없는데 오직 십자가의 은혜로 피 뿌리시고 정결케 하셔서 하나님의 보좌 앞에 나갈 수 있게 해 주신 은혜입니다. 속죄의 은혜를 받고 새 생명을 얻어 믿음과 순종으로 살면서 예수님의 의와 진리와 거룩으로 옷 입고 삽니다. 하나님의 은혜로 옛사람이 변해 새사람을 입고 하나님의 영광을 나타낼 자로 세워진 것입니다. 그 은혜를 입은 자로서 하나님을 앙망하며 삽니다. 이 땅의 영광을 쳐다보고 살던 자리에서, 세상의 덧없음과 허망하고 부질없음을 알고 영원한 하나님 나라에 굳건한 소망을 두고 살아가는 것입니다.

마음을 새롭게 하므로 변화되는 삶

너희는 이 세대를 본받지 말고 오직 마음을 새롭게 함으로 변화를 받아 하나님의 선하시고 기뻐하시고 온전하신 뜻이 무엇인지 분별하도록 하라 (로마서 12장 2절)

너희가 전에는 어두움이더니 이제는 주 안에서 빛이라 빛의 자녀들처럼 행하라 (에베소서 5장 8절)

우리가 믿음 생활하는 평생 동안은 하나님의 형상을 회복하기까지의 변화를 이루는 기회의 여정입니다. 성령님께서 하시는 일 중의 하나는 예수님을 믿고 말씀 따라 살아가는 우리의 심령에 하나님의 거룩함을 심어주시는 것입니다. 하나님의 아들을 믿는 것과 아는 일에 하나가 되어 온전한 사람을 이루도록 도와주십니다.

우리의 몸과 마음과 영혼을 새롭게 하시고 진리 가운데 인도하시며, 불의와 악을 미워하며, 선과 의를 사랑하고 따르는 사람으로 변화시키십니다. 게으르던 사람이 부지런해지고, 집안이 정돈되며 삶의 모습이 깨끗해질 뿐만 아니라, 굳어 있던 표정이 풀어지고 입가에 미소가 피어나면서, 예전과 다른 차원의 평안과 기쁨이 넘칩니다. 성령님의 임재와 이끄심이 삶을 주관하시므로 신선한 열정으로 채워지는 것입니다. 환경은 어려운 그대로라도, 믿음과 기도와 인내로 뛰어넘고, 기쁨과 감사로 살 때 환경도 좋아져서 물댄 동산처럼 부족함 없는 가운데 하나님의 뜻을 이루며 살도록 도와주십니다.

진정한 변화는 사람의 노력만으로 단박에 이루어지지 않습니다. 우리가 하나님을 의지하고 기도하며 말씀을 가까이할 때 성령님의 능력으로 점점 나아지는 것입니다. 형통할 때는 겸손으로, 고난 중에는 기도와 인내로 스스로를 단련하고 변화 받으며 새로워집니다. 우리가 예수 그리스도 안에서 변화 받고 새로워지는 것은, 어떤 큰일을 하고 유명해지는 것보다도 더 성공적인 일이며 하나님께 큰 영광이 됩니다.

고난 중에 감사와 승리

환난 날에 나를 부르라 내가 너를 건지리니 네가 나를 영화롭게 하리로다 (시편 50편 15절)

항상 기뻐하라 쉬지 말고 기도하라 범사에 감사하라 이는 그리스도 예수 안에서 너희를 향하신 하나님의 뜻이니라 (데살로니가전서 5장 16~18절)

삶의 여정에는 순탄함도 있고, 고통도 있습니다. 사람은 누구나 좋은 일에는 감사하기 쉽지만, 고난 중에는 감사하기 어렵고, 분노하고 원망하기가 쉽습니다. 때로는 하나님 말씀 붙들고 인내하던 믿음에 스멀스멀 회의가 생겨 믿음도 식고, 하는 일마저도 막혀서 인생이 산산조각이 날 것 같은 순간이 있을 수도 있습니다. 이때 중요한 것은 정직하고 진솔하게 자신의 상황을 아뢰며, 말씀에 비추어 자신을 돌아보면서 감사함으로 불신과 원망을 물리치는 일입니다. 우리가 십자가에 달리신 예수님을 생각하고, 마음을 낮추면 부르짖을 힘을 주십니다. 힘들 때일수록 십자가 앞에 나가서 도우시는 은혜를 믿고 마음 다해 기뻐하며 기도와 찬양과 감사를 드려야 합니다. 하나님께서 역사하시고 하나님의 복을 체험하는 지름길입니다. 유다왕 여호사밧은 적군인 모압과 암몬의 연합군의 침략이라는 엄청난 위기 앞에서, 감사와 찬양으로 승리한 왕으로 유명합니다. 여호사밧이 하나님을 의지하고 성가대를 조직하여 하나님께 감사하고 찬양할 때, 하나님께서 떼 지어 덤벼드는 적군을 물리치고 승리하게 하셨습니다.

성도가 하나님께 드리는 감사는 믿음의 표현으로 하나님의 능력과 역사를 경험할 수 있습니다. 육신의 생각으로는 결코 쉽지 않지만, 성령안에서 믿음으로 우리의 형편이 좋을 때나 안 좋을 때나, 마주하는 모든 여건과 상황에서 하나님을 바라보며 기뻐하고 감사하는 태도는 하나님께서 자녀에게 바라시는 뜻이기도 합니다. 우리가 어떤 고난 중에도 감사한 마음으로 살면 회복의 은혜를 통해 복과 영예를 주셔서 하나님을 영화롭게 하도록 역사 해주십니다.

인내의 결실

너희에게 인내가 필요함은 너희가 하나님의 뜻을 행한 후에 약속을 받기 위함이라 (히브리서 10장 36절)

보라 인내하는 자를 우리가 복되다 하나니 너희가 욥의 인내를 들었고 주께서 주신 결말을 보았거니와 주는 가장 자비하시고 긍휼히 여기는 자시니라 (야고보서 5장 11절)

하나님께서 인내하는 자를 복되다고 하십니다. 인내는 '자신이 복수할 힘이 있으면서도 참는 것'입니다. 억울하고 분해도 십자가의 모진 고난을 참아 내신 예수님을 바라보면서 견딥니다. 자신의 힘과 능력으로는 인내할 수 없으므로 하나님을 의지하며 맡기고 기다립니다. 인내는 쉽지 않은 덕목입니다. 참으로 어렵고 힘들며 막막함에도 불구하고, 그런 상황을 견디고 참아 내는 것입니다. 포기해야 할 것은 깨끗이 포기하고, 포기하지 말아야 할 것은 절대로 포기하지 않고, 하나님을 의지하는 믿음으로 할 일을 계속해 나가는 것입니다. 농부가 열매를 바라고 농작물을 가꾸면서 가뭄에도 장마에도 참고 인내하며 추수 때를 기다리는 것과 같습니다.

우리 인생의 모든 것은 하나님의 뜻과 계획 가운데 있으며, 하나님의 방법과 때에 이루어집니다. 애써 싹을 내고 꽃만 피운 채 열매도 맺지 못하고 사라지면 아무 소용이 없습니다. 우리의 삶에 주어진 하나님의 약속이 성취되는 것을 보려면, 조급하지 않고 오래 참아야 할 때가 많은 것입니다. 우리가 살아가는 삶 속에서의 일도 그렇지만, 어떤 이유로든지 신앙생활을 포기하고 도중하차 하면, 마귀시험과 올무에 걸려들고 영혼이 멸망의 구렁텅이에 빠지게 됩니다. 오직 우리 인생은 믿음과 순종과 오랜 인내로 성화와 구원의 열매를 맺어갑니다. 한번 올라탄 구원의 방주에서 내리지 않고, 끝까지 전진할 때 천국입성의 영광과 결실을 누리는 것입니다.

생명의 길과 사망의 길

어떤 길은 사람의 보기에 바르나 필경은 사망의 길이니라 (잠언 14장 12절)

나는 알파요 오메가요 처음과 나중이요 시작과 끝이라 그 두루마기를 빠는 자들은 복이 있으니 이는 저희가 생명나무에 나아가며 문들을 통하여 성에 들어갈 권세를 얻으려 함이로다 (요한계시록 22장 13~14절)

하나님께서는 온 인류를 구원하시기 위한 지혜와 능력과 긍휼을 십자가에 나타내셨습니다. 독생자 예수님을 세상에 보내 피 흘리려 죽게 하시므로 대속의 제물 되게 하시고, 다시 살리셨습니다. 하지만 예수님을 십자가에 못 박아 죽인 세상은 하나님 사랑을 믿지 않고 받아들이지 않습니다. 어쨌든 이 세상에 태어난 누구라도 길과 진리와 생명이시며 의와 거룩과 구속과 지혜가 되시는 예수님을 믿지 않으면, 궁극적으로 가장 비참하고 불행한 운명이 됩니다. 하나님의 진노가 머무르며 하나님 나라의 영광을 누릴 수 없습니다. 이런 사실들은 개인의 견해가 아니라 성경에서 말하는 진리이고 참입니다. 그러므로 제아무리 세상적으로 화려하게 살고, 지식과 재물과 권세가 많아도, 예수님을 믿고 따르지 않으면 생명의 빛이신 예수님과 상관없습니다. 내어버려진 채 구원 밖에 있습니다. 사람 보기에는 그만하면 된 것 같아도 하나님께서 예수님을 믿지 않는 것이 죄라 하셨으니, 하나님 앞에서 죄인입니다. 머리 좋고 세상 경영 똑똑하고 매사에 능수능란 능력자일지라도, 지식과 지혜의 근본이신 하나님을 모르니 영적 소경과 다를 바가 없습니다.

그러나 그 누구라도 어떤 계기가 되어 스스로 마음이 우러나거나 전도하는 그 누군가를 통해 예수님을 믿게 되면 하나님 은혜로 생명 길 안으로 들어서는 것이며 영의 눈이 열리고 진리를 아는 사람이 됩니다. 이 땅만 바라보고 살던 시선이, 하나님을 바라보고 위엣 것을 찾습니다. 하나님께서 사랑하셔서 말씀과 성령의 능력으로 지도하시고 붙드시며, 천국의 유업을 받을 자로 훈련하십니다. 하나님께서 그 발걸음을 주목하시고 인도하시며 보호하시고 축복하십니다.

11월 13일

진실한 사랑으로 보살피시는 하나님

너희는 마음을 강하게 하며 담대히 하고 앗수르 왕과 그 좇는 온 무리로 인하여 두려워 말며 놀라지 말라 우리와 함께하는 자가 저와 함께하는 자보다 크니 (역대하 32장 7절)

아무것도 염려하지 말고 오직 모든 일에 기도와 간구로 너희 구할 것을 감사함으로 하나님께 아뢰라 그리하면 모든 지각에 뛰어난 하나님의 평강이 그리스도 예수 안에서 너희 마음과 생각을 지키시리라 (빌립보서 4장 6-7절)

이 세상에 수많은 사람들이 지금 이 순간에도 걱정 근심 염려로 마음 무겁게 하루를 시작할 것입니다. 몸이 아파서, 돈이 없어서, 인간관계로, 권력의 남용과 횡포로, 속임을 당해 억울함 때문에… 이 세상 모든 문제의 답이 천지만물을 창조하시고 사람을 지으신 하나님께 있습니다. 이 세상 사는 누구도 문제를 완전히 떠나서 살 수 없습니다. 믿음이 좋고 기도한다고 곧바로 모든 문제가 해결되는 것은 아닙니다. 그러나 기도할 때 성령님의 임재와 주님의 평강이 함께하므로 문제가 해결되기도 하고, 문제를 이길 지혜와 힘이 주어집니다.

하나님께서는 하나님 자녀와 관계되는 모든 일에 대해 돌보시고 보살펴 주십니다. 그러므로 하나님 자녀는 하나님을 의지하고 경외하는 믿음으로 걱정, 불안, 염려, 근심과 상한 마음을 기도로 맡겨 드리면 됩니다. 하나님께서 그 믿음을 보시고, 도우시고 대신 싸우시며 이기게 하십니다. 우리가 하나님을 의지하는 믿음은 삶과 죽음의 어떤 문제 앞에서도 놀라거나 두려워하지 말고, 주눅 들거나 위축되지 말고 진실한 사랑으로 보살피시는 하나님께 모든 염려와 무거운 짐을 맡기는 것입니다. 문제를 맡기면서 믿음도 자라고, 문제를 헤쳐나가면서 믿음의 담력도 얻고, 승리하게 됩니다. 하나님께서 마침내 사랑하시는 자녀가 환하게 웃도록 도우십니다.

마음이 가난한 사람의 복과 영생

심령이 가난한 자는 복이 있나니 천국이 저희 것임이요 (마태복음 5
장 3절)

너희가 그 은혜를 인하여 믿음으로 말미암아 구원을 얻었나니 이것
이 너희에게서 난 것이 아니요 하나님의 선물이라 (에베소서 2장 6절)

예수님께서 어느 날, 영생에 관심이 많고 율법을 다 지킨 젊은 부자 관원
이 예수님을 찾아왔습니다. 예수님은 그의 소유를 다 팔아 가난한 자들에
게 주고 나를 따르라고 하셨습니다. 그 청년은 자신이 가지고 있는 많은 재
물이 멍에가 되어 근심하며 돌아갔습니다. 이때 예수님은 제자들에게 부
자가 천국 들어가는 것이 낙타가 바늘귀로 들어가는 것보다 더 어렵다고
하셨습니다. 부자는 하나님보다 돈이 더 소중하다는 생각 때문에 예수님
을 알고 영생도 원하지만 제대로 믿기 어렵다는 말씀입니다.

마음이 가난한 자는 인간의 부패와 무력함과 한계를 느끼고 하나님을
인정하는 사람을 말합니다. 우리에게 영적으로 가장 큰 복은 가난한 마음
입니다. 그런 마음 이 기본이 되어 믿음이 순전하게 자라서 천국에 갈 수
있기 때문입니다. 우리는 하나님 은혜가 없이는 아무것도 아니고, 아무것
도 할 수 없으며, 자신의 모든 것이 하나님 은혜라는 인식과 고백으로 살
아갑니다. 우리가 가난한 심령으로 겸손하게 살아갈 때, 성령을 충만히 부
어주십니다. 삶에서 하나님의 임재와 영광을 맛보며, 하늘로부터 주어진
풍성한 생명을 누리며 삽니다.

하나님 나라는 아무나 갈 수 없습니다. 하나님 은혜로만 들어갑니다. 아
무리 힘쓰고 애써도 사람 힘으로는 도저히 갈 수 없는 곳입니다. 높은 학
식과 신분으로도, 재력과 학력으로도, 미모가 뛰어나도 마음이 착해도 못
갑니다. 오직 구원자 예수님을 믿고, 회개로 거듭나고 순종하는 삶을 살아
야 합니다. 이런 신앙 자체가 하나님의 은혜이고 선물입니다.

빛을 따라가는 길

사람의 행사로 논하면 나는 주의 입술의 말씀을 좇아 스스로 삼가서 강포한 자의 길에 행치 아니하였사오며 나의 걸음이 주의 길을 굳게 지키고 실족지 아니하였나이다 (시편 17편 4-5절)

의인의 길은 돋는 햇볕 같아서 점점 빛나서 원만한 광명에 이르느니라 (잠언 4장 18절)

사람 앞에 놓인 길은 커다랗게 두 갈래로 나누어집니다. 어떤 길은 사람이 보기에 바른 것 같지만 결국은 사망의 길이고, 또 한 길은 사람이 보기에는 이해도 안 되고 말도 안 되지만, 하나님께서 보시기에 바른 길입니다.

하나님께서 보시기에 바른 길은 하나님의 입에서 나오는 말씀을 믿음과 순종으로 따라가는 길입니다. 성령님의 인도를 받고 예수님과 동행하는 삶입니다. 다른 사람들이 볼 때는 '하나님을 저렇게 바보같이 믿을 수 있나?' 할 수도 있지만, 개의치 않고 하나님을 경외하고 즐거워합니다. 이 세상 이익과 유혹 뿌리치고 마음과 성품과 뜻을 다해 하나님을 섬기고 순종하므로 의로운 빛을 발하게 됩니다.

때로는 그런 순종이 위태하게 보여도 생명길입니다. 붙잡은 소망과 믿음의 근거가 탁월하므로 지극히 안전한 길이며, 주님을 사랑하기 때문에 영혼의 만족이 있습니다. 그 길에 영원한 생명의 빛이 있고, 영원까지 뻗어가는 구원의 길입니다. 예수 그리스도 안에서 의의 열매와 착함과 의로움과 진실함의 열매를 맺습니다. 그 열매들이 하늘에 쌓이므로 이 땅에서 영예와 영광으로 나타납니다. 삶이 하나님께 영광과 찬송이 되는 것입니다.

생명의 빛 되신 예수님

악을 행하는 자마다 빛을 미워하여 빛으로 오지 아니하나니 이는 그 행위가 드러날까 함이요 진리를 좇는 자는 빛으로 오나니 이는 그 행위가 하나님 안에서 행한 것임을 나타내려 함이라 하시니라 (요한복음 3장 20-21절)

예수께서 또 일러 가라사대 나는 세상의 빛이니 나를 따르는 자는 어두움에 다니지 아니하고 생명의 빛을 얻으리라 (요한복음 8장 12절)

생명의 빛으로 세상에 오신 예수님께서는 말씀이 육신이 되어 믿는 자 안에 거하시며 은혜와 진리가 충만하십니다. 예수님을 믿으면 하나님의 은혜가 임합니다. 우울과 눌림과 의기소침과 두려움과 괴로움과 답답함 같은 온갖 어둠이 물러갑니다. 새 생명을 얻게 되므로 평안하고 활기찹니다.

그런데 빛이신 하나님의 말씀을 듣기 싫어하고 거절하는 사람들이 많습니다. 하나님 말씀의 가치를 몰라서 그렇지만, 하나님 말씀은 예리하므로 인간의 죄와 악의 근원을 드러내기 때문입니다. 얼마 전 강연을 하러 한국에 온 미국의 고든 콘웰 신학교 설교학 교수인 제프리 아서스 교수는 "성경은 영적 기근을 해결할 음식 같은 것으로 열매를 위한 씨앗, 진정한 자아를 보여 주는 거울, 완고한 마음을 깨뜨리는 망치, 마귀와 싸우기 위한 검이다."라고 말했습니다.

우리가 빛 되신 예수님을 믿고 온유하고 겸손한 마음으로 하나님 말씀을 대하며 자신의 부족한 부분을 깨닫고 애통해 하는 마음으로 돌이켜 순종하면, 영혼이 깨끗해지고 건강해집니다. 하나님께 기쁨이 되고, 영육 간에 준비하신 복을 받아 누리게 됩니다.

온유한 자의 복

온유한 자는 복이 있나니 저희가 땅을 기업으로 받을 것임이요 (마태복음 5장 5절)

오직 마음에 숨은 사람을 온유하고 안정한 심령의 썩지 아니할 것으로 하라 이는 하나님 앞에서 값진 것이니라 (베드로전서 3장 4절)

온유함이 얼마나 복된 성품인지, 예수님께서 산상수훈 팔복에서도 "온유한 자는 복이 있나니 땅을 기업으로 받을 것이다."라고 하셨습니다. 온유는 그리스 원어로 '통제된 힘'이라는 뜻으로, 힘이 넘쳐나지만, 그 힘이 말을 잘 다루는 기수의 조정에 따라 통제되는 것을 말합니다. 그렇다고 겉으로 보기에 유순해 보이거나 겸손해 보인다고 해서 온유한 것이 아닙니다. 하나님께서 인정하시는 온유는 하나님의 뜻과 말씀에 대한 순종의 힘과 관련이 있습니다. 하나님 뜻과 명령에 고집부리지 않고, 자기 생각에 집착하지 않습니다. 자기 힘과 생각을 내려놓고 하나님께서 명하신 대로 잘 순종합니다. 하나님 뜻이 얼토당토않은 거 같아도 하나님 뜻을 의식적으로 최우선시 하므로 하나님을 온전히 신뢰하고 믿음으로 순종할 수 있습니다.

우리가 이 복된 온유를 이루고 사는 것은, 비교적 잘 믿는다고 하는 사람일지라도 쉽지 않습니다. 천성적으로 비교적 온유한 성품을 가진 사람은 좀 낫겠지만, 대부분은 불같은 연단을 통해서 온유를 얻습니다. 하나님의 손에 잡혀 훈련될 때, 자기주장이 강하고 고집스러우며 사나운 기질이 꺾여서 겸손하고 부드럽게 됩니다. 하나님께서 지상에서 가장 온유한 자로 인정하셨던 모세도 마찬가지였습니다. 낮추고 낮추신 광야 훈련을 통하여 우월감과 혈기와 교만과 불순종이 꺾였습니다. 그리고 평생을 하나님 뜻과 명령에 온유한 마음으로 순종했습니다. 우리도 마찬가지입니다. 자신이 주인 되어 사는 옛사람을 십자가에 못 박혀 죽고, 하나님이 주인 되어야 온유함을 이루는 삶을 살 수 있습니다. 온유한 자가 복 있고 온유함을 이루는 삶이 복됩니다.

죄를 다스리는 힘

네가 선을 행하면 어찌 낯을 들지 못하겠느냐 선을 행치 아니하면 죄가 문에 엎드리느니라 죄의 소원은 네게 있으나 너는 죄를 다스릴지니라 (창세기 4장 7절)

죄에 대하여 죽은 우리가 어찌 그 가운데 더 살리요 (로마서 6장 2절)

하나님께서 사람에게 자유의지를 주셨습니다. 자유의지는 선택의 문제로, 죄를 짓거나 안 지을 수 있는 자유의지와 선을 행하거나 행하지 않는 자유의지가 있습니다. 하나님께서는 동생 아벨에 대한 시샘으로 안색이 변한 가인에게 자신 안에 있는 죄의 소원을 다스리라고 하셨습니다. 그러나 가인은 시샘과 미움의 죄를 다스리지 못하므로 급기야는 인류 최초의 살인자가 되고 말았습니다. 모든 사람은 가인의 후예로서 의롭게 제대로 살려면 죄를 다스리고 살아야 합니다.

사람이 누릴 수 있는 최고의 행복은, 죄를 끊고 빛 된 삶을 사는 것입니다. 그러기 위해서는 구원의 주이시고 참 빛이신 예수님을 만나고 동행하고 살면 됩니다. 예수님을 진실하게 믿고 의지할 때, 죄에 물리게 해서 지옥 데려가려고 하는 마귀세력으로부터 보호해 주십니다. 그러나 계속 습관적으로 죄를 지으면서 끊지 않으면 하나님께서 징계나 환난을 통해 손을 보기도 하십니다. 사랑하시기 때문에, 깨닫고 정신 차리고 회개를 할 기회를 주시는 것입니다.

하루하루 사는 동안에 생각과 마음을 거룩한 하나님 말씀으로 채우고 기도하고 살아갈 때, 죄를 다스리고 미워하며 상관없이 살 힘을 주십니다. 신앙의 본질은 하나님 앞에 기도하고 무엇을 받는 것이 아니라, 눈에 보이는 것보다 눈에 보이지 않는 마음인 내면의 변화에 신경 쓰고, 죄와 상관없이 살아가는 거룩함을 추구하는 것입니다. 인생의 진정한 성공과 승리와 행복의 길입니다.

은혜를 받고 누리는 삶

여호와 하나님은 해요 방패시라 여호와께서 은혜와 영화를 주시
며 정직히 행하는 자에게 좋은 것을 아끼지 아니하실 것임이니이다
(시편 84편 11절)

각양 좋은 은사와 온전한 선물이 다 위로부터 빛들의 아버지께로
서 내려오나니 그는 변함도 없으시고 회전하는 그림자도 없으시니라
(야고보서 1장 17절)

하나님은 성도에게 해와 방패가 되십니다. 하나님을 사랑하는 우리가 예
기치 않은 위태한 상황에 처할 때 보호하십니다. 또 좋은 것을 아끼지 않
으시므로 우리의 삶에 감사와 간증이 넘치기도 합니다. 하나님을 의지하
고 사는 우리는 하나님께 은혜 받는 것을 좋아하고 감사합니다. 그런 까닭
에 우리는 흔히 이렇게 교회에서 예배드리고 은혜 받았다고 하고, 설교나
간증을 듣고 은혜 받았다고 합니다. 설교 시간에 좋은 말을 들으면 마음이
따뜻해지고 위안이 됩니다. 이치에 딱 들어맞는 말을 들으면 고개가 절로
끄덕여지고 속이 시원할 때도 있습니다. 마음에 하나도 부담이 없이 은혜
가 됩니다.

그러나 진정으로 최고의 은혜를 받는 것은, 자신의 죄를 깨닫고, 부족함
을 발견하는 것입니다. 하나님 말씀과 성령의 조명하심 가운데서, 자신이
알지 못하는 자기의 마음, 하나님만 아시는 마음의 깊은 곳이 보여 집니다.
애통하는 마음으로 겸손히 하나님을 찾을 때, 하나님만 보시고 아시는 마
음 중심을 새롭게 해주십니다.

그래서 죄를 짓지 않으려고 조심하지 않아도 저절로 죄를 짓지 않고, 이
기는 삶을 살 수 있게 됩니다. 그럴 때 영혼은 봄날처럼 화창해 지고 행복
과 환희가 있습니다. 사는 것이 기쁘고 좋아지고 감사하게 됩니다. 영적인
능력과 삶의 자원이 조금도 부족함 없이 주어집니다. 하나님 은혜를 진정
으로 받고 누리는 삶입니다.

신앙의 불 시험 속에서 기뻐함

그러므로 너희가 이제 여러 가지 시험을 인하여 잠간 근심하게 되지 않을 수 없었으나 오히려 크게 기뻐하도다 너희 믿음의 시련이 불로 연단하여도 없어질 금보다 더 귀하여 (베드로전서 1장 6~7절)

내 형제들아 너희가 여러 가지 시험을 만나거든 온전히 기쁘게 여기라 이는 너희 믿음의 시련이 인내를 만들어내는 줄 너희가 앎이라 (야고보서 1장 2절)

예수님을 처음 믿고 거듭나면, 마냥 좋고 기쁩니다. 막 태어난 아기에게 엄마가 무조건적 사랑과 정성으로 보살피는 것처럼, 하나님께서 영혼에 안위와 평안을 주시기 때문입니다. 또 예배드리고 기도할 때, 목욕탕에 가서 비누로 몸을 씻는 것처럼 영혼이 깨끗함을 받기 때문에 마음이 가볍고 상쾌합니다. 그런데 믿음이 자라는 동안 하나님께서 허락하시는 이런저런 시련을 경험합니다. 안 믿는 사람들로부터 괜한 미움과 핍박도 받고, 목사님 말씀에 걸려서 넘어지기도 하고, 인간관계에서 시험도 들고, 헌금 때문에 시험도 듭니다. 그런 어려움들이 당시에는 너무나 무겁고 괴롭기만 합니다. 결코 은혜로 느껴지지 않고, 실망스럽기만 합니다. 그러나 그러한 과정을 인내함으로 잘 극복하면, 운동선수가 연습하느라 땀 흘리고, 남모르게 괴로운 시간을 보낸 뒤에 체력도 튼튼해지고, 실력도 일취월장 커진 것처럼, 믿음이 부쩍 성장해 있고 순종의 힘이 커져 있음을 알게 됩니다.

우리가 신앙생활 하는 동안 시험이 올 때 우리가 어떤 태도로 반응하느냐가 중요합니다. 믿음으로 말씀 붙들고 성령의 도우심을 의지하며 기도하면서 잘 견디어 내면, 그런 믿음의 시련이 현세와 내세에 큰 복이 됩니다. 시련을 통해 단련된 믿음의 가치가 매우 크고 귀해서 돈으로도 살 수 없는 것이므로, 믿음을 정금 같다고 하며 시련이 금보다도 더 귀하다고 하는 것입니다. 믿는 자들이 신앙의 시련 속에서도 기뻐할 수 있는 것은 영혼을 부요하고 풍부하게 하심으로 천국 백성 자격 갖추게 하시는 하나님의 뜻과 마음이 너무나 감사하기 때문입니다.

하나님께서 입혀주시는 예복

여호와께서 자기 앞에 선지자들에게 명하사 그 더러운 옷을 벗기라 하시고 또 여호수아에게 이르시되 내가 네 죄과를 제하여 버렸으니 네게 아름다운 옷을 입히리라 하시기로 (스가랴 3장 4절)

사데에 그 옷을 더럽히지 아니한 자 몇 명이 네게 있어 흰 옷을 입고 나와 함께 다니리니 그들은 합당한 자인 연고라 (요한계시록 3장 4절)

집 나간 탕자가 돌아왔을 때 제일 좋은 옷을 내어다가 입히는 아버지처럼, 하나님은 예수님을 믿고 회개하고 바로 서는 성도에게 흰옷을 입혀 주십니다. 흰옷은 세마포이고 성도의 옳은 행실로서 영적인 옷입니다. 사람의 공로나 착함 때문이 아니라 의와 거룩이 되시는 예수님 보혈의 공로 때문에 하늘로부터 입혀지는 옷입니다. 그런데 만일 그 옷을 입은 성도가 죄를 짓고 거룩을 잃으면, 그 옷은 더러워지고 찢깁니다. 그러므로 옷이 더러워지거나, 새까맣게 되거나, 구겨지거나, 찢기지 않도록 회개와 믿음과 순종으로 살아야 합니다.

우리에게 제일 좋은 옷은 유명한 디자이너가 만든 고급스럽고 화려하고 세련된 옷이 아닙니다. 집으로 돌아온 탕자에게 입혀주신 옷처럼, 하나님이 입혀 주신 영적인 옷이 가장 아름답고 좋은 옷입니다. 우리는 세상사는 동안 믿음 생활 잘하고 하나님 앞에 합당한 자로 살아야 합니다. 그 언젠가 하나님이 입혀주신 예복을 입고 하나님의 보좌 앞에 서는 날, 입고 있는 아름답고 좋은 그 옷은 예수님의 십자가 피 공로 때문임을 알고, 피 흘리신 그 사랑에 감격하여 영원히 하나님을 찬양할 것입니다.

인생의 두 길

여호와께서 가라사대 너는 또 이 백성에게 여호와께서 이같이 말씀
하신다 하라 보라 내가 너희 앞에 생명의 길과 사망의 길을 두었노니
(예레미야 21장 8절)

좁은 문으로 들어가라 멸망으로 인도하는 문은 크고 그 길이 넓어 그
리로 들어가는 자가 많고 생명으로 인도하는 문은 좁고 길이 협착하
여 찾는 이가 적음이니라 (마태복음 7장 13-14절)

하나님께서는 인생 앞에 두 길을 두셨습니다. 하나는 복과 생명으로 천
국으로 가는 길이고, 또 하나는 저주와 사망으로 지옥으로 가는 길입니다.
좁은 문은 생명으로 인도하는 문으로 예수님 말씀을 따라가는 길입니다.
문은 좁고, 길이 협착할뿐더러 마귀시험도 있어서 걷기가 쉽지 않습니다.
그러나 십자가에서 승리하신 예수님의 은혜와 성령님의 능력이 함께하시
므로 안전한 승리의 길입니다.

반면에 넓은 길이 있습니다. 문은 크고 길이 넓은 길이 있습니다. 이 세
상 지혜를 가지고 사는 길입니다. 성공과 돈과 출세를 위해 달려갑니다. 문
이 넓어 들어가기도 편해 보이므로 많은 사람들이 찾고 쉽게 들어갑니다.
그러나 하나님이 함께하시지 않으므로 빛과 생명이 없습니다. 언뜻 보기에
는 반듯하고 좋아 보여도, 내면 깊은 곳에는 다툼과 경쟁이 있고, 욕심과
욕망으로 뭉친 탐욕이 지뢰밭처럼 숨겨져 있습니다. 그래서 자칫 발을 잘
못 디디면 간사한 마귀의 계략에 넘어가기 쉽습니다.

하나님께서 사람에게 자유의지를 주셨으므로 사람은 선택하는 존재입
니다. 무슨 일이든지 선택은 자유이지만 선택의 결과는 본인의 몫이고 책
임이 따릅니다. 우리가 인생의 끝날까지 바른길, 생명 길을 가려면 하나님
의 은혜가 필요합니다. 이 땅에 사는 동안 변함없는 믿음으로 예수님을 따
라 생명길 가기를 원하며, 하나님의 도우시는 은혜를 사모합니다.

성도가 드리는 감사와 찬양

내가 노래로 하나님의 이름을 찬송하며 감사함으로 하나님을 광대하시다 하리니 이것이 소 곧 뿔과 굽이 있는 황소를 드림보다 여호와를 더욱 기쁘시게 함이 될 것이라 (시편 69편 30~31절)

그 안에서 너희도 진리의 말씀 곧 너희의 구원의 복음을 듣고 그 안에서 또한 믿어 약속의 성령으로 인 치심을 받았으니 이는 우리의 기업에 보증이 되사 그 얻으신 것을 구속하시고 그의 영광을 찬미하게 하려 하심이라 (에베소서 1장 13~14절)

1998년 미국 듀크 대학병원에서 일하는 두 명의 의사가 실험결과를 발표했습니다. 그것은 신앙을 가지고 있고 감사하고 찬양하고 예배드리고 사는 사람은, 그렇지 않은 사람보다 7년을 더 산다는 연구결과였습니다.

아무리 사랑할지라도 표현하지 않은 사랑은, 사랑이 아니라는 말이 있습니다. 하나님께 대한 감사도 그렇습니다. 감사로 하나님께 드리는 찬양은 하나님을 향한 영혼과 삶의 아름다운 고백입니다.

구원의 복음을 듣고 하나님의 은혜와 사랑을 맛본 사람은 자신을 이 세상 죄악에서 건지고 구원해 주신 하나님께 감사로 찬양하기를 즐거워합니다. 형편이 좋을 때뿐 아니라 심신이 고달프고 힘든 중에도 마음과 입술에 감사와 찬양이 있습니다. 일편단심 깊은 믿음과 소나무처럼 푸르른 신앙입니다.

하나님께서는 우리가 감사로 드리는 찬양을 귀하게 받으십니다. 비싼 황소를 드리는 것보다도 더욱더 기뻐하십니다. 진실한 감사로 찬양할 때 하늘 문이 열립니다. 기적을 경험합니다. 성도가 드리는 감사와 찬양은 하나님께서 자신의 영혼과 삶에 베푸신 은택을 잊지 않는 표현이기에 귀하고 아름답습니다.

언약을 잊지 않는 믿음

여호와께서 자기를 경외하는 자에게 양식을 주시며 그 언약을 영원
히 기억하시리로다 (시편 111편 5절)

그는 새 언약의 중보니 이는 첫 언약 때에 범한 죄를 속하려고 죽으
사 부르심을 입은 자로 하여금 영원한 기업의 약속을 얻게 하려 하
심이니라 (히브리서 9장 15절)

사람은 참 이상하게도 하나님을 잘 믿고 산다고 하면서도, 하나님께서
그동안 베푸신 은혜를 잊고 살기 쉽습니다. 예전에 배고프고 아프고 길이
막혀 힘들 때 고통 가운데서 건져 주신 은혜를, 배부르고 등 따습고 살 만
하면 그렇습니다. 과거의 고통을 잊는 것은 좋은 일이겠지만, 하나님이 베
푸신 은혜까지 잊어버리므로 하나님께 아픔을 드립니다. 또 고질적인 문제
속에서 끌어 올리시고, 병든 몸과 마음 가까이 오셔서 위로하시고 치료하
신 은혜를, 건강하고 평안하게 되면서 잊어버립니다. 항상 자신을 사랑하
시고 가까이 계시는 은혜를 잊고, 예기치 않은 일이라도 생기면 하나님을
찾고 기도하기보다는 허둥댑니다.

그뿐만 아니라 그 언젠가 영원한 천국에 살도록 거처를 준비하시는 하나
님 은혜의 언약을 잊어버리고, 눈앞에 보이는 것에 욕심을 내고 마음을 뺏
기기도 합니다. 우리는 세상의 온갖 시스템에 혁신이 일어나고, 변화의 속
도가 가파르더라도, 하나님 은혜를 붙잡아야 합니다. 예수님께서 하는 영
광 보좌를 버리시고 세상 죄를 지고 가는 하나님의 어린 양으로 이 땅에
오셔서 십자가에서 피 흘리시고 새 언약의 중보가 되어 주신 은혜. 보혜
사 성령님의 은혜로 우리가 예수님의 죽으심과 부활하심에 연합되어 속죄
의 은혜를 입고, 새 생명을 가운데 살아가고 있음을. 이제까지와 앞으로도
영원까지 언약을 이행하시는 하나님 은혜를 잊지 말아야 합니다.

온 마음으로 섬기는 사랑

이스라엘아 들으라 우리 하나님 여호와는 오직 하나인 여호와시니 너는 마음을 다하고 성품을 다하고 힘을 다하여 네 하나님 여호와를 사랑하라 (신명기 6장 4-5절)

예수께서 가라사대 네 마음을 다하고 목숨을 다하고 뜻을 다하여 주 너의 하나님을 사랑하라 하셨으니 이것이 크고 첫째 되는 계명이요 (마태복음 22장 37-38절)

성도를 사랑하시는 하나님은 우리에게서 그 무엇보다도 온 마음을 원하 십니다. 온 마음은 그 대상을 사랑할 때 가능한 것으로, 부모가 자녀에게 마음을 쏟는 그 이상으로 마음을 다하는 것입니다. 온 마음을 다해 하나님 을 섬기면 하나님 뜻과 말씀을 즐거워하고 기쁜 마음으로 순종합니다. 또 물질과 봉사로, 기도와 찬양으로, 사랑과 감사를 담아 드립니다.

우리에게 감사하고 기쁜 일이 있을 때는 마음을 다하기가 좀 쉽습니다. 그러나 상황이 안 좋고, 불순종으로 마음이 눌리면 마음을 다하기는 쉽지 않습니다. 그러나 그럴 때 최선은 하나님께 기도하고 회개함으로 마음을 토로하면서 온 마음으로 하나님을 찾는 것입니다. 하나님은 어려움 가운 데서 하나님을 찾는 그 마음을 기뻐 받으십니다. 헝클어진 마음을 만지시 고 씻겨주시며, 하나님의 빛을 뿌려주십니다.

우리의 상황이 좋을 때나 안 좋을 때나 온 마음을 다해 하나님께 나아가 는 삶은 복됩니다. 영적, 육적으로 안전하고 성장이 있습니다. 그래서 살아 가면서 위기나 답답한 일을 만나더라도 상황을 모면하는 것에 급급하지 않습니다. 마음을 다해 하나님을 신뢰하고 찾을 때 보호의 손길이 있고 놀 라운 기적이 일어나기도 하는 것은 하나님의 지혜와 지식은 측량할 수 없 고 무한하기 때문입니다. 우리에게 가장 중요한 것은 마음과 뜻과 성품과 목숨을 다하여 하나님을 진심으로 사랑하는 일입니다.

염려를 이기는 기도의 능력과 감사

너희 중에 누가 염려함으로 그 키를 한 자나 더할 수 있느냐… 그러므로 내일 일을 위하여 염려하지 말라 내일 일은 내일 염려할 것이요 한 날 괴로움은 그날에 족하니라 (마태복음 6장 27, 34절)

너희 염려를 다 주께 맡겨 버리라 이는 저가 너희를 권고하심이니라 (베드로전서 5장 7절)

염려는 인생을 살아가는 누구에게나 부인할 수 없는 실존의 한 구석을 차지합니다. 어떤 어려움이 생기면 편한 마음을 가지려고 할지라도, 배의 빈틈에 물이 들어오듯이 문제로 인한 틈새에 마음의 염려가 쉽게 달라붙습니다. 염려는 '분열하다, 찢어지다'는 뜻이 있는데, '목을 조르다'라는 말에서 나왔습니다. 염려가 그만큼 사람의 마음을 상하게 한다는 뜻입니다.

그러나 우리는 이런 염려의 속성에 대해 이해는 하되 염려하지 않아도 됩니다. 사단은 사람의 마음을 염려로 괴롭히지만, 사단은 또한 하나님께 기도하는 사람을 두려워하기 때문에, 우리는 염려를 기도의 능력으로 물리칠 수 있기 때문입니다. 사도바울은 아무것도 염려하지 말고, 그 대신 모든 일에 기도와 간구로 구할 것을 하나님께 감사함으로 아뢰면, 모든 지각에 뛰어난 하나님의 평강이 마음을 지켜주신다고 했습니다.

염려의 반대말은 평강입니다. 염려될 수 있는 상황에서 평강을 얻으려면, 염려를 맡기고 원하는 바를 감사함으로 하나님께 아뢰는 것입니다. 특히 마음에서 우러나오는 진실한 감사로 나아가면, 하나님께서 주시는 평강이 우리의 생각과 마음을 지켜주시므로 염려를 이길 수 있습니다.

보지 않고 믿는 믿음

예수께서 이르시되 너는 나를 본 고로 믿느냐 보지 못하고 믿는 자들은 복되도다 (요한복음 20장 29절)

예수를 너희가 보지 못하였으나 사랑하는도다 이제도 보지 못하나 믿고 말할 수 없는 영광스러운 즐거움으로 기뻐하니 (베드로전서 1장 8절)

예수님을 안 믿는 사람에게 예수님 믿고 구원받으라고 하면, 더러는 예수님을 보여 주라고 합니다. 보여주면 눈으로 확인하고 믿겠다는 것입니다. 그러나 그런 마음이라면 예수님이 실제로 나타나서 눈앞에 보여주더라도 믿기 어려울 것입니다.

예수님을 믿는 믿음은 본인이 믿어 봐야, 예수님을 믿는 믿음이 어떤 것인지 경험할 수 있습니다. 공기가 눈에 보이지 않고 손에 잡히지 않지만, 사람은 공기가 있기에 살아가고, 전기는 눈에 보이지는 않지만, 전류가 흐르기 때문에 전원을 켜면 컴컴한 공간에 불이 들어와 환해지고, 텔레비전도 보고, 에어컨도 작동해서 시원해지는 것과 같습니다. 그리고 바람이 어디서 어떻게 해서 부는지 모르지만, 나무가 흔들릴 때 바람을 느끼듯이, 예수님을 믿을 때 성령님이 역사하시고 하나님이 주시는 힘과 평안과 기쁨을 경험합니다.

예수님은 제자들에게 자신을 보지 않고 믿는 믿음이 복되다고 칭찬하셨습니다. 지금도 예수님은 육신의 눈으로는 보이지 않지만, 성경 말씀과 성령의 은혜로 교통하며 믿음으로 영으로 봅니다. 그런 성도의 삶이 하나님을 보여 주는 표지가 됩니다. 우리가 하나님께서 주시는 평안과 기쁨으로 살고, 오래 참는 사랑으로 역경을 이기며, 세속과 구별되어 깨끗한 삶을 살아갈 때, 하나님을 나타내 보이는 것입니다.

갈등을 넘어선 성숙

여호와여 나를 살피시고 시험하사 내 뜻과 내 마음을 단련하소서
(시편 26편 2절)

우리의 싸우는 병기는 육체에 속한 것이 아니요 오직 하나님 앞에서
견고한 진을 파하는 강력이라 (고린도후서 10장 4절)

살다 보면 이런저런 일로 갈등을 겪습니다. 신앙생활에서, 부부관계에서, 부모 자녀 간에도, 친구, 이웃 간에도, 결코 갈등을 원하지 않지만 경험하게 되는 것입니다. 갈등은 한자어로 '칡넝쿨 갈'과 '등나무 넝쿨 등' 자입니다. 생각과 감정이 칡넝쿨과 등나무 넝쿨이 꼬인 것처럼, 이리저리 꼬여서 머리로는 이해되더라도, 마음으로는 이해가 안 되니, 해결될 때까지는 고통받습니다. 제대로 자신을 직면하는 것이 필요하지만, 이것도 쉽게 되지 않습니다.

하지만 갈등은 잘 넘어 설 때, 놀라운 성숙을 가져옵니다. 오래전 목회상담 수업에서 "갈등은 한 단계 전진할 수 있도록 깨우는 성령의 역사"라고 하시던 교수님의 말이 떠오릅니다. 갈등 상황에서 중요한 것이 있습니다. 자신이 잘났다고, 잘하고 있다고 소리쳐도 소용없습니다. 하나님 보실 때, 꼬여있고, 하나님 말씀 밖에 나앉아 있으면, 아무리 애써도 소용이 없기 때문입니다.

그러므로 이러고 저러고를 내려놓고 구원의 하나님을 찾아야 합니다. 겸비한 마음으로 잠잠히 하나님을 바라보며 도우심을 요청하는 것입니다. 그럴 때 성령님이 도우셔서 갈등을 뛰어넘고 내면이 질서를 찾습니다. 비록 상황은 크게 달라지지 않더라도 마음 깊숙한 곳으로부터 부드러운 평온과 평화를 누리게 됩니다.

하나님의 신의 능력

주 여호와여 주께서 주의 크심과 주의 권능을 주의 종에게 나타내시기를 시작하셨사오니 천지간에 무슨 신이 능히 주의 행하신 일 곧 주의 큰 능력으로 행하신 일같이 행할 수 있으리이까 (신명기 3장 24절)

만군의 여호와께서 말씀하시니 이는 힘으로 되지 아니하며 능으로 되지 아니하고 오직 나의 신으로 되느니라 (스가랴 4장 6절)

성도는 하나님의 능력이 얼마나 위대하고 권능이 있는지 믿고 입술로 고백합니다. 또한 이런 앎과 고백이 무색할 만큼, 하나님의 능력을 믿지 않고 의지하지 않고 살아가기도 합니다. 하나님 대신 과학과 권력과 돈과 배경의 힘을 믿으므로, 줄을 잘 서야 성공한다고 믿기도 합니다. 사람이 그런 신념으로 공들여 쌓은 거대한 바벨탑은 하나님께서 흩으심으로 무너졌습니다. 사람이 결코 넘볼 수 없는 하나님의 권위에 도전한 결과입니다.

우리가 어떤 문제 앞에서 하나님의 능력보다 세상 가치로 세워진 역량을 앞세우는 것은 불신앙입니다. 전능하신 하나님께서는 진리 안에서 못하실 일이 전혀 없기 때문에 성령님이 주시는 참된 믿음에는 불가능이 없습니다.

그러므로 우리는 비록 상황은 암담할지라도 하나님 신의 능력을 믿고 의지하고 기도하며 하나님을 찾을 때, 삶을 안 되게 방해하는 방해세력이 떠납니다. 높은 산처럼 가로막힌 문제가 허물어지고 사라집니다. 하나님의 힘과 능력과 권능을 의지하고 하나님의 권위를 앞세우는 믿음이 승리합니다. 하나님의 영광을 보며 감사하며 기쁨으로 찬양할 것입니다.

광야 신앙 체험의 은혜

너를 인도하여 그 광대하고 위험한 광야 곧 불뱀과 전갈이 있고 물이 없는 간조한 땅을 지나게 하셨으며 또 너를 위하여 물을 굳은 반석에서 내셨으며 (신명기 8장 15절)

주께 힘을 얻고 그 마음에 시온의 대로가 있는 자는 복이 있나이다 저희는 눈물 골짜기로 통행할 때에 그곳으로 많은 샘의 곳이 되게 하며 이른 비도 은택을 입히나이다 저희는 힘을 얻고 더 얻어 나아가 시온에서 하나님 앞에 각기 나타나리이다 (시편 84편 5~7절)

하나님께서는 택한 이스라엘 백성이 출애굽 한 후 광야 40년을 지내게 하셨습니다. 광야는 사단의 시험과 유혹과 질병과 죽음의 위협에 노출되는 곳입니다. 길은 잘 보이지 않은 데다가 울퉁불퉁하고 거친 데다가 가시 골짜기를 지납니다. 눈물을 뿌리며 지나야 할 만큼 몹시도 열악하고 외로운 환경입니다.

하나님의 사랑하시는 자녀에게도 항상 좋은 일만 있는 것이 아니라 거친 광야의 훈련이 있습니다. 하나님께서 걸으라고 정해 놓으신 광야 신앙 체험은 사람이 떡으로만 사는 것이 아니라 하나님 말씀으로 사는 것을 배우게 되는 은혜의 기회가 됩니다. 겸손한 자세로 말씀 순종하며 기도할 때 무난히 통과할 수 있습니다. 시온의 대로가 생기고 하나님의 하나님 되심을 경험합니다. 하늘 소망을 간직하고 굳건한 믿음으로 하나님만 바라볼 때 전능하신 하나님께서 광야에 길을 내시고 사막에 강을 내십니다.

우리가 언제 어디서나 하나님을 경외하는 마음으로 말씀 순종하고 갈 때 천국 가는 길이 깨달아지고 열리고 보입니다. 예수 그리스도 안에 살면서 하나님의 법도와 계명을 순종하므로 요단을 건너고, 우리 신앙 여정의 궁극적인 고지인 가나안에 이르러 하늘 영광으로 충만한 영생, 복된 생명을 누리게 되는 것입니다.

모든 것이
하나님의 은혜

"광야에서도 너희가 당하였거니와 사람이 자기 아들을 안음
같이 너희 하나님 여호와께서 너희의 행로 중에 너희를 안으
사 이곳까지 이르게 하셨느니라" (신명기 1장 31절)

12월 1일

영광의 보좌 앞에 서는 준비

그러므로 내가 택하신 자를 위하여 모든 것을 참음은 저희로도 그리스도 예수 안에 있는 구원을 영원한 영광과 함께 얻게 하려 함이로라 (디모데후서 2장 10절)

죄가 있어 매를 맞고 참으면 무슨 칭찬이 있으리요 오직 선을 행함으로 고난을 받고 참으면 이는 하나님 앞에 아름다우니라… 오직 너희가 그리스도의 고난에 참여하는 것으로 즐거워하라 이는 그의 영광을 나타내실 때에 너희로 기뻐하고 즐거워하게 하려 함이라 (베드로전서 2장 30절, 4장 13절)

우리가 하나님 뜻과 말씀에 순종한다고 해서 늘 형통하지만은 않습니다. 하나님께서 연단하려고 허락하신 훈련이 있습니다. 죄를 짓고 벌 받으면서 참으면 칭찬이 없지만, 순종하다가 받는 고난은 믿음으로 견디면 하늘에서 영광이 큽니다.

신앙생활에서 크고 작은 십자가가 축복입니다. 직장에서 부당한 일 당해도 주님의 영광을 위해 온유한 마음으로 최선을 다하는 것입니다. 십자가 없는 부활은 없고, 고난 없는 영광이 없습니다. 이런저런 일로 불시험 같은 고난의 여정을 믿음으로 지나는 동안, 기도하면서 하늘에 속한 사람으로 만들어집니다. 고난을 잘 통과한 것이 하나님 은혜이고 기쁘지만, 그보다 더 귀한 것은 이 땅에 속한 사람을 깨뜨려 하늘에 속한 사람으로 빚으신 하나님의 손길입니다.

십자가 고난은 힘들지만 그만큼 진귀하고 복된 은혜입니다. 예수님을 믿고 순종하면서 오해와 수모와 굴욕의 쓴잔을 마시고, 인내와 사랑을 배운 사람은 마음과 몸 안에 영광의 상처가 새겨져 있습니다. 예수님 뜻과 말씀을 순종하느라 받은 고난은 사람 눈에는 보이지 않는 곳에서 빛납니다. 하나님의 영광스런 보좌 앞에 서는 그 날을 준비하는 복된 은혜입니다.

안식일의 본질

안식일을 기억하여 거룩히 지키라 (출애굽기 20장 8절)

안식일이 다하여 가고 안식 후 첫날이 되려는 미명에 막달라 마리아와 다른 마리아가 무덤을 보러 왔더니… 그는 여기 계시지 않고 그의 말씀하시던 대로 살아나셨느니라 (마태복음 28장 1절, 6절)

하나님께서는 십계명을 주실 때 '안식일을 기념하여 거룩히 지키라.' 하셨습니다. 율법이 신령한 것은 법으로 새겨진 문자가 말하고 있는 본질이 있기 때문입니다. 안식일에 일하지 말라는 것은 아무 일도 하지 말라는 것이 아닙니다. 수고하고 무거운 짐을 안식일의 주인이신 예수님께 다 내려놓고, 예수님이 주시는 쉼을 누리라는 뜻입니다.

예수님께서는 십자가에 못 박혀 죽으시고 안식 후 첫날에 부활하셨습니다. 그러므로 교회는 예수님께서 부활하신 날을 기념하여, 안식일 다음 날인 일요일을 주님의 날로 지키는 것입니다. 주일날 교회에 모여서 하나님께서 베푸신 구원의 은혜를 기뻐하며, 감사와 찬양과 경배를 드립니다. 예배를 통해 하늘로부터 베푸신 은혜를 힘입고 쉼과 회복을 누리며, 한 주간 살아갈 힘을 얻습니다.

안식일, 우리가 드리는 주일의 주인은 예수님이십니다. 예수님께서는 안식일에 회당에서 한쪽 손 마른 사람을 고쳐주시고, 사람이 안식일을 위해 존재하는 것이 아니라 안식일이 사람을 위해 있는 것이라고 가르치셨습니다. 주일 날, 아픈 사람의 치유를 위하여 기도해 주고, 예수님께서 구덩이에 빠진 양을 건져줘야 한다고 말씀하신 것처럼, 우리는 주일에 예배드리러 가는 중에라도 위험에 처한 사람을 보면 먼저 구해 줘야 합니다. 예수님께서 안식일에 선을 행하는 것이 옳다 하셨기 때문입니다.

12월 3일

영생을 주시는 하나님

모세가 광야에서 뱀을 든 것같이 인자도 들려야 하리니 이는 저를 믿는 자마다 영생을 얻게 하려 하심이니라 (요한복음 3장 14-15절)

아들을 믿는 자는 영생이 있고 아들을 순종치 아니하는 자는 영생을 보지 못하고 도리어 하나님의 진노가 그 위에 머물러 있느니라 (요한복음 3장 36절)

예수님께서 인류 구원을 위해 십자가에 매달려 죽으셨습니다. 그 죽음으로 말미암아 사망의 세력을 잡은 자를 없이 하셨으며, 죽음을 두려워하는 인생에 생명과 썩지 아니할 것을 드러내셨습니다. 그리하여 예수님을 믿고 회개하고 순종하는 이에게 죽음을 이기는 부활생명을 주셨습니다. 이 은혜로 말미암아 누구든지 십자가에서 죄를 대속하신 예수님을 믿고 영접하면, 영생을 얻는 길에 들어서는 것입니다. 독생자 예수님을 보내주신 하나님 은혜와 사랑, 십자가에 매어 달리시고 피 쏟으시고 죽으신 예수님의 순종적 희생 때문입니다.

우리 사람의 일은 구세주 예수님을 믿고 순종하는 것입니다. 그런데 사람들은 이 복음을 믿지 않습니다. 하나님의 사랑과 약속을 신뢰하지 않기 때문입니다. 하나님께서는 인간에게 자유의지를 주셨으므로 결코 믿음을 강요하지 않으시지만, 모든 사람이 믿고 구원에 이르기를 바라십니다. 믿거나 믿지 않거나 사람 마음대로입니다. 믿지 않더라도 하나님께서 예수님 안에서 이루신 일들은 달라지지 않습니다. 그 사람에게 구원의 기회가 외면 될 뿐입니다.

그런데 그 결과는 영생복락과 영벌심판으로 갈라집니다. 이런 사실은 진리이며, 사람이 연구해서 내놓은 주장이 아닙니다. 천지가 없어지기 전에는 율법의 일점일획이라도 반드시 없어지지 아니하고, 다 이루어진다고 하신 예수님의 말씀입니다.

믿음을 더하여 주소서

예수께서 이르시되 어찌하여 무서워하느냐 믿음이 적은 자들아 하시고 바람과 파도를 꾸짖으신대 아주 잔잔하게 되거늘 (마태복음 8장 26절)

사도들이 주께 여짜오되 우리에게 믿음을 더하소서 하니 (누가복음 17장 6절)

성도들은 오직 믿음으로 모든 것이 다 된다고 믿고 쉽게 말하지만, 하나님을 믿는다 하면서도 자신도 모르게 다른 조건이나 자신을 믿으며 하나님을 밀어내는 때가 많습니다. 믿음은 어떤 위기나 두려운 상황에서도 하나님을 신뢰하는 것으로, 환경이 흔들어도 두려워하지 않는 힘입니다. 하나님께서는 우리의 믿음이 하나님을 신뢰함에 바탕을 두고 흔들림 없이 강하고 담대하기를 바라십니다.

그런데 강한 것 같던 믿음이 현실에 맞닥뜨릴 때 약하기 그지없음을 봅니다. 실제로는 환경이 편안할 때에는 잘 믿는 것 같다가도 힘든 일이 닥치면, 예수님보다는 파도를 보고 두려움에 놀랐던 사도 베드로처럼, 함께 계신 예수님은 보이지 않고 상황이 크게 보이므로 근심과 두려움에 휩싸이기 쉽기 때문입니다.

우리는 자신의 믿음이 어느 정도인지 모르고 믿는다고 고백합니다. 예수님은 각사람 속에 있는 믿음을 정확히 보시고 아십니다. 그래서 각 사람에게 "네 믿음이 너를 구원하였느니라.", "네 믿음대로 되리라.", "믿음이 없는 자여 왜 근심하느냐."라고 하셨습니다. 예수님은 지금도 성도들의 믿음을 보시고, 말씀으로 역사하십니다.

우리가 모든 일을 믿음으로 바라보고, 믿음을 행함으로 옮기는 일은 우리의 힘으로는 쉽지 않고 성령님이 역사해 주셔야 가능합니다. 전능하신 하나님께 "저의 믿음 없음을 불쌍히 여기시고 믿음을 더 하여 주소서."라고 부탁드리는 간구가 필요합니다.

적극적인 순종

사무엘이 가로되 여호와께서 번제와 다른 제사를 그 목소리 순종하는 것을 좋아하심같이 좋아하시겠나이까. 순종이 제사보다 낫고 듣는 것이 수양의 기름보다 나으니 이는 거역하는 것은 사술의 죄와 같고 완고한 것은 사신 우상에게 절하는 죄와 같음이라 (사무엘상 15장 22-23절)

믿음으로 아브라함은 부르심을 받았을 때에 순종하여 장래 기업으로 받을 땅에 나갈째 갈 바를 알지 못하고 나갔으며 (히브리서 11장 8절)

우리가 하나님 은혜를 받으면 주님을 위해 무언가를 하겠다는 결심을 합니다. 그런데 인간의 의지력은 그리 훌륭하지 않은 까닭에, 은혜 받고 성령 충만할 때는 목숨이라도 내놓을 것 같은 마음으로 헌신을 결심하지만, 막상 실행에 옮기는 것은 쉽지 않기에 결심은 어느새 물거품처럼 사라지고 맙니다.

우리가 온전한 신앙을 가지려면 적극적인 순종이 필요합니다. 적극적인 순종은, 하나님 은혜에 기댄 채, "약속하셨으니 이루어주시겠지." 하는 마음으로 감나무 아래에 누워서 감이 입에 들어올 것을 기다리고 있는 것이 아닙니다. 대신 말씀과 성령님의 지도안에서 지혜롭게 행하는 것입니다. 예수님께서 예루살렘에 올라가시면 죽임을 당하실 것을 아셨으면서도 올라가셨듯이, 아브라함이 부르심을 받았을 때에 갈 바를 알지 못하고 믿음으로 나간 것처럼, 적극적인 순종은 하나님 말씀과 성령님의 감동 감화에 결심했다면, 구체적인 행동으로 반응하는 것입니다.

하나님의 은혜가 없이는 이런 적극적인 순종이 쉽지 않습니다. 그러나 성령의 도우심을 의지하면 은혜 가운데 순종할 수 있습니다. 말씀과 성령 안에서 적극적인 순종의 삶을 살 때 하나님께서 기뻐 받으십니다. 자신에게 향하신 하나님의 뜻을 이루며 구원을 얻게 됩니다.

생명에 이르는 명철의 길

지혜가 부르지 아니하느냐 명철이 소리를 높이지 아니하느냐 그가
길가의 높은 곳과 사거리에 서며 성문 곁과 문 어귀와 여러 출입하는
문에서 불러 가로되 사람들아 내가 너희를 부르며 내가 인자들에게
소리를 높이노라 어리석은 자들아 너희는 명철할찌어다 미련한 자
들아 너희는 마음이 밝을찌니라 너희는 들을찌어다 (잠언 8장 1-5절)

명철의 길을 떠난 사람은 사망의 회중에 거하리라 (잠언 21장 16절)

명철의 길은 하나님께 나아가는 길로서, 하나님의 법도를 따르고 순종
하는 길입니다. 의로우신 하나님께서 생명의 원천이 되시기 때문에, 하나
님의 길을 따를 때 사망을 벗어나 생명 길을 갑니다. 삶의 진정한 목적과
영혼에 시들지 않는 평안과 기쁨을 누리게 됩니다. 명철의 길을 가는 사람
에게는, 유혹과 시험이 많은 인생을 비교적 슬기롭게 살아갈 힘이 있고, 어
떤 상황에서라도 결코 사망의 회중에 거하지 않게 됩니다. 말씀을 붙들고
기도하면서 하나님 앞에 합당하게 세워지기 때문입니다.

그러나 명철의 길을 벗어나면, 달리는 기차가 선로를 벗어나 생명이 위
태로워지는 것과 같아서 사망의 회중 가운데 있게 됩니다. 살면서 진짜 중
요한 것을 보지 못하고, 육신의 눈에 좋아 보이는 이 세상 욕망을 따라, 신
기루 같은 것을 속히 잡으려고 분투하느라 명철을 버렸기 때문입니다.

혹시라도 자신의 삶이 하나님의 말씀과 뜻 안에 있는 선로를 벗어난 기
차를 타고 달리고 있다고 생각된다면 빨리 돌이켜야 합니다. 영혼에 해로
운 것을 끊고 하나님께서 기뻐하시는 명철의 길로 들어서야 합니다. 그러
지 않으면 시간이 지나면 지날수록 위험해질 수 있고 결국은 영원한 사망
의 회중 가운데 거할 수 있습니다.

하나님께서 인정하시는 지혜로운 사람

우리의 년수가 칠십이요 강건하면 팔십이라도 그 년수의 자랑은 수고
와 슬픔뿐이요 신속히 가니 우리가 날아가나이다 누가 주의 노의 능
력을 알며 누가 주를 두려워하여야 할 대로 주의 진노를 알리이까 우
리에게 우리 날 계수함을 가르치사 지혜의 마음을 얻게 하소서 (시편
90편 10~11절)

미련한 자는 자기 행위를 바른 줄로 여기나 지혜로운 자는 권고를 듣
느니라 (잠언 12장 15절)

　하나님께서 인정하시는 지혜는, 하나님 말씀을 들음으로 믿음이 생기고
영혼이 건강해져서 하나님 뜻을 행하는 힘을 말합니다. 이 지혜가 있는 사
람은 하나님께서 보시기에 믿음직하고 보배롭습니다. 예수님은 이런 사람
을 일컬어서 '그 집을 모래 위가 아니라 반석 위에 지은 지혜로운 사람' 같
다고 하셨습니다.

　지혜로운 사람의 특징은 자신의 한계와 지혜 없음을 알고 인정합니다.
하나님을 의지하고 경외하며 말씀을 듣고 순종하고, 하나님 은혜로 성품
이 다듬어져서 혈기나 분노가 절제되고, 어려움도 잘 참고 견뎌 냅니다. 또
한 하나님을 가까이하고, 정직하게 행하므로 하나님께서 기뻐하시는 존재가
됩니다. 하나님을 경외하는 믿음과 순종으로 지혜롭게 행하는 사람에게 하
나님의 복이 임합니다. 그 사람 앞에 시온의 대로가 활짝 열리는 것입니다.

　하나님께서 인정하시는 지혜는 얻는 자에게 복이 됩니다. 성경에서는 이
에 대하여, 지혜를 얻는 것은 은을 얻는 것보다 낫고 그 이익이 정금보다
나으며, 진주보다 귀해서 사람이 사모하는 모든 것과 비교가 안 되고, 그
길에 장수와 부귀가 있으며, 즐거움과 평강의 삶이 펼쳐진다고 합니다. 우
리가 무엇보다도 하나님께서 인정하시는 지혜를 받아 살 때, 하나님의 뜻
하시는 대로 살아가며 준비하신 복을 온전히 누리며 살 수 있습니다.

주께 받은바 기름부음이 있는 삶

주께서 내 원수의 목전에서 내게 상을 베푸시고 기름으로 내 머리에 바르셨으니 내 잔이 넘치나이다 (시편 23편 5절)

너희는 주께 받은바 기름부음이 너희 안에 거하나니 아무도 너희를 가르칠 필요가 없고 오직 그의 기름부음이 모든 것을 너희에게 가르치며 또 참되고 거짓이 없으니 너희를 가르치신 그대로 주 안에 거하라 (요한일서 2장 27절)

사람들은 대개 인생의 의미와 살아가는 이유를 찾습니다. 심오한 사상에 심취하기도 하고 훌륭하다고 알려진 사람을 추종하고 종교를 갖기도 합니다. 또한 봄이면 꽃구경 가을이면 단풍구경을 떠나고 자연의 아름다움에 젖어들기도 합니다. 그러나 아무리 깊어 보이고 훌륭한 것 같고, 멋있어 보일지라도 허상에 불과합니다. 참 본질이 아닌 까닭에 하나님께서 주시는 참 만족에 비하면 겉껍질에 불과하기 때문입니다.

사람이 하나님을 만나고, 그 모든 것들보다도 하나님을 경외하고 말씀을 따라 살 때, 삶의 이유와 인생의 의미를 확실히 발견합니다. 한순간에 빛을 비추어 주시므로 우리가 하나님께로부터 부어지는 기름부음이 있는 삶을 삽니다. 자기의 힘으로 믿음 생활하려고 하면 팍팍하고 힘겹지만 성령의 기름을 받으면 성령의 이끄심을 따라 자연스럽게 주님의 뜻하신 길로 행하며 능력 있게 살 수 있습니다. 하나님 은혜가 성령으로 기름 부어지기 때문입니다. 죄 사함과 인도하심을 받고 참 기쁨과 행복을 누립니다. 하나님의 자녀에게 하나님께서 부으시는 기름부음인 성령의 능력이 함께하므로 진정으로 참되고 의미 있는 축복된 삶을 살아가는 것입니다. 다른 것을 찾아 두리번거릴 필요가 없습니다. 하나님께로부터 임하는 기름부음이 있는 삶을 살아가야 합니다. 좋은 기름을 주유 받고 잘 달리는 차량처럼 우리가 진리 안에서 참되고 바르게 살아갈 때, 위로부터 부어지는 지혜와 지식과 권능이 함께 합니다. 하나님께서 언제나 역동적이며 창조적이고 생명력이 있는 삶을 살게 하십니다.

12월 9일

하나님의 주권

네가 자기 사업에 근실한 사람을 보았느냐 이러한 사람은 왕 앞에 설
것이요 천한 자 앞에 서지 아니하리라 (잠언 22장 29절)

그 주인이 이르되 잘 하였도다 충성된 종아 네가 작은 일에 충성하
였으매 내가 많은 것으로 네게 맡기리니 네 주인의 즐거움에 참여할
지어다 하고 (마태복음 25장 21절)

각 사람에게는 하나님께서 맡기신 삶의 자리와 일이 있습니다. 하나님
보시기에 근실하고 일에 능숙한 사람은, 자신에게 맡겨진 일에 근면 성실
하고 정직하게 믿음으로 최선을 다하는 사람입니다. 삶의 자리와 일이 푹
신한 방석처럼 푸른 잔디가 깔려 남이 부러워할 만하지 않더라도 다른 사
람과 비교하지 않으며, 어렵게 사는 사람을 무시하지 않습니다. 설령 때로
는 가시 울타리로 둘러싸여 있는 것 같더라도 하나님을 원망하지 않습니
다. 하나님께서 섭리 안에서 계획하시고 허락하신 상황이라는 믿음으로
힘차게 살아갑니다.

그런 믿음으로 사는 사람은 이 세상에 존재하는 목적이 분명합니다. 세
상 사람들에게 인정받고 높아지고 이름 알려지는 것이 아니라, 인생의 주
권자이신 하나님의 뜻에 순종하고 감사한 마음으로 하나님 영광을 위해
사는 것이 삶의 목적입니다. 그러기 때문에 때로는 힘들고 고통스러울 때
에도, 십자가에서 죽기까지 순종하신 예수님을 생각하고, 믿음으로 인내
하며 살 수 있습니다.

하나님께서는 믿음으로 자기의 삶에 충실한 삶을 사는 사람에게 특별한
은총을 부어 주십니다. 하나님과 함께하시는 임재와 진정으로 고상한 만
족, 그리고 시들지 않은 소망과 기쁨과 평안입니다.

그리스도인으로서의 연단과 극복

그러므로 하늘에 계신 너희 아버지의 온전하심과 같이 너희도 온전
하라 (마태복음 5장 48절)

우리가 환란 중에도 즐거워하나니 이는 환란은 인내를, 인내는 연단
을, 연단은 소망을 이르는 줄 앎이로다 (로마서 5장 3~4절)

주님을 따르는 그리스도인으로 살아가는 삶은, 기쁘고 영광스럽고 감사
합니다. 그러나 결코 쉽지 않습니다. 주님의 형상을 닮아가는 길이기에 자
기 부인이 있어야 하며 자기 십자가가 있습니다. 사람의 노력으로 되지 않
고, 하나님의 은혜로만 가능합니다. 예수님께서 "하늘에 계신 하나님 아버
지께서 온전하신 것처럼 너희도 온전하라."고 하셨습니다. 인격적으로 완
전하라는 것이 아니라 하나님께서 왕으로 통치하시는 하나님 나라에 들어
갈 만한 하늘나라 백성으로 계속 변화를 받으며 열매를 맺으라는 말씀입
니다.

온전한 그리스도인의 삶은 쉽지 않은 삶의 방식입니다. 이 세상은 그리
스도를 대적하는 영을 따르는 데 있어서 급진적인 흐름을 타고 있으며, 죄
악의 물결이 파도처럼 넘실대기 때문입니다. 많은 사람이 주저앉거나 뒤로
물러나며 포기하고 맙니다. 하지만 그리스도인의 삶의 길은 영광의 주님과
동행하는 길이고, 영생 얻는 생명길입니다.

우리가 이 세상에서 하나님을 경외하는 선별된 그리스도인으로 살아가
는 일은 쉽지 않지만, 그러한 어려움을 넘어설 때 영적으로 성장할 수 있습
니다. 인류가 창조된 이후 그보다 더 의미가 확실하며 숭고한 삶은 없습니
다. 완전하고 높으신 하나님께서 명하신 말씀과 거룩하신 성령의 도우심을
받아 하나님 나라를 목적으로 하고 살아가는 삶이기 때문에 지극히 영광
스럽고 감사할 뿐입니다.

예수님의 보혈과 영원한 생명

육체의 생명은 피에 있음이라 내가 이 피를 너희에게 주어 제단에 뿌려 너희의 생명을 위하여 속죄하게 하였나니 생명이 피에 있으므로 피가 죄를 속하느니라 (레위기 17장 11절)

이것은 죄 사함을 얻게 하려고 많은 사람을 위하여 흘리는바 나의 피 곧 언약의 피니라 (마태복음 26장 28절)

사람의 몸에는 100조 개의 세포가 있지만, 그 자체로는 생명이 없다고 합니다. 사람은 몸속에는 5ℓ 정도 되는 피를 통해 산소와 에너지를 공급받아서 삽니다. 그래서 피를 많이 쏟으면 목숨을 잃습니다. 피에 생명이 있기 때문입니다. 예수님께서 세상 죄를 지고 가는 하나님의 어린양으로서 십자가에서 피 흘려 죽으신 골고다는 해골이라는 뜻이 있습니다. 이 해골은 죽음을 상징합니다. 성경은 해골 같은 인류의 운명에 대해 선언하기를 온 인류가 죄로 물들었고 죄의 삯은 죽음이라고 말합니다.

죄로 인하여 영이 죽었으며 영원한 사망 가운데 거할 수밖에 없는 인류를 구원하시기 위해 예수님께서 십자가에서 피 흘려 죽으시고 부활하시므로, 그 사망의 권세를 깨뜨리셨습니다. 사람이 죄 사함을 받을 수 있는 길을 여셨습니다. 오직 십자가에서 흘리신 예수님의 피 때문입니다. 예수님 피가 아니고서는 죄 사함을 받을 수 있는 것이 없습니다. 이스라엘 백성들이 유월절 어린양을 잡고, 어린 양이 흘린 피를 문설주에 바를 때 죽음의 재앙이 넘어간 것처럼, 사람은 예수님을 믿고 말씀에 순종할 때 예수님 피로 말미암아 죄로 인한 하나님의 진노에서 구원받아 영생을 얻는 것입니다.

예수님 안에서 하나님 말씀을 영으로 먹고 순종하며 살아가는 우리에게 죄를 사하시고 사망 권세를 깨뜨리신 예수님의 피가 흐르고 있습니다. 예수님의 피에 영원한 생명이 있습니다.

징계를 통해 악을 없이하는 사랑

상하게 때리는 것이 악을 없이 하나니 매는 사람 속에 깊이 들어가느니라 (잠언 20장 30절)

여호와께서 이 백성에 대하여 말씀하시되 그들이 어그러진 길을 사랑하여 그 발을 금하지 아니하므로 나 여호와가 그들을 받지 아니하고 이제 그들의 죄를 기억하고 그 죄를 벌하리라 하시고 여호와께서 또 내게 이르시되 너는 이 백성을 위하여 복을 구하지 말라 (예레미야 14장 10~11절)

사람 속에 있는 죄와 악을 쉽게 빼내기 어려운 이유는, 죄성의 강한 밀착력 때문입니다. 옷에 기름기 섞인 오염이나 더러운 때가 붙으면, 그냥 물로 빨아서는 깨끗해지지 않습니다. 옛 어르신들은 때에 찌든 옷을 양잿물에 넣고, 뜨거운 물로 삶아서 방망이로 사정없이 두들겨서 때를 뺐습니다.

사람의 마음에 붙은 미움과 욕심, 교만, 시기, 질투를 빼내는 것도 마찬가지입니다. 쉽게 되지 않습니다. 웬만한 수양으로도 되지 않습니다. 하나님 말씀 듣고 각성하고 회개하며 기도할 때, 불같은 말씀의 방망이가 심령을 두들겨 변화시키며, 예수님 보혈로 씻겨 주십니다.

자비롭고 인자하신 하나님께서는 오래 참아 주시고 쉽게 매를 드시지 않으십니다. 그러나 사랑하는 자녀가 계속 변화되지 않으면 매를 드시고 기도 응답을 미루시기도 하십니다. 잠자고 있는 영적 생활을 깨우시는 징계이고 정신 차리게 하는 사랑입니다.

하나님께서 베푸시는 복을 받고 기쁨의 삶을 원한다면, 언제나 겸손한 마음으로 하나님 말씀과 뜻에 순종하고 살아야 합니다.

12월 13일

거짓을 미워하시는 하나님

거짓입술은 여호와께 미움을 받아도 진실하게 행하는 자는 그의 기뻐하심을 받느니라 (잠언 12장 22절)

그런즉 거짓을 버리고 각각 그 이웃으로 더불어 참된 것을 말하라 이는 우리가 서로 지체가 됨이니라 (에베소서 4장 25절)

하나님께서는 거짓을 매우 미워하시고 분노하십니다. 거짓의 아비는 마귀입니다. 거짓말을 하는 것은 마귀 편에 서는 것입니다. 하나님께서는 마귀 편에 서서 거짓을 바탕에 깔고 인생을 엮어가는 사람에게는 복을 내리시지 않습니다.

요한계시록에 보면 하나님 나라에 들어갈 수 없는 사람들 중에 거짓말하는 사람도 해당한다고 기록되어 있습니다. 하나님은 참 자체이시고 진실하시며, 거짓은 하나님의 인격과 정반대이기 때문입니다.

사람은 지위고하 상관없이 그 누구나 진실한 마음으로 참된 생각을 하고, 참된 것을 말할 때 당당합니다. 높은 권세 차지하고 아무리 잘 나가더라도, 거짓이 드러나서 명예를 잃고 감옥에 갇히는 사람이 많습니다.

우리는 세상적으로 크게 성공하지 않고 가진 것이 많지 않더라도, 좀 더디고 지름길이 아닌 길로 돌아가더라도 머리 굴리지 않고 하나님을 의지하며 참된 방법으로 살 때 하나님께서 기뻐하시며 안전합니다. 사람 관계에서도 악한 의도의 숨김이나 거짓이 있으면, 누가 무어라 하지 않아도 내면이 구겨지므로 위축되고 기쁨이 없습니다. 하나님께서 거짓을 매우 미워하시고 분노하시기 때문입니다.

믿음의 크기에 비례하는 감사

감사로 제사를 드리는 자가 나를 영화롭게 하나니 그 행위를 옳게 하는 자에게 내가 하나님의 구원을 보이리라 (시편 50편 23절)

그러므로 너희가 그리스도 예수를 주로 받았으니 그 안에서 행하되 그 안에 뿌리를 박으며 세움을 입어 교훈을 받은 대로 믿음에 굳게 서서 감사함을 넘치게 하라 (골로새서 2장 6절)

'내 잔이 넘치나이다'는 다 이 하나님께 드린 감사의 고백입니다. 평안한 상황에서가 아니라, 합당한 이유 없이 자신을 죽이려는 원수들로부터 쫓길 때의 신앙고백입니다. 하나님을 향한 절대적인 신앙과 감사와 삶의 만족과 겸손이 담겨 있습니다. 하나님께서 다윗을 왜 하나님 마음에 합한 자라고 하셨는지 엿볼 수 있습니다. 다윗은 하나님의 선하심과 인자하심과 진실하심이 영원함을 알았습니다.

우리는 모든 일에 감사함으로 하나님을 영화롭게 할 수 있습니다. 감사는 좋은 환경에서가 아니라, 믿음의 크기에 비례합니다. 감사는 많이 할수록 좋은 것입니다. 감사에는 하나님께서 주시는 선하고 큰 능력이 있습니다. 힘든 환경에서도 여유를 느끼고 만족하며 이길 힘을 얻습니다. 그런데 아무리 좋은 것을 넘치도록 가지고 있어도, 불평하고 더 가지려고 아등바등하면서 살면, 욕심과 좌절을 불러 옵니다. 피폐하게 살 수밖에 없습니다. 그러나 하나님을 바라보고 의지하며 자신 앞에 주어진 삶에 감사하고 기도하고 살면, 마음의 평온과 여유가 흘러넘칩니다. 마음이 여유 있고 풍요로워지면 풍요로워질수록 필요한 것이 적어지고 불평이 없어집니다. 하나님께서 기뻐하시므로 우리를 향하신 하나님의 얼굴빛에 의해 축복의 대로가 열립니다. 역경이 물러가고 삶이 밝아집니다. 영혼이 평안함으로 잘 되고 부요하니 범사가 잘되고 자연스레 삶의 잔이 넘치게 되는 것입니다.

상을 준비하시는 하나님

각 사람이 무슨 선을 행하든지 종이나 자유인이나 주께로부터 그대로 받을 줄을 앎이라 (에베소서 6장 8절)

보라 내가 속히 오리니 내가 줄 상이 내게 있어 각 사람에게 그의 일한 대로 갚아 주리라 (요한계시록 22장 12절)

구약성경에 기록된 예언의 모든 내용 중에, 지금까지 예수님의 재림만 빼놓고 다 이루어졌습니다. 예수님이 동정녀의 몸을 빌려 베들레헴에서 태어나셨고 나사렛에서 자라셨으며, 십자가에서 죽으시고 부활 승천하셨습니다. 이제 예수님이 심판주로 다시 오시는 재림만 남겨두고 있습니다. 예수님께서는 모든 민족에게 복음이 전해진 뒤에 이 땅에 다시 오시겠다고 하셨습니다. 예수님께서 다시 오시는 날 안 믿는 사람들은 심판을 받지만, 믿는 사람들은 각 사람에게 자신들이 행한 대로 상을 주십니다.

사도 바울은 하나님께서 위에서 부르신 부름의 상을 위하여 좇아간다고 했습니다. 또한 선한 싸움을 싸우고 자신이 달려갈 길을 다 마치고 믿음을 지켰으니 이제 자신을 위하여 의의 면류관이 예비되었으며, 그 날에 의로운 재판장이신 예수님께서 주실 것인데 자신뿐만 아니라 주의 나타나심을 사모하는 모든 자에게 주실 것이라고 했습니다. 하나님께서 결산하신 성적표에 따라 상을 받는 것입니다. 그 날에는 평생 이름도 없이 빛도 없이 남모르게 충성한 사람이 빛나고, 더 빛나는 자리에 서게 될 것입니다. 하나님 나라의 시상 기준은 이 땅에서 하는 것과 다르기 때문입니다. 그러므로 누가 알아주든지 몰라주든지 개의치 말고, 자기에게 주어진 일에 믿음과 성실한 자세로 최선을 다하면 되겠습니다.

하나님을 사랑하는 방법

나의 계명을 가지고 지키는 자라야 나를 사랑하는 자니 나를 사랑하는 자는 내 아버지께 사랑을 받을 것이요 나도 그를 사랑하여 그에게 나를 나타내리라… 예수께서 대답하여 가라사대 사람이 나를 사랑하면 내 말을 지키리니 내 아버지께서 저를 사랑하실 것이요 우리가 저에게 와서 거처를 저와 함께하리라 (요한복음 14장 21, 23~24절)

누구든지 그의 말씀을 지키는 자는 하나님의 사랑이 참으로 그 속에서 온전케 되었나니, 이로써 우리가 저 안에 있는 줄을 아노라 (요한1서 2장 5절)

그 사람이 어떤 인물인지 알려면, 그가 누구를 사랑하는지를 보면 알 수 있다고 합니다. 우리는 예수님 안에서 하나님을 사랑합니다. 하나님을 사랑하는 방법은 무엇보다도 하나님께서 말씀하신 계명을 지키는 것입니다. 예수님께서도 내 계명을 지키는 자가 나를 사랑하는 자라고 하셨습니다.

하나님을 사랑하는 일은 어찌 보면 간단하고 쉬운 것 같습니다. 그러나 하나님 은혜가 아니면 실천하기 어렵습니다. 입술로 사랑의 고백을 많이 한다고 해서 하나님을 사랑하는 것이 아닙니다. 자기 부인이 있어야 하고 희생이 따르며 헌신이 포함되기도 하기 때문입니다. 부모님을 사랑하기 때문에 순종하고, 나라를 사랑하기 때문에 나라의 법을 준수하는 것처럼, 하나님을 사랑하기 때문에 말씀하신 법인 계명을 지키고, 순종하려고 힘쓰며 삽니다.

하나님 사랑이 깨달아지고, 그 사랑이 마음에 흘러들어오면, 저절로 하나님을 사랑하는 삶을 살아가게 됩니다. 그것은 하나님을 경외함으로 하나님께서 정하신 법과 계명과 명하신 말씀과 뜻을 중요하게 생각하고 지키며 사는 것입니다. 하나님께서는 그렇게 하나님을 사랑하는 사람에게 자신을 나타내 주시며, 영원토록 거처를 함께하시는 영광으로 함께 해 주십니다.

하나님과 함께하는 일상

여호와 그가 네 앞서 행하시며 너와 함께하사 너를 떠나지 아니하시며 버리지 아니하시리니 너는 두려워 말라 놀라지 말라 (신명기 31장 8절)

예수께서 친히 그 가운데 서서 가라사대 너희에게 평강이 있을지어다 (누가복음 24장 36절)

사람은 무엇을 가장 많이 생각하느냐가 그 사람을 나타낸다고 합니다. 하나님께서는 우리 일상의 모든 것을 하나님과 함께하며 의지하고 살기를 바라십니다. 하나님께는 모든 것이 가능하시므로, 우리의 오늘과 내일 그리고 미래의 모든 것을 맡기고 기쁘고 감사함으로 만족하게 살아가기를 원하십니다.

하나님을 아버지라 부르고 섬기는 우리는, 우리의 일상 속에 거하시는 하나님을 수없이 의식하고 삽니다. 처음 시작도 하나님, 모든 과정도 하나님, 마지막 마무리도 하나님, 모든 일에서 하나님, 모든 방법에서 하나님입니다. 어디를 가든지, 무엇을 하든지, 하나님과 함께하기를 원하고 자신의 존재를 아낌없이 쏟아 붓습니다. 생각과 마음과 감정과 의지와 숨소리까지 하나님께 올려 드리는 마음으로 삽니다. 하나님과 함께하는 일상입니다.

우리가 하나님과 함께함으로 살아갈 때, 우리는 우리 삶과 연관된 그 어떤 것도 두려워하지 않으며, 순간순간의 일상과 나머지 미래의 여정과 영원까지의 모든 길을 하나님께 맡기는 것입니다.

12월 18일

말씀에 주의하는 자가 누리는 복

삼가 말씀에 주의하는 자는 좋은 것을 얻나니 여호와를 의지하는
자가 복이 있느니라 (잠언 16장 20절)

예수께서 가라사대 오히려 하나님의 말씀을 듣고 지키는 자가 복이
있느니라 하시니라 (누가복음 11장 28절)

부모가 자녀에게, 스승이 제자에게 조언하고 타이르고 가르칩니다. 잘되
라고 하는 것입니다. 사람과 호의가 있고 마음이 쓰이기 때문에 말을 건네
줍니다. 귀담아듣고 마음에 새기고 그렇게 살라는 것입니다.

그런데 금 같은 그 말들을 가볍게 여기고 흘려보내면 낭패를 봅니다. 제
자가 스승보다 높지 못하고, 부모가 세상 고락 겪으며 깨우친 삶의 이치를
어린 자녀가 알 수 없으므로 도와주는 것이니, 잘 들으면 축복이 됩니다.
하나님께서는 여러 가지 경로로 말씀하시는 중에 부모나 스승이나 주변
사람을 통해서도 뜻을 나타내십니다.

하나님 말씀을 대하는 것도 마찬가지입니다. 우리가 하나님 말씀을 잘
듣고 순종하면 하나님께서 준비하신 복을 받습니다. 하나님의 말씀은 하
나님의 약속이고 변치 않는 진리이기 때문입니다.

그런데 말씀을 들어도, '말씀은 말씀이고 나는 나다'는 마음으로 자기
생각대로 살면 그릇 가기 쉽습니다. 하나님께서 복 주시기를 원하시지만
말씀을 멸시하는 자에게는 복 대신에 가시 엉겅퀴 저주가 임합니다. 하나
님의 말씀에 순종할 때 번성하며, 부모나 스승이 축복하는 마음으로 건네
는 말을 무시하지 않고 따르면, 잘 되는 복을 누리는 것이 하나님 백성의
삶입니다.

겸손한 마음으로 드리는 기도

내 이름으로 일컫는 내 백성이 그 악한 길에서 떠나 스스로 겸비하고 기도하여 내 얼굴을 구하면 내가 하늘에서 듣고 그 죄를 사하고 그 땅을 고칠지라 (역대하 7장 14절)

세리는 멀리 서서 감히 눈을 들어 하늘을 우러러 보지도 못하고 다만 가슴을 치며 가로되 하나님이여 불쌍히 여기시옵소서 나는 죄인이로소이다 하였느니라 (누가복음 18장 13절)

하나님은 복의 근원이시고 복을 주시는 분이십니다. 그렇다고 하나님을 복 나오는 자판기처럼 여기고 바라는 것은 옳지 않습니다. 하나님 말씀과 뜻대로 살지도 않으면서 복만 달라고 매달리는 기도는 바른 기도가 아닙니다. 그것은 타락한 이스라엘 백성들이 아침부터 낮까지 바알의 이름을 부르며 풍요를 달라고 빌었던 것과 같습니다.

하나님께 기도할 때 중요한 것은 하나님을 경외하는 마음과 겸손한 마음가짐입니다. 겸손한 마음이 없으면 진실한 기도를 드릴 수 없습니다. 자신만만한 마음이 앞서기에 아무리 유창하게 목소리를 높여서 조목조목 기도한다 해도 하나님께 상달 될 수 없습니다.

하나님은 겸손한 자에게 은혜를 베푸시고 교만한 자는 물리치십니다. 자신이 바르고 흠 없고 잘났다고 자신하며 뽐내는 바리새인의 기도는 외면하시고, 자신의 연약함이 하나님의 영광이 되지 못한 것을 가슴 아파하며, 돌이켜 바로 살기를 원하는 세리의 기도를 기쁘게 받으셨습니다. 마음과 삶을 하나님께로 온전히 돌이키고, 경외하는 마음으로 드리는 진실 되고 겸손한 기도를 기뻐 받으십니다.

환난을 통과한 보석 같은 신앙

세상에서는 너희가 환난을 당하나 담대하라 내가 세상을 이기었노라
(요한복음 16장 33절)

내가 가로되 내 주여 당신이 알리이다 하니 그가 나더러 이르되 이는
큰 환난에서 나오는 자들인데 어린양의 피에 그 옷을 희게 하였느니라
(요한계시록 7장 14절)

　온실의 화초는 곱지만 여리고 생명력이 약합니다. 그러나 산과 들과 바위틈을 뚫고 눈과 비와 드센 바람과 뙤약볕을 받고 자란 야생화는 생명력이 강합니다. 향기도 진하고 몸짓도 파릇파릇 씩씩합니다.

　인생에서 어떤 모양으로든지 환난을 겪으면서 자란 신앙은 힘이 있습니다. 겉으로 보기에는 달라 보이지 않아도, 내면에 죄와 세상과 비 진리를 이길만한 힘과 담력이 붙고 쌓여 있습니다. 거친 세파를 거치면서 쓰러지지 않기 위해 십자가 붙들고, 흔들리지 않으려고 말씀 붙잡고 성령님의 도우심을 의지하고 살았기 때문입니다.

　이처럼 환난을 겪으며 이겨내고 다져진 신앙은 하나님께서 보실 때 보석처럼 귀히 여기십니다. 굽이굽이 삶을 맴돌던 시련은, 죽음을 이기고 승리하신 예수님의 은혜로 다 지나가고, 도리어 더 굳건한 하나님을 신뢰하고 그 나라를 소망하는 영적 자원이 됩니다. 미래를 견고하게 하고 영원한 본향을 향한 길을 환히 밝혀줍니다.

12월 21일

하나님을 갈망하는 마음

하나님이여 사슴이 시냇물을 찾기에 갈급함같이 내 영혼이 주를 찾기에 갈급하니이다 내 영혼이 하나님 곧 생존하시는 하나님을 갈망하나니 내가 어느 때에 나아가서 하나님 앞에 뵈올꼬 (시편 42편 1-2절)

하나님이여 주는 나의 하나님이시라 내가 간절히 주를 찾되 물이 없이 마르고 곤핍한 땅에서 내 영혼이 주를 갈망하며 내 육체가 주를 앙모하나이다 (시편 63편 1절)

오늘도 세상은 눈동자가 핑핑 돌아간다는 표현이 있는 것처럼 빠르고 숨 가쁘게 돌아갑니다. 그렇게 급변하는 세상의 흐름에 휘둘리지 않고 초연하기 원합니다. 다만 하나님의 뜻과 섭리 따라 보조를 맞추며 걷거나 뛰기도 할 것입니다.

오늘도 영혼의 시선이 십자가에 자신을 내놓으신 예수님께로 향하기 바라며 십자가 사랑 감사해서 하나님 뜻 따라 가치 있게 살기 원합니다. 우리의 소원과 갈망을 바라보는 것이 아니라 우리의 소원과 갈망의 원천이신 하나님을 바라보기 원합니다.

오늘도 하루를 시작하며 우리의 의와 거룩과 구속과 지혜가 되시는 주님을 생각합니다. 하나님께서 베푸시는 은혜와 사랑의 잔을 마시며, 순간순간 마음 다해 영혼 깊은 곳에서 구원의 하나님을 바라고 찾을 것입니다.

눈에 좋아 보이는 것들을 향한 욕심과 욕망이 아니라, 하나님께서 원하시는 삶을 향한 갈망으로 오늘도 내일도 하나님을 찾고 찾는 마음으로 살아갈 것입니다.

영원을 사모하는 마음

하나님이 모든 것을 지으시되 때를 따라 아름답게 하셨고 또 사람에게 영원을 사모하는 마음을 주셨느니라 (전도서 3장 11절)

천국은 마치 좋은 진주를 구하는 장사와 같으니 극히 값진 진주 하나를 만나매 가서 자기의 소유를 다 팔아 그 진주를 샀느니라 (마태복음 13장 45~46절)

현시대는 설교 말씀이 넘쳐납니다. 교회강단뿐 아니라 라디오, TV, 도서, SNS에서 마음만 먹으면 접할 수 있습니다. 문제는 사람들 마음에 진리와 영원에 대한 관심과 사모함이 없다는 것입니다. 영원히 사라지지 않는 영광스러운 나라가 얼마나 귀하고 가치 있으며 소중한지 모르기 때문입니다. 예수님께서 십자가에서 자기 영혼을 버려 사망에 이르게 하며 범죄자 중 하나로 헤아림을 입으신 것도 우리를 구하시고 영생을 주시기 위해서였는데 말입니다.

우리가 하나님을 믿으면서도 이 세상에 초점을 맞추면 이 세상의 화려함에 마음을 빼앗기고, 영원을 바라보는 시야가 흐려집니다. 배고픔으로 눈앞에 놓인 팥죽 한 그릇에 장자의 명분을 팔아버리고 지옥에 간 에서처럼, 눈앞에 보이는 세상 것들과 체면에 집착하다가, 눈에 보이지 않는 하나님을 붙잡지 못해서 천국을 잃을 수 있습니다. 이 땅에는 영원한 것이 없습니다. 오직 하나님만이 영원하시고 천국, 하나님 나라만 영원합니다. 천국은 하나님께서 왕으로 통치하시는 곳으로 말로 이를 수 없을 만큼 어마어마한 영광이 있고 영화로운 나라입니다. 하나님 나라를 얻는 것은 진주장사가 극히 값진 진주를 발견하고 자신의 재산을 다 팔아 그 진주를 산 것과 같습니다. 참믿음입니다. 하나님께서는 각 사람에게 영원을 사모하는 마음을 주셨습니다. 우리가 영원한 본향을 사모하는 마음으로 살고 소망 중에 잘 준비해서 천국에 이르기를 원하십니다.

가장 높고 귀한 이름

모든 정사와 권세와 능력과 주관하는 자와 이 세상뿐 아니라 오는 세상에 일컫는 모든 이름 위에 뛰어나게 하시고 (에베소서 1장 21절)

하나님이 그를 지극히 높여 모든 이름 위에 뛰어난 이름을 주사 하늘에 있는 자들과 땅에 있는 자들과 땅 아래 있는 자들로 모든 무릎을 예수의 이름에 꿇게 하시고 (빌립보서 2장 6-7절)

예수님 이름은 예수님의 존재를 말합니다. 예수님께서 예수님을 믿는 우리 각 사람 안에 계시는 것입니다. 예수님 이름은, 천지에 있는 이름 중에 가장 귀하고 높은 이름입니다. 태어나시기 전에 하나님께서 지으신 이름이고, 영원히 계신 이름이며, 참으로 귀하고 소중한 이름입니다. 하나님께서 육체를 입고 이 땅에 오신 독생 성자의 이름이며, 십자가에서 죽으심으로 우리를 죄에서 구속하시고 속량해 주신 메시아, 구원자의 이름입니다.

이 세상의 하늘과 땅과 영계에서 예수님보다 더 높고 귀하며 더 강력하고 위대하고 소중한 이름은 없습니다. 예수님 이름은 하나님께서 우리에게 주신 가장 위대한 사랑과 승리의 이름입니다. 예수님을 사랑하고 높이며, 그 이름으로 기도할 때 역사가 일어납니다.

오늘도 우리는 예수님 이름으로 기도드리고, 예수님 이름으로 병마를 물리치며, 예수님 이름으로 마귀를 대적하고 악한 영을 결박합니다. 우리는 예수님 이름으로 평안을 얻고 기도 응답을 받으며, 구원을 받습니다. 예수님 이름으로 사역하고 승리합니다. 예수님을 모시고 그 이름을 의지하는 '예수쟁이'로 사는 것이 감사하고 행복하며 자랑스럽습니다. 하나님께 영광되기만을 원합니다

구원하실 자, 그 이름 예수

아들을 낳으리니 그 이름을 예수라 하라 이는 그가 자기 백성을 저희 죄에서 구원할 자이심이라 하니라 (마태복음 1장 21절)

하나님의 살리신 이는 썩음을 당하지 아니하였나니 그러므로 형제들아 너희가 알 것은 이 사람을 힘입어 죄 사함을 너희에게 전하는 이것이며 또 모세의 율법으로 너희가 의롭다 하심을 얻지 못하던 모든 일에도 이 사람을 힘입어 믿는 자마다 의롭다 하심을 얻는 이것이라 (사도행전 13장 37-39절)

죄 없으신 하나님의 독생자 예수님께서는 자기 백성을 구원하시는 구원자로 이 땅에 오셨습니다. 우리가 죄에 대하여 죽고 의에 대하여 살게 하시려고, 속죄의 피를 흘리시기 위해 육신의 몸을 입고 태어나셨습니다. 성령으로 잉태되어 동정녀 마리아의 몸을 통해 이 세상에 오셨습니다.

하나님을 떠나 그릇 행하여 자기 소견대로 자기 길을 가는 인생의 죄악을 예수님이 짊어지게 하신 것입니다. 그래서 누구든지 예수님을 믿고 회개하고 하나님께 나아가는 사람들을 온전히 구원하십니다. 예수님께서는 그렇게 하시려고 십자가에서 찔리고 상하시며 피 흘려 죽으시고 다시 사셨습니다.

죄를 대속 하시는 화목제물이신 예수님께서는 어제나 오늘이나 영원토록 변함이 없으십니다. 그런데 그 예수님을 만날 기회는 육체에 생명이 있을 동안뿐입니다. 그 기회를 놓치지 않고 외면하지 않고 예수님을 믿고 그 이름을 의지하고 사는 것이, 이 지구에 있는 모든 좋은 것을 통틀어서 합한 그것과 비교할 수 없는 크고 영광스러운 복입니다.

12월 25일

기쁨과 평안의 소식

여호와께서 우리를 위하여 대사를 행하셨으니 우리는 기쁘도다
(시편 126편 3절)

천사가 이르되 무서워 말라. 보라 내가 온 백성에게 미칠 큰 기쁨의
좋은 소식을 너희에게 전하노라 오늘날 다윗의 동네에 너희를 위
하여 구주가 나셨으니 곧 그리스도 주시니라 (누가복음 2장 10~11절)

오래전부터 성탄절에 잘 부르는 찬송가 중에 〈저 들 밖에 한밤 중에〉라
는 제목의 찬송이 있습니다. 이 찬송을 부르면, 성탄의 크고 좋은 기쁨이
생생하게 느껴지는데 "노엘, 노엘, 노엘, 노엘 이스라엘 왕이 나셨네."라는
후렴구 때문입니다. 노엘은 영어의 Nowell이 Noel로 되었다고 합니다.
Nowell이란 단어는 'Now all is well(자 이제는 모든 것이 평안하다)'라는 구
절의 약자라고도 풀이하는데, 온 백성에게 미칠 큰 기쁨의 좋은 소식, 곧
복음 때문으로 인한 평안한 마음을 담았습니다.

그리스도께서 출생하신 소식이 큰 기쁨입니다. 하나님께서 이 땅에 대
사를 행하신 것입니다. 어둠과 절망 속에서 헤매는 인간들을 불쌍히 여기
시고, 성령으로 동정녀 마리아의 몸을 통해 이 세상에 하나님의 독생자 예
수님을 보내주셨습니다. 죄와 사망의 불안과 두려움에 떨던 사람들이 메
시야로 오신 예수님 때문에 큰 기쁨과 평안을 얻었습니다. 하나님께서 인
류를 위해 행하신 그 은혜가 놀랍고 감사합니다. 전 세계의 모든 믿는 사람
들은 크리스마스를 기뻐하고 감사하며 교회에 모입니다. 그리고 'Now all
is well(자 이제는 모든 것이 평안하다)'라고 노래하며, 서로를 축복하며, 넘치
는 마음으로 하나님 사랑에 감사하고 기뻐합니다. 예수님의 탄생은 세상 모
든 이들에게 들려지는 평안과 기쁨의 소식이요, 희망과 소망입니다. 그 누구
라도 마음과 뜻을 다해 예수님을 귀하게 여기고 인생의 주인과 구주로 영접
하고 동행하면, 'Now all is well'의 삶을 감사하며 살 수 있게 되었습니다.

영원한 시각으로 바라보는 지혜의 시작

우리의 연수가 칠십이요 강건하면 팔십이라도 그 년 수의 자랑은 수고
와 슬픔뿐이요 신속히 가니 우리가 날아가나이다 (시편 90편 10절)

사랑하는 자들아 나그네와 행인 같은 너희를 권하노니 영혼을 거슬
러 싸우는 육체의 정욕을 제어하라 (베드로전서 2장 11절)

100세 시대라고 합니다. 100년이라는 세월이 짧지는 않지만 북이 베틀에
지나가는 것처럼 빠르게 지나갑니다. 시편 기자는 세월이 그렇게 신속히
가므로 날아가는 거 같다고 고백합니다. 세월이 빠르게 가든지 신속히 가
든지 인생은 유한합니다. 우리 인생이 유한하지만 하나님께서는 우리가 유
한한 이 땅에서 무한히 영원한 나라에 상급을 쌓을 수 있는 지혜를 주셨습
니다. 우리가 인생을 허무하게 끝내지 않고 영원한 시각으로 바라보는 그
지혜의 시작은 믿음과 경건한 삶에서 시작됩니다.

우리는 예수님의 십자가 공로, 오직 하나님의 은혜로 사망 권세로부터
건짐을 받고 영원한 생명을 누릴 자가 되었습니다. 그러기에 이 세상에서
썩어질 것들에 대한 욕심을 버리고, 영혼을 거슬러 싸우는 육체의 정욕도
제어하면서, 하늘나라 시민으로서 경건하게 살아야 합니다. 그렇다고 시한
부 종말론 자들처럼 이 세상에서의 삶이나 질서를 무시하고 다 팽개치고
세상과 담을 쌓고 살아서는 안 됩니다. 나그네와 거류민 같은 세월의 여정
을 지혜롭게 행해야 한다는 것입니다. 우리 각자에게 주어진 역할과 일에
충실하면서, 하루하루 순간순간을 하나님 말씀과 성령님의 인도하심 따라
서 성실하고 정직하게 믿음으로 사는 것입니다. 우리가 이 세상사는 동안
하나님을 사랑하는 마음과 믿음으로 행한 모든 순종과 봉사의 수고와 땀
과 눈물과 충성은, 우리가 돌아갈 하늘나라 본향에서 건축되는 집의 재료
가 됩니다. 하나님은 우리가 주를 위해 물질 드리고 기도하고 시간 내어 몸
으로 봉사한 모든 것과 보잘것없어 보이는 자에게 냉수 한 그릇 대접한 것
도 잊지 않으십니다.

12월 27일

거룩한 길

거기 대로가 있어 그 길을 거룩한 길이라 일컫는바 되리니 깨끗지 못한 자는 지나지 못하겠고 오직 구속함을 입은 자들을 위하여 있게 된 것이라 우매한 행인은 그 길을 범치 못할 것이며 (이사야 35장 8절)

무엇이든지 속된 것이나 가증한 일 또는 거짓말 하는 자는 결코 그리로 들어오지 못하되 오직 어린양의 생명책에 기록된 자뿐이라 또 저가 수정같이 맑은 생명수의 강을 내게 보이니 하나님과 및 어린양의 보좌로부터 나서 길 가운데로 흐르더라 (요한계시록 21장 27절-22장 1절)

이 땅에서 우리 성도가 가는 길은 좁은 길입니다. 진리의 길입니다. 십자가 고난이 있고 시험과 환난도 있어 길이 협착합니다. 그래서 찾는 이가 많지 않습니다. 그럼에도 우리가 굳건한 믿음으로 말씀 따라 순종의 좁은 길을 가며 신앙의 경주를 다할 때, 천성을 향하는 대로가 준비되어 기다립니다. 그 길은 햇볕보다 더 밝고 환한 길이며 생명길이고, 새 하늘과 새 땅이 열리는 영광의 길입니다. 그 길은 어린양 예수님의 피로 죄 사함받지 못한 사람은 결코 들어갈 수 없습니다. 하나님을 만나지 못했기 때문입니다.

이 세상 넓은 길은 하나님의 법도 없고 믿음이 없어도 구애받지 않습니다. 이성적인 판단과 과학의 힘을 신봉하며 자기 주관에 따라 세상 연락을 즐기며 자유롭게 사는 길입니다. 넓고 화려하며 편해 보이고 찾기가 쉬워서 많은 사람이 들어갑니다. 그러나 이 세상의 삶이 다 지나가면, 운명이 영원토록 달라집니다. 그 넓은 길에는 인생이 다 하는 날 죽음 너머에 하나님을 만나러 가는 길, 거룩한 대로가 없습니다.

우리가 천국 들어가는데 대로가 있는 영광은 오직 좁은 문으로 들어가 예수님을 믿고 순종하며 어린양의 생명책에 이름이 기록된 사람, 구원을 이룬 자들에게 주어지기 때문입니다.

자기 백성을 아시는 하나님

그가 자기 양의 이름을 각각 불러 인도하여 내느니라 (요한복음 10장 3절)

하나님의 견고한 터는 섰으니, 인침이 있어 일렀으되 주께서 자기 백성을 아신다 하며 (디모데후서 2장 19절)

사람은 그 누구나 고유하고 특별한 존재입니다. 하나님께서 각 사람을 다르게 지으셨기 때문에, 인류 역사상 똑같은 사람은 한 사람도 없습니다. 현재 이 지구상에 사는 70억 인구 중에, 그리고 세상 끝날까지 우리 각자 자신과 똑같은 사람은 한 사람도 있을 수 없는 것입니다. 우리는 하나님의 택함을 받을 자격이 없지만, 하나님께서는 특별한 은혜로 우리를 택하시고, 자녀 삼아 주셨습니다. 손바닥에 새겨서 기억하시고, 목자가 양을 알고 인도하는 것처럼, 우리 모두를 아시고 때를 따라서 인도하십니다. 하나님께서는 이렇게 이 지구상에 태어난 사람 모두를 아실 뿐 아니라, 한 사람 한 사람을 아십니다.

하나님의 선하심과 인자하심은 예수님의 피로 값 주고 사신 바 되고 성령으로 인치신 자기 백성에게 영원하십니다. 믿음으로 주님의 이름을 부르며 하나님의 말씀을 받고 순종하며 섬기는 사람은 그 누구나 하나님의 사랑하신 바가 됩니다. 하나님을 사랑하고 계명을 순종하며 하나님을 의지하고 살아가는 자들에게 하나님의 호의가 있습니다. 이름으로도 아시고 하나님의 목전에 은총을 입습니다. 가는 길을 주목하시며 인정하시고 '너는 행복자'라고 부르십니다. 자기 백성인 우리가 하나님을 인같이 사랑하고 가까이하되 마음에 품고, 도장같이 팔에 두는 것을 원하십니다. 그렇게 믿음과 사랑으로 하나님을 마음에 품고 사는 사람을 아끼고 사랑하십니다. 친밀히 동행하시고, 하늘나라 처소를 준비하십니다. 그리고 그곳에서 영원토록 함께하시고, 영생복락의 영광을 누리게 하십니다.

하나님을 향한 신뢰

주의 인자하심으로 주께서 구속하신 백성을 인도하시되 주의 힘으로 그들을 거룩한 처소에 들어가게 하시나이다 (출애굽기 15장 13절)

내가 주를 의뢰하고 적군을 향해 달리며 내 하나님을 의지하고 담을 뛰어넘나이다 (시편 18편 29절)

인생은 장거리 마라톤과 같고 긴 여행입니다. 별스런 일이 많습니다. 산도 있고 골짜기도 있고 구름도 있고 가시도 있고 장애물도 있습니다. 그런 인생의 여정을 끝까지 바르고 건강하게 완주하려면, 하나님과 동행하는 삶을 살아야 합니다. 하나님과 동행하는 삶을 살기 위해서는 매일 기도와 말씀을 가까이하는 일을 중요하게 여겨야 합니다. 우리를 창조하시고 구속하시고 우리의 삶을 계획하시고 인도하시는 하나님을 향한 변함없는 신뢰가 중요합니다. 어떤 상황에서도 한눈팔지 않고, 다른 것에 마음 빼앗기지 않으며, 하나님께 초점 맞추고 신뢰하는 것입니다.

신앙은 나를 위하며 사는 것이 아니라 하나님을 위해 사는 것입니다. 우리에게 뭔가 필요할 때만 하나님을 찾는 것이 아니라 매일 하나님과의 개인적인 관계를 갖고 하나님을 사랑함으로 하나님의 말씀과 뜻을 저버리거나 거스르지 않고 받아들여 순종하는 마음으로 삽니다. 자신을 위한 어떤 만족이나 문제 해결이나 성취나 성공보다는 먼저 하나님의 뜻을 구하고, 자신에게 유익 되지 않더라도 말씀하신 바를 신뢰하고 순종합니다. 그러면 장애물을 만나거나 넘어지지 않습니다. 설사 장애물을 만나거나 넘어지더라도 쉽게 뛰어넘으며, 일어납니다. 하나님 은혜가 임하면 우리가 스스로의 힘으로 이리저리 퍼즐을 맞춰서 살려고 하다가 어지러워진 것까지도 은혜의 손길로 제자리로 맞춰 놓으십니다. 삶이 평안하고 든든하며 아름다워집니다.

작은 일에 충성하는 자

지극히 작은 것에 충성된 자는 큰 것에도 충성되고 지극히 작은 것에 불의한 자는 큰 것에도 불의하니라 (누가복음 16장 10절)

그리고 맡은 자들에게 구할 것은 충성이니라 (고린도전서 4장 2절)

우리 모두의 인생은 소중합니다. 선하신 하나님께서는 우리에게 복된 미래와 희망 주시기를 원하십니다. 우리가 미래를 준비할 때 중요한 것은 오늘 자신에게 맡겨진 작은 일을 소홀히 여기지 않고 진실 되게 행하는 것입니다. 작은 일이 큰일과 맞닿아 있는 경우가 많습니다. 우리가 하나님을 사랑하고 자신에게 주어진 일에 충실할 때, 비록 사람이 몰라주더라도 만왕의 왕이신 하나님의 눈에 발견됩니다.

다윗 왕은 이스라엘의 왕이 되기 전, 양에게 풀을 뜯기고 기르는 목동이었습니다. 아버지도, 형들도 다윗을 귀히 여기지 않았습니다. 그럼에도 다윗은 전심을 다해 자신에게 주어진 일에 충실했습니다. 하나님께서 다윗을 알아주셨고 귀히 보셔서 끌어내시고, 왕으로 세워주셨습니다. 예수님의 수제자 베드로도 물고기 잡는 어부였습니다. 물고기 잡는 일에 충실하고 있는 베드로를 하나님이 알아보셨고, 베드로는 예수님의 제자로 부름을 받았습니다.

주부가 집에서 맡은 일에 충실히 하고 있으면, 지금 하는 그 일이 하나님께서 맡겨주신 일입니다. 하나님의 뜻이 있으면 하나님의 섭리에 따라 사명을 주시고, 하나님 나라를 위해 일하게 하실 수도 있습니다. 그렇다고 하나님 나라의 일은 전도하고 말씀 전하는 것만이 아닙니다. 하나님의 일은 교회와 가정과 직장과 사업 등 삶의 모든 영역에서 축복하시고 지경을 넓혀서 하나님의 영광을 위해 사용하시는 것을 말합니다. 우리가 어떤 분야에서든지 작은 일에 충실할 때, 그 작은 일이 큰일과 연결됩니다. 하나님께서 영광 받으시고 축복하심으로 미래가 아름답게 열립니다.

모든 것이 하나님 은혜

사람이 자기 아들을 안음 같이 너희 하나님 여호와께서 너희 행로 중에 너희를 안으사 이곳까지 이르게 하셨느니라 (신명기 1장 31절)

이 하나님은 영영히 우리 하나님이시니 우리를 죽을 때까지 인도하시리로다 (시편 48편 14절)

하나님께서는 우리의 길을 정하시고 인도하시며 순종하는 발걸음과 그 길을 기뻐하십니다. 우리가 때로 실수도 하고 넘어질지라도 아주 엎드러지지 않고 바로 일어날 수 있는 것은, 하나님을 찾을 때 곧바로 능력의 손을 펴서 붙들어 주신 은혜 때문입니다.

한 해 동안도 우리의 갈 길과 해야 할 일을 아시고 지혜롭고 정직한 첩경으로 인도하시며, 도우시고 흠 없이 보호해 주셨습니다. 우리에게 무엇이 필요한지 아시고 조금의 부족함도 없이 넘치도록, 매우 실제적이고 구체적으로 정확하게 채워주셨습니다. 또한 이 세상의 풍조에 따라 바람 부는 대로 물결치는 대로 살지 않고, 하나님 말씀을 붙잡고 그 말씀을 따라 살 수 있는 은혜를 주셨습니다.

새해에도 하나님께서는 우리가 말씀과 기도에 힘쓰며 예수님과 동행하며 살기 바라십니다. 지극히 선한 것을 분별하고 진실하게 살아서 주님의 날에 허물없고 책망할 것 없이 서기를 원하십니다. 사람이 자기 아들을 안음 같이 안고 친근히 한 해를 마무리하는 오늘 이 순간까지 이르게 하신 하나님은 영영히 우리의 하나님이십니다. 지금 여기까지 뿐 아니라 세월이 지나 노년에 이르기까지, 백발이 되기까지, 그리고 죽을 때까지 인도해주십니다.

지금까지 믿음으로 살게 하시고, 영육 간에 건강하고 안전하게 돌봐주신 하나님 은혜에 감사드립니다. 새해에도 변함없는 마음으로 하나님의 말씀을 사랑하고 가까이하면서, 하나님의 영광스런 얼굴빛 안에서 기도하고 순종함으로 하나님과 동행하며 살아가기를 소원합니다.